W0058357

UTB **2639**

Eine Arbeitsgemeinschaft der Verlage

Beltz Verlag Weinheim · Basel
Böhlau Verlag Köln · Weimar · Wien
Wilhelm Fink Verlag München
A. Francke Verlag Tübingen und Basel
Haupt Verlag Bern · Stuttgart · Wien
Lucius & Lucius Verlagsgesellschaft Stuttgart
Mohr Siebeck Tübingen
C. F. Müller Verlag Heidelberg
Ernst Reinhardt Verlag München und Basel
Ferdinand Schöningh Verlag Paderborn · München · Wien · Zürich
Eugen Ulmer Verlag Stuttgart
UVK Verlagsgesellschaft Konstanz
Vandenhoeck & Ruprecht Göttingen
Verlag Recht und Wirtschaft Frankfurt am Main
VS Verlag für Sozialwissenschaften Wiesbaden
WUV Facultas Wien

WOLFGANG KRUSE

Die Französische Revolution

FERDINAND SCHÖNINGH

PADERBORN · MÜNCHEN · WIEN · ZÜRICH

Der Autor:
Wolfgang Kruse, Jg. 1957, ist Privatdozent und Akademischer Rat am Historischen Institut der Fernuniversität in Hagen, Neuere deutsche und europäische Geschichte. Wichtigste Veröffentlichungen: Die Erfindung des modernen Militarismus. Krieg, Militär und bürgerliche Gesellschaft im politischen Diskurs der Französischen Revolution 1789–1799, München 2003 (Pariser Historische Studien, Bd. 62); Eine Welt von Feinden. Der Große Krieg 1914–1918, Frankf./M. 2000^2; Krieg und nationale Integration. Eine Neuinterpretation des sozialdemokratischen Burgfriedensschlusses 1914/15, Essen 1993.

Umschlagabbildung:
Der Sturm auf die Bastille am 14. Juli 1789, anonymes Gemälde des 18. Jhds., heute im Schloss Versailles.

Bibliografische Information Der Deutschen Bibliothek

Die Deutsche Bibliothek verzeichnet diese Publikation in der Deutschen Nationalbibliografie; detaillierte bibliografische Daten sind im Internet über http://dnb.ddb.de abrufbar.

Gedruckt auf umweltfreundlichem, chlorfrei gebleichtem Papier (mit 50 % Altpapieranteil)

© 2005 Verlag Ferdinand Schöningh, Paderborn
(Verlag Ferdinand Schöningh GmbH, Jühenplatz 1, D-33098 Paderborn)
ISBN 3-506-71316-7

Internet: www.schoeningh.de

Printed in Germany.
Herstellung: Ferdinand Schöningh, Paderborn
Einbandgestaltung: Atelier Reichert, Stuttgart

UTB-Bestellnummer: ISBN 3-8252-2639-5

Inhalt

1. Einleitung

„Unsere Zeit schlägt ein neues Buch der Geschichte auf", so brachte der Konventsabgeordnete Gilbert Romme anläßlich der Einführung des republikanischen Revolutionskalenders im Herbst 1793 den Kern des revolutionären Selbstverständnisses auf den Punkt.[1] Die Revolution schien einen vollständigen Bruch mit der Vergangenheit zu bedeuten und in eine neuartige, von Grund auf neu zu gestaltende Zukunft zu führen. Mochten die Zeitgenossen, als sie seit Juli 1789 den Begriff der Revolution zur Benennung des unerhörten Geschehens zu nutzen begannen, anfangs noch die ursprüngliche Bedeutung der Wiederherstellung eines verlorengegangenen Zustandes im Sinn haben, so wurde doch schnell deutlich, daß die Französische Revolution nicht in die Vergangenheit, sondern in eine offene Zukunft führen und somit etwas ganz Neuartiges schaffen würde. „Die Jugend begeistert sich, zum ersten Mal sehnen sich die Alten nicht mehr nach vergangenen Zeiten, sondern erröten darüber", stellte Camille Desmoulins dementsprechend fest, als er im Herbst 1789 die Bedeutung der in Umlauf kommenden Wendung *l'an I de la liberté/ Jahr I der Freiheit* kommentierte und damit zugleich das Selbstverständnis der überwiegende jungen revolutionären Generation zum Ausdruck brachte.[2] Und Pierre Manuel, einer der Führer der aufständischen Pariser Kommune, forderte drei Jahre später, nach dem Sturz der Monarchie, die Abgeordneten des neugewählten Konvents so idealisierend wie zukunftsgewandt auf, „eine Versammlung von Philosophen zu bilden, beschäftigt mit der Vorbereitung des Glücks der Menschheit."[3]

Das revolutionäre Grundgefühl, nicht nur an der Schwelle eines neuen Zeitalters zu stehen, sondern den Schritt über die historische Zäsur hinaus selbst zu tun und eine neue Welt zu gestalten, breitete sich seit 1789 mit ungestümer Kraft aus, doch kam es nicht von ungefähr. Die Aufklärung hatte zuvor die überkommene Gestalt von Staat und Gesellschaft einer radikalen Kritik unterzogen, ohne indes daraus ein handlungsleitendes Umgestaltungsprogramm ableiten zu können. Als im Sommer 1789 jedoch die Grundfesten der alten Ordnung erschüttert wurden und mit rasantem Tempo zusammenbrachen, schienen nicht nur die Ereignisse selbst, sondern auch die historischen Zeitabläufe eine ungeheure Beschleunigung zu erfahren, so daß auf einmal ideelle, jenseits des überkommenen Erfahrungsraums angesiedelte Utopien in den realen Erwartungshorizont eintraten und konkrete Gestalt gewinnen zu können schienen. „Die Großen erscheinen uns nur groß, weil wir auf Knien sitzen. Erheben wir

---

[1] AP 74, S. 550, 20.9.1793.
[2] Zit. n. Michel Vovelle, Die Französische Revolution. Soziale Bewegung und Umbruch der Mentalitäten, Frankf./M. 1985, S. 106.
[3] AP 52, S. 69, 21.9.1792.

uns …“, mit diesem Motto brachte die Zeitschrift *Révolutions de Paris* seit dem Sommer 1789 den plötzlich erweiterten Horizont des revolutionären Bewußtseins zum Ausdruck, nach dem auf einmal nichts mehr so war, wie es lange als selbstverständlich gegolten hatte. Alles schien nun zur Disposition zu stehen, alles schien veränderbar zu sein. Noch Jahre später stellte dementsprechend ein zeitgenössischer Beobachter rückblickend fest: „Die französische Revolution war für die Welt eine Erscheinung, welche aller historischen Weisheit Hohn zu sprechen schien, und täglich entwickelten sich aus ihr neue Phänomene, über welche man die Geschichte immer weniger zu befragen verstand … Ein unermeßliches Gebiet der Hoffnung ward eröffnet; das goldne Zeitalter schien begonnen zu seyn.“[4]

Das, vor dem konservative Kritiker nun immer schärfer warnten, genau das wurde zum Programm der Revolutionäre: der Bruch mit einer überfällig erscheinenden Vergangenheit, die endgültige Zerstörung der alten Ordnung der Dinge und die radikale, vernunftgemäße Neugestaltung der politischen und gesellschaftlichen Verhältnisse. „Wir sind endlich auf der Insel der Freiheit angelangt und haben das Schiff verbrannt, das uns hingefahren hat“ – mit dieser Metapher brachte der Konventsabgeordnete Paul Cambon nach der Hinrichtung des Königs den unwiderruflichen Schnitt zum Ausdruck, der die revolutionäre Neuordnung von der Vergangenheit zu trennen schien.[5] Doch die scheinbar realisierte Utopie sollte sich keineswegs als ein sicherer Hort des allgemeinen Glücks erweisen. Was von den Verfassungsstiftern in der Nationalversammlung anfangs als kompaktes Neugestaltungsprogramm konzipiert wurde, das erwies sich im Zusammenhang des revolutionären Prozesses bald als ein höchst komplexes, in sich widersprüchliches, selbst weiterhin den Bedingungen der revolutionären Dynamik unterliegendes Unterfangen, das die rationale Gestaltungskraft zunehmend überforderte und unkontrollierbar zu werden schien. „Wir gehen auf einem Vulkan“, so faßte Billaud-Varenne diesen Eindruck 1793 treffend in Worte. Die Revolution setzte enorme gesellschaftliche Phantasien und Gestaltungsmöglichkeiten frei, aber sie führte nicht einfach in eine neue, in sich stabile Ordnung. Vielmehr wurde sie zu einem Experimentierfeld der modernen Gesellschaft, in dem auf allen Ebenen, von der Politik über die sozialen Beziehungen bis zur Kriegsführung, neue Gestaltungsformen entwickelt, ausprobiert, auf ihre innere Konsistenz getestet, unter sich wandelnden Rahmenbedingungen abgewandelt, ja verworfen und von Grund auf neu konzipiert werden mußten.

Auch die Geschichtsschreibung der Französischen Revolution kann in mancher Hinsicht als Experimentierfeld moderner Historiographie verstanden werden. Läßt man große Einzelwerke wie Alexis de Tocquevilles staatswissen-

---

[4] Karl Ludwig Woltmann zur Erstausgabe der Zeitschrift Geschichte und Politik, Berlin 1800, zit. n. Ernst Wolfgang Becker, Zeit der Revolution! – Revolution der Zeit? Zeiterfahrung in Deutschland in der Ära der Revolutionen 1789-1848/49, Göttingen 1999, S. 68.

[5] Zit. n. Vovelle, Französische Revolution, S. 106; hier auch das folgende Zitat.

schaftliche Analyse der Zusammenhänge zwischen den Zentralisierungstendenzen des *Ancien Régime* und ihrer Weiterführung durch die Revolution oder Albert Sorels große Darstellung der Französischen Revolution im europäischen Kontext einmal beiseite[6], so war die Revolutionsforschung in hohem Maße geprägt von verschiedenen historiographischen Schulen, die jeweils einzelne Phasen der wissenschaftlichen Aufarbeitung geprägt haben.[7] Die gezielte wissenschaftliche Auswertung der Archivbestände begann mit der romantischen Schule, mit Jules Michelet, Edgar Quinet, Louis Blanc oder Alphonse de Lamartine, die in ihren Darstellungen Mitte des 19. Jahrhunderts fast noch als Zeitgenossen das große Welttheater der Französischen Revolution beschworen und das Volk (Jules Michelet) oder einzelne Gruppierungen wie die *Gironde* (Lamartine) heroisierten. Von ihnen setzte sich die Geschichtsschreibung der Dritten Republik ab, die die Revolution nicht nur mit den Worten Georges Clemenceaus als in sich geschlossenen *Block* und zugleich als republikanische Vorgeschichte deuten, sondern explizit auch moderne, objektivierende wissenschaftliche Methoden auf die Erforschung ihrer Geschichte anwenden wollte. Von besonderer Bedeutung war dabei zum einen die revolutionskritische Studie von Hippolyte Taine über die Ursprünge des modernen Frankreich, die sich gegen die politische Einengung der Revolutionsgeschichte und den Pariser Zentralismus wandte, aber auch von einer massiven Ablehnung der modernen Massenkultur geprägt war.[8] Die Verwissenschaftlichung der politischen, die Revolution als Grundlage der Dritten Republik reklamierenden Geschichtsschreibung verkörperte demgegenüber Alphonse Aulard, der seit 1886 den an der Sorbonne eingerichteten Lehrstuhl für die Geschichte der Französischen Revolution innehatte.[9] Aulard brachte die Revolutionshistoriographie vor allem durch umfangreiche, kritische Quellenpublikationen etwa zur Tätigkeit des Jakobinerklubs und des Wohlfahrtsausschusses, aber auch durch eine wachsende Institutionalisierung und Differenzierung der Forschung voran.

Im frühen 20. Jahrhundert entwickelte sich eine andere, weltanschaulich geprägte Schule der Geschichtsschreibung, die in den folgenden Jahrzehnten eine dominierende Rolle spielte. Am Anfang stand die 4-bändige „Sozialistische Geschichte" der Französischen Revolution, die der sozialistische Parteiführer Jean Jaurès in den Jahren 1901-1904 publizierte.[10] Nach dem Ersten Weltkrieg

---

[6] Vgl. Alexis de Tocqueville, Der alte Staat und die Revolution, Bremen 1959 (Orig. Paris 1856); Albert Sorel, L'Europe et la Révolution française, 8 Bde., Paris 1885-1904.

[7] Vgl. Erich Pelzer (Hg.), Revolution und Klio. Die Hauptwerke zur Französischen Revolution, Göttingen 2004; einführend Eberhard Schmitt, Einführung in die Geschichte der Französischen Revolution, München 1976, S. 11-42.

[8] Vgl. Hippolyte A. Taine, Die Entstehung des modernen Frankreich, 6 Bde., Leipzig 1893f. (Orig. Paris 1876-94).

[9] Vgl. F. V. Alphonse Aulard, Politische Geschichte der Französischen Revolution, 2 Bde., München 1924 (Orig. Paris 1901).

[10] Vgl. Jean Jaurès, Histoire socialiste de la Révolution française, 4 Bde., Paris 1901-04.

begann die marxistische, soziale Entwicklungen und Konflikte in den Mittelpunkt rückende, zunehmend Robespierre aufwertende Revolutionsdeutung auch die universitäre Geschichtsschreibung zu bestimmen, als Aulards abtrünniger Schüler Albert Mathiez den intellektuellen Diskurs zunehmend prägte und schließlich Georges Lefebvre, Albert Soboul und Michel Vovelle nacheinander den Lehrstuhl für Revolutionsgeschichte an der Sorbonne übernahmen. Obwohl sie alle in ihren Forschungen über die revolutionären Bewegungen ländlicher und städtischer Unterschichten, aber auch über revolutionäre Mentalitäten bahnbrechende Arbeiten vorlegen konnten, rief die schematische Deutung der Revolution als in allen ihren Teilen einschließlich des Terrors notwendige Phase auf dem Weg vom Feudalismus zum bürgerlichen Kapitalismus[11] insbesondere seit den 1960er Jahren heftige Kritik hervor. War die Revolution, so wurde nun zunehmend gefragt, überhaupt ein einheitlicher Prozeß, oder fiel sie eigentlich doch in verschiedene, inhaltlich kaum miteinander verbundene Einzelbewegungen auseinander, die nur in einen zufälligen Zusammenhang miteinander geraten waren? In den Vordergrund trat, beginnend mit der großen Gesamtdarstellung von François Furet und Denis Richet[12], der sog. Revisionismus, der mit dem Anspruch antrat, eine Alternative zur marxistischen Revolutionsdeutung zu entwickeln. Nachdem Furet und Richet ursprünglich die These vom *Ausschleudern* einer Revolution vertreten hatten, die insbesondere seit 1792 unter dem Einfluß von Radikalisierung und Krieg vom Kurs abgekommen sei und ihren anfangs zukunftsweisenden, liberalen Charakter verloren habe, weitete sich der Revisionismus in der Folgezeit zu einer Gesamtkritik an der Revolution aus, in deren ideologischen Grundlagen Radikalisierung und Terror von Anfang an angelegt gewesen seien.

Die schroffe Gegenüberstellung von marxistischer und revisionistischer Schule der Revolutionsgeschichtsschreibung läßt sich allerdings anhand der konkreten Forschungsarbeiten nur begrenzt nachvollziehen, denn beide Schulen räumen der revolutionären Kultur einen beträchtlichen Stellenwert ein. Ihre Erforschung ist dementsprechend in der jüngeren Zeit, nicht zuletzt unter dem so anregenden wie verbindenden Einfluß angelsächsischer Autoren, zunehmend in den Mittelpunkt der Revolutionshistoriographie gerückt. Das dominierende, paradigmatische Programm der aktuellen Revolutionsforschung zielt nun vor allem darauf ab, im Revolutionsprozeß die moderne demokratische Kultur mit all ihren Erscheinungsformen, ihren emanzipativen wie destruktiven Tendenzen erfassen zu können.[13]

---

[11] Am deutlichsten bei Albert Soboul, Die Große Französische Revolution. Ein Abriß ihrer Geschichte (1789 -1799), 2 Bde., Frankf./M. 1973 (Orig. Paris 1962).

[12] François Furet u. Denis Richet, Die Französische Revolution, Frankf./M. 1968 (Orig in 2 Bde., Paris 1965f.).

[13] Vgl. grundlegend Lynn Hunt, Symbole der Macht, Macht der Symbole. Die Französische Revolution und der Entwurf einer politischen Kultur, Frankf./M. 1989 (Orig. Berkeley 1984); Keith M. Baker u. a. (Hg.), The French Revolution and the Creation of a Modern Political

Für die deutsche Geschichtsschreibung stellte die Französische Revolution lange kein zentrales Thema dar, sowohl in der Forschung wie in der Lehre. Während im 19. Jahrhundert einflußreiche Historiker wie Leopold v. Ranke und Heinrich v. Sybel grundlegende Werke zur Geschichte ihrer Außenpolitik und Diplomatie verfaßt haben[14], waren es in der ersten Hälfte des 20. Jahrhunderts mit Hedwig Hintze und Martin Göhring eher Außenseiter der Zunft, die wichtige, aber lange kaum wahrgenommene Forschungsbeiträge zur revolutionären Innenpolitik vorgelegt haben.[15] In der zweiten Jahrhunderhälfte ist dann vor allem der DDR-Historiker Walter Markov zu nennen, der mit seinen Forschungen über die Pariser *Sanskulotten* und insbesondere über die radikale, sozialrevolutionäre Fraktion der sog. *Enragés* die Revolutionsgeschichtsschreibung deutlich erweitert und ihr neue Impulse gegeben hat.[16] In der Bundesrepublik wurde demgegenüber vor allem nach den Auswirkungen der Revolution auf Deutschland gefragt. Allerdings liegen aktuell mehrere einführende Darstellungen von deutschen Autoren vor, zu denen die hier vorgelegte Einführung in die Französische Revolution als Experimentierfeld der modernen Politik und Gesellschaft, die aus allen genannten Traditionen zu schöpfen und zugleich eine eigenständige, das bisherige Bild erweiternde Perspektive zu gewinnen versucht, gewissermaßen in ein Verhältnis der Ergänzung, aber auch der Konkurrenz tritt.[17]

Dabei wird nicht der Anspruch erhoben, eine geschlossene Gesamtdarstellung des revolutionären Geschehens zu bieten. Vielmehr soll der Versuch unternommen werden, die wichtigsten Handlungsebenen und Forschungsfelder der Revolutionsgeschichte in gebundeltei, zugleich neue Perspektiven eröffnender Form vorzustellen. Als Eckdaten gelten die Jahre 1789 bis 1799, während die Vorgeschichte und die napoleonische Nachgeschichte weitgehend ausgespart bleiben. Hier soll es vor allem um das revolutionäre Jahrzehnt selbst gehen, die Dekade der revolutionären Beschleunigung schlechthin, in der das revolutionäre Frankreich, mit den Worten Robespierres seit 1789 in der historischen Entwicklung „dem Rest der Menschheit um zweitausend Jahre vorausgeeilt"[18], weit in die Zukunft weisende, die Entwicklungsmöglichkeiten der bür-

Culture, 4 Bde., Oxford 1987-94; Rolf Reichardt, Das Blut der Freiheit. Französische Revolution und demokratische Kultur, Frankf./M. 1989.

[14] Vgl. Heinrich v. Sybel, Geschichte der Revolutionszeit 1789-1800, 5 Bde., Düsseldorf 1853-79; Leopold v. Ranke, Ursprung und Beginn der Revolutionskriege 1791 und 1792, Leipzig 1878.

[15] Vgl. Hedwig Hintze, Staatseinheit und Föderalismus im alten Frankreich und in der Revolution, Frankf./M. 1989 (zuerst Berlin 1928); Martin Göhring, Rabaut Saint-Etienne. Ein Kämpfer an der Wende zweier Welten, Vaduz 1965 (zuerst Berlin 1935).

[16] Vgl. Walter Markov, Die Freiheiten des Priesters Roux, Berlin/DDR 1967; ders., Volksbewegungen in der Französischen Revolution, Frankf./M. 1976.

[17] Vgl. neben Reichardt, Das Blut der Freiheit: Ernst Schulin, Die Französische Revolution, München 1988, Axel Kuhn, Die Französische Revolution, Stuttgart 1999 und Hans-Ulrich Thamer, Die Französische Revolution, München 2004.

[18] AP 90, S. 132, 7.5.1794.

gerlichen Gesellschaft des 19., ja auch des 20. Jahrhunderts auslotende Gestaltungsformen von Politik, Kultur und Gesellschaft ausprobiert hat.[19]

Die Darstellung wird im Anhang durch lexikalische Sachinformationen über
das revolutionäre Personal und zentrale Begrifflichkeiten sowie durch eine ver-
tiefende Auswahlbibliographie und eine Zeittafel ergänzt. Als Grundlage für die
vertiefte Betrachtung zentraler revolutionärer Neuordnungsfelder in Politik, Gesellschaft und Krieg soll zuerst einmal jedoch der dynamische Prozeß der Revolution selbst in den Blick genommen, dargestellt und dokumentiert werden.

---

[19] Vgl. für die längerfristigen Wirkungen zuletzt Anton Pelinka u. Helmut Reinalter (Hg.), Die
Französische Revolution und das Projekt der Moderne, Wien 2002.

Der revolutionäre Prozeß

1. Darstellung

Politische Veränderungen erwartete Anfang 1789 in Frankreich jedermann. Die Wahlen zu den Generalständen, die erstmals seit 1614 wieder zusammentreten sollten, waren in vollem Gange, in den Wahlbezirken wurden die *cahiers de doléances*, die Beschwerdehefte abgefaßt, auf deren Grundlage die Vertreter der Stände gesellschaftliche und politische Veränderungen anmahnen sollten, das Zauberwort *Reform* war in aller Munde. Und doch konnte niemand die revolutionäre Dynamik vohersehen, die Frankreich wenige Monate später erfaßte. Schon bald nach der Eröffnung der Generalstände am 5. Mai 1789 begannen sich die Ereignisse zu überschlagen. Am 17. Juni erklärten sich die Vertreter des *Tiers Etat*, des Dritten Standes zur Nationalversammlung, d. h. zur Vertretung der ganzen französischen Nation, und drei Wochen später stellten sie sich die Aufgabe, dem Königreich eine neue Verfassung zu geben. Kurz darauf, am 14. Juli, stürmte die Pariser Bevölkerung die Stadtfestung Bastille und verlieh der politischen Bewegung damit einen neuen, revolutionären Charakter. Die fol-

Abb. 1: Der Ballhausschwur vom 20. Juni 1789: Die Mitglieder der Nationalversammlung schwören, nicht eher auseinanderzugehen, bis eine Verfassung für Frankreich erarbeitet ist. Gemälde von Jacques Louis David (1789).

genden Tage und Wochen standen im Zeichen anhaltender Aufstandsbewegungen in ganz Frankreich. Auf dem Lande erhoben sich die Bauern gegen die feudale Herrschaft, in den Städten eroberte das Bürgertum die politische Macht. Die Nationalversammlung zog die Konsequenzen und begann, von der Dynamik der Bewegung inspiriert, die Grundlagen einer umfassenden Neuordnung von Staat und Gesellschaft zu entwerfen. Am 4. August 1789 dekretierte sie die Abschaffung aller Feudallasten und Privilegien, eine Woche später folgte die *Erklärung der Menschen- und Bürgerrechte*. Und diese Aufsehen erregenden Ereignisse, die die Gebildeten in ganz Europa elektrisierten, waren nur der Auftakt zu einem revolutionären Umgestaltungsprozeß, der in den folgenden Jahren noch ganz andere Dimensionen gewinnen sollte.

Wie konnte es zu dieser politischen Explosion kommen? Zweifellos stand dahinter ein ganzes Bündel verschiedener Ursachen. Manche Historiker haben deshalb sogar von drei eigentlich getrennten, nur zufällig miteinander verbundenen Revolutionen gesprochen: einer liberal-konstitutionellen Revolution des aufstrebenden Bürgertums, einer antifeudalen Revolution der bäuerlichen Landbevölkerung, und einer sozialen Revolution der unterbürgerlichen städtischen Volksmassen. Doch dieser Differenzierung haftet etwas Künstliches an, denn die alles ergreifende Dynamik des revolutionären Geschehens ist zweifellos nur aus dem Zusammenwirken der unterschiedlichen Faktoren zu erklären. Vor allem die sozialen Protestbewegungen der unterbürgerlichen Schichten einerseits, die insbesondere vom Bürgertum vertretenen politischen Beteiligungsansprüche und Neuordnungsprogramme andererseits, mußten zusammenkommen, um dem revolutionären Geschehen der Jahre 1789 bis 1799 seine mitreißende Kraft zu verleihen. Am Ausgangspunkt allerdings stand noch ein anderes, stand die Krise der alten Ordnung. Wir können hier zwischen kurz- und längerfristigen Krisenphänomenen unterscheiden, aber auch zwischen den inneren Widersprüchen der feudalständisch-absolutistischen Ordnung und den über sie hinausweisenden Entwicklungstendenzen einer neu sich entfaltenden bürgerlichen Gesellschaft.

Der unmittelbare Anlaß für die Einberufung der Generalstände lag in der Finanzkrise des absolutistischen Staates. Bereits die großen Kriege der Jahrhundertmitte (Österreichischer Erbfolgekrieg 1740-48, Siebenjähriger Krieg 1756-63) hatten die Monarchie an den Rand des Bankrotts gebracht und die Erhebung neuer Steuern zu einer Notwendigkeit gemacht. Davon sollten nun auch die bislang steuerbefreiten, privilegierten Stände des Adels und des Klerus betroffen sein, was ihren heftigen Widerstand hervorrief. Die finanzielle Krise spitzte sich weiter zu, als Frankreich seit 1778 in den amerikanischen Unabhängigkeitskrieg intervenierte. Anfangs konnten die enormen Kosten dieses Unternehmens durch Aufnahme von Schulden gedeckt werden. Doch ab 1786 sollte die Rückzahlung beginnen, und spätestens jetzt schien der Staatsbankrott nur noch durch die Aufhebung aller Steuerprivilegien abwendbar zu sein. Die Durchsetzung erwies sich jedoch als schwieriges Unterfangen, denn die adlig dominierten *parléments,* die für die Inkraftsetzung von Gesetzen zuständigen obersten Gerichtshöfe, verweigerten jede Kooperation und forderten die Einberufung der Generalstände, um unmittelbaren Einfluß auf die Finanzgesetzgebung gewinnen und die absolutistische Vormacht des Hofes brechen zu können. Im August 1788 mußte sich der Hof schließlich fügen und berief zum 1. Mai des folgenden Jahres die Generalstände ein.

Die unmittelbare Vorgeschichte der Revolution ist so auch als eine antiabsolutistische Adelsrevolution begriffen worden. Doch die Forderung nach Einberufung der Generalstände wurde schnell von den Reformkräften im ökonomisch und sozial aufstrebenden Bürgertum übernommen, die der Bewegung einen viel weiterreichenden Charakter gaben. Sie wurden dabei von einer einflußreichen Schicht liberaler Adliger unterstützt und konnten sich auf die Zustimmung weiter Teile der Bevölkerung stützen. Eine kaum zu unterschätzende Rolle für die allgemeine Mobilisierung der Bevölkerung im Frühjahr 1789 spielte zweifellos auch die demographische Entwicklung. Denn im Zuge von Bevölkerungswachstum und sinkender Kindersterblichkeit war Frankreich im Laufe des 18. Jahrhunderts zu einer jugendlich geprägten Gesellschaft geworden, in der viele Menschen auf allen gesellschaftlichen Ebenen nach neuen Positionen suchten und soziale wie politische Veränderungen wünschten. Besonders ausgeprägt war diese Orientierung im Bürgertum. Zweifellos handelte es sich am Vorabend der Revolution noch nicht um eine Gesellschaft, in der ein entwickeltes industriekapitalistisches Bürgertum an die Macht strebte. Doch im Zeichen einer durchaus dynamischen ökonomisch-sozialen Entwicklung spielten vor allem bürgerliche Kräfte eine immer wichtigere Rolle in weiten Teilen von Wirtschaft und Gesellschaft, während die entscheidenden Machtpositionen einem privilegierten Adel vorbehalten blieben.

Besonders deutlich trat dies Ungleichgewicht im Lichte der Aufklärung zutage, die die überkommene Ordnung der Dinge schon lange einer radikalen Kritik unterzogen hatte. Vor allem die ständische Privilegienordnung mit Steuerfreiheit und exklusivem Zugang des Adels zu den hervorgehobenen Positionen im Staat traf auf die Kritik eines aufgeklärten Bürgertums, das an seinen Leistungen gemessen werden wollte. Wie weit die Kritik am Adel und seinen Privilegien in den 1780er Jahren verbreitet war, wurde etwa in dem Beifall deutlich, mit dem das Publikum überall im Land eine Rede des Helden in Beaumarchais Schauspiel *Figaros Hochzeit* bedachte, in der es hieß: „Adel, Reichtümer, Ränge und Ämter! Wie Euch das doch so hocherhaben und mächtig macht! Und womit habt Ihr das alles verdient? Damit, daß ihr gnädig zur Welt zu kommen geruhtet. Und das ist schon alles. Im übrigen seid ihr ein gewöhnlicher Mensch, während ich, verdammt noch mal, in der namenlosen Menge verloren, all mein Wissen und Können einsetzten mußte, nur um zu überleben ...“

Auch die absolutistische Staatsform, die Alleinregierung eines Königs *von Gottes Gnaden,* mußte vor den religionskritischen, die Vernunft und Autonomie des Individuums proklamierenden Maßstäben der Aufklärung fragwürdig erscheinen. Die Person des Königs konnte dies nur bestärken, denn Ludwig XVI. war ein schwacher Herrscher. Da seine Regierung die Finanz- und Staatskrise der späten 1780er Jahre nicht in den Griff bekam und der König sprunghaft zwischen verschiedenen Lösungsmöglichkeiten lavierte, stand das absolutistische System nicht nur aus der Sicht der privilegierten Stände, sondern auch aus der Perspektive der aufstrebenden, politische Partizipation fordernden bürgerlichen Schichten zunehmend und grundsätzlich zur Disposition. Als die führenden Kräfte des Dritten Standes in die Forderung nach Einberufung der Generalstände einstimmten, ging es ihnen nicht mehr darum, die Königsherrschaft durch den Rückgriff auf vorabsolutistische, ständische Repräsentationsformen einzuschränken, wie sich die privilegierten Stände das wünschten. Sie stellten vielmehr die ständische Gliederung der Gesellschaft generell zur Disposition und strebten eine grundlegende Neuordnung der politischen Repräsentation an, in der die gesellschaftliche Bedeutung des Dritten Standes und insbesondere seiner bürgerlichen Führungsschichten einen angemessenen Ausdruck finden sollte. Der Abbé Emmanuel Sieyès brachte diese Bestrebungen programmatisch auf den Punkt, als er im Frühjahr 1789 seine berühmte Flugschrift *Was ist der Dritte Stand?* veröffentlichte, in der er diesen zur Nation schlechthin erhob und daraus ein konkretes politisches Forderungsprogramm ableitete. (Vgl. Dok. 1)

Die Wahlen zu den Generalständen, bei denen alle über 25-jährigen Männer wahlberechtigt waren, führten so nicht nur zu einer umfassenden Politisierung der Bevölkerung, sondern auch zu einer scharfen Konfrontation zwischen zwei deutlich unterscheidbaren politischen Richtungen. Den konservativen *Aristokraten* standen die liberalen *Patrioten* gegenüber, die in den Versammlungen des Dritten Standes zusehends einen Massenanhang gewinnen konnten. Das erste Ergebnis dieser Auseinandersetzungen aber war ein Kompromiß, der den Reformkräften nur scheinbar entgegenkam: Der königliche Rat beschloß dem Dritten Stand zwar, wie von Sieyès gefordert, die doppelte Zahl von Vertretern zuzubilligen, nicht aber die ebenfalls geforderte Aufhebung der ständischen Separation und die Abstimmung nach Köpfen statt nach Kurien. Die Vertreter der großen Mehrheit des französischen Volkes sollten weiterhin nur über ein Drittel des Stimmengewichts in den Generalständen verfügen, ebenso wie die quantitativ vergleichsweise verschwindend kleinen, privilegierten Stände des Adels und des Klerus. Der Konflikt war damit allerdings nicht beendet, denn nach dem Zusammentritt der Generalstände forderten die Vertreter des Dritten Standes weiterhin die gemeinsame, nicht nach Kurien getrennte Beratung und Abstimmung aller drei Stände, um so ihre verdoppelte Abgeordnetenzahl auch in die politische Waagschale werfen zu können. Gefragt war nun eine Entscheidung des König, doch Ludwig XVI. zauderte weiterhin und untergrub seine Position damit immer mehr.

Die Erschütterung der absoluten Monarchie gewann ihre neuartige Virulenz jedoch nicht nur durch die politischen Vorgänge in Versailles. Sie vollzog sich zugleich vor dem Hintergrund einer schon länger schwelenden ökonomisch-sozialen Krise, die Ende der 1780er Jahre einem Höhepunkt zusteuerte. Nachdem große Teile des 18. Jahrhunderts im Zeichen einer dynamischen wirtschaftlichen Entwicklung gestanden hatten, waren die 80er Jahre von Stagnation geprägt. Als 1788 eine sehr schlechte Ernte hinzukam und dadurch die Lebensmittelpreise in die Höhe getrieben wurden, hungerten große Teile der unteren Bevölkerungsschichten, und sie begannen zu rebellieren. Im Frühjahr 1789 überzog eine Welle von Hungerunruhen das Land, in denen einerseits ganz traditionell *gerechte Preise* gefordert wurden, die andererseits aber auch allgemeinere Widersprüche und Probleme der sozialen Ordnung offenlegten und dem politischen Reformprozeß damit eine neue Grundlage verliehen. Die Landbevölkerung wandte sich vor allem gegen die Reste der längst unterhöhlten Feudalordnung, gegen ihre diversen Abgabeverpflichtungen, gegen die seignoralen Vorrechte und gegen die teilweise noch bestehenden Frondienste und persönlichen Abhängigkeiten. In den Städten kamen andere soziale Konflikte hinzu. Hier riefen vor allem die mit der Lebensmittelknappheit verbundene Hungersnot und die ungleiche Verteilung von Reichtum und Armut sich rasch politisierende Proteste hervor. Als Ende April 1789 die Arbeiter der Papierfabrik *Réveillon* im Pariser Vorort *Saint-Antoine* für höhere Löhne zu streiken begannen, weitete sich die Bewegung schnell zu einem allgemeinen Aufstand aus, dessen militärische Niederschlagung über 300 Tote zurückließ.

In Paris wie in weiten Teilen des Landes herrschte so eine aufgewühlte, eine vorrevolutionäre Stimmung, als in Versailles die Generalstände zusammentraten. Die soziale Unzufriedenheit breiter städtischer und ländlicher Bevölkerungsschichten verband sich in unauflöslicher Weise mit den Reformbestrebungen des Dritten Standes, von denen man nicht nur einen politischen, sondern auch einen grundlegenden sozialen Wandel erhoffte. Die zur revolutionären Explosion hinführende Entwicklung nahm Fahrt auf, als Sieyès am 17. Juni 1789 die Vertreter des Dritten Standes erfolgreich aufforderte, sich als eigenständige, nach amerikanischem Vorbild bald auch verfassungsgebende Nationalversammlung zu konstituieren und die Vertreter der anderen Stände zum Anschluß aufzufordern. Während die Mehrheit des niederen Klerus dieser Aufforderung Folge leisten wollte, traf sie auf den erbitterten Widerstand von hohem Klerus, Adel und Hof. Der König ordnete schließlich an, die Versammlung des Dritten Standes aufzulösen. Doch die Abgeordneten waren nicht mehr bereit, der monarchischen Autorität Folge zu leisten. Unter Führung des Grafen Honoré de Mirabeau und des künftigen Pariser Bürgermeisters Jean Silvain Bailly traten sie an einem anderen Versammlungsort, im Ballsaal des Versailler Schlosses, erneut zusammen und leisteten dort den berühmten Schwur, „nicht eher auseinanderzugehen, bis eine neue Verfassung ausgearbeitet und auf eine sichere Basis gestellt worden ist." (Vgl. Dok. 2)

Nach weiteren erfolglosen Auflösungsversuchen lenkte der König schließlich ein und forderte die Vertreter von Adel und Klerus nun doch auf, sich dem Dritten Stand anzuschließen. Zugleich aber begann der Hof damit, zuverlässige Elitetruppen um Versailles und Paris zusammenzuziehen. Als die Ablösung des po-

Abb. 2: Camille Desmoulins ruft am 12. Juli 1789 in den Gärten des Palais Royal die Pariser
zum Widerstand gegen die drohende Intervention königlicher Elitetruppen auf. Zeitgenössischer Kupferstich.

pulären Ministers Necker am 12. Juli schließlich den Startschuß zur militärischen
Intervention gegen die Nationalversammlung zu geben schien, traten die Massen in die politische Arena ein und setzten den Auftakt zur eigentlichen Revolution. (Vgl. Dok. 3) Die Pariser Bevölkerung stürmte die städtischen Arsenale
und bewaffnete sich, um den Truppen des Königs Paroli bieten zu können.
Dies war die Geburtsstunde der Nationalgarde, der bewaffneten Macht der Revolution. Erst als die Bastille, in die von der Militärführung große Teile der in
der Hauptstadt gelagerten Munition überführt worden waren, schließlich kapi-
tulierte, mußte auch der Hof einlenken und seine Truppen abziehen.

Überall in Frankreich griffen nun Aufstände um sich. Auf dem Land, wo angesichts des unerhörten Geschehens die *grande peur*, die große Furcht vor zumeist imaginären Gefahren um sich griff, brannten die Schlösser. In den Städten
ergriff das bewaffnete Bürgertum, getragen vom revolutionären Druck breiter
Volksmassen, die politische Macht und setzte neue, vom Vertrauen der Bevölke-

rung getragene Verwaltungen ein. Auch die Nationalversammlung wurde von der Dynamik der Bewegung mitgerissen und begann mit großer Entschiedenheit, die gesellschaftliche Ordnung und das Machtverhältnis zwischen Krone und Volksvertretung auf eine neue Basis zu stellen. In ihrer berühmten Nachtsitzung vom 4. August verzichteten die Abgeordneten feierlich auf alle feudalen Vorrechte und erklärten die Feudalordnung wie die Privilegien von Adel und Klerus generell für abgeschafft. (Vgl. Dok. 4) Auf die *Erklärung der Menschen und Bürgerrechte* (vgl. Dok. 5) folgten dann in wenigen Wochen die grundlegenden Beschlüsse, nach denen Frankreich in eine konstitutionelle Monarchie umgewandelt werden sollte, basierend auf den aufgeklärten Prinzipien der Volkssouveränität, der parlamentarischen Repräsentation und der Gewaltenteilung.

Gesichert war dieser Prozeß indes noch keineswegs, denn die realen Machtverhältnisse blieben offen und der König, der erneut Eliteregimenter zusammenzog, weigerte sich beharrlich, die wesentlichen Beschlüsse der Nationalversammlung, die Menschen- und Bürgerrechte, das Votum für ein ungeteiltes Parlament ohne Oberhaus sowie die Entscheidung für ein nur aufschiebendes Vetorecht des Monarchen gegen Beschlüsse des Parlaments anzuerkennen. In der Pariser Bevölkerung rumorte es, zumal man die weiterhin grassierende Not als Folge eines Versuchs des Versailler Hofes interpretierte, die aufständische Hauptstadt gezielt auszuhungern. Als Anfang Oktober in Paris Meldungen umliefen, auf einem Empfang der Königin für die Offiziere eines kurz zuvor eingerückten Eliteregiments sei die nationale Trikolore verspottet und die Fahne der Monarchie geehrt worden, kam das Faß zum überlaufen. Erneut trieb ein Aufstand der breiten Volksmassen den Prozeß der revolutionären Neuordnung voran. (Vgl. Dok. 6)

Am 5. Oktober bildeten tausende Pariser Frauen einen Demonstrationszug für eine bessere Lebensmittelversorgung und für die Annahme der von der Nationalversammlung gefaßten Beschlüsse. Bald kamen bewaffnete Nationalgardisten hinzu, und die Menge faßte den Beschluß, nach Versailles zu ziehen, um ihren Forderungen Nachdruck zu verleihen. Nach einigen blutigen Auseinandersetzungen mit den Wachmannschaften drangen die Massen in den Sitzungssaal der Nationalversammlung sowie in das königliche Schloß ein und zwangen den König, mit Familie und Hofstaat nach Paris überzusiedeln. „Wir bringen den Bäcker, die Bäckersfrau und den kleinen Bäckerjungen", lautete die Parole der siegreichen Pariser Bevölkerung. Dies war ein deutliches Symbol dafür, daß die königliche Familie gewissermaßen in Geiselhaft genommen wurde, um eine bessere Lebensmittelversorgung zu erzwingen, aber auch um das Verfassungswerk der Nationalversammlung zu schützen, die nun ebenfalls von Versailles in die Hauptstadt umzog. Wenige Tage später faßte sie den symbolträchtigen Beschluß, das Staatsoberhaupt nicht mehr übergeordnet als *König von Frankreich*, sondern volkstümlich als *König der Franzosen* zu titulieren. Die Frage, ob Ludwig XVI. tatsächlich bereit war, seine Rolle als konstitutioneller Monarch zu spielen, sollte bald in das Zentrum der revolutionären Politik rücken.

Das Jahr 1790 ist oft als glückliches Jahr der Revolution gesehen worden. Dieses Urteil basiert vor allem darauf, daß die Nationalversammlung ihr Verfassungswerk nun erst einmal relativ unbehelligt von weiteren revolutionären Aufstandsbewegungen der Pariser Volksmassen vorantreiben konnte. Es ist zugleich mit einem Revolutionsverständnis verbunden, nach dem die bürgerlich-liberale Verfassungsrevolution als der eigentliche, zukunftsweisende Kerngehalt der Französischen Revolution betrachtet wird. Nicht nur um die konkrete Ausgestaltung der konstitutionellen Monarchie, um das Wahlrecht und die spezifische Austarierung der öffentlichen Gewalten ging es dabei, sondern um die Grundlagen einer neuen Ordnung von Staat und Gesellschaft. Unter der politischen Führung der patriotischen Fraktion mit Mirabeau und, nach seinem Tode im April 1791, dem Triumvirat Antoine Barnave, Adrien Duport und Alexandre de Lameth an der Spitze, wurden die diversen lokalen und regionalen Sonderrechte eingeebnet und durch eine neue, einheitlich aufgebaute Verwaltungsstruktur ersetzt. An die Stelle ständischer Privilegien und Selbstverwaltungsinstitutionen trat die Rechtsgleichheit, gestützt auf ein modernes, unabhängiges Justizwesen, das zugleich die unveräußerlichen Persönlichkeitsrechte garantieren sollte. Mit der Aufhebung der Zünfte und der Etablierung der Gewerbefreiheit legte die Nationalversammlung die Grundlagen einer liberalen Wirtschaftgesellschaft, während die aus der Feudalordnung stammenden Besitzstände in neue, auf formalrechtlicher Gleichheit basierende Eigentumsrechte überführt wurden. Und mit der Zivilverfassung des Klerus stellte die Nationalversammlung auch die Beziehungen zwischen Staat und Kirche auf eine neue Basis.

Die gesellschafts- und verfassungspolitische Neuordnung vollzog sich im Zusammenhang einer hochgradig politisierten, immer weiter ausdifferenzierten Öffentlichkeit. Während in der Nationalversammlung nach den frühen Abstimmungsniederlagen der *Monarchiens*, der gemäßigten Monarchisten, die im Jakobiner-Klub organisierte, patriotisch-liberale Mehrheitsrichtung dominierte und nur von wenigen Vertretern einer entschieden konservativen Rechten wie Malouet, Clermont-Tonnere und Lally-Tollendal auf der einen, einer demokratischen Linken mit Robespierre, Pétion und Grégoire auf der anderen Seite, infrage gestellt wurde, waren die politischen Tendenzen in der allgemeineren Öffentlichkeit mit ihrem hochenwickelten Presse- und Klubwesen deutlich breiter gefächert. Insbesondere die radikaleren Kräfte auf beiden Seiten des politischen Spektrums traten hier deutlicher hervor, ohne indes eine reale politische Bedrohung für das Projekt der konstitutionellen Neuordnung darzustellen. Revolutionäre Zeitschriften wie die *Révolutions de Paris* oder der *Patriote Français* sahen ihre Aufgabe trotz einer teilweise radikalen Kritik anfangs weniger in der Bekämpfung als in einer nachdrücklichen, auf Demokratisierung drängenden Unterstützung der verfassungspolitischen Neuordnung. Das konservative Lager versuchte demgegenüber zumeist, eine bremsende Funktion auszuüben, während die entschieden konterrevolutionären Kräfte zumindest in der Pariser Öffentlichkeit nur eine kleine Minderheit darstellten.

Das revolutionäre Frankreich schien so auf dem Weg in eine gesellschaftspolitische Zukunft zu sein, in der nicht mehr Macht und Gewalt über die öffentlichen Angelegenheiten der Bürger entscheiden sollten, sondern die Kraft der Argumente und die Herrschaft von Recht und Gesetz. Bei genauerer Betrachtungsweise relativiert sich dieses harmonische Bild allerdings schnell. Denn zum einen hatte die Nationalversammlung große Teile der politisierten unterbürgerlichen Trägerschichten der Revolution als *citoyen passif*, als *Passivbürger* von der aktiven Beteiligung am politischen Geschehen, insbesondere vom Wahlrecht ausgeschlossen, und volkstümliche Organisationen wie der im April 1790 gegründete, radikaldemokratische Klub der *Cordeliers* oder das vielgelesene Agitationsblatt *Ami du peuple* von Jean-Paul Marat machten bald deutlich, daß dies auf Dauer nicht ohne weiteres akzeptiert werden würde. Und zum anderen ließ sich kaum übersehen, wie ungesichert der Bestand der revolutionären Neuordnung in der politischen Realität tatsächlich noch immer war. Denn anders als im revolutionären Paris traten bereits 1790 in weiten Teilen des Landes gegenrevolutionären Bewegungen hervor, die sich die allgemeine Unsicherheit und Unzufriedenheit der Bevölkerung zunutze machen. Insbesondere katholische Bevölkerungsteile wandten sich nicht nur gegen die Kirchenpolitik der Nationalversammlung, sondern gingen auch gewaltsam gegen die von ihr profitierenden religiösen Minderheiten vor. Die Generalität versuchte teilweise mit Gewalt, in der Armee wieder die traditionelle hierarchische Ordnung durchzusetzen und rief damit massive Proteste und Konflikte hervor. In vielen Teilen des Landes bildeten sich gegenrevolutionäre Komitees, die mit einigem Erfolg Unruhen anzettelten, wie etwa in Nantes oder Lyon, und in den Ardennen trafen sich auf Initiative des Grafen Artois, eines emigrierten Vetters des Königs, gar tausende bewaffnete Revolutionsgegner und erklärten feierlich, das Verfassungswerk der Nationalversammlung nicht akzeptieren zu wollen. Schließlich und vor allem wurde immer wieder deutlich, daß auch der König selbst der revolutionären Neuordnung weiterhin durchaus ablehnend gegenüberstand.

So war es keineswegs ein Zufall, als sich im Lauf des Jahres 1791 die Konflikte zwischen Revolution und Konterrevolution immer mehr zuspitzten. Im März verurteilte Papst Pius VI. nicht nur die Zivilverfassung des Klerus, sondern mit den Menschen- und Bürgerrechten gleich auch die Revolution selbst, so daß die religiös motivierte Revolutionsfeindschaft nachhaltig Auftrieb bekam. Einen Monat später scheiterte ein erster Versuch der königlichen Familie, Paris zu verlassen, am Widerstand der von Nationalgardisten unterstützten Pariser Bevölkerung. Am 20. Juni 1791 schien die Revolution dann endgültig auf der Kippe zu stehen, als der König den Versuch unternahm, Frankreich heimlich zu verlassen, um anschließend, wie er öffentlich erklären ließ, mit Hilfe ausländischer Truppen seine Herrschaft wieder herstellen zu können. Die Flucht scheiterte nur knapp, die Kutschen der königlichen Familie konnten erst kurz vor der belgischen Grenze, in Varennes, auf Initiative eines Postmeisters von lokalen Nationalgardisten festgehalten werden; es folgte die Rückführung nach Paris. Ob

Abb. 3: Verhaftung Ludwigs XVI. in Varennes. Zeitgenössischer Kupferstich.

der König seine Pläne tatsächlich hätte umsetzen können, d. h. ob die europäischen Monarchen ihm wirklich die gewünschten Truppen zur Verfügung gestellt hätten, muß eine offene Frage bleiben. In aller Eindeutigkeit aber offenbarte sein Fluchtversuch, daß das Projekt der konstitutionellen Monarchie als Ausgleich zwischen der revolutionären Souveränität der Nation und dem überkommenen monarchischen Herrschaftssystem kaum eine Zukunft haben würde. Und zugleich rückte nun mit der Verbindung von Innenpolitik und Kriegsgefahr eine Thematik in den Mittelpunkt der Politik, die in der Folgzeit den Kurs der Revolution grundlegend prägen, vor allem wesentlich zur weiteren revolutionären Radikalisierung beitragen sollte. (Vgl. Dok. 7)

Bereits in unmittelbarer Reaktion auf den königlichen Fluchtversuch schien Frankreich, schien vor allem Paris Ende Juni 1791 am Rande einer erneuten revolutionären Erhebung zu stehen. Die Nationalgarde trat unter die Waffen, etwa 30.000 Menschen unterschrieben innerhalb weniger Tage eine Petition, in der die Errichtung einer Republik gefordert wurde, und am 25. Juni beschloß auch die Nationalversammlung die zeitweise Suspendierung des Königs. Doch die revolutionäre Dynamik ging den meisten Abgeordneten bald zu weit. Sie wollten ihr Verfassungswerk retten und flüchteten sich in die Fiktion, Ludwig sei nicht geflohen, sondern entführt worden. In der politischen Öffentlichkeit aber führte der Konflikt zwischen republikanischen und monarchisch-konstitutionellen Kräften zu einer tiefen Spaltung der revolutionären Bewegung. Nachdem der berühmte Philosoph Condorcet hier die Einführung der Republik gefordert hatte, spaltete sich das entscheidende politische Kraftzentrum, der Pariser Jakobinerklub. Die meisten ihm angeschlossenen Abgeordneten schieden aus und gründeten einen neuen Klub, den wiederum nach seinem Sitzungslokal in einem ehemaligen Kloster benannten Klub der *Feuillants*. Und das Schisma der revolutionären Kräfte blieb nicht auf die organisatorische Ebene begrenzt. Als der populare Klub der *Cordeliers* am 17. Juli 1791 auf dem Pariser Marsfeld eine Massenversammlung für die Absetzung des Königs organisierte, ließ General La Fayette die Bewegung von der Nationalgarde mit Waffengewalt auflösen. Das sog. Marsfeldmassaker hinterließ etwa 30-50 Tote und wurde zum Symbol für die unüberbrückbaren Gegensätze zwischen den liberalen Führern der konstitutionellen Revolution auf der einen, den in der Bevölkerung an Zulauf gewinnenden, republikanisch-demokratisch orientierten Kräften auf der anderen Seite. Sollte Ludwig abgesetzt und die Revolution weiter vorangetrieben werden, oder war es vielmehr notwendig, sie nun endlich zu beenden, um ihre grundlegenden Erfolge sichern zu können, so lautete die entscheidende Frage. (Vgl. Dok. 7 u. 8)

Vorerst dominierten die *Feuillants* und ihre Anhänger. Auf das Marsfeldmassaker folgte eine Repressionswelle, die die exponierten Führer der republikanischen Bewegung wie etwa den populären *Volksfreund* Marat in den Untergrund drängte. Die Nationalversammlung brachte ihr Verfassungswerk förmlich zum Abschluß, und mit der feierlich erklärten Zustimmung des Königs schien die Revolution am 14. September 1791 vollendet zu sein. Die folgenden Parlamentswahlen und insbesondere die politische Entwicklung in der neu gewählten Legislative zeigten jedoch, daß sich die gesellschaftlichen Kräfteverhältnisse weiterhin in Bewegung befanden. Zwar schlossen sich weit mehr Abgeordnete den gemäßigten *Feuillants* als den radikalen *Jakobinern* an, die sich unter Führung von Maximilien Robespierre und Jacques Pierre Brissot nur langsam reorganisieren konnten. Doch in Paris waren fast ausschließlich Vertreter der jakobinischen Linken gewählt worden. Und die dynamische Zuspritzung der politischen Lage führte bald dazu, daß die keinem der konkurrierenden Klubs angeschlossene Mehrheit der Abgeordneten in der Legislative zunehmend mit den radikaleren Kräften stimmte.

Seiner sozialen Zusammensetzung nach war das neugewählte Parlament bürgerlich dominiert. Die Abgeordneten waren dabei in der Regel deutlich jünger und oft auch politisch unerfahrener als ihre Vorgänger in der Konstituante, nicht zuletzt deshalb, weil diese auf Antrag von Robespierre ihre direkte Wiederwahl selbst ausgeschlossen hatten. Doch der Radikalisierungsprozeß, den die Legislative durchlief, vollzog sich vor allem in einem allgemeineren gesellschaftspolitischen Kontext, der von wachsenden Spannungen zwischen revolutionären und gegenrevolutionären Kräften geprägt war. In den Mittelpunkt der politischen Auseinandersetzungen rückte nun zunehmend die Außenpolitik, wobei die Konflikte des revolutionären Frankreich mit den benachbarten absolutistischen Mächten allerdings auf vielfältige Weise mit den innenpolitischen Frontlinien verknüpft waren. Nicht nur die verwandtschaftlichen Beziehungen zwischen der Königin Marie-Antoinette und ihrem Bruder, dem österreichischen Kaiser Leopold II., die in der revolutionären Öffentlichkeit den durchaus nicht abwegigen Eindruck hervorriefen, am Pariser Hof intrigiere ein *österreichisches Komitee* gegen die revolutionäre Neuordnung, waren dafür verantwortlich. Auch die offizielle Politik der deutschen Monarchen trug nachdrücklich dazu bei. Denn zum einen hatte Leopold, dessen Truppen seit der Niederschlagung der Revolution in den österreichischen Niederlanden unmittelbar an der französischen Nordgrenze standen, gemeinsam mit den Königen von Preußen und Sachsen Ende August 1791 in der *Pillnitzer Deklaration* ganz offen den Anspruch formuliert, die monarchische Autorität in Frankreich ggf. auch mit Waffengewalt garantieren zu wollen. Und zum anderen wurden die aktiv gegenrevolutionären, von den Brüdern des Königs angeführten Bestrebungen französischer Emigranten, die ihr Zentrum im grenznahen Koblenz fanden, von den deutschen Fürsten teilweise offen unterstützt, zumindest aber geduldet.

In Frankreich fühlten sich die Vertreter der Revolution so auf doppelte Weise bedroht: Zum einen durch die Anmaßung der absolutistischen Mächte, die mit bewaffneten Drohungen Einfluß auf die Innenpolitik der souveränen Nation nehmen wollten. Und zum anderen durch den Feind im Innern, der seine politische Schwäche mithilfe ausländischer Mächte zu konterkarieren versuchte. Die gegenrevolutionären Kräfte innerhalb wie außerhalb Frankreichs schienen zu einer einheitlich agierenden Bedrohung zu werden, deren gemeinsamer Bezugspunkt der König war. Es lag somit auf der Hand, durch eine selbstbewußte, ja aggressive Außenpolitik Ludwig XVI. zu einer klaren Entscheidung für oder gegen die Revolution zu zwingen. Der Führer der jakobinischen Fraktion in der Legislative, der Journalist Jacques-Pierre Brissot, schlug diesen Weg ein, als er am 20. Oktober 1791 eine umjubelte Rede gegen die Emigranten hielt, in deren Gefolge diese gesetzlich zur Rückkehr nach Frankreich verpflichtet wurden, wenn sie nicht als Landesverräter verfolgt werden wollten. Doch der König, dessen emigriertem Bruder zugleich der Entzug des Regentschaftsrechts angedroht worden war, legte sein *Veto* ein und bestärkte damit nur den Verdacht, daß er mit den gegenrevolutionären Bestrebungen im Bunde stehe.

Angesichts des anhaltenden, ja wachsenden Bedrohungsgefühls der revolutionären Öffentlichkeit spitzten sich die politischen Debatten schnell zu und der Krieg, dem die Revolution noch ein Jahr zuvor feierlich abgeschworen hatte, rückte bald auf die politische Agenda; zuerst der Krieg gegen die grenznahen deutschen Fürstentümer, die die Bestrebungen der Emigranten duldeten, bald auch der Krieg gegen die großen deutschen Monarchien, insbesondere gegen

Abb. 4, 5, 6: Protagonisten der Revolution: Camille Desmoulins, Georges Danton, Maximilien Robespierre. Zeitgenössische Kupferstiche.

die österreichischen Habsburger, die vergeblich aufgefordert wurden, sich von den französischen Emigranten zu distanzieren und von ihren Drohgebärden gegenüber dem revolutionären Frankreich Abstand zu nehmen. Krieg oder Frieden, diese Frage stand auch im Mittelpunkt der großen Debatten, die zum Jahreswechsel 1791/92 den erneut in den Mittelpunkt des politischen Geschehens rückenden Pariser Jakobinerklub erschütterten. Während Brissot und seine Anhänger hier zunehmend einen revolutionären Befreiungskrieg beschworen, der nicht nur die revolutionäre Neuordnung in Frankreich nach Außen und Innen konsolidieren, sondern auch das europäische *Ancien Régime* insgesamt erschüttern sollte (vgl. Dok. 9), votierten Vertreter der äußersten Linken wie Georges Danton, Camille Desmoulins und vor allem Robespierre für eine abwartende Haltung. Auch sie waren keine Pazifisten, auch sie gingen davon aus, daß ein militärischer Konflikt mit den alten Ordnungsmächten auf Dauer kaum zu umgehen sein würde. Doch nach ihrer Auffassung war das revolutionäre Frankreich militärisch noch zu schwach, um den Krieg jetzt schon zu wagen, und zugleich fürchteten sie in seinem Gefolge einen Machtgewinn der Krone und die politische Verselbständigung eines noch immer von Vertretern des Adels dominierten Offizierskorps. (Vgl. Dok. 10)

Als die Legislative am 20. April 1792 schließlich über die Kriegserklärung an den König von Ungarn und Böhmen (Franz II. war noch nicht formell zum Kaiser gekrönt worden) abstimmte, waren die Mehrheitsverhältnisse in der Legislative eindeutig: Gegen eine kleine Minderheit von sieben teils auf dem linken, teils auf dem rechten Flügel stehenden Opponenten stimmte die überwältigende Mehrheit der Abgeordneten für den Krieg. Im revolutionären Lager hatten sich die Vertreter der jakobinischen Kriegspartei ganz offensichtlich gegen die Bedenkenträger durchgesetzt. Doch die große Einmütigkeit, mit der die Abgeordneten für den Krieg votierten, hatte noch andere Gründe, und sie erwies sich bald als Chimäre. Sie basierte vor allem darauf, daß fast alle politischen Lager mit dem Krieg spezifische, jedoch durchaus gegensätzliche Ziele verfolgten. Beantragt hatte die Kriegserklärung verfassungsgemäß der König, der bereits im März die *Feuillants* aus den Ministerämtern entlassen und ein jakobinischen Ministerium berufen hatte. Ein Bekenntnis zur Revolution war damit allerdings nur scheinbar verbunden, denn der Hof setzte darauf, daß Frankreich militärisch unterliegen werde und die siegreichen Monarchen Ludwig XVI. wieder als unbeschränkten Herrscher etablieren würden. Etwas anders sah das Kalkül der Kräfte um die Generäle La Fayette und Narbonne aus. Sie hofften vor allem auf den Machtgewinn des Militärs, das sich im Kriegsfall so oder so als entscheidende Ordnungsmacht würde profilieren können. Abgesehen von der äußersten jakobinischen Linken traten nur Teile der *Feuillants* für die Beibehaltung des Friedens ein, weil sie allein darin eine Chance sahen, die konstitutionelle Monarchie noch retten zu können. Doch ihr Marginalisierungsprozeß war nicht nur angesichts der aufgepeitschten nationalen Emotionen kaum noch aufzuhalten, sondern auch weil sie zuvor mit ihrer lavierenden, teilweise auch konspirativen Politik alle anderen politischen Kräfte vor den Kopf gestoßen und zunehmend an Rückhalt verloren hatten.

Von nun an stand die Revolution im Zeichen des Krieges, und diese Zeichen standen auf Radikalisierung. Zu Anfang schienen sich die Befürchtungen Robespierres zu bewahrheiten, denn die französischen Truppen mußten gravierende militärische Niederlagen einstecken, ihre Generäle verhielten sich abwartend, und der König entließ bereits Anfang Juni 1792 die kaum drei Monate zuvor berufenen jakobinischen Minister Jean-Marie Roland, Joseph Servan und Etienne Clavière. Vorangegangen waren allerdings politische Entscheidungen, die in eine andere, revolutionäre Richtung wiesen. Die Legislative hatte nicht nur Möglichkeiten zur Deportation gegenrevolutionär eingestellter, den Eid auf die Verfassung verweigernder Priester beschlossen, sondern auch die Garde des Königs entlassen und stattdessen die Departements zur Entsendung von 20.000 bewaffneten Nationalgardisten für die Verteidigung der bedrohten Hauptstadt nach Paris aufgerufen. Der König legte sein Veto gegen diese Entscheidungen ein, doch den politischen Radikalisierungsprozeß konnte er damit nicht mehr aufhalten, im Gegenteil. Am 20. Juni kam es zu einer ersten großen Massendemonstration der von den Sektionen der Hauptstadt organisierten Bevölkerung gegen die Kriegspolitik des Königs. Die Massen drangen in die königlichen Gemächer der Tuilerien ein und nötigten Ludwig XVI., eine Jakobinermütze aufzusetzen und einen Becher Wein auf die Revolution zu trinken, ohne ihn jedoch zu einer Rücknahme seiner Beschlüsse veranlassen zu können. Eine Woche später scheiterte ein Versuch La Fayettes, der die Bedrohung der königlichen Familie durch die Pariser Massen zum Anlaß nehmen wollte, um einen antijakobinischen Staatsstreich durchzuführen, an der Ablehnung der Nationalgardisten. Am 11. Juli schließlich erklärte die Legislative angesichts der militärischen

Bedrohung *la patrie en danger*, das Vaterland in Gefahr, und rief die Bevölkerung damit zu einer selbstorganisierten bewaffneten Landesverteidigung auf, die rasch in eine revolutionäre Erhebung mündete. (Vgl. Dok. 11)

Als Ende Juli 1792 in Paris das Manifest des Herzogs von Braunschweig, des Kommandeurs der feindlichen Invasionstruppen bekannt wurde, in dem dieser die Vernichtung der Hauptstadt androhte, wenn sich die Bevölkerung nicht sofort wieder der Herrschaft des Königs unterwerfe, war endgültig der Funken an das Pulverfaß gelegt. Am 3. August forderte der Pariser Bürgermeister Jérôme Pétion im Namen von 47 der 48 Pariser Sektionen vor der Nationalversammlung die Absetzung des offensichtlich mit den feindlichen Invasoren verbündeten Königs. Während die zögerliche Nationalversammlung noch Vorbereitungen für ihre Diskussion über eine Suspendierung Ludwigs traf, nahmen ihr die bewaffneten Kräfte der Pariser Sektionen, unterstützt von den *Fédérés* aus den Departements, am 10. August die Entscheidung aus der Hand. (Vgl. Dok. 12) Vorbereitet von einem geheimen Aufstandskomitee, stürmten sie die Tuilerien und erzwangen nach blutigen Kämpfen die Absetzung und Inhaftierung des Königs sowie die Einberufung eines demokratisch gewählten Nationalkonvents, der Frankreich eine neue, republikanische Verfassung geben sollte. Die Regierung übernahm ein von der Legislative gewähltes Exekutivkomitee, in dem neben Innenminister Roland nun als Vertrauensmann der aufständischen Pariser Bevölkerung Justizminister Danton eine führende Rolle spielte.

Die Dynamik der Aufstandsbewegung war damit allerdings noch nicht an ihr Ende gekommen. Angesichts der drohenden militärischen Invasion traten immer mehr Menschen zur Landesverteidigung unter die Waffen, und in Paris organisierte die aufständische Kommune ein improvisiertes System der Überwachung und Verfolgung möglicher Konterrevolutionäre, den sog. ersten Terror. Als die Invasionstruppen des Herzogs von Braunschweig die französische Nordgrenze überschritten, entlud sich die angespannte Mischung aus Angst, Wut und Haß in einem spontanen Gemetzel an den Insassen der Pariser Gefängnisse, die schon lange der Kooperation mit dem äußeren Feind verdächtigt worden waren. Der *justice du peuple* fielen Anfang September 1792 in Paris etwa 1.300 Häftlinge zum Opfer, und die sog. Septembermassaker fanden anschließend in weiteren französischen Städten ihre Fortsetzung. Während sich die meisten Vertreter des revolutionären Establishments voller Grausen von dem blutigen Gemetzel abwandten und, wie es vielfach hieß, einen *Schleier des Vergessens* darüber ausbreiten wollten, feierten radikalere Kräfte die *Volksjustiz* als integralen Bestandteil einer dynamischen Erhebung des Volkes, die allein in der Lage sei, die bedrohte Revolution noch zu retten. Sie konnten sich bestätigt fühlen, als wenige Wochen später deutlich wurde, daß es dem revolutionären Elan der französischen Freiwilligenregimenter bei Valmy tatsächlich gelungen war, die feindlichen Invasionstruppen zu stoppen und Paris, das Zentrum der Revolution, zu retten.

Die Revolutionsarmeen gingen anschließend sofort in die Offensive über und überschritten die Grenzen Belgiens und des deutschen Rheinlandes. Berauscht

Abb. 7: Septembermassaker (4. Sept. 1792): Hinrichtung von Priestern, die den Eid auf die Verfassung verweigerten. Zeitgenössischer Stich.

von ihren Erfolgen, griff der neugewählte Nationalkonvent auf die Ideologie des revolutionären Befreiungskrieges zurück und bot mit seinen *Propagandadekreten* vom November 1792 allen freiheitsliebenden Völkern Europas militärische Unterstützung im Kampf gegen ihre despotischen Herrscher an. Durch die Eroberung ausländischer Territorien sah sich das revolutionäre Frankreich bald allerdings mit den Problemen der militärischen Besatzungsherrschaft konfrontiert. Vor allem in Belgien standen die französischen Soldaten einer Bevölkerung gegenüber, die sie durchaus nicht uneingeschränkt als Befreier begrüßte. In dieser Situation begann der Konflikt zwischen den Idealen des revolutionären Befreiungskrieges und den nationalen Interessen des revolutionären Frankreich immer deutlicher hervorzutreten. Und im Zweifelsfall, das wurde schon im Dezember deutlich, als der Konvent über die Prinzipien der Besatzungsherrschaft befand, würde das französische Eigen- und Herrschaftsinteresse, zumal unter den Bedingungen des Krieges, am Ende die Oberhand gewinnen. (Vgl. Dok. 15)

  Auch im Innern entwickelte sich die politische Situation nicht konfliktfrei. Sie war im Gegenteil geprägt von scharfen Auseinandersetzungen zwischen der Pariser Volksbewegung und dem neugewählten Konvent einerseits, innerhalb der Volksvertretung andererseits. Am 21. September 1792, als die ersten Siegesmeldungen von der Front Paris erreichten, war der Konvent gerade erstmals zusammengetreten. Er erklärte Frankreich zur Republik, stellte sich die Aufgabe, dem Land eine neue, demokratische Verfassung zu geben und setzte eine wiederum von Roland geführte Regierung ein. Im Konvent dominierte nun eine politische Gruppierung, die zumeist als *Gironde* bezeichnet wird, weil viele ihrer führenden Vertreter, wie etwa Pierre Vergniaud und Jean-François Ducos, aus dem gleichnamigen Departement im Südwesten Frankreichs stammten. Zeitgenössisch sprach man indes eher von den *Brissotins*, weil der Pariser Brissot zu ihrem prominentesten Führer wurde. Die *Gironde* war keine moderne Partei und auch keine organisierte Parlamentsfraktion, sondern eine lose, über Klubs, Salons und persönliche Beziehungen verbundene Gruppe von Abgeordneten mit tendenziell ähnlichen politischen Auffassungen. Ihre Anhänger waren zumeist Revolutionäre der ersten Stunde, Mitglieder des Jakobinerklubs und entschiedene Protagonisten der demokratischen Republik. Doch mit ihrer Einführung sahen sie die Revolution nun, ähnlich wie gut ein Jahr zuvor die konstitutionellen *Feuillants*, im wesentlichen als beendet an.

Mit dieser Auffassung gerieten sie allerdings rasch in Konflikte mit der revolutionären Pariser Kommune, die sich als wesentliche Trägergruppe der republikanisch-demokratischen Revolution vom 10. August 1792 begriff und mit ihren basisdemokratischen Ansprüchen das repräsentative Selbstverständnis des Konvents als berufene Vertretung der ganzen französischen Nation infrage stellte. Ihre Vertreter hielten die *Brissotins* wegen ihrer Kriegspolitik, aber auch wegen ihrer teilweise zögerlichen Haltung im August 1792 für Verräter an der revolutionären Demokratie, die es mit allen Mittel zu bekämpfen gelte. Die *Girondisten* sahen in den Protagonisten der direkten Demokratie dagegen nunmehr, nach der Etablierung der demokratischen Republik, anarchistische, der Konterrevolution zuarbeitende Aufrührer, die die im Konvent repräsentierte Souveränität des Volkes zerstören und deren Hintermänner eine Diktatur errichten wollten. (Vgl. Dok. 13) Unterstützung fand die Pariser Kommune im Konvent dagegen bei den *Montagnards*, den radikalen, sich auf den oberen Rängen des Konvents sammelnden Abgeordneten der *Bergpartei* mit Danton, Robespierre und Marat an der Spitze, die zum eigentlichen politischen Gegenspieler der *Gironde* wurde. Die *Montagnards* traten für ein Weitertreiben der Revolution ein, sowohl um die revolutionäre Neuordnung zu festigen als auch um die revolutionären Energien für die Kriegsführung nutzbar zu machen. Die Mehrheitsbildung im Konvent indes war abhängig vom politischen Verhalten der großen Zahl von Abgeordneten, die sich keiner der beiden Fraktionen zugehörig fühlten. Diese sog. *Plaine*, die *Ebene*, neigte anfangs eher der *Gironde* zu, während sie sich im Frühjahr 1793 unter der Führung von Bertrand Barère zunehmend den radikaleren Positionen der *Montagne* annäherte.

In den Mittelpunkt der sich zuspitzenden Konflikte, die schon im Herbst 1792 zum Ausschluß von Brissot und seinen Anhängern aus dem sich weiter radikalisierenden Pariser Jakobinerklub führten, rückten zuerst die Rolle der Pariser Kommune und die Septembermassaker, dann das *girondistische* Projekt einer von den Departements gestellten Garde zum Schutz des Konvents vor den bewaffneten Pariser Sektionen, schließlich und vor allem zum Jahreswechsel 1792/93 der Prozeß gegen den König. Daß Louis Capet, wie der König nun mit seinem bürgerlichen Namen genannt wurde, der Konspiration mit dem feindlichen Ausland und damit des Landesverrats schuldig war, stand angesichts der in den Tuilerien aufgefundenen Dokumente außer Frage. Doch durfte man einem König den Prozeß machen, der nach der zu seiner Regierungszeit gültigen Verfassung unantastbar war? Und wer sollte über ihn Recht sprechen? In diesen schwierigen Fragen setzten sich die von Saint-Just und Robespierre vertretenen, radikalen Positionen der Bergpartei durch, nach denen es gar nicht um ein Gerichtsverfahren ging, sondern um einen politischen, vom Konvent selbst durchzuführenden Prozeß, dessen Ziel die endgültige Vernichtung des Königtums sei. (Vgl. Dok. 14) Während die *Montagnards* im Prozeß selbst konsequent und geschlossen für die Verurteilung und Hinrichtung Ludwigs eintraten, stellten sich ihre Gegenspieler sehr viel uneinheitlicher dar. Sie stimmten nicht nur unterschiedlich ab, sie lavierten auch und versuchten auf vielfältige Weise, das Leben des abgesetzten und verurteilten Monarchen zu retten, womit sie in der Öffentlichkeit zunehmend den Eindruck mangelnder Handlungsfähigkeit, aber auch eines verkappten Royalismus erweckten. Am 17. Januar 1793 entschied sich der Konvent nach einem eintägigen Abstimmungsmarathon mit ausführlichen Stellungnahmen jedes einzelnen Abgeordneten schließlich mit der denkbar knappsten Mehrheit von 361:360 Stimmen (darunter 26 Abgeordnete, die zwar für die Todesstrafe, aber zugleich für einen Strafaufschub eintraten) für die Hinrichtung des Königs. Nachdem eine weitere Abstimmung zu dem nunmehr eindeutigen Ergebnis führte, daß die Hinrichtung nicht weiter aufgeschoben werden sollte, wurde sie vier Tage später öffentlich vollzogen.

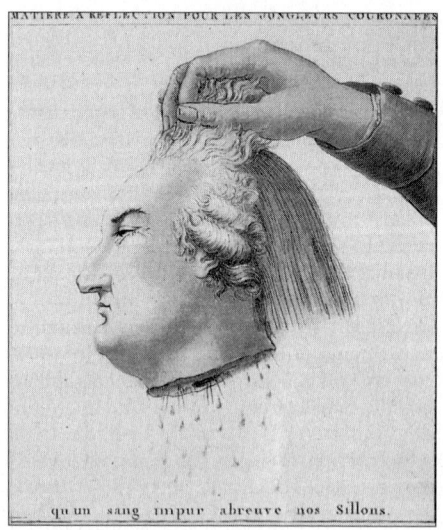

Abb. 8: *Anschauungsmaterial für die gekrönten Schwindler:* der Kopf Ludwigs XVI. nach der Enthauptung. Zeitgenössischer Stich.

In den folgenden Monaten waren es erneut der Krieg und *la vie chère*, die grassierende Verteuerung der Lebensmittel und die daraus resultierende Not breiter Pariser Bevölkerungsschichten, die einer weiteren revolutionären Radikalisierung den Weg bereiteten. Nachdem die französischen Armeen im Herbst 1792 in die österreichischen Niederlande (Belgien) und das Rheinland einmarschiert waren, begann sich das Blatt Anfang 1793 mit der Bildung der ersten antifranzösischen Koalition wieder zu wenden. Vor allem England und Spanien traten nun gegen Frankreich in den Krieg ein, und im März konnten die Truppen von General Dumouriez dem Gegenangriff der Österreicher in Belgien nicht mehr Paroli bieten. Als auch Preußen im Rheinland erneut in die Offensive ging, Dumouriez nach einem gescheiterten Versuch, seine Soldaten zu einem Marsch auf Paris zu bewegen, zum Feind überlief und zugleich, angestachelt von den kurz zuvor beschlossenen Rekrutenaushebungen, Aufstände in der Vendée und in der Bretagne begannen, sah sich die französische Republik erneut von allen Seiten, von außen wie von innen, existentiell bedroht. Der Konvent reagierte darauf mit der Einrichtung von Sondergewalten, die die Führung von Krieg und Bürgerkrieg effizienter gestalten sollten und im Innern den Weg zum revolutionären Staatsterror eröffneten. „Seien wir schrecklich, damit nicht das Volk schrecklich sein muß", so zog Danton die politische Lehre aus den Septembermassakern des Vorjahres. Nachdem bereits am 10. März auf seinen Antrag die Bildung eines politischen Revolutionstribunals beschlossen worden war (vgl. Dok. 16), folgten am 21. März die Einrichtung von Überwachungskomitees in den Pariser Sektionen und am 6. April die Einsetzung eines *Comité de salut publique*, des öffentlichen Wohlfahrtsausschusses, der eigentlich nur die Regierung kontrollieren sollte, de facto zunehmend aber selbst die politische Führung im Selbstbehauptungskampf des revolutionären Frankreich übernahm.

Bei diesen Entscheidungen erschien die zaudernde *Gironde* wiederum als eine eher getriebene, denn als eine die Revolution führende politische Kraft und verlor deshalb zunehmend an politischem Kredit. Die sich abzeichnende Verschiebung der Mehrheitsverhältnisse im Konvent zugunsten der radikaleren *Bergpartei* wurde darin deutlich, daß die Vertreter der *Gironde* im Wohlfahrtsausschuß kaum noch beteiligt waren. Die *Montagnards* Danton und Cambon sowie, für die *Plaine*, Barère nahmen nun eine dominierende Position ein. Zugleich brachten die gemäßigten Kräfte mit ihrer Weigerung, aktive Maßnahmen zur Sicherstellung der Lebensmittelversorgung zu ergreifen, die Pariser Bevölkerung immer stärker gegen sich auf. In der Hauptstadt herrschte angesichts endlos steigender Lebensmittelpreise Hunger, und im popularen Diskurs gingen die Forderungen nach sozialpolitischen Eingriffen und rigorosem Kampf gegen die Konterrevolution, als deren Inkarnation *les riches*, die Reichen erschienen, eine unauflösliche Verbindung ein. Nachdem bereits Anfang März ein von den radikalen, sozialrevolutionären *Enragés* um den Priester Jacques Roux organisierter Aufstandsversuch gescheitert war, veranlaßte der anhaltende, von der

Kommune organisierte Massendruck den Konvent am 4. Mai 1793, das *kleine Maximum*, eine Höchstpreisverordnung für Getreidepreise zu verabschieden. Eine Beruhigung der Situation konnte damit jedoch nicht erreicht werden, vielmehr spitzte sich die Konfrontation im Laufe des Mai immer weiter zu. Die Pariser Sektionen, die bereits im April ein geheimes Aufstandskomitee gebildet hatten, richteten ihre Agitation nun immer entschiedener gegen die führenden Vertreter der *Gironde* und stellten eine Proskriptionsliste mit den Namen von Abgeordneten auf, die aus dem Konvent ausgeschlossen und verhaftet werden sollten.

Die *Girondisten* versuchten umgekehrt, die populärsten Wortführer der Sektionsbewegung, zuerst Marat, später dann Jean-François Varlet und Jacques René Hébert, als anarchistische, mit Recht und Eigentum zugleich die Revolution selbst zerstörende Aufrührer zu denunzieren. (Vgl. Dok 17) Anfangs konnten sie damit noch die Mehrheit der Konventsabgeordneten auf ihre Seite ziehen. Unter dem Eindruck der Pariser Unruhen etablierte der schwankende Konvent Anfang Mai sogar eine nunmehr ausschließlich von Vertretern der Gemäßigten beschickte Kommission, die die aufrührerischen Bestrebungen in Paris untersuchen und Maßnahmen zu ihrer Bekämpfung vorschlagen sollte. Dies gab schließlich den letzten Anstoß für eine erneute Erhebungen der Pariser Sektionen, deren primäres Ziel in enger Abstimmung mit den Anhängern Robespierres die Ausschaltung der *Gironde* war.

Am 31. Mai kam es zum bewaffneten Aufstand. Der Konvent gab insofern nach, als er die Anstoß erregende Kommission auflöste. Doch dieser partielle Erfolg reichte nun nicht mehr aus, um die aufgepeitschte Situation zu beruhigen. Zwei Tage später, am 2. Juni, zogen die schwerbewaffneten Pariser Sektionen erneut vor das Konventsgebäude und forderten den Ausschluß und die Inhaftierung der führenden Vertreter der *Gironde*. Unter der Führung ihres Präsidenten Hérault de Sêchelles versuchten die Abgeordneten, den belagerten Sitzungssaal des Konvents in den Tuilerien zu verlassen. Doch als der militärische Führer der Aufständischen, Hanriot, die mitgeführten Kanonen schussbereit machen ließ, fügten sich die Volksvertreter schließlich der Gewalt, schlossen nach einer von Marat redigierten Liste 29 *girondistische* Abgeordnete aus ihren Reihen aus und setzten sie, ebenso wie die Minister Clavière und Lebrun, in Haft. Weitere 75 Abgeordnete, die anschließend gegen diese Vergewaltigung der Volksvertretung schriftlichen Protest einlegten, wurden kurzerhand ebenfalls ausgeschlossen, so daß die Mehrheit im Konvent nun eindeutig an die *Montagne* überging.

Der von der *Bergpartei* geführte Konvent bildete die Regierung neu und brachte die im Parteienkampf lange verzögerte Fertigstellung der neuen, demokratischen Verfassung rasch zum Abschluß. Seine am 24. Juni verabschiedete und anschließend von einer Volksabstimmung bestätigte Verfassung etablierte eine repräsentative Demokratie mit parlamentarischer Regierungsbildung, Widerstandsrecht und weitreichenden sozialstaatlichen Garantien. Sie wurde allerdings unmittelbar nach ihrer Verkündung bis Kriegsende suspendiert; de facto trat sie nie in Kraft. Anfang Juli folgte die Reorganisation des zuvor von Marat als *Ausschuß für allgemeine Verluste* verspotteten Wohlfahrtsausschusses, in dem nun, sekundiert von den Vertretern der Ebene Barère und Robert Lindet sowie den Militärfachmännern Lazare Carnot und Prieur de la Côte d'Or, mit Saint-Just, Georges Couthon, Jean Bon Saint-André, Hérault, Jacques Thuriot und Prieur de la Marne vor allem die *Montagnards* dominierten. Ende Juli rückte Robespierre nach, der anstelle des zurückgetretenen Danton bald zur anerkannten Führungspersönlichkeit aufstieg. Der Konflikt zwischen der Pariser Sektionsbewegung und dem Konvent war mit diesen Maßnahmen allerdings noch keineswegs befriedet. Die sozialrevolutionäre Agitation der *Enragés* gegen die Reichen als Inkarnation der inneren Konterrevolution, aber auch gegen die ihrer Meinung nach die sozialen Interessen der notleidenden Bevölkerung mißachtenden Volksvertreter nahm vielmehr noch an Schärfe zu. (Vgl. Dok. 18) Sie fiel bei den weiterhin hungernden, von den sozialen Ergebnissen ihrer Revolution enttäuschten *Sansculotten* auf fruchtbaren Boden In den Pariser Sektionen begannen zwei Parolen zu kursieren, die angesichts der zunehmenden Bedrohung der Republik durch Krieg und Bürgerkrieg bald in den Mittelpunkt der Revolution rücken sollten: die *Levée en masse* und die *Terreur*.

Nach dem Sturz der *Gironde* war zu den konterrevolutionären Erhebungen in der Vendée und in der Bretagne noch die sog. föderalistische, gegen die jakobinische Revolutionsführung in Paris gerichtete Erhebung großer Städte vor allem im Süden Frankreichs – Bordeaux, Lyon, Marseilles, Nîmes, Toulouse – hinzugetreten, und auch von der militärischen Front kamen weitere Verlustmeldungen. Als zuerst Mainz von den französischen Besatzungstruppen geräumt wurde und anschließend die Grenzfeste Valenciennes kapitulieren mußte, drohte erneut die militärische Invasion. Angesichts der allseitigen Bedrohung forderten die hungernden Pariser Volksmassen die bürgerliche Revolutionsführung auf, eine allgemeine revolutionäre Massenerhebung der Bevölkerung zum Kampf gegen alle inneren wie äußeren Feinde der Revolution einzuleiten. (Vgl. Dok. 19) Der zuerst zögerliche Konvent, der sich nun auch unter der Führung der Bergpartei das Heft der Politik nicht von den aufrührerischen Pariser *Sansculotten* aus der Hand nehmen lassen wollte, mußte den Forderungen schließlich doch nachgeben und dekretierte am 23. August die *Levée en masse*. Die Umsetzung dieses Beschlusses wurde allerdings nicht nur herausgezögert, sondern sie nahm unter der ordnenden, auf militärische Effizienz und hierarchische Strukturen bedachten Hand der bürgerlichen Revolutionsführer im Wohlfahrtsausschuß auch ganz andere Formen an, als es die den Aufruf zu einer allgemeinen, nach außen und nach innen zielenden, selbstorganisierten revolutionären Massenerhebung ,von unten' erwartenden Vertreter der Sektionsbewegung gewünscht hatten.

Daraufhin kam es Anfang September zu einem erneuten Aufstand der Pariser Sektionen, die den Konvent nun nötigten, *la Terreur à l'ordre du jour*, den revolutionären Terror gegen den *inneren Feind* als Regierungsprogramm auf die Tagesordnung der Revolution zu setzen. Der Wohlfahrtsausschuß wurde durch zwei Vertrauensmänner der Pariser Kommune, Billaud-Varenne und Collot d'Herbois erweitert, das *Allgemeine Sicherheitskomitee* zu einem zweiten Regierungsausschuß umgebildet. Für den Kampf gegen die innere Konterrevolution und zur Requirierung von Lebensmitteln auf dem Land rief der Konvent die geforderten *Armées révolutionnaires*, bewaffnete *Sansculotten*-Einheiten ins Leben, er verabschiedete das *große Maximum*, eine allgemeine Ausweitung der Höchstpreisverordnungen, und schließlich wurden auch gesetzliche Maßnahmen auf den Weg gebracht, die die gerichtliche Verfolgung und Aburteilung von realen oder vermeintlichen Revolutionsgegnern extrem vereinfachten. Zum Instrument des justiziellen Terrors wie zum Symbol der Schreckensherrschaft wurde die Guillotine. Aufgestellt an wechselnden zentralen Orten der Hauptstadt, war sie zumeist verhüllt, gewann dadurch aber umso mehr eine geradezu mythische Gestalt. Sie symbolisierte zugleich die Macht der Revolution wie Ihre Inhalte, ihr Einsatz stand für die reinigende Erneuerung des Volkskörpers von allen ‚Verrätern' ebenso wie für die sozialen Nivellierungstendenzen der *Sansculotten*, die das *Messer der Gleichheit* beschworen.

Nachdem im Sommer 1793 die Aufstandsdynamik der Pariser Sektionen weitgehend die revolutionäre Politik bestimmt hatte, ging die Initiative im Herbst wieder an den Konvent und seine Regierungsausschüsse, vor allem an den Wohlfahrtsausschuß über. Die radikalen bürgerlichen Revolutionsführer zögerten nun bald nicht mehr, ihre zentralisierte Macht auch gegen die aufrührerischen Kräfte der Volksbewegung einzusetzen, die ursprünglich die Grundlage ihres Aufstiegs gewesen waren. Bereits im September 1793 wurde Jacques Roux, der exponierte Führer der *Enragés*, in Haft gesetzt. Im Oktober folgte die förmliche Unterordnung der Kommune unter den Wohlfahrtsausschuß, und auch die *Armées révolutionnaires* wurden, mit Ausnahme der großen Pariser Revolutionsarmee, schon bald wieder aufgelöst. Nicht revolutionäre Radikalisierung, sondern systematische Zentralisierung der revolutionären Macht lautete die Devise, unter der die Politik des Konvents und seiner Ausschüsse nunmehr stand. Die von Robespierre begründete *revolutionäre Regierung* verstand sich als eine parlamentarisch eingesetzte Notstandsdiktatur, die jenseits der suspendierten verfassungsgemäßen Ordnung mit straffer Hand die Führung von Krieg und Bürgerkrieg organisierte und damit zunehmend Erfolge erzielen konnte. (Vgl. Dok. 20) Bis zum Jahresende gelang es nicht nur, die Aufstände im Innern Frankreichs nach und nach militärisch niederzuschlagen, auch der Vormarsch der feindlichen Invasionsarmeen konnte gestoppt werden. Zu einer Beruhigung im revolutionären Lager führte diese Konsolidierung allerdings nicht, im Gegenteil.

Der Winter 1793/94 stand politisch im Zeichen des Konfliktes zwischen den radikalen, die Revolution weitertreibenden Vertretern der Pariser Sektionen, die nach einem ihrer Anführer, dem Journalisten Jacques René Hébert, auch *Héber-*

tisten genannt wurden, auf der einen, den nunmehr für eine Mäßigung des Terrors und einen baldigen Friedensschluß eintretenden Anhängern Dantons auf der anderen Seite. Auf die Niederschlagung der inneren Aufstände war eine Welle von Terrormaßnahmen gefolgt, die ihren Höhepunkt mit dem Rachefeldzug der sog. *Colonnes infernales* gegen die Bevölkerung der besiegten Vendée fanden, aber auch an vielen anderen Orten ein Regime der Gewalt hervorbrachten. (Vgl. Dok. 21) Der revolutionäre Terror, ursprünglich entstanden aus der Verbindung atavistischer Instinkte mit dem politischen Programm, durch exemplarische Gewaltmaßnahmen die Gegner der Revolution in die Schranken zu weisen, nahm zunehmend die Logik der Vernichtung an. Die *Hébertisten*, die im Kriegsministerium eine einflußreiche Kommandozentrale aufgebaut hatten und mit der Pariser *Revolutionsarmee* über ein beachtliches Machtinstrument verfügten, sahen darüber hinaus im revolutionären Terror ein geeignetes Mittel, um ihre sozialrevolutionären Ziele durchzusetzen. Eng damit verbunden war auch die im Hebst 1793 beginnende Dechristianisierungsbewegung, mit der die radikalen Aktivisten einen neuen, kulturrevolutionären Rahmen für ihr Projekt einer weiterführenden Revolutionierung der Gesellschaft etablieren wollten. Gegen die hier hervortretende Verbindung von Terror und Vandalismus, aber auch gegen die Fortführung des Krieges wandte sich der Kreis um Danton, insbesondere mit der von Desmoulins herausgegebenen Zeitschrift *Le Vieux Cordelier*, in der er dem herrschenden Staatsterrorismus die revolutionären Ursprungswerte des *Cordeliers-Clubs* entgegenzustellen versuchte. (Vgl. Dok. 22)

Anfangs schien es so, als würde Robespierre mit den *Indulgents*, den *Versöhnlern* um Danton übereinstimmen. Er war nicht nur ein alter Schulfreund von Desmoulins, als überzeugter Deist verabscheute er auch die Dechristianisierungsbewegung und ihre Ausschreitungen. Vor allem aber ging es ihm darum, die Vorrangstellung der Revolutionsführung gegen alle abweichenden Tendenzen durchzusetzen. Als die *Hébertisten* im Klub der *Cordeliers* Anfang März 1794 schließlich offen den Aufstand gegen die Revolutionsregierung propagierten, reagierte der Wohlfahrtsausschuß prompt und ließ ihre führenden Vertreter verhaften, aburteilen und hinrichten. Es folgte die Auflösung der Pariser *Revolutionsarmee*, der bewaffneten Machtbasis der *Hébertisten*. Die Pariser Sektionsbewegung, die so lange den revolutionären Prozeß vorangetrieben hatte, wurde damit, nachdem sie zuvor schon durch eine Reihe von Maßnahmen in ihrer Tätigkeit eingeschränkt worden war, weitgehend ausgeschaltet. Doch für den Kreis um Danton war dies nur ein scheinbarer Sieg. Denn nachdem die führenden Vertreter des Wohlfahrtsausschusses, insbesondere Barère, Robespierre und Saint-Just, sich schon länger gegen eine doppelseitige Bedrohung der Revolution durch die radikalen *Aufrührer* wie durch die gemäßigten *Versöhnler* gewendet hatten, folgte am 30. März 1794, knapp eine Woche nach der Hinrichtung der *Hébertisten*, die Verhaftung Dantons und seiner Freunde. Sie waren mit ihrer öffentlichen Agitation gegen den Terror ebenfalls zu einer Bedrohung für die revolutionäre Diktatur geworden, die Robespierre nicht länger dulden wolle. Der Prozeß vor dem Revolutionstribunal, in dem das Gericht dem ebenso wortgewaltigen wie populären Volkstribun das Wort entzog, endete wie gewünscht am 6. April mit der Aburteilung und unmittelbar folgenden Hinrichtung von Danton und seinen Vertrauten.

Der bisher so dynamische Prozeß der Revolution schien nunmehr mit dem berühmten Diktum von Saint-Just endgültig *glacée*, eingefroren zu sein. Die terroristische Notstandsdiktatur unter Führung von Robespierre herrschte scheinbar konkurrenzlos und uneingeschränkt. Eine Beendigung von Krieg und Terror war damit allerdings nicht verbunden, im Gegenteil. Der Frühsommer 1794 stand im Zeichen der Selbstinszenierung von Robespierre als herausragendem Führer der Revolution, wie sie insbesondere beim deistischen *Fest des Höchsten Wesens* am 8. Juni hervortrat. Seine Herrschaft berief sich nun zunehmend auf die revolutionäre *Tugend*, zu der es die vielfach verkommenen, hinter das Ideal vom revolutionären *homme nouveaux* zurückfallenden Menschen zu zwingen gelte. Unmittelbar damit verbunden war der nun verschärft einsetzende *Große Terror*. Nachdem mit den *Prairial*-Gesetzen vom 10. Juni die nunmehr ausschließlich in Paris zentralisierten politischen Verfahren vor dem Revolutionstribunal noch einmal vereinfacht worden waren, wurden in den folgenden sechs Wochen in der Hauptstadt 1376 Menschen verurteilt und hingerichtet; gut hundert mehr als in den ganzen 14 Monaten, die das politische Ausnahmegericht zuvor existiert hatte. Insgesamt forderte der justizielle Terror zwischen März 1793 und August 1794 in ganz Frankreich offiziell 16.594 Menschenleben. Die Opfer des Terrorsystems sind mit diesen Zahlen allerdings nicht annähernd erfaßt, denn den auf die Niederschlagung von Revolten und Aufständen im revolutionären Bürgerkrieg folgenden Terrormaßnahmen fielen weit mehr Menschen, mindestens einige zehntausend zum Opfer.

Eine Reihe von Ursachen trug dazu bei, daß die persönliche Diktatur Robespierres und damit auch das Terrorregime Ende Juli 1794 schließlich doch gestürzt werden konnten. Nicht um einen erneuten revolutionären Aufstand handelte es sich dabei, sondern um ein Komplott der unterschiedlichsten politischen Kräfte im Konvent, die allein die Gegnerschaft zu Robespierre einte. Die terroristische Bedrohung war allseitig geworden. Sie richtete sich gegen führende *Terroristen* wie Jean-Baptiste Carrier und Joseph Fouché, die Robespierre wegen ihres blutrünstigen und korrupten Verhaltens als Konventskommissare in den aufständischen Gebieten anklagte, ebenso wie gegen die Kollegen im Wohlfahrtsausschuß selbst, wo sowohl die gemäßigten Mitglieder Carnot und Lindet als auch die Radikalen Billaud und Collot immer häufiger mit Robespierre und seinen Anhängern zusammenstießen. Der von Robespierre zelebrierte Personenkult stieß zugleich viele Revolutionäre vor den Kopf, die insbesondere über den pseudoreligiösen Kult des *Höchsten Wesens* nur spotten konnten. Robespierre selbst verlor darüber hinaus zunehmend den Kontakt zu den Quellen seiner Macht, weil er sich nach der weitgehende Ausschaltung der Sektionsbewegung zunehmend auch aus dem Jakobinerklub und dem Wohlfahrtsaus-

Abb. 9: *Robespierre guillotiniert den Henker, nachdem er alle Franzosen guillotiniert hat.* Zeitgenössischer Karikatur.

ROBESPIERRE, guillotinant le bourreau après avoir fait guillot' tous les Francais

schuß zurückzog. Nicht zuletzt aber war nach dem entscheidenden Sieg der französischen Truppen über die Österreicher Ende Juni bei Fleurus auch die wichtigste Begründung für die revolutionäre Diktatur, die Bedrohung der Republik durch Krieg und Bürgerkrieg, hinfällig geworden. „Unsere Armeen sind überall siegreich", so charakterisierte Barère am 16. Juli 1794 vor dem Konvent die Haltung der gemäßigten Mehrheit, „es bleibt uns nur noch eine Aufgabe, den Frieden zu schaffen, als gute Freunde zu leben und die revolutionäre Regierung, die den Schrecken verbreitet, aufzulösen."

Als der in die Defensive gedrängte Robespierre in seiner letzten großen Konventsrede am 26. Juli 1794 nebulöse Drohungen gegen im Grunde das ganze politische Führungspersonal ausstieß, kam es am folgenden Tage, dem 9. Thermidor des Jahres II, im Konvent zum Aufstand. (Vgl. Dok. 23) Die Abgeordneten, die sich vorher abgestimmt hatten, ließen Robespierre und seine Anhänger nicht zu Worte kommen und stimmten schließlich für ihre Verhaftung. Zwar rief der Generalrat der Pariser Kommune daraufhin zum Aufstand auf, doch die Sektionen, die noch kurz zuvor durch die Verordnung von Lohnobergrenzen vor den Kopf gestoßen worden waren, folgten dem Aufruf in ihrer großen Mehrheit nicht. Diejenigen, die am folgenden Tag trotzdem unter die Waffen traten, wurden vom Konvent für vogelfrei erklärt und von regulären militärischen Einheiten unter dem Kommando des Abgeordneten Barras zerstreut. Am Abend des 28. Juli 1794 wurde der inzwischen bereits durch einen Pistolenschuß verletzte Robespierre schließlich auf der Guillotine hingerichtet, gefolgt von 107 seiner Anhänger.

Nach dem parlamentarischen Coup gegen die persönliche Diktatur des *Tyrannen* Robespierre wurde eines schnell deutlich: Die große Mehrheit der Konventsabgeordneten und zweifellos auch der Bevölkerung wünschte nun generell ein Ende der terroristischen Diktatur. Schon am 29. Juli beschloß der Kon-

Abb. 10: *Die revolutionäre Tyrannei besiegt von den Freunden der Verfassung des Jahres III.* Zeitgenössischer Stich.

vent dementsprechend, das Personal seiner Ausschüsse einem regelmäßigen Wechsel zu unterziehen. Am folgenden Tag verloren die radikalen Jakobiner Barère, Billaud und Collot ihren Sitz im Wohlfahrtsausschuß. Ende August schließlich wurde dem Ausschuß selbst seine privilegierte Stellung entzogen, indem die Regierungstätigkeit auf sechs gleichberechtigte, für unterschiedliche Bereiche zuständige Ausschüsse verteilt wurde. Für die auf reinen Verdacht inhaftierten Personen öffneten sich nun die Gefängnistore, das Revolutionstribunal wurde erneuert, der Chefankläger Fouquier-Tienville schließlich selbst vor Gericht gestellt und zum Tode verurteilt. Welche Richtung die revolutionäre Politik jenseits der terroristischen Diktatur allerdings nehmen sollte, das blieb in der brodelnden Atmosphäre des zu neuer Freiheit erwachenden Frankreich lange unklar.

Die *Thermidorianer* im Konvent hatten ursprünglich alle grundlegenden Maßnahmen der revolutionären Kriegsdiktatur des Jahres II politisch mitgetragen und strebten nun mehrheitlich eine Konsolidierung der aus der Revolution hervorgegangenen Republik an. Doch die Dynamik des Umsturzes trieb über dies Projekt schnell hinaus, ohne sofort deutliche Konturen zu gewinnen. Auf der Straße machten die *Muscardins*, mit Stöcken bewaffnete bürgerliche Jugendliche, zusammen mit früheren Anhängern Héberts Jagd auf bekannte Jakobiner und andere Aktivisten des Terrorregimes, angefeuert von den Zeitungen der früheren Radikalen Tallien und Fréron. Gemeinsam konnten diese höchst unterschiedlichen Gruppen gegen den anfänglichen Widerstand des Konvents auch die Schließung des Pariser Jakobinerklubs und die juristische Verfolgung des schließlich als *Terroristen* hingerichteten Carrier durchsetzen, der für die Exzesse nach der Rückeroberung von Lyon verantwortlich war. Doch als sich im Herbst 1794 die politischen Fronten zu klären begannen, wurde bald deutlich, daß sich im nachthermidorianischen Frankreich eine moderate, aber doch in vieler Hinsicht deutlich ausgeprägte Reaktion vollzog, die sich vor allem gegen die sozialen und demokratischen Errungenschaften der revolutionären Volksbewegung richtete.

Die Repressionsmaßnahmen des Konvents, in den die überlebenden *Girondisten* zurückkehrten, wie der *Muscardins* richteten sich nun zunehmend gegen die *sansculottischen* Sektionen, gegen ihre Aktivisten, Aktionsmöglichkeiten und Errungenschaften. Diese Entwicklung fand ihren Höhepunkt mit dem *Weißen Terror*, dem zu Anfang des Jahres 1795 im Süden Frankreichs viele hundert politische Häftlinge zum Opfer fielen, die in den Gefängnissen massakriert wurden. Zugleich verurteilte der Konvent die inhaftierten radikalen Mitglieder der Revolutionsregierung des Jahres II, Barère, Billaud, Collot und Marc Vadier vom Allgemeinen Sicherheitsausschuß, zur Deportation auf die *trockene Guillotine*, nach Französisch-Guyana. Die Wirtschaft war bereits im Herbst 1794 zunehmend von staatlichen Restriktionen befreit worden, und im Dezember 1794 hob der Konvent schließlich auch das *Maximum* auf. Die *thermidorianische* Gesellschaft pflegte, befreit von der Tugenddiktatur Robespierres, einen luxuriösen Lebensstil, wie ihn sich die sozialen Gewinner der Revolution leisten konnten, nicht aber die weiter verarmenden unteren Bevölkerungsschichten. Auf dem freien Markt stiegen die Lebensmittelpreise bald in unerschwingliche Höhen. Die *Sansculotten* hungerten, und in den Sektionen gewann die sozialrevolutionäre Agitation neuen Auftrieb, nicht zuletzt unter dem Einfluß von Gracchus Babeuf, der angesichts des immer augenfälligeren Gegensatzes von Reichtum und Armut nun ausgeprägt kommunistische Vorstellungen entwickelte. (Vgl. Dok. 24) Am 1. April kam es zu einem schlecht vorbereiteten Aufstand der Pariser Sektionen, der schnell zusammenbrach, als der Konvent schwer bewaffnete Militäreinheiten aufmarschieren ließ. Anschließend beschloß er den Ausschluß und die Inhaftierung einiger Abgeordneter der Bergpartei sowie die Entwaffnung von mehreren tausend, allein in Paris von etwa 1600 sog. *Terroristen*, d. h. den exponierten Führern der Volksbewegung, die damit nicht nur der Rache der *Muscardins* ausgeliefert, sondern auch ihrer Bürgerrechte beraubt wurden.

Doch noch gab sich die Volksbewegung nicht geschlagen. Am 20. Mai begann der nunmehr besser vorbereitete Aufstand vom *Prairial* für *Brot und die Verfassung von 1793*, einer Parole, die noch einmal die für die revolutionäre Basismobilisierung so typische Verbindung von sozialen und politischen Aspirationen verdeutlicht. Die Massen drangen in den Konvent ein und hielten dem Sitzungspräsidenten Boissy d'Anglas den Kopf des getöteten Abgeordneten Féraud unter die Nase. Auch militärisch sah die Lage nicht gut aus für die *Thermidorianer*, denn die Truppen aus dem Pariser Vorort *Saint-Antoine* richteten ihre Kanonen auf das Konventsgebäude. Doch als die Abgeordneten scheinbar einlenkten, zogen sich die bewaffneten Einheiten der *Sansculotten* zurück und wurden anschließend von militärischen Einheiten entwaffnet. Es folgte eine massive Repressionswelle. 36 Führer des Aufstandes, darunter auch sechs radikale Konventsabgeordnete, wurden von Militärgerichten zum Tode verurteilt und hingerichtet, in Paris wurden 1200, in ganz Frankreich mehrere zehntausend Menschen, das Führungspersonal der radikalen Demokratie, in Haft gesetzt. Mitglieder der unterbürgerlichen Schichten verloren nun endgültig das Recht zur Beteiligung an der Nationalgarde und damit den Zugang zu ihren Waffen. Der Kreis um Babeuf zog schließlich die Konsequenz aus dieser politischen Ausschaltung der breiten Bevölkerungsschichten, ging in den Untergrund und versuchte, insbesondere die Soldaten der bewaffneten Macht zu agitieren, um so die Voraussetzungen für einen revolutionären Putsch zu schaffen. Doch auch dieser Versuch scheiterte, als die *Verschwörung der Gleichen* ein Jahr später aufgedeckt und zerschlagen wurde.

Schon im Sommer 1795 wurde allerdings deutlich, daß die bürgerliche Republik der *Thermidorianer* angesichts der immer dominanter hervortretenden gegenrevolutionären Dynamik nicht nur von links bedroht war, sondern auch von rechts. Ende Juni scheiterte ein Landungsunternehmen von 4000 bewaffneten Emigranten, die gemeinsam mit den konterrevolutionären *Chouans* in der Bucht von Quibéron einen Monat später von republikanischen Truppen besiegt wurden; die Militärtribunale verurteilten anschließend 748 Emigranten zum Tode. Doch trotz dieses Erfolges griff im Konvent und unter den tragenden Kräften der bürgerlichen Republik angesichts der gegenrevolutionären Orientierung der öffentlichen Meinung nun die keineswegs unberechtigte Befürchtung um sich, daß sich die Stimmung im Lande und besonders auch in Paris gegen die Grundlagen der revolutionären Neuordnung schlechthin richten könnte. Die gemäßigte Mehrheit der *Thermidorianer* strebte demgegenüber die Beendigung der Revolution und die Konsolidierung der Republik durch eine neue Verfassungsordnung an, die einerseits die Prinzipien und Besitzstände der aus der Revolution hervorgegangenen bürgerlichen Gesellschaft, nicht zuletzt die erworbenen Nationalgüter, gegen eine Restauration der alten Ordnung sichern, andererseits aber den Gefahren von revolutionärer Radikalisierung, Diktatur und Terror vorbeugen sollte. (Vgl. Dok. 25) Die geeigneten politischen Mittel dazu sahen sie zum einen in einem indirekten Wahlverfahren, das zwar in der ersten Stufe alle steuerzahlenden Männer integrierte, den Zugang zur Gruppe der letztlich über die Abgeordnetenmandate entscheidenden Wahlmänner der zweiten Stufe im Gegenzug aber auf eine exklusive Schicht von etwa 30.000 hochbegüterten Franzosen beschränkte. Zum anderen sollte eine strikte Gewaltenteilung mit einem zweigeteilten Parlament und einem fünfköpfigen, jährlich in einer Position erneuerten, der Regierung vorstehenden Führungsgremium, dem *Direktorium*, jede übermäßige Machtkonzentration in einem Gremium ausschließen. Da die *Thermidorianer* unter diesen Bedingungen allerdings eine monarchistische Mehrheitsbildung bei den anstehenden Wahlen befürchten mußten, sicherten sie ihre eigene Machtposition durch ein berühmt-berüchtigtes Dekret, nach dem zwei Drittel der neugewählten Abgeordneten aus ihren Reihen stammen mußten. Diese Entscheidung führte in Paris zu einem monarchistischen Aufstandsversuch, der Anfang Oktober 1795 von loyalen Militäreinheiten unter dem Kommando des jungen Generals Napoléon Bonaparte blutig niedergeschlagen wurde.

Der Übergang zur neuen Verfassungsordnung konnte so sichergestellt werden. Doch die politische Instabilität des Direktoriums blieb im Prinzip erhalten. Sie lag wesentlich in der Minderheitsposition einer gemäßigt republikanischen

Revolutionsführung begründet, die sich im Kampf gegen oppositionelle Kräfte auf der linken wie auf der rechten Seite des politischen Spektrums sah, nicht zu einer dauerhaften Mehrheitsbildung fähig war und deshalb zu einer Politik des Staatsstreichs Zuflucht nahm. Dabei konnten vor allem die langjährigen, alle schon dem Konvent angehörenden Direktoren Paul Barras, La Revellière-Lépaux, Jean-François Reubell und, anstelle des ablehnenden Sieyès, zeitweilig Carnot eine führende Rolle spielen. Ihr Versuch, die republikanische Ordnung zu konsolidieren, stützte sich nicht zuletzt auf die militärischen Erfolge der französischen Armeen, die die Revolution nun mit wachsender Dynamik über die Grenzen der Republik hinaustrugen. Bereits 1795 war es gelungen, Belgien und das linksseitige Rheinland zu annektieren, somit das Programm der *natürlichen Grenzen* weitgehend zu verwirklichen, und anschließend Frieden mit den meisten Mächten der antifranzösischen Koalition zu schließen. Allein England und Österreich standen nun noch mit Frankreich im Krieg, und das Direktorium beschloß Anfang 1796, einen doppelten Angriff auf Österreich, durch Deutschland und durch Italien zu führen. Während die Angriffe in Deutschland steckenblieben, konnte der neue Kommandeur der Italienarmee, General Bonaparte, überwältigende Erfolge erzielen, in deren Verlauf die politische Ordnung Italiens mit der Bildung von *Républiques sœurs* von Grund auf revolutioniert wurde. Diese *Schwesterrepubliken* erhielten eine Verfassung nach französischem Vorbild, sie waren außenpolitisch völlig von Frankreich abhängig, und auch ihre Innenpolitik wurde in hohem Maß von den französischen Besatzungstruppen beherrscht.

Doch obwohl Bonaparte auf diesem Weg im Jahre 1797 schließlich auch Österreich zeitweilig einen Friedensschluß, den Frieden von Campo Formio aufzwingen konnte, reichten seine militärischen Erfolge doch nicht aus, um das Direktorium in der Öffentlichkeit dauerhaft zu legitimieren. Die Wahlen im Frühjahr 1797 endeten mit einem deutlichen Sieg der mehr oder weniger offen monarchistischen Kräfte, die nunmehr die sofortige Beendigung des Krieges auf ihre Fahnen geschrieben hatten. Nicht nur in den Kammern dominierten nun rechtsstehende, dem *Club de Clichy* nahestehende Abgeordnete, auch im Direktorium selbst ersetzte der konservative Graf François Barthélemy den ausscheidenden Étienne Letourneur und verband sich mit dem ebenfalls nach rechts rückenden, eine Verständigung mit den gemäßigten Royalisten suchenden Carnot. Die entschieden republikanisch orientierte Mehrheit im Direktorium, Barras, La Révelliere und Reubell, entschied sich schließlich, das Heft der Politik nicht kampflos aus der Hand zu geben und die legale monarchistische Bedrohung durch einen militärisch gestützten Staatsstreich auszuschalten. Nachdrücklich bestärkt wurden sie darin vom revolutionären Militär, das die Entwicklungen in Frankreich kritisch verfolgte, im Sommer 1797 unter Führung von General Bonaparte einen Adressensturm an das Direktorium entfachte und dabei einen Militäreinsatz gegen die royalistische Bedrohung schon mehr forderte als anbot. (Vgl. Dok. 26) Nachdem ein erster, von General Hoche geleiteter Versuch zur

Vorbereitung eines militärisch gestützten Staatsstreichs gescheitert war, wurde Anfang August Bonapartes rechte Hand, General Augereau, zum Pariser Militärkommandanten ernannt. Einen Monat später, am 4. September 1797, dem 18. *Fructidor* des Jahres V, marschierten die Soldaten und *säuberten* sowohl die Parlamentskammern wie das Direktorium von monarchistischen Kräften. Barthélemy, die konservativen Generäle Pichegru und Willot sowie eine Reihe von monarchistischen Abgeordneten und Journalisten wurden verhaftet und nach Guyana deportiert, Carnot gelang, von alten Freunden im republikanischen Lager gewarnt, die Flucht.

Zum ersten Mal in der Geschichte der Revolution war das Militär nicht gegen außerhalb der verfassungsmäßigen Legalität agierende Aufstandsbewegungen, sondern gegen die legitimierten Organe der Verfassungsordnung selbst eingesetzt worden. Und daß die politisierenden Militärs, insbesondere General Bonaparte, diesen Einsatz zuvor mit Selbstbewußtsein und Nachdruck gefordert hatten, ließ die weitere politische Verselbständigung der republikanischen Armeen, die in den von französischen Truppen besetzten europäischen Territorien längst die reale politische Macht ausübten und die Praxis des Staatsstreiches probten, bereits vorausahnen. Erst einmal aber stand die nunmehr beginnende zweite Phase des Direktoriums im Zeichen eines politischen Linksrutsches. Insgesamt 177 rechtsstehende Parlamentsabgeordnete verloren ihre Mandate, die entschiedenen Republikaner Merlin de Douai und François de Neufchâteau traten in das Direktorium ein, es folgten erneute gesetzliche Repressalien gegen zurückgekehrte Emigranten, eidverweigernde Priester und die rechtsstehende Presse.

In der Atmosphäre einer *Union républicain* gegen die monarchistische Rechte begann nun auch der sog. *Neojakobinismus* wieder aufzuleben. Überall im Lande entstanden *Cercles constitutionelles*, in denen sich die linksstehenden politischen Kräfte organisierten. Doch schon bald kam es wieder zum Bruch zwischen den gemäßigt-republikanischen Vertretern des Direktoriums und den radikaleren Neojakobinern. Als diese im Frühjahr 1798 trotzdem einen großen Wahlsieg erringen konnten, griff das Direktorium erneut, diesmal gegen die politische Linke, zu illegalen Mitteln und ließ die neojakobinischen Mandate annullieren. Dieser sog. Staatsstreich vom *Floréal* des Jahres VII, der die legale politische Ordnung des Direktoriums in den Augen der revolutionären Öffentlichkeit nachhaltig diskreditierte, konnte den Aufstieg des Neojakobinismus jedoch nur verlangsamen, nicht aber stoppen. Als 1799 mit der Bildung der zweiten antifranzösischen Koalition wieder der Krieg in den Mittelpunkt des politischen Geschehens rückte, gewann die radikale demokratische Linke weiter Auftrieb und konnte in den Frühjahrswahlen einen erneuten Wahlsieg erringen. Mitte Juni präsentierte die neojakobinische Linke dem Direktorium die Rechung und zwang in enger Kooperation mit der sog. *Partie des généraux*, den inzwischen vielfach in politische Ämter aufgerückten Generälen, die Direktoren Jean-Baptiste Treilhard, Merlin und La Revellière zum Rücktritt.

Neben Barras und dem bereits kurz zuvor gewählten Sieyès traten nun die Neojakobiner Louis Gérôme Gohier und Roger Ducos sowie General Jean-François Moulin in das Direktorium ein. Die bald darauf folgende Regierungsumbildung, in der mit Robert Lindet auch ein ehemaliges Mitglied des großen Wohlfahrtsausschusses von 1793/94 ein Ministeramt übernahm, bestärkte den Eindruck, daß die erneut von Krieg und Bürgerkrieg bedrohte, neojakobinisch geprägte Revolutionsführung wieder zu einer Politik der *Salut publique* zurückkehren könnte. Doch mit der Ernennung von General Bernadotte zum Kriegsminister zeichnete sich noch eine andere Entwicklungslinie ab. Der Versuch des abgesetzten zweiten Direktoriums, gegen die politisierenden Militärs insbesondere in Italien vorzugehen und den Vorrang der zivilen Politik wieder herzustellen, war nun beendet, mehrere inhaftierte Generäle wurden auf der Stelle entlassen und mit der Verhängung des Belagerungszustandes über rasch wachsende Teile Frankreichs konnten die Militärs ihre reale gesellschaftspolitische Macht enorm ausweiten. Ihre Ziele gingen dabei über die proklamierte Rettung der Republik weit hinaus, wie eine Vielzahl militärischer Denkschriften verdeutlicht, in denen eine durchgreifende soziale Militarisierung der französischen Gesellschaft gefordert wurde. (Vgl. Dok. 27)

Die politische Situation im Spätsommer 1799 war verworren. An der Staatsspitze versuchte Sieyès sein schon lange verfolgtes Ziel einer autoritären Verfassungsreform durchzusetzen und war dafür auf der Suche nach einem *Säbel*, nach militärischer Unterstützung. In den Parlamentskammern dominierten die Neojakobiner, deren Basis einer revolutionären Radikalisierung zur Bekämpfung der äußeren und inneren Konterrevolution das Wort redete. In weiten Landesteilen brachen royalistische Aufstände aus, die reale politische Macht übernahm im Zeichen des vielfach verhängten Kriegsrechts zunehmend das Militär, die Republik schien im Chaos zu versinken. Die Situation änderte sich erst, als mit Bonaparte der *Retter* auf die Bühne trat. Zwar war sein Feldzug nach Ägypten de facto zu einem propagandistisch kaschierten Desaster geworden, und die französischen Revolutionsarmeen konnten bereits im Spätsommer den Vormarsch der gegnerischen Truppen weitgehend zum Stoppen bringen. Doch in den Augen der Öffentlichkeit hatte das direktoriale politische Regime längst abgewirtschaftet. Als Bonaparte Anfang Oktober 1799 in Frankreich landete und sich sofort auf den Weg nach Paris begab, wurde er überall enthusiastisch gefeiert. Mit seiner Ankunft in der Hauptstadt war jedermann klar, daß es keine Lösung der politischen Krise ohne die Zustimmung des Generals geben würde.

Anfang November gelang es Sieyès, Bonaparte für einen Staatsstreich gegen das Direktorium zu gewinnen. Die Planungen zielten auf eine formal legale Machtübertragung, die vom Führer der Neojakobiner in der zweiten Parlamentskammer, Bonapartes Bruder Lucien, politisch abgesichert werden sollte. Zuerst schien alles glatt zu gehen. Die Parlamentskammern stimmten am 9. November, dem 18. *Brumaire* des Jahres VIII, wie geplant ihrer Verlegung nach Saint-Cloud zu, wo sie am folgenden Tage, eingeschüchtert von einer massiven Militärprä-

Abb. 11: Bonapartes Umsturz am 18./19. Brumaire des Jahres VIII (1799). Zeitgenössischer Kupferstich.

senz, grundlegenden Verfassungsänderungen zustimmen sollten. Doch als diese Rechnung nicht aufging, die Abgeordneten zu protestieren begannen und Bonaparte schließlich für vogelfrei erklären wollten, trat die reale Machtbasis des Staatsstreiches deutlich zutage. (Vgl. Dok. 28) Die Soldaten des Generals jagten die widerstrebenden Parlamentarier auseinander, das Direktorium wurde durch einen Militärputsch beendet, der de facto den im Dezember mit einer neuen Verfassung zum Ersten Konsul ernannten General Bonaparte an die Macht brachte. „Ich werde nicht ihren Adjutanten spielen", mit diesen bezeichnenden Worten lehnte der von den Bonapartes ausgetrickste Sieyès die ihm angetragene Rolle als untergeordneter, zweiter Konsul ab.

In Frankreich war der Prozeß der Revolution nunmehr beendet, wie Bonaparte am 15. Dezember 1799 treffend verkündete. Seine nun beginnende, militärisch begründete, charismatisch-autoritäre Herrschaft ließ in der Tat keine revolutionäre Dynamik mehr zu. Die dynamischen Potentiale der revolutionär etablierten bürgerlichen Gesellschaft brachen sich dafür nun bald umso radikaler nach außen Bahn. Für Europa stand die Expansion der Französischen Revolution mit dem Machtantritt General Bonapartes erst an ihrem Anfang.

2. Dokumentation

Dok. 1: Emmanuel Joseph Sieyès, Was ist der Dritte Stand? (Januar 1789)

Der Plan dieser Schrift ist ganz einfach. Wir haben uns drei Fragen vorzulegen.
1. Was ist der dritte Stand? Alles.
2. Was ist er bis jetzt in der staatlichen Ordnung gewesen? Nichts.
3. Was verlangt er? Etwas darin zu werden. (…)
Was ist eine Nation? Ein Körper, dessen Mitglieder unter einem gemeinsamen Gesetz leben und durch eine und dieselbe gesetzgebende Versammlung vertreten sind.

Ist es nicht gewiß, daß der Adelsstand Privilegien, Befreiungen und sogar Rechte besitzt, die von den Rechten der Masse der Bürger losgelöst sind? Dadurch tritt er aus der allgemeinen Ordnung, aus dem allgemeinen Gesetz heraus. Folglich machen ihn schon seine bürgerlichen Rechte zu einem Volk für sich inmitten der Nation. Das ist wirklich ein imperium in imperio.

Auch seine politischen Rechte übt er für sich aus. Er hat seine eigenen Vertreter, die keinerlei Vollmacht des Volkes besitzen. Die Körperschaft seiner Abgeordneten hält ihre Sitzungen unter sich ab, und wenn sie sich einmal im gleichen Saal mit den Abgeordneten der einfachen Bürger versammeln sollte, dann wäre ebenso sicher seine Vertretung nach dem Wesen von ihnen geschieden und getrennt. Sie ist der Nation fremd durch ihr Prinzip, weil ihr Auftrag nicht vom Volk ausgeht, und durch ihren Zweck, weil er nicht in der Verteidigung des Gemeininteresses, sondern des Sonderinteresses besteht. Der Dritte Stand umfaßt also alles, was zur Nation gehört. Und alles, was nicht Dritter Stand ist, kann sich nicht als Bestandteil der Nation betrachten. Was also ist der Dritte Stand? Alles. (…)

Daher steht es fest, daß der Dritte Stand nur dann in den Generalständen vertreten sein und seine Stimme abgeben kann, wenn er wenigstens den gleichen Einfluß wie die Privilegierten bekommt. Er verlangt daher ebenso viele Vertreter wie die die beiden anderen Stände zusammen. Diese Zahlengleichheit der Vertreter wäre aber vollkommen illusorisch, wenn jede Kammer nur eine Stimme hätte. Der Dritte Stand verlangt daher, daß nach Köpfen und nicht nach Ständen abgestimmt wird. Nur das steht in diesen Beschwerdeheften, die bei den Privilegierten offenbar eine Panik ausgelöst haben, weil sie glaubten, allein dadurch werde die Abschaffung der Mißstände schon unausweichlich. Die eigentliche Absicht des Dritten Standes ist es, in den Generalständen den gleichen Einfluß zu besitzen wie die Privilegierten. Noch einmal: Kann er weniger verlangen? (…)

Emmanuel Sieyès, Abhandlung über die Privilegien. Was ist der Dritte Stand?, h. g. v. R. H. Foerster, Frankf./M: Insel Verlag 1968, S. 55ff.

Dok. 2: Erwiderung des Grafen Mirabeau an den Marquis de Brézé, Großzeremonienmeister des Königs, der die Nationalversammlung am 23. Juni 1789 im Namen seines Herrn zur Auflösung auffordert

Ja, mein Herr, wir haben die Absicht vernommen, die man dem König eingeblasen hat, und Sie, der Sie niemals ein Organ der Versammlung der Generalstände sein können, Sie, der Sie hier weder Sitz noch Stimme noch das Recht zu sprechen haben, Sie sind nicht befähigt, uns an seine Rede zu erinnern. Ich erkläre Ihnen aber, um jede Zweideutigkeit auszuräumen und jeden Aufschub zu umgehen, daß Sie, wenn Sie den Auftrag haben, uns von hier zu vertreiben, Befehl zur Gewaltanwendung einholen müssen, denn wir werden uns von unseren Plätzen nur durch die Gewalt der Bajonette vertreiben lassen.

(Entflammt durch dieses Wort rufen die Deputierten aus: „Ja, das ist die Absicht der Versammlung." Der Großzeremonienmeister verläßt, rückwärts schreitend, den Saal.

Nachdem die Versammlung sich über die Konsequenzen dieses Schrittes klar geworden und zur Beratung übergegangen ist, spricht nochmals Mirabeau).

Heute ist der Tag, an dem ich die Freiheit segne, weil sie solch schöne Früchte in der Nationalversammlung reifen läßt. Sichern wir unser Werk ab, indem wir erklären, daß die Personen der Deputierten bei den Generalständen unverletzlich sind. Wir tun das nicht, weil wir Furcht zeigen, sondern um eine Vorsichtmaßnahme zu ergreifen: Wir wollen damit jene gewaltlüsternen Ratgeber im Zaum halten, die den Thron belagern.

Und Mirabeu bringt folgenden Antrag ein:

Die Nationalversammlung erklärt, daß die Person jedes Deputierten unverletzlich ist; daß alle Individuen und Körperschaften, Gerichte oder Kommissionen, die es wagen sollten, während oder nach der gegenwärtigen Sitzung einen Deputierten zu verfolgen, zu verhaften oder verhaften zu lassen, gefangen zu setzen oder gefangen setzen zu lassen wegen irgendwelcher Anträge, Meinungen oder Reden in der Versammlung; daß ebenso alle anderen Personen, die ihre Dienste zu den genannten Anschlägen, von wem auch immer sie befohlen werden (…), ehrlose Verräter an der Nation sind und sich eines Kapitalverbrechens schuldig gemacht haben. Die Nationalversammlung beschließt, in obengenannten Fällen alle notwendigen Maßnahmen zu ergreifen, um die Urheber, Anstifter und Ausführenden verfolgen und bestrafen zu lassen.

Der Antrag wurde mit 493 gegen 74 Stimmen angenommen.

Reden der Französischen Revolution. Hg. u. übers. v. Peter Fischer © 1974 Deutscher Taschenbuch Verlag. München, S. 68f.

Dok. 3: Camille Desmoulins über die Erstürmung der Bastille in einem Brief an seinen Vater, 16.7.1789

(…) Wie hat sich in drei Tagen das Gesicht aller Dinge verändert! Am Sonntag (12. Juli, WK) war ganz Paris bestürzt über die Entlassung Neckers; sosehr ich versuchte, die Geister zu erhitzen, kein Mensch wollte zu den Waffen greifen. Ich schließe mich ihnen an; man sieht meinen Eifer; man umringt mich; man drängt mich, auf einen Tisch zu steigen: in einer Minute habe ich 6000 Menschen um mich. „Bürger", sage ich nunmehr, „ihr wißt, die Nation hatte gefordert, daß Necker ihr erhalten bliebe, daß man ihm ein Denkmal errichte: Man hat ihn davongejagt! Kann man euch frecher trotzen? Nach diesem Streich werden sie alles wagen, und noch für diese Nacht planen sie, organisieren sie vielleicht eine Bartholomäusnacht für die Patrioten." Ich erstickte fast vor der Menge Gedanken, die auf mich einstürmten, ich sprach ohne Ordnung. „Zu den Waffen", rief ich, „zu den Waffen! (…)

Mit welcher Geschwindigkeit griff das Feuer um sich! Das Gerücht von diesem Aufruhr dringt bis ins Militärlager; die Kroaten, die Schweizer, die Dragoner, das Regiment Royal-Allemand langen an. Fürst Lambesc an der Spitze dieses letzteren Regiments zieht zu Pferd in die Tuilerien. Er säbelt selber einen waffenlosen Mann von der Französischen Garde nieder und reitet über Frauen und Kinder hinweg. Die Wut flammt auf. Nun gibt es in Paris nur noch einen Schrei: Zu den Waffen! Es war 7 Uhr. Er wagt es nicht, die Stadt zu betreten. Man bricht in die Läden der Waffenhändler ein. Am Montagmorgen wird Sturm geläutet. (.)

Die Menge und die Verwegensten begeben sich zum Invalidenhaus; man verlangt Waffen vom Gouverneur; er gerät in Angst und öffnet sein Magazin. Ich bin, auf die Gefahr, zu ersticken, unters Dach gestiegen. Ich sah dort, will mir scheinen, mindestens 100000 Flinten. Ich nehme eine ganz neue, an der ein Bajonett steckt, und zwei Pistolen. Das war Dienstag; der ganze Morgen verging damit, daß man sich bewaffnete. Kaum hat man Waffen, so geht es zur Bastille. Der Gouverneur, der gewiß überrascht war, mit einem Schlag in Paris 100000 Flinten mit Bajonetten zu sehen, und nicht wußte, ob diese Waffen vom Himmel gefallen waren, muß sehr in Verwirrung gewesen sein. Man knallte ein oder zwei Stunden drauflos, man schießt herunter, was sich auf den Türmen sehen läßt; der Gouverneur, Graf de Launey, ergibt sich; er läßt die Zugbrücke herunter, man stürzt drauflos, aber er zieht sie sofort wieder hoch und schießt mit Kartätschen drein. Jetzt schlägt das Geschütz der Französischen Garden eine Bresche. Ein Kupferstecher steigt als erster hinauf, man wirft ihn herunter und bricht ihm die Beine entzwei. Ein Mann von der Französischen Garde ist der nächste, er hat mehr Glück, packt die Lunte eines Kanoniers und wehrt sich; binnen einer halben Stunde ist der Platz im Sturm genommen. Ich war beim ersten Kanonenschlag herbeigeeilt, aber es grenzt ans Wunderbare, um halb 3 Uhr war die Bastille schon genommen. Die Bastille hätte sich sechs Monate halten können, wenn sich irgendetwas gegen das französische Ungestüm halten könnte; die Bastille genommen von Bürgersleuten und führerlosen Soldaten, ohne einen einzigen Offizier! Derselbe Gardist, der im Sturm als erster nach oben gekommen war, verfolgte Herrn de Launay, packte ihn bei den Haaren und machte ihn zum Gefangenen. Man führt ihn zum Stadthaus und schlägt ihn unterwegs halbtot. Er ist so geschlagen worden, daß es mit ihm zu Ende gehen will; man gibt ihm auf dem Grèveplatz den Rest, und ein Schlächter schneidet ihm den Kopf ab. Den trägt man auf der Spitze einer Pike …

Gustav Landauer (Hg.), Briefe aus der Französischen Revolution, Frankf./M. 1990, S. 129-135.

Dok. 4: Brief des Marquis de Ferrières, Abgeordneter des Adels von Saumur in den Generalständen, an den Chevalier de Rabreuil über die Abschaffung der Feudalordnung in der Nacht des 4. August , 7.8.1789

(…) Die unglücklichen Umstände, in denen sich der Adel befindet – der allgemeine Aufstand, der von allen Seiten gegen ihn losgebrochen ist – die Provinzen Franche-Comté, Dauphiné, Bourgogne, Elsaß, Normandie, Limousin von heftigsten Erschütterungen heimgesucht und zum Teil verwüstet; mehr als 150 Schlösser angezündet; die herrschaftlichen Titel in Raserei gesucht und verbrannt; die Unmöglichkeit, sich gegen die Revolutionsflut zu widersetzen, Umstände, die einen Widerstand unnütz machten; der Ruin des schönsten Königreichs Europas, das eine Beute der Anarchie und Verwüstung wurde; und – mehr als alles andere – diese den Franzosen angeborene Vaterlandsliebe, eine Liebe, die dem Adel eine gebieterische Pflicht ist, der durch Stand und Ehre verpflichtet ist, seine Güter, sein Leben selbst dem König und der Nation zu opfern; alles dies schrieb vor, welche Haltung wir einnehmen mußten; es war eine einzige, allgemeine Bewegung. Der Klerus, der Adel erhoben sich und stimmten allen vorgeschlagenen Anträgen zu.

Nach: John M. Roberts (Hg.), French Revolutionary Documents, Bd. 1, Oxford 1966

Dok. 5: Erklärung der Menschen- und Bürgerrechte vom 26. 8. 1789

Da die Vertreter des französischen Volkes, die sich als Nationalversammlung konstituiert haben, festgestellt haben, daß die Unkenntnis, das Vergessen oder die Verachtung der Menschenrechte die alleinigen Ursachen des allgemeinen

Unglücks und der Verderbtheit der Regierungen sind, haben sie beschlossen, die natürlichen, unveräußerlichen und heiligen Rechte des Menschen in einer feierliche Erklärung niederzulegen, damit diese Erklärung allen Angehörigen der Gesellschaft ständig vor Augen steht und sie dauernd an ihre Rechte und Pflichten erinnert; damit die Handlungen der Legislative wie der Exekutive jederzeit mit dem Ziel jeder politischen Einrichtung verglichen werden können und dadurch größere Achtung genießen; damit die Ansprüche der Bürger, die sich künftig auf einfache und unbestreitbare Prinzipien gründen, sich immer auf die Erhaltung der Verfassung und das Allgemeinwohl richten mögen.

Daher erkennt und erklärt die Nationalversammlung, in Gegenwart und unter dem Schutz des Höchsten Wesens, folgende Menschen- und Bürgerrechte:

Artikel 1. Die Menschen werden frei und gleich an Rechten geboren und bleiben es für immer. Standesunterschiede dürfen nur im allgemeinen Nutzen begründet sein.

Art. 2. Das Ziel jeder politischen Vereinigung ist die Erhaltung der natürlichen und unveräußerlichen Rechte des Menschen. Diese Rechte sind Freiheit, Eigentum, Sicherheit und Widerstand gegen Unterdrückung.

Art. 3. Der Ursprung jeder Souveränität liegt wesentlich in der Nation. Keine Körperschaft, kein Individuum kann eine Gewalt ausüben, die nicht ausdrücklich von ihr ausgeht.

Art. 4. Die Freiheit besteht darin, alles tun zu können, was einem anderen nicht schadet. So haben die natürlichen Rechte jedes Menschen keine anderen Grenzen als die, die den anderen Mitglieder der Gesellschaft den Genuß der gleichen Rechte sichern. Diese Grenzen können nur durch das Gesetz bestimmt werden.

Art. 5. Das Gesetz hat nur das Recht, Handlungen, die für die Gesellschaft schädlich sind, zu verbieten. Alles, was nicht durch das Gesetz verboten ist, kann nicht verhindert werden, und niemand kann gezwungen werden zu tun, was nicht vom Gesetz angeordnet ist.

Art. 6. Das Gesetz ist der Ausdruck des allgemeinen Willens. Alle Bürger haben das Recht, persönlich oder durch Vertreter an seiner Formulierung Anteil zu nehmen, Es soll für alle gleich sein, sowohl wenn es beschützt, aber auch wenn es bestraft. Da alle Bürger in seinen Augen gleich sind, sind sie gleichermaßen zu allen Würden, Posten und öffentlichen Ämtern nach ihren Fähigkeiten zugelassen, ohne andere Unterschiede als die, die sich aus ihren Tugenden und Talenten ergeben.

Art. 7. Kein Mensch kann in anderen als den durch das Gesetz bestimmten Fällen und außerhalb der Formen, die es vorschreibt, angeklagt, verhaftet und gefangengehalten werden. Diejenigen, die willkürliche Ordern beantragen, ausfertigen, vollziehen oder vollziehen lassen, sollen bestraft werden. Andererseits muß jeder Bürger, der kraft des Gesetzes vorgeladen oder festgenommen wird, auf der Stelle gehorchen. Er macht sich durch Widerstand strafbar.

Art. 8. Das Gesetz soll nur offensichtlich und unbedingt notwendige Strafen verhängen. Und niemand kann kraft eines Gesetzes bestraft werden, das nicht vor dem Vergehen erlassen, verkündet und rechtlich angewandt worden war.

Art. 9. Da jeder Mensch so lange für unschuldig gehalten wird, bis er schuldig gesprochen worden ist, soll, wenn seine Verhaftung als unumgänglich betrachtet wird, jede Härte, die nicht unabdingbar ist, um sich seiner Person zu versichern, durch das Gesetz streng unterdrückt werden.

Art. 10. Niemand darf wegen seiner Meinungen, selbst in religiösen Fragen, behelligt werden, solange ihre Äußerung nicht die durch das Gesetz festgelegte öffentliche Ordnung stört.

Art. 11. Der freie Austausch der Gedanken und Meinungen ist eines der kostbarsten Menschenrechte. Jeder Bürger kann also frei reden, schreiben, drucken, mit der Einschränkung, daß er die Verantwortung für den Mißbrauch dieser Freiheit in den durch das Gesetz bestimmten Fällen übernehmen muß.

Art. 12 Die Sicherung der Menschen- und Bürgerrechte erfordert Ordnungskräfte. Diese Kräfte sind also zum Vorteil aller geschaffen und nicht zum besonderen Nutzen derer, denen sie anvertraut sind.

Art. 13. Für den Unterhalt der Ordnungskräfte und für die Kosten der Staatsverwaltung ist eine allgemeine Steuer unbedingt notwendig. Sie soll gleichmäßig auf alle Bürger im Verhältnis zu ihrem Vermögen verteilt werden.

Art. 14. Die Bürger haben das Recht, selbst oder durch ihre Vertreter die Notwendigkeit der öffentlichen Steuer festzustellen, sie frei zu bewilligen, ihre Verwendung zu überwachen und den Steuersatz, ihre Veranlagung, die Art der Einziehung und die Dauer zu bestimmen.

Art. 15. Die Gesellschaft hat das Recht, von jedem öffentlichen Beamten Rechenschaft über seine Amtsführung zu fordern.

Art. 16. In einer Gesellschaft, in der die Rechte nicht verbürgt sind und die Gewaltenteilung nicht gewährleistet ist, gibt es keine Verfassung.

Art. 17. Da das Eigentum ein unverletzliches und heiliges Recht ist, kann es niemandem weggenommen werden, wenn es nicht die nach dem Gesetzt festgestellte, öffentliche Notwendigkeit offensichtlich erfordert, und auch dann nur unter der Bedingung einer gerechten Entschädigung im voraus.

Nach: La pensée révolutionnaire en France et en Europe 1789 – 1799, hg. v. J. Godechot, Paris 1964.

Dok. 6: Bericht von Frau Chéret über den Zug der Marktweiber von Paris nach Versailles, Oktober 1789

Gegen halb neun Uhr morgens wurden viele Frauen im Rathaus vorstellig: Die einen verlangten, mit Herrn Bailly und Herrn La Fayette zu sprechen, um von ihnen zu erfahren, warum es soviel Mühe mache, Brot zu bekommen, und weshalb es so teuer sei. Andere bestanden darauf, daß der König und die Königin nach Paris kommen und im Louvre bleiben sollten, wo sie – wie sie sagten – vieles besser machen könnten als in Versailles. Wieder andere forderten schließlich, daß jene, die die schwarzen Kokarden trügen, diese auf der Stelle entfernen, daß man das Flandernregiment und die Leibgarde zurückschicken und Seine Majestät nurmehr die Soldaten der Pariser Nationalgarde als Wachen haben sollte. Während dieser Zeit befanden sich die Herren von Gouvion, Generalmajor, Richard du Pin, zweiter Kommandant der Freiwilligen der Bastille, und Lefebvre, Vorsteher der Waffenkammer (des Rathauses) in größter Gefahr. Denn die Menge war wütend, weil sie keine Waffen und Munition fand, und wollte sie aufhängen. Nur durch eine Art Wunder entkamen sie. Gegen Mittag oder um ein Uhr fand sich der Marquis de La Fayette, der nichts von einer Reise nach Versailles hielt, endlich bereit, den dringenden Wünschen der Bürger zu weichen. (…)

Als sie den Point-du-Jour erreicht hatten, hielten die Bürgerinnen unserer Hauptstadt an, um sich ordentlich aufzustellen. In Sèvres zwangen Männer die Händler dazu, ihnen Lebensmittel gegen Geld zu verkaufen, (dann) setzten sie ihren Weg nach Versailles fort. Unterwegs wurden zwei oder drei Individuen – einer von ihnen war vom König geschickt – verhaftet und dazu gezwungen, dem Zerreißen ihrer schwarzen Kokarde zuzusehen. Sie mußten sich am Ende (des Zuges) anschließen. Als sie gerade im Begriff waren, die Residenz ihrer Majestäten (das Versailler Schloß) zu erreichen, klatschten die Bürger von Versailles, das Flandernregiment und die Dragoner, ganz zu schweigen von den Offizieren (der Nationalgarde) in die Hände, zeigten ihre Zufriedenheit durch Beifall, beglückwünschten sie zu ihrer Ankunft und baten sie, sich für das Gemeinwohl einzusetzen.

(…) Einige Minuten später – gegen vier Uhr – schlugen unsere Bürgerinnen, die von den Herren Hulin und Maillard angeführt wurden, den Weg zur Nationalversammlung ein, wo sie nur unter Mühe Einlaß erhielten. Welch beeindruckendes Schauspiel bot sich ihnen dort! (…) Trotz der Furcht, die unsere guten Freundinnen unter den Hosenmätzen gesät hatten, – mehrere von ihnen verließen gar die Versammlung –, glaubten die ehrenhaften Mitglieder der Nationalversammlung zu erkennen, daß sie (die Bürgerinnen) absolut entschlossen seien, solange nicht auseinanderzugehen, wie noch etwas endgültig festgelegt werden müsse. Sie gestanden unseren 12 Abgesandten zu: 1. ein neuerliches Getreideausfuhrverbot; 2. das Versprechen, daß der Getreidepreis auf 24 Livres festgesetzt würde; ein ehrlicher Preis, bei dem das Brot günstig und selbst für die Ärmsten erschwinglich sei; 3. daß das Fleisch nur acht Sous das Pfund kosten solle. Unterdessen haben die Leibgarde und die Nationalgarde die Zeit damit verbracht, wie man sagt, mit den Gewehren zu schießen. Ungewiß, ob dabei die ersteren geglänzt haben. Aber das Gerücht besagt, daß wir nur wenige Leute verloren haben und daß der König den 5. Oktober unterstützt habe und mehr denn je jenes

Attribut verdiente, daß man ihm am 17. Juli (1789) zubilligte, „Erneuerer der französischen Nation" zu sein. Wir Bürgerinnen wurden, geschmückt mit Ruhm, auf Kosten Seiner Majestät im Wagen zum Pariser Rathaus zurückgebracht, wo wir wie die Befreierinnen der Hauptstadt empfangen wurden. Dieses Ereignis muß die Pläne der heutigen und künftigen Aristokraten zunichte machen.

Susanne Petersen, Marktweiber und Amazonen. Frauen in der Französischen Revolution, Köln 1987, S. 71-73.

Dok. 7: Jacques Pierre Brissot, Rede vor dem Pariser Jakobinerklub über die Frage, ob der König verurteilt werden kann, 10.7.1791

(…) Was folgt aus diesen Feststellungen? Erst einmal daß alle fremden Mächte die Wirkungen der Französischen Revolution zu fürchten haben; und daß Frankreich nichts von ihnen zu befürchten hat. Daraus folgt, daß diese Mächte sich auf den Versuch beschränken, uns durch Schreckgespenster zu entmutigen, aber ihre Drohungen niemals in die Tat umsetzen werden. Und, wenn sie es doch wagen sollten, braucht kein Franzose sie zu fürchten; es wäre unserer würdig, ihnen zuvorzukommen. Ah! Alle Befürchtungen wären seit langem beseitigt, wenn unsere Regierung aus Patrioten bestehen würde, oder wenn die Nationalversammlung eine beeindruckende Haltung gegenüber allen Mächten Europas eingenommen hätte. (…) Wir verfügen über drei Millionen Bürgersoldaten. Das Ausland fürchtet sie; vielmehr würde es uns fürchten, wenn Frankreich endlich den Ton finden würde, der gerechten und freien Menschen gegenüber Tyrannen ansteht, die nur unsere Stille ermutigt: Dann würden unsere Emigranten aus ihren Ländern verschwinden, und niemand würde mehr die Geister mit falschen Befürchtungen beeindrucken.

Unsere wahren Feinde, meine Herren, sind nicht die Ausländer, sondern diejenigen, die sich ihrer Namen bedienen, um die Gemüter einzuschüchtern; unsere wahren Feinde sind diejenigen, welche sich in verabscheuungswürdiger Weise vereinen, um die Nation mit dem Ziel zu entehren und zu entzweien, wiederum eine Regierung ohne Vertrauen (des Volkes) einzusetzen und sie zu beherrschen; unsere wahren Feinde sind diejenigen, welche prunkvoll die Erklärung der Rechte verabschiedet haben, nun aber alle diese Rechte wieder durch Detailbestimmungen beschränken; unsere wahren Feinde sind diejenigen, welche die Souveränität der Nation erklärt haben, nun aber unter dem Stichwort der Unverletzlichkeit einen anderen Souverän etablieren; unsere wahren Feinde sind diejenigen, die dem Chef der Exekutive eine gewaltige Geldsumme zur freien Verfügung überlassen wollen und welche die Korruption als ein unverzichtbares Mittel der Regierung betrachten; unsere wahren Feinde sind schließlich diejenigen, die uns sagen: Vergeßt die Nation oder fürchtet das Ausland.

Ein Franzose sollte sich von der Furcht vor dem Ausland bestimmen lassen! Es gibt keine Freiheit mehr, wenn man sich nach diesen Ängsten richtet, und es braucht einen feigen oder schlechten Bürger, um sie anzurufen.

Deshalb beantrage ich in aller Deutlichkeit, daß jeder, der gegen den allgemeinen Ruf der Gerechtigkeit und der Freiheit die Furcht vor den fremden Mächten ins Feld führt, für unwürdig erklärt wird, als Franzose bezeichnet zu werden, unwürdig auch, dieser Gesellschaft anzugehören; und daß diese Entschließung nicht nur hier verzeichnet, sondern auch an alle angeschlossenen Gesellschaften geschickt wird.

Ich füge schließlich den Antrag hinzu, daß das System der absoluten Unverletzlichkeit des Königs, insbesondere im Falle des Landesverrats, als Widerspruch zur Souveränität von Nation und Gesetz betrachtet wird, als Zerstörung der Verfassung, und daß man konsequenterweise feststellt: der König kann und muß verurteilt werden.

F. V. Alphonse Aulard (Hg.), La Société des Jacobins. Recueil de documents pour l'histoire du Club des Jacobins de Paris, 6 Bde., Paris 1889-1897, hier Bd. 2, S. 525f.

Dok. 8: Antoinc Barnave, Rede in der Nationalversammlung für die Beendigung der Revolution, 15. Juli 1791

(…) Ich stelle eine Frage, die von nationalem Interesse ist: werden wir die Revolution beenden oder werden wir sie von neuem beginnen? Wenn ihr einmal der Verfassung mißtraut, wo wird der Punkt sein, an dem ihr dann einhalten werdet, und vor allem, wo werden Eure Nachfolger einhalten?

Ich habe vor einiger Zeit gesagt, daß ich den Angriff der fremden Mächte und der Emigranten nicht fürchte; aber heute sage ich mit derselben Aufrichtigkeit, daß ich die Fortsetzung der Unruhen und Gärungen fürchte, die uns so lange beschäftigen werden, als die Revolution nicht vollständig und friedlich beendet ist: von außen her kann niemand Schaden anrichten, aber man fügt uns von innen her großen Schaden zu, wenn man uns mit unheilvollen Gedanken beunruhigt, wenn eingebildete Gefahren, die um uns her geschaffen wurden, im Volk einigen Bestand gewinnen und jenen Männern einigen Einfluß verschaffen, die sich ihrer bedienen, um das Volk ständig in Aufruhr zu halten. Man fügt uns viel Leid zu, wenn man diese revolutionäre Bewegung dauernd macht, die alles zerstört hat, was es zu zerstören galt, die uns an den Punkt geführt hat, wo wir einhalten müssen; sie wird nur durch einen friedlichen und gemeinsamen Entschluß beendet werden können, durch eine Vereinigung, wenn ich so sagen darf, von allem, was die Zukunft der französischen Nation ausmachen kann. Denken Sie daran, meine Herren, denken Sie immer daran, was nach Ihnen geschehen wird! Ihr habt getan, was gut war für die Freiheit und die Gleichheit; keine willkürliche Gewalt ist verschont worden, keine Anmaßung der Eigenliebe, keine widerrechtliche Besitzergreifung von Eigentum ist ungestraft geblieben; Ihr habt alle Menschen vor dem Gesetz gleichgemacht, Ihr habt dem Staat wiedergegeben, was ihm genommen wurde: daraus ergibt sich diese große Wahrheit, daß wenn die Revolution noch einen Schritt weitergeht, sie dies nicht ohne Gefahr tun dann; daß auf der Linie der Freiheit die erste Handlung, die noch folgen könnte, die Vernichtung des Königtums wäre; und daß auf der Linie der Gleichheit die erste Handlung, die noch folgen könnte, der Angriff auf das Eigentum wäre (Beifall). (…)

Reden der Französischen Revolution. Hg. u. übers. v. Peter Fischer
© 1974 Deutscher Taschenbuch Verlag. München, S. 136f.

Dok. 9: Pierre-Louis Rœderer, Rede im Pariser Jakobinerklub für den Krieg, 18.12.1791

(…) Wir befinden uns längst im Krieg; denn die Aufrührer im Ausland stehen unter Waffen; sie sind in Legionen organisiert; und sie haben Anführer, deren Ziele klar und in ihren Manifestationen erklärt sind.

Wir befinden uns längst im Krieg; denn alle Franzosen werden unter der Verantwortung der benachbarten Fürsten beleidigt.

Wir befinden uns längst im Krieg; denn was sind unsere rebellierenden Priester, unsere anti-patriotischen Klubs anderes als verborgene Abteilungen der Armee in Koblenz?

Wir befinden uns längst im Krieg; es ist wahr, dies ist ein heimlicher Krieg, aber warum ist das so? Damit man uns unbestraft zermürben, beschimpfen und beleidigen kann, als habe man ein Recht dazu, bevor man uns geschlagen hat: darum geht es, uns schon als Besiegte zu behandeln, ohne die Anstrengung nötig zu haben, die Risiken auf sich zu nehmen, uns zu besiegen.

Und was ist nun der Charakter dieses Krieges? Handelt es sich etwa nur um einen auswärtigen Krieg, einen Krieg von Königen oder auch von Völkern gegeneinander? Nein. Dies ist ein Krieg Mann gegen Mann, Franzose gegen Franzose, Bruder gegen Bruder, verbunden mit dem Krieg Fürst gegen Volk; es handelt sich um einen Bürgerkrieg, verbunden mit dem auswärtigen Krieg. Es handelt sich um den Krieg des Adels gegen die Gleichheit, der Privilegien gegen die Gemeinschaft, aller Laster gegen die Moral, aller Tyranneien gegen die Freiheit und die Sicherheit der Menschen. (…)

Also meine Herren, drei grundlegende Wahrheiten müssen hier alle Geister ergreifen: zum ersten, Angreifen heißt uns verteidigen; den Krieg führen, heißt den Frieden wünschen. Zum zweiten, die Interessen, die wir zu verteidigen haben, sind die höchsten, die am meisten universellen, die kostbarsten Interessen für alle Menschen und Bürger. Zum dritten schließlich, der Kriegszustand, in dem wir uns längst befinden, ist viel zu desaströs, um seine Fortsetzung dulden zu können. (…)

Nicht den Völkern Deutschlands muß der Krieg erklärt werden, sondern den Fürsten, die die Versammlungen (der Emigranten, WK) autorisiert haben und die Revolten in Frankreich unterstützen. Und in diesem Krieg muß der Grundsatz der Verfassung gewahrt bleiben, die den Franzosen jede Eroberung verbietet.

Ausgehend von diesen zwei Prinzipien, müssen die Parolen, unter denen wir den Boden des Reiches betreten, um hier auf unsere Feinde zu treffen oder sie zu verjagen, der Bevölkerung sagen: „Ihr seid frei; ihr seid sogar frei, wieder Sklaven eurer Tyrannen zu werden, wenn wir mit ihnen fertig sind, oder euch neue Tyrannen zu erwählen." Aber da es nicht hinreicht, den Völkern zu sagen, seid frei, müssen wir ihnen auch vorschlagen, auf eine Weise regiert zu werden, welche die Freiheit sinnvoll nutzt; wir müssen überall munizipalisieren, das bedeutet, das tun, was wir in Frankreich in dem Moment getan haben, als die alte Regierungsform sich aufgelöst hat, nämlich überall Repräsentationen des Volkes einzurichten, um Ordnung und Recht zu bewahren: dafür ist es notwendig, daß die Munitionstaschen unserer Truppen zugleich mit Kugeln und mit Verfassungen für die Selbstverwaltung bestückt sind.(…)

Patriote Français, 28.12.1791.

Dok. 10: Maximilien Robespierre, Rede im Pariser Jakobinerklub gegen den Krieg, 2.1.1792

(…) Gewiß, ich bin ebenso wie Herr Brissot für einen Krieg, der zu dem Zweck geführt wird, die Herrschaft der Freiheit auszudehnen, und ich könnte mich ebenso wie er dem Vergnügen hingeben, im voraus schon alle möglichen wunderbaren Dinge darüber zu erzählen. Wenn Frankreichs Geschick in meinen Händen läge, wenn ich über seine Streitkräfte und seine Hilfsquellen frei verfügen dürfte, hätte ich schon längst ein Heer nach Brabant geschickt, wäre den Einwohnern von Lüttich beigestanden und hätte die Ketten der Bataver zerbrochen. (…) Aber angesichts des Zustandes, in dem sich mein Land befindet, blicke ich voller Sorge um mich, und ich frage mich, ob der beabsichtigte Krieg der sein wird, den uns die Regierung verheißt; ich frage mich, wer ihn anrät, wie, unter welchen Bedingungen, warum.

Darin allein, in unserer höchst außergewöhnlichen Situation ist die ganze Frage beschlossen. Sie haben ständig ihren Blick davon abgewendet; ich aber habe bewiesen, was jedermann klar war, daß nämlich der Vorschlag zu sofortigem Krieg auf einen seit langem vom inneren Freiheitsfeind aufgestellten Plan zurückgeht (…)

Es könne sein, daß es nicht in der Absicht derer, die den Krieg wünschen und führen würden, läge, ihm einen für die Feinde unserer Revolution und die Freunde der unumschränkten Königsmacht schädlichen Ausgang zu sichern. Trotzdem, Sie nehmen zunächst die Last einer Eroberung Deutschlands auf sich; Sie führen unser siegreiches Heer zu allen benachbarten Völkern; Sie richten überall Gemeindeverwaltungen ein. Direktorien, Nationalversammlungen, und Sie rufen selber aus, daß dies ein stolzer Gedanke sei – als wenn das Schicksal der Reiche von unseren Redewendungen geregelt würde. Unsere von Ihnen geleiteten Generäle sind nur die Sendboten der Verfassung, unser Heerlager nur eine Schule des Staatsrechts; die Satelliten der fremden Monarchen, weit entfernt davon, die Durchführung dieses Planes zu behindern, fliegen auf uns zu, aber nicht um uns zurückzutreiben, sondern um uns willig anzuhören.

Leider werden diese herrlichen Weissagungen von der Wahrheit und dem gesunden Menschenverstand widerlegt; in der Natur der Dinge liegt es, daß die Vernunft auf ihrem Vormarsch nur langsam Boden gewinnt. Die lasterhafteste Regierung findet im Vorurteil, in der Gewohnheit, in der Erziehung der Völker eine gewaltige Stütze. Der Despotismus gar verdirbt die Gesinnung der Menschen, bis es ihm gelingt, ihre Verehrung zu erlangen und die Freiheit beim ersten Anlaß verdächtig und schreckensvoll zu machen. Niemand liebt Sendboten in Waffen; und das erste, was Natur und Klugheit gebietet, ist, sie als Feinde zurückzutreiben. (…)

Es wurde die Meinung vertreten, der Krieg würde die Aristokraten im Innern Frankreichs lahmlegen und die Quellen ihrer Winkelzüge zum Versiegen bringen. Weit gefehlt! (…) In dem Augenblick werden die Aufrührer namens des öffentlichen Wohls jedem Schweigen auferlegen, der es wagen sollte, die eine oder andere Verdächtigung über das Verhalten oder die Absichten der Handlanger der ausübenden Gewalt, die sich auf diese stützt, sowie der Generäle auszusprechen, die wie die ausübende Gewalt zur Hoffnung und zu Abgöttern der Nation geworden sein werden. Falls einer dieser Generäle vorherbestimmt sein sollte, irgendeinen ansehnlichen Sieg zu erringen (…): Welchen Einfluß wird er dann mit seiner Partei einbringen? Welche Dienste würde er dann dem Hof nicht leisten können? Von dem Augenblick an wird gegen die wahren Anhänger der Freiheit mit noch größerem Ernst Krieg geführt werden …

Walter Markov (Hg.), Die Revolution im Zeugenstand. Frankreich 1789-1799, 2 Bde., Berlin/DDR 1973, hier Bd. 2. S. 200-225, hier S. 201f., 209f., 217, 219f.

Dok. 11: Pierre Victurnien Vergniaud, Rede in der Legislative für die Erklärung: Das Vaterland ist in Gefahr, 3.7.1792

(...) Ich komme zu einer anderen provisorischen Maßnahme, die ich für dringend notwendig halte, nämlich zu erklären, daß das Vaterland in Gefahr ist: Ihr werdet sehen, wie auf diesen Alarmruf hin die Bürger sich sammeln, die Rekrutierungen ihr früheres Ausmaß wieder erreichen werden, die Bataillone der Nationalgarde sich auffüllen werden, der Gemeinsinn sich wieder belebt, die Departements ihre militärischen Übungen vermehren, das Land sich mit Soldaten bedeckt; ihr werdet sehen, wie sie Wunder erneuern, durch welche die Völker des Altertums sich mit unsterblichem Ruhm bedeckt haben! Nun! Warum sollten die Franzosen weniger Größe haben? Hätten sie denn etwas weniger Heiliges zu verteidigen? Kämpfen sie denn nicht für ihre Väter, ihre Kinder, ihre Frauen, für Vaterland und Freiheit? (...) Aber, ich wiederhole es, es hat keine Zeit mit dieser Adresse; uns noch länger in Sicherheit zu wiegen, wäre für uns die größte der Gefahren. Seht Ihr denn nicht das unverschämte Lächeln unserer inneren Feinde, das uns das Herannahen der vereinigten Tyrannen ankündigt? Ahnt Ihr denn nicht ihre strafwürdigen Hoffnungen und ihre verbrecherischen Komplotte? Fürchtet Ihr denn nichts von dem feindlichen Charakter, den die inneren Auseinandersetzungen annehmen? (...) Wollt ihr denn warten, bis schwache Menschen, der Beschwerlichkeiten der Revolution müde oder verdorben durch die Gewohnheit, um das Schloß herumzukriechen, es sich angewöhnen, von der Freiheit ohne Enthusiasmus und von der Sklaverei ohne Abscheu zu reden? Wie kommt es, daß die Obrigkeit sich in ihren Handlungen selbst behindert, daß die Armee vergißt, daß Gehorsam ihr Wesen ist, daß Soldaten oder Generale die gesetzgebende Körperschaft zu beeinflussen suchen und daß verirrte Bürger mit dem Werkzeug der Gewalt die Handlung des obersten Herren über die exekutive Gewalt zu lenken suchen. Will man die Militärregierung wiederherstellen? Man murrt gegen den Hof; wer wagte zu sagen, daß dies nicht gerechtfertigt sei? Man verdächtigt ihn verräterischer Pläne; womit aber kann man diesen Verdacht zerstreuen? Man spricht von Volksbewegungen, man spricht von Kriegsgesetz; man versucht Leute an Gedanken über das Blut des Volkes zu gewöhnen; der Palast des Königs der Franzosen hat sich plötzlich in eine Feste verwandelt: wo indessen sind seine Feinde? Gegen wen sind diese Kanonen gerichtet, diese Bajonette? Die Verteidiger der Verfassung sind aus dem Ministerium vertrieben worden; die Zügel der Regierung blieben in einem Augenblick dem schwankenden Zufall überlassen, da es ebensoviel Kraft wie Patriotismus brauchte, sie zu führen. (...) Die feindlichen Kohorten rücken vor und vielleicht gehen sie in ihren schändlichen Hoffnungen schon so weit, daß sie unser Territorium unter sich aufteilen und uns mit dem ganzen Haß eines unerbittlichen und siegreichen Tyrannen zerschmettern! Wir sind innenpolitisch uneins; Intrige und Niedertracht spinnen Verrat. Die gesetzgebende Körperschaft setzt diesen Verschwörungen strenge, aber notwendige Dekrete entgegen; eine allmächtige Hand zerreißt sie. (…) Unser Vermögen, unser Leben, unsere Freiheit sind bedroht; die Anarchie rückt an mit all den Plagen, die den politischen Körper desorganisieren; allein der Despotismus, der sein lange gedemütigtes Haupt erhebt, erfreut sich unseres Elends und wartet auf die Beute, damit er sie verschlinge! Ruft, es ist an der Zeit, ruft alle Franzosen zur Rettung des Vaterlands auf; zeigt ihnen den Abgrund in seiner ganzen Tiefe! Nur in einer außerordentlichen Anstrengung vermögen sie über ihn hinwegzusetzen. Es ist an Euch, sie durch eine elektrische Bewegung, die das ganze Reich in Schwung setzt, darauf vorzubereiten!

Reden der Französischen Revolution. Hg. u. übers. v. Peter Fischer © 1974 Deutscher Taschenbuch Verlag. München, S. 167-169.

Dok. 12: Madame Julien berichtet ihrem Mann über den Aufstand zum Sturz der Monarchie am 10. August 1792

Tag des Blutes, Tag der Gewalttat und doch Tag des Sieges, der von unseren Tränen benetzt wird, höret und bebet!

Die Nacht war ohne Ereignisse vorbeigegangen. Die große Frage, die auf dem Spiel stand, mußte viele Menschen und, sagte man, die Faubourgs herbeiziehen; darum hatte man in die Tuilerien viele Nationalgarden berufen. Die Nationalversammlung hatte auch dreifache Wache. Der König hatte um 6 Uhr morgens an der Drehbrücke die Parade über die Schweizer abgenommen. Die Marseiller verbanden sich brüderlich mit den Pariser Garden. Man hörte Rufe: „Es lebe der König!", im Faubourg rief die Nation: „Es lebe die Nation!"

Mit einemmal werden alle Fenster im Schloß von Schweizern besetzt, und sie geben urplötzlich eine Salve auf die Nationalgarde ab. Die Tore des Schlosses öffnen sich, dahinter starrt es von Kanonen, die ihre volle Ladung auf das Volk abschießen. Die Schweizer verdoppeln sich. Die Nationalgarde hat kaum so viel Munition, um zwei Schuß abzugeben; sie hat eine Menge Verwundeter; das Volk flieht; dann sammeln sich alle in Wut und Verzweiflung. Die Marseiller sind lauter Helden, die Wunder der Tapferkeit verrichten. Man stürmt das Schloß. Die Gerechtigkeit des Himmels ebnet alle Wege, und die Schweizer büßen den niedrigen Verrat, dessen Werkzeuge sie sind, mit Tod jedweder Art. Die ganze königliche Familie, der Spielball einer blutgierigen Sippe, hatte sich in einem günstigen Augenblick in die Nationalversammlung geflüchtet. (…)

Heute, am 10. August, sollte die Gegenrevolution in Paris ausbrechen. Immer töricht, wie sie sind, glaubten unsere Widersacher, daß die Korruption der Führer eines Teils der Nationalgarde, gestützt von den Royalisten mit ihren Schweizern und allen Lakaien der Tuilerien, die Sache machen und den waffenlosen Sansculotten Schrecken einjagen würden. Sie sind niedergeschmettert, das

Glück hat sich gewendet; und in weniger als zwei Stunden ist der Louvre ge-
stürmt und der Sieg entschieden. Die Sturmglocken, der Generalmarsch, tausend Unheil verkündende Schreie: „Zu den Waffen! Zu den Waffen!" ertönen in
ganz Paris. Die Läden werden geschlossen, Frauen und Kinder verbergen sich,
nichts kann die Bestürzung und Verzweifelung schildern, in der wir waren.

Die Commune hat meisterhafte Arbeit verrichtet: Die Einzelheiten kann ich
nicht angeben. Mit einem Schlag von ihrem aristokratischen Gift gereinigt, hat
sie sich unabhängig vom Departementsdirektorium organisiert; sie hat Waffen
und Munition verteilt und der Aktion der Bürger beigestanden, die der Verrat
so völlig einigte … Die Piken und die Bajonette haben heute das aufrichtigste
und erhabenste Bündnis geschlossen. Alle Offiziere werden heute abend kas-
siert werden, und Santerre ist seit Mittag kommandierender General der Nationalgarde. Manuel und Danton haben den Zivildienst übernommen. (…)

Das Volk hat alles im Schloß zertrümmert. Es hat den ganzen Pomp der Könige unter seinen Füßen zertreten. Die kostbarsten Schätze sind durchs Fenster
geflogen; die Schweizerkasernen sind an allen vier Ecken angezündet worden,
und man hat geschrien, das Schloß solle dem Erdboden gleichgemacht werden.
Köpfe sind abgeschnitten worden, und es kam zu Ausbrüchen der Volkswut,
deren Grausamkeit solchen, die nicht weiter nachdenken, gräßlicher vorkommt
als die raffinierte und zivilisierte Ruchlosigkeit der Höflinge, die der Laune einer Mätresse oder der Willkür eines Intriganten zuliebe ganze Geschlechter zugrunde richten.

Das französische Volk hat in Paris Österreich und Preußen besiegt. (…)

Landauer, Briefe aus der Französischen Revolution, S. 300-305.

Dok. 13: Alba Lasource, Rede im Konvent gegen die Aufrührer in Paris und die diktatorischen Tendenzen ihrer Hintermänner, 25.9.1792

(…) Es ist nicht der Bürger, den ich fürchte, es ist der Bandit, der zerstört, der
Mörder, der den Dolch führt, und ist es etwa erstaunlich, wenn wir sie fürchten? (…)

Ich trete hiermit in aller Deutlichkeit dafür ein, daß alle Departements zum
Schutz der gesetzgebenden Versammlung beitragen. Ich fürchte den Despotismus von Paris, und ich will nicht, daß diejenigen, die dort über die Meinungen
der von ihnen aufgewiegelten Menschen herrschen, den Nationalkonvent und
ganz Frankreich beherrschen. Ich will nicht, daß Paris, beherrscht von Intriganten, im französischen Reich zu dem wird, was Rom für das römische Reich war.
Es ist nötig, Paris auf ein Dreiundachtzigstel des Einflusses zu reduzieren, wie
jedes andere Departement auch; niemals werde ich mich unter sein Joch beu-

gen; niemals werde ich meine Zustimmung geben, daß es die Republik tyrannisiert, wie es einige Intriganten wollen, gegen die ich es wage, mich als erster zu erheben, weil ich niemals verstummen werde vor irgendeiner Art der Tyrannei. (Starker Beifall)

Ich will das nicht gegenüber den Menschen, die nicht gezögert haben, Messer gegen die Mitglieder der Legislative zu zücken, welche am schärfsten die Sache der Freiheit verteidigt haben; nicht gegenüber denjenigen, die, weil sie die Mitglieder der Legislative, deren Widerstand und Energie sie fürchten, aus dem Konvent ausschalten wollten, versucht haben, diese umbringen zu lassen, nachdem sie erkannt hatten, daß sie sie nur auf diesem Weg loswerden könnten. Ich will das nicht gegenüber denjenigen, die noch an dem Tage, als sich die Massaker (in den Gefängnissen, WK) vollzogen, in ihrer ruchlosen Dreistigkeit so weit gegangen sind, Haftbefehle gegen acht Abgeordnete auszustellen, die niemals gezögert haben, der Sache der Freiheit zu dienen, die niemals das Vertrauen des ganzen Reiches verloren haben, die niemals auch nur einzige antipopuläre Meinung geäußert haben. (Erneuerter Beifall.)

Sind das etwa die Freunde des Volkes, die ihre Dolche gegen seine standhaftesten Freunde richten! Nein! Das sind die Feinde, die einzigen Feinde der Republik! Ja, sie wollen den Boden für die Anarchie bereiten durch das Chaos der von Braunschweig geschickten Banditen und durch diese Anarchie zu der Herrschaft gelangen, nach der sie dürsten? Ich nenne hier keine Personen, weil ich bisher lieber die Dinge als die Individuen betrachtet habe. (…) Doch wenn die Männer, die ich hier denunziere, mich mit hinreichenden Beweisen versorgt haben, um sie zu erkennen und Frankreich zu zeigen, werde ich sie auf dieser Tribüne demaskieren, werde ich sie hier angreifen, auch wenn ich dabei unter ihren hinterhältigen Stößen fallen sollte. (Beifall.)

Ich wiederhole, um zum Ende zu kommen, im Angesicht der Republik, was ich schon dem Bürger Merlin persönlich gesagt habe. Ich glaube daß es eine Partei gibt, die sie beherrschen und zerstören will, die unter einem anderen Namen herrschen will, indem sie alle Macht der Nation in den Händen einiger weniger Individuen verbindet. Meine Ermahnung mag durch die Geschehnisse bestätigt werden; doch ich bin weit davon entfernt zu glauben, daß Frankreich wirklich den Anstrengungen der Intriganten unterliegen wird; und ich kündige den Intriganten an, daß ich sie nicht fürchte, daß sie nach den Mühen der Demaskierung bestraft werden, und daß die Macht der Nation, die Ludwig XVI. gestürzt hat, alle herrschaftssüchtigen und blutdürstigen Männer wie ein Blitzschlag treffen wird. (Lebhafter Beifall.)

Archives Parlementaires, Bd. 52, S. 130f.

Dok. 14: Antoine Saint-Just, Rede im Konvent für die Verurteilung des Königs, 13. 11. 1792

(…) Alles, was ich gesagt habe, bezweckt, Ihnen den Beweis vorzuführen, daß Ludwig XVI. als ein fremder Feind gerichtet werden muß. Ich füge hinzu, es ist unnötig, sein Todesurteil der Sanktion des Volkes zu unterwerfen. Denn das Volk kann durch seinen Willen wohl Gesetze geben, weil diese Gesetze zu seinem Glück beitragen, allein das Volk kann das Verbrechen der Tyrannei nicht auslöschen. Das Recht der Menschen gegen die Tyrannei ist persönlich; und kein Souveränitätsakt kann wirklich einen einzelnen Bürger verpflichten, ihm zu verzeihen.

Ihre Sache ist es, zu entscheiden, ob Ludwig der Feind des französischen Volkes, ob er ein Fremder ist; wenn ihre Majorität ihn freispräche, dann müßte dies Urteil von dem Volk sanktioniert werden. Denn wenn ein einziger Bürger gesetzlich durch einen Akt der Souveränität nicht gezwungen werden konnte, den König zu begnadigen, so würde doch viel weniger der Akt einer Behörde für den Souverän verbindlich sein.

Beeilen Sie sich indes, den König zu richten, denn jeder Bürger hat gegen ihn das Recht, welches Brutus gegen Cäsar hatte. (…) Ludwig hat das Volk bekämpft: er ist besiegt, er ist ein Barbar, ein fremder Kriegsgefangener. Sie haben seine treulosen Absichten durchschaut; Sie haben seine Armee gesehen; der Verräter war nicht der König der Franzosen; er war der König einiger Verschwörer; er hob insgeheim Truppen aus, hatte besondere Beamte; er betrachtete die Bürger als Sklaven; er hatte insgeheim alle rechtschaffenen und mutvollen Männer proskribiert. Er ist der Mörder der Bastille, von Nancy, vom Marsfeld, von Tournay, von den Tuilerien. Welcher Feind, welcher Fremdling hat uns mehr Unheil zugefügt? Er muß seiner würdig gerichtet werden. Dies ist der Rat der Weisheit und gesunder Politik; die Schlechten bedienen sich aller möglichen Mittel; man sucht das Mitleid anzuregen; man wird bald Tränen für Geld kaufen; man wird alles tun, uns zu gewinnen und sogar zu bestechen. Wenn der König jemals freigesprochen wird, so erinnere Dich, Volk, daß wir Deines Vertrauens nicht mehr würdig sein werden, und Du wirst uns der Treulosigkeit anklagen können!

Reden der Französischen Revolution. Hg. u. übers. v. Peter Fischer © 1974 Deutscher Taschenbuch Verlag. München, S. 224f.

Dok. 15: Paul Cambon, Bericht der zuständigen Konventsausschüsse über die Situation in den besetzten Gebieten, 15.12.1792

(…) Zuerst haben sie sich gefragt, welches Ziel der von euch unternommene Krieg hat. Es besteht zweifellos darin, alle Privilegien zu vernichten. *Krieg den*

Schlössern, Friede den Hütten! Das sind die Grundsätze, die ihr aufgestellt habt, als ihr den Krieg erklärtet. (…) Deshalb müssen wir in den Ländern, in denen wir Einzug halten, als revolutionäre Macht in Erscheinung treten. (Beifall.) (…) Da wir eine revolutionäre Macht sind, muß also alles, was im Gegensatz zu den Rechten des Volkes steht, beseitigt werden, sobald wir den Boden des Landes betreten. (Anhaltender Beifall.) Demgemäß ist es unsere Pflicht, während wir alle Tyrannen vernichten, unsere Prinzipien zu verkünden, und nichts darf uns an der Verwirklichung dieses Entschlusses hindern. Eure Ausschüsse sind der Ansicht, daß die Generäle, sobald sie die Tyrannen und deren Schergen davongejagt haben, bei ihrem Einzug in jede Gemeinde die Pflicht haben, eine Proklamation zu erlassen, um den Völkern vor Augen zu führen, daß wir ihnen das Glück bringen und sie unverzüglich die Zehnten sowohl als auch die Feudallasten und jede Form von Hörigkeit beseitigen müssen. (Beifall. (…)

Eure Ausschüsse waren der Meinung, daß die Einwohner, nachdem die Beseitigung der Mißbräuche der amtierenden Behörden verkündet worden ist, in Urwählerversammlungen zusammentreten und provisorische Verwalter und Richter ernennen sollten, um die Gesetze zum Schutz des Eigentums und die persönliche Sicherheit durchzusetzen. Sie sind zugleich der Meinung, daß uns diese provisorischen Staatsorgane in manch anderer Hinsicht dienlich sein könnten.

Wofür müssen wir zuerst Sorge tragen, wenn wir in ein Land einmarschieren? Zuerst müssen wir vom Vermögen unserer Feinde Besitz ergreifen als Entschädigung für die Kriegskosten. Die dem Fiskus, den Fürsten, deren Kreaturen, Anhängern, Parteigängern und freiwilligen Schergen, den weltlichen und geistlichen Gemeinschaften sowie allen Helfershelfern der Tyrannei gehörenden beweglichen und unbeweglichen Güter müssen also dem Schutz der Nation unterstellt werden. (Beifall.) (…)

Ihr werdet aber erst dann etwas erreichen, wenn ihr mit Nachdruck die Strenge eurer Grundsätze gegenüber jedem verkündet, der nur eine halbe Freiheit möchte. Eure Absicht ist es, daß die Völker, zu denen ihr eure Waffen tragt, frei werden. Falls sie sich mit den privilegierten Kasten wieder aussöhnen, dürft ihr solchen schimpflichen Handel mit den Tyrannen nicht dulden. Jenen Völkern, die die privilegierten Kasten erhalten wollen, müsst ihr sagen; Ihr seid unsere Feinde! Fortan wird man sie als solche behandeln, da sie weder nach Freiheit noch nach Gleichheit streben. Wenn sie hingegen einer freien Regierung geneigt scheinen, müsst ihr sie nicht nur unterstützen, sondern sie auch eures dauernden Schutzes versichern. (…)

Markov, Revolution im Zeugenstand, Bd. 2, S. 332-340.

Dok. 16: Georges Danton, Rede im Konvent für die Einrichtung eines Revolutionstribunals, 10.3.1793

Ich fordere alle guten Bürger auf, ihren Posten nicht zu verlassen. (Die ganze Versammlung bleibt schweigend auf ihren Plätzen.) Wie, Bürger, in einem Augenblick, wo – und das ist durchaus möglich – (General) Miranda vielleicht geschlagen wird, (General) Dumouriez bedrängt wird und vielleicht gezwungen ist, die Waffen zu strecken, wollt Ihr auseinandergehen, ohne die Maßregeln getroffen zu haben, die das öffentliche Wohl erfordert. Ich fühle, wie notwendig es ist, ein Gericht zur Bestrafung der Konterrevolutionäre einzurichten, denn für sie ist dieses Tribunal erforderlich und dieses Tribunal muß an die Stelle des höchsten Tribunals der Volkssache treten. (…)

(Eine Stimme: September! Allgemeine Empörung. Man ruft von allen Seiten den Zwischenrufer zur Ordnung.) (…)

Das Wohl des Volkes verlangt jetzt große Mittel und furchtbare Maßnahmen. Ich sehe keinen Mittelweg zwischen einem ordentlichen Gericht und einem Revolutionstribunal. Diese Wahrheit wird von der Geschichte bestätigt. Und da man in dieser Versammlung gewagt hat, an jene blutigen Tage zu erinnern, über die jeder gute Bürger seufzt, sage ich nun, daß, wenn damals ein Tribunal bestanden hätte, das Volk, dem man so oft und so grausam ungerecht diesen Tage zum Vorwurf macht, diese nicht mit Blut überzogen hätte, sage ich weiterhin – und ich bin mir der Zustimmung jener sicher, die Zeugen dieser Ereignisse waren –, daß es keiner menschlichen Macht möglich war, der Woge der nationalen Rache Einhalt zu gebieten.

Lernen wir aus den Fehlern unserer Vorgänger. Tun wir, was die Gesetzgebende Versammlung nicht getan hat: seien wir schrecklich, damit nicht das Volk schrecklich sein muß; organisieren wir ein Tribunal – nicht gut, denn das ist unmöglich, aber so wenig schlecht als möglich, damit das Volk wisse, daß das Schwert des Gesetzes über dem Haupt all seiner Feinde schwebt. (…)

Ich verlange also, daß noch im Laufe der Sitzung das Revolutionstribunal organisiert wird, daß im Rahmen der Neuorganisierung die Exekutive die zu energischen Handlungen notwendigen Vollmachten erhält. Ich verlange nicht, daß etwas desorganisiert wird, ich schlage nur Mittel zur Verbesserung vor.

(Eine Stimme: Du führst Dich wie ein König auf!)

Und ich sage Dir, daß Du wie ein Feigling redest! (Man fordert, daß der Zwischenrufer zur Ordnung gerufen wird.)

Ich verlange, daß der Konvent über meine Gründe urteilt und die beleidigenden und entehrenden Namen verachtet, die man mir zu geben wagt. (…)

Ich fasse zusammen: Heute abend Organisierung des Tribunals, Organisierung der exekutiven Gewalt; morgen militärische Bewegung. Morgen müssen Eure Kommissare aufgebrochen sein! Ganz Frankreich muß sich erheben, zu den Waffen eilen und gegen den Feind marschieren! Holland muß besetzt werden, Belgien muß frei sein, der englische Handel muß zugrunde gerichtet werden! Die Freunde der Freiheit müssen über dieses Land triumphieren! Unsere überall siegreichen Waffen müssen den Völkern Befreiung und Glück bringen – und die Welt wird gerächt sein!

(Inmitten von tosendem Beifall verläßt Danton die Tribüne.)

Reden der Französischen Revolution. Hg. u. übers. v. Peter Fischer © 1974 Deutscher Taschenbuch Verlag. München, S. 278-281.

Dok. 17: Jérôme Pétion, Brief an die Bürger von Paris, April 1793

(…) Wie lange wollt ihr noch hinnehmen, von einer Handvoll Ränkeschmiede regiert zu werden? Habt ihr das Joch des Despotismus einzig und allein abgeschüttelt, um euer Haupt unter das noch erniedrigendere, noch unerträglichere Joch einiger mittelmäßiger Aufwiegler zu beugen, die unaufhörlich mit drohender Stimme Beleidigungen im Mund führen, alle Gesetze von Moral und Recht übertreten und nur von Plünderung und Mord sprechen? (…)

Ich weiß sehr wohl und habe es unaufhörlich wiederholt: Eine große Revolution verläuft nicht ohne schmerzvolle Eingriffe; sie hat sowohl Widerwärtigkeiten als auch Ausschreitungen zur Folge, und nicht alles kann sogleich in die gewöhnlichen Bahnen von Ruhe und Ordnung zurückkehren.

Aber ich behaupte gleichzeitig, daß diese Männer einen Krisen- und Leidensstand verewigt haben; viel Unglück haben sie verursacht, das zu verhindern ein leichtes gewesen wäre. Niemals hat sich eine Revolution bei irgendeinem Volk und in irgendeiner Zeit in so schöner und vorteilhafter Gestalt dargeboten; nie war sie vor allem leichter zu beenden. Ja, nach dem 10. August brauchte sie weder Blut noch Tränen oder Schmerzen zu kosten. Damals besaß das Volk seine ganze Würde, und seine Tatkraft war großartig. Was wurde seitdem nicht alles unternommen, um es zu entwürdigen, auf blutige Ausschreitungen und abscheuliche Racheakte hinzulenken, statt es auf seiner Höhe zu halten? (…)

Ich habe es genau vorhergesagt. Ich habe öffentlich angekündigt, daß es bei der Führung der Staatsangelegenheiten in Zukunft nötig sein wird, eine andere Richtung als die bisher verfolgte einzuschlagen, und zum Aufbau nicht die gleichen Mittel eingesetzt werden dürfen, die zum Niederreißen verwendet wurden, daß man die revolutionäre Bewegung nicht weiter fördern, sondern nach und nach zur Ruhe bringen muß.

Aber nun, die Männer, gegen die ich Klage führe, hörten – aus welchen Gründen immer – nicht damit auf, Unruhen auf Unruhen anzuzetteln, das Volk in Harnisch zu bringen, in Erregung zu versetzen und mit Gewalt über alle moralischen Grenzen hinauszutreiben. Jeden Augenblick haben sie den Volksmassen zugerufen: Erhebt euch, schlagt eure Feinde tot, zermalmt sie! Wir brauchen neue Aufstände! Die Revolution ist noch unvollendet! (…)

Markov, Revolution im Zeugenstand, Bd. 2, S. 391-404, hier S. 391, 395f.

Dok. 18: Jacques Roux, Manifest der Enragés, am 25 Juni 1793 dem Konvent als Petition vorgetragen

Abgeordnete des französischen Volkes!
Hundertmal hat dieser geheiligte Saal von den Verbrechen der Egoisten und Schurken widergehallt; immer wieder habt ihr uns versprochen, die Blutsauger des Volkes zu vernichten. Jetzt soll die Konstitutionsakte dem Volkssouverän zur Billigung vorgelegt werden; habt ihr darin die Börsenspekulation geächtet? Nein! Habt ihr die Todesstrafe gegen die Hamsterer ausgesprochen? Nein! Habt ihr festgestellt, worin die Handelsfreiheit besteht? Nein! Habt ihr den Verkauf von Münzgeld verboten? Nein! Nun denn, so erklären wir euch, daß ihr nicht alles für das Glück des Volkes getan habt. Die Freiheit ist nur ein leerer Wahn, solange eine Klasse die andere ungestraft verhungern lassen kann. Die Gleichheit ist nur ein leerer Wahn, solange der Reiche kraft seines Monopols über Leben und Tod seiner Mitmenschen entscheidet. Die Republik ist nur ein leerer Wahn, solange die Gegenrevolution tagtäglich am Werk ist, indem sie alle Lebensmittelpreise hinaufschraubt, die von Dreivierteln der Bürger nur unter Tränen aufgebracht werden können.

Und doch, nur wenn man die Erpressermethoden der Geschäftemacherei ausschaltet, hat Handel Anspruch auf Achtung; nur wenn ihr die Lebensmittel für die Sansculotten erschwinglich macht, werdet ihr diese an die Sache der Revolution binden, sie um die Verfassungsgesetze scharen. (…)

Seit vier Jahren haben allein die Reichen von den Vorteilen der Revolution profitiert. Die Händleraristokratie, schrecklicher als die Adels- und Priesteraristokratie, hat sich ein grausames Spiel daraus gemacht, die Privatvermögen und die Finanzen der Republik an sich zu reißen; noch wissen wir nicht, bis zu welchem Punkt ihre Erpressung gehen wird, denn die Warenpreise steigen täglich, vom Morgen bis zum Abend, auf beängstigende Weise. Bürger Repräsentanten, es ist Zeit, daß der Kampf auf Leben und Tod, den die Egoisten gegen die am meisten arbeitende Klasse der Gesellschaft führen, ein Ende hat. Sagt den Börsenspekulanten und Hamsterern deutlich: entweder sie gehorchen euren Dekreten in Zukunft, oder sie gehorchen ihnen nicht. Im ersten Fall werdet ihr das Vaterland gerettet haben; aber auch wenn der andere Fall eintritt, werdet ihr es gerettet haben, denn wir werden Manns genug sein, die Blutsauger des Volkes herauszufinden und zu vernichten.

Wie? Eigentum von Schurken sollte etwas Heiligeres sein als das menschliche Leben? Die bewaffnete Macht untersteht den Verwaltungsbehörden, und die Lebensmittel sollten ihnen nicht auf Anforderung zur Verfügung stehen? Der Gesetzgeber hat das Recht, den Krieg zu erklären, das heißt, Menschen in den Tod zu schicken, und er sollte nicht das Recht haben, zu verhindern, daß man die Daheimgebliebenen aussaugt und dem Hungertode preisgibt? (...)

Walter Grab (Hg.), Die Französische Revolution. Eine Dokumentation, München 1973, S. 163-165.

Dok. 19: Erklärung der Vertreter der französischen Urwählerversammlungen an den Konvent, 12.8.1793

Bürger Abgeordnete,
Seit vier Jahren kämpfen wir für die Freiheit, und dennoch ist die Freiheit bisher nur ein leeres Wort, über das sich die Tyrannen mit beleidigender Frechheit lustig machen. Ihre Dreistigkeit wächst mit unserer Schwäche; ihre niederträchtigen Heerscharen verwüsten unser Land, und die geschundene Heimat erleidet jeden Tag neues Unglück.

Bürger Abgeordnete, es ist notwendig, der Welt endlich ein großes Beispiel zu geben und den verbündeten Tyrannen eine schreckliche Lektion zu erteilen. Ruft das Volk auf, daß es sich in Massen erhebe; nur es allein kann so viele Feinde vernichten; nur das Volk selbst kann den Triumph der Freiheit sicherstellen.

Bürger Abgeordnete, die Zeit, da wir uns folgenlosen Diskussionen hingegeben haben, ist vorbei; es müssen Taten folgen; die Aristokratie muß in unseren Händen zum Instrument ihrer eigenen Vernichtung werden.

Wir fordern Euch auf, in aller Form zu verfügen, daß alle Verdächtigen auf der Stelle verhaftet werden, um sie dann an die Landesgrenzen zu treiben, hinter ihnen die schreckliche Masse aller Sansculotten der Republik. Dort, in der ersten Frontlinie, sollen sie für die Freiheit kämpfen, die sie seit vier Jahren mit Füßen treten, oder sie sollen im Kanonenfeuer der Tyrannen hingeschlachtet werden. Ihre Frauen und Kinder sowie die Alten und Gebrechlichen sollen der Obhut der französischen Menschlichkeit und Rechtschaffenheit unterstellt werden: Sie sollen von den Frauen und Kindern der Sansculotten als Geiseln genommen werden.

Wir fordern euch auf, diesen Grundsatz zu verabschieden und Eurem Wohlfahrtsausschuß den Auftrag zu erteilen, innerhalb von 24 Stunden konkrete Ausführungsbestimmungen vorzulegen. Diese müssen einfach und handhabbar sein, denn nichts kann dem Willen eines großen Volkes widerstehen.

Gesetzgeber, lehnt jede Begnadigung von Schuldigen ab, ebenso wie jedes Übereinkommen mit den Despoten. Seid schrecklich, aber rettet die Freiheit; umgebt uns mit der Allmacht des Volkes; es soll sich in Massen erheben, und vor ihm sollen sich die Horden der Tyrannen verflüchtigen wie ein Spuk. (…)

Archives Parlementaires, Bd. 72, S. 103.

Dok. 20: Maximilien Robespierre, Rede im Konvent über die Grundsätze der revolutionären Regierung, 25.12.1793

(…) Die Theorie der revolutionären Regierung ist ebenso neu, als die Revolution selbst, durch welche sie herbeigeführt ward. Man muß sie nicht in den Büchern der politischen Schriftsteller suchen, welche diese Revolution nicht vorausgesehen haben; noch in den Gesetzen der Tyrannen, welche, mit dem Mißbrauch ihrer Gewalt zufrieden, sich wenig um ihre Rechtmäßigkeit bekümmern. Daher ist auch schon dieses Wort dem Aristokratismus ein Gegenstand des Schreckens und der Verleumdung; den Tyrannen ein Ärgernis; vielen Leuten ein Rätsel; man muß es nur allen erklären, um wenigstens die guten Bürger an die Grundsätze des allgemeinen Interesses zu fesseln. (…)

Das Geschäft der Regierung ist, die moralischen und psychischen Kräfte der Nation nach dem Zwecke ihrer ursprünglichen Einrichtungen hinzulenken.

Der Zweck der konstitutionellen Regierung ist, die Republik zu erhalten; derjenige der revolutionären Regierung, sie zu gründen.

Die Revolution ist ein Krieg der Freiheit gegen ihre Feinde; die Konstitution ist die Regierung der siegreichen und friedlichen Freiheit.

Die revolutionäre Regierung erfordert eine außerordentliche Tätigkeit, eben darum, weil sie im Kriege ist. Sie ist weniger einförmigen und weniger strengen Regeln unterworfen, weil die Umstände, in denen sie sich befindet, stürmisch und veränderlich sind, vorzüglich aber, weil sie gezwungen ist, beständig neue und schnelle Hilfsmittel gegen neue und dringende Gefahren zu bilden.

Die konstitutionelle Regierung beschäftigt sich vornehmlich mit der bürgerlichen, die revolutionäre aber mit der öffentlichen Freiheit. Unter der konstitutionellen Regierung ist es beinahe genug, die Individuen gegen den Mißbrauch der öffentlichen Gewalt zu schützen. Unter der revolutionären Regierung muß die öffentliche Gewalt sich selbst gegen alle Faktionen verteidigen, von denen sie angegriffen wird. Die revolutionäre Regierung ist den guten Bürgern allen Nationalschutz, den Feinden des Volkes aber nur den Tod schuldig. (…)

Reden der Französischen Revolution. Hg. u. übers. v. Peter Fischer © 1974 Deutscher Taschenbuch Verlag. München, S. 330f.

Dok. 21: Brief von Achard aus Lyon an Gravier, Geschworener am Revolutionstribunal in Paris, über die revolutionäre Justiz gegen das aufständische Lyon (Befreite-Stadt), 7.12.1793

Bruder und Freund,
Immerzu Köpfe, jeden Tag fallen Köpfe! Welche Wonnen hättest Du gekostet, wenn Du gestern diese Nationaljustiz über zweihundertundneun Bösewichte mitgemacht hättest! Was für eine Majestät! was für ein imponierender Ton! Alles war erbaulich. Wie viele große Schufte haben an dem Tag in der *Arène des Breteaux* ins Gras gebissen! Welch ein Kitt für die Republik! Gestern und heute werden arme Teufel öffentlich freigesprochen werden; man wird uns umarmen, man wird sie zum Himmel heben. Was für ein Gefühl für ein Volk, das uns noch für blutgierige Räuber hält! Billemaz hat den Tribut bezahlt; eine Menge anderer, die Du kennst, wie z. B. Dubost, Bonamour, Mitglied des Departements, haben das nämliche getan; der Präsident und der Generalprokurator des Puy-de-Dôme folgten ihnen; was für ein der Freiheit würdiges Schauspiel! Nun sind es aber schon über fünfhundert; noch doppelt so viele werden ohne Zweifel drankommen, und dann ça ira …
Gruß und Bruderschaft
N.S. Grüße an Robespierre, Duplay und Nicolas

Landauer, Briefe aus der Französischen Revolution, S. 737.

Dok. 22: Camille Desmoulins, Über die Gründe und für die Beendigung des Terrors, Dezember 1793

(…) Diejenigen, die über die Gründer der Republik so streng urteilten, versetzten sich nicht genügend an ihre Stelle. Erkennt doch, zwischen welchen Abgründen wir uns bewegen! Auf der einen Seite ein bärbeißiger Extremismus, dem es nicht darauf ankommt, ob wir durch seine ultrarevolutionären Maßnahmen zum Schrecken und Gespött Europas werden; auf der anderen Seite die in Sack und Asche gehende gemäßigte Richtung, die, als sie sah, daß die Begründer des Cordeliers-Klubs wieder zur Vernunft redeten und sich bemühten, der extremen Richtung Einhalt zu tun, gestern mit einer Riesenschar von Weibern das Allgemeine Sicherheitskomitee belagerte und, mich beim Kragen packend, als ich gerade dort eintreten wollte, die Öffnung aller Gefängnisse durch den Konvent binnen vierundzwanzig Stunden verlangte, um uns – neben, das sei zugegeben, einer gewissen Anzahl guter Bürger – eine Menge über ihre Inhaftierung tobender Konterrevolutionäre auf die Fersen zu hetzen. (…)

Der Wohlfahrtsausschuß hat (…) geglaubt, daß er zur Errichtung der Republik kurzfristig auf die Rechtsprechung des Despotismus nicht verzichten könne. Er hat, mit Machiavell, gedacht, daß in Situationen politischer Zerrissenheit der übergeordnete Zweck das Übel kleiner mache. Also hat er für einige Zeit die Statue der Freiheit verhüllt. Aber kann man diesen durchsichtigen Gazeschleier mit dem Wechselbalg der Cloots, Coupé, Montaut verwechseln, mit jenem Leichentuch, unter dem die eingesargten Prinzipien nicht mehr zu erkennen waren? (…)

Nein, die vom Himmel herabgestiegene Freiheit ist keine Schönheit vor der Oper, keine phrygische Mütze, kein schmutziges Hemd oder Lumpen. Die Freiheit ist Glück, Vernunft, Gleichheit, Gerechtigkeit, die Menschenrechtserklärung, eure erhabene Verfassung! Wollt ihr, daß ich mich zu ihr bekenne, daß ich ihr zu Füßen falle, all mein Blut für sie vergieße? Öffnet die Gefängnistore für jene 200000 Bürger, die ihr verdächtig nennt, denn in der Menschenrechtserklärung ist keine Anstalt für Verdächtige vorgesehen; es gibt nur Haftanstalten. Nicht der Verdacht hat Gefängnisse, sondern der öffentliche Ankläger; es gibt keine Verdächtigen, sondern nur Leute, die durch die Gesetze definierter Verbrechen angeklagt sind. Und glaubt nicht, diese Maßnahme wäre der Republik abträglich. Es wäre der revolutionärste Schritt, den ihr je vollzogen hättet. Ihr wollt alle eure Feinde durch die Guillotine ausrotten! Aber hat es jemals größeren Irrsinn gegeben? Könnt ihr einen einzigen auf dem Schafott hinrichten, ohne euch zehn Feinde in seiner Familie oder unter seinen Freunden zu machen? Glaubt ihr, die Frauen, Greise, die Schwachen, Egoisten, Nachzügler der Revolution, die ihr einsperrt, wären gefährlich? Von euren Feinden sind nur noch Feiglinge und Kranke übriggeblieben. Die Tapferen und Starken sind längst emigriert. (…)

Le Vieux Cordelier, Nr. 3, 15. 12. und Nr. 4, 20.12.1793.

Dok. 23: Der Sturz Robespierres im Konvent, 27.7.1794

Robespierre erscheint auf der Rednertribüne. Man vernimmt Rufe: „Nieder mit dem Tyrannen!"

Tallien ergreift das Wort gegen Robespierre und erklärt, dieser Mensch stelle bei sich zu Hause Proskriptionslisten gegen Konventsmitglieder zusammen. Er gibt kund, die Armee des neuen Cromwell würde schon organisiert, und gegen die Patrioten würden Ränke geschmiedet. Tallien erklärt, sich mit einem Dolch bewaffnet zu haben, um den Tyrannen zu erstechen, falls der Konvent nicht bereit wäre, über ihn das Recht zu sprechen, das Verbrechern gebührt. Er verlangt, daß gegen Robespierre ein Anklagedekret erlassen und die Sitzung in Permanenz erklärt wird. (…)

Vadier setzt die Versammlung von mehreren Dingen in Kenntnis, die Robespierre belasten. Er macht bekannt, daß der Öffentliche Ankläger des Revolutionstribunals von Paris das Gesetz nicht anwenden konnte, weil Robespierre ihm dafür die Befugnis entzog.

Bourdon (Department Oise) beschuldigt Robespierre, den Erlaß des Anklagedekrets gegen Labalette verhindert zu haben.

Ein Mitglied klagt ihn an, er habe fünf ausgezeichnete Patrioten aus Lille hinopfern wollen.

Vadier zeigt sodann 6 Spione Robespierres an, die den Konventsmitgliedern Tag für Tag nachschlichen, sie überallhin begleiteten, Berichte über das schrieben, was sie gehört hatten, und Robespierre davon in Kenntnis setzten, der anschließend Anzeige erstattete. (…) Tallien fügt den schon erwähnten Tatsachen neue hinzu. Er macht darauf aufmerksam, daß sich Robespierre immer dann versteckt hält, wenn das Vaterland den größten Gefahren ausgesetzt ist; daß er sich in der Zeit um den 10. August (1792, WK) herum erst 3 Tage nach dem Sturz des Tyrannen gezeigt hat; daß in der Zeit, als Robespierre für die Polizei verantwortlich war, die größten Willkürakte verübt wurden und daß das Revolutionskomitee der Sektion Indivisible allein Kraft der Autorität Robespierres verhaftet wurde.

Robespierre; „Ich verlange, daß man mich in den Tod schickt!"

Mehrere: „Abstimmen über den Verhaftungsbeschluß!" (Es setzt ein gewaltiger Tumult ein. Der Präsident will an die verschiedenen Anträge erinnern.)

Robespierre: „Mit welchem Recht, Präsident, unterstützt du die Mörder?" (Äußerungen des allgemeinen Unwillens. Erneuerter Tumult zwingt den Präsidenten, sein Haupt ein zweites Mal zu bedecken.)

Billaud-Varenne erinnert daran, daß Robespierre die Regierung angeklagt hat, die Bürger entwaffnet zu haben, obwohl er selbst es war, der diesen Beschluß unterzeichnete. Er hat sie gleichfalls bezichtigt, daß sie dem Höchsten Wesen geweihte Denkmäler verschwinden ließ, und diesen Beschluß hat Couthon unterzeichnet.

(Nach einigen Debatten und anderen gegen Robespierre erhobenen Vorwürfen verkündet die Versammlung seine Verhaftung.)

Robespierre der Jüngere stürzt auf die Rednertribüne.

Elie Lacoste: „Robespierre der Jüngere hat als einer der ersten bei den Jakobinern die Alarmglocke gegen die Regierung geläutet. Ich fordere seine Verhaftung."

(Die Versammlung berät über diesen Vorschlag; sie nimmt ihn an und verwandelt ihn in einen Beschluß.)

Ein Mitglied: „Soeben haben das Vaterland und die Freiheit die Unterdrückung überwunden …"

„Ja", schreit Robespierre, „die Schurken triumphieren!" (Unwille und Entsetzen werden laut.)

Fréron: „Ein Tyrann wagt an diesem Ort hier die Proskriptionen von Augustus, Nero und Cromwell in Erinnerung zu rufen. Der Anführer einer großen

Verschwörung ist zu Boden geschmettert worden, aber er hat noch Helfershelfer: Es sind Couthon und Saint-Just. Ich verlange ihre Verhaftung." (…)

Ein Mitglied klagt Lebas als rechte Hand Robespierres an. Er verlangt, ihn gemeinsam mit Couthon und Saint-Just im Haftdekret zu nennen. Die Versammlung beschließt die Verhaftung von Couthon, Saint-Just und Lebas. (…)

Collot d'Herbois verkündet, daß die Freiheit durch die soeben abgelaufenen Ereignisse gerettet worden ist und der Aufstand, den die Schurken im Sinne hatten, nicht stattfinden wird. (…)

Markov, Revolution im Zeugenstand, Bd. 2. S. 631-639.

Dok. 24: Gracchus Babeuf, Manifest der Plebeyer, 30. 11. 1795

Es ist Zeit, daß das mit Füßen getretene und gemeuchelte Volk großartiger, feierlicher, allgemeiner als es je getan, seinen Willen kundgibt, auf daß nicht nur die Symptome, die Begleiterscheinungen des Elends, sondern die Wirklichkeit, das Elend selbst, ausgerottet werden. Möge das Volk sein Manifest erlassen! Möge es in demselben bestimmen, wie es die Demokratie verstanden wissen will, und wie sie in Übereinstimmung mit den wahren Grundsätzen wirklich sein soll. Möge es darin aufzeigen, daß die Demokratie solchen, die zuviel haben, Verpflichtung ist, diejenigen, die nicht genug haben, mit allem, was ihnen fehlt, zu versehen! Daß der Mangel an Mitteln bei den letzteren nur in dem besteht, was die anderen ihnen gestohlen haben. Gesetzmäßig gestohlen, wenn man will; d. h. mit Hilfe von Räubergesetzen, die, in den neuesten wie in den ältesten Zeiten, unter allen Regierungen jeden Diebstahl genehmigt haben; mit Hilfe von Gesetzen, nach denen ich gezwungen bin, nur um leben zu können, jeden Tag die Möbel aus meiner Wohnung wegzuschaffen und den Dieben, die jene Gesetze beschützen, auch den letzten Lumpen zuzutragen, der mich bedeckt. Möge das Volk erklären, daß es die Herausgabe alles Gestohlenen verlangt, alles dessen, was die Reichen den Armen schändlicherweise weggenommen haben! (…)

Müssen wir zur Wiederherstellung der Rechte des Menschengeschlechtes und zur Beseitigung aller gegenwärtigen Übelstände uns auf den heiligen Berg zurückziehen, brauchen wir eine plebejische Vendée? Mögen alle Freunde der Freiheit sich darauf vorbereiten …

Wir werden zeigen, daß beim Übergang aus dem Naturzustand zum gesellschaftlichen Zustand das Los keines einzigen sich hätte verschlechtern dürfen.

Wir werden die Grenzen des Eigentumsrechts festsetzen.

Wir werden beweisen, daß Grund und Boden nicht einzelnen, sondern allen gehört. (…)

Daß, um es noch genauer zu sagen, man dahin kommen muß, das Schicksal anzuketten, das Los jedes Mitglieds der Gesellschaft unabhängig zu machen von allen glücklichen und unglücklichen Zufällen und Umständen; jedem einzelnen und seinen Nachkommen, wie groß ihre Zahl auch sei, den ausreichenden Bedarf, aber auch nichts als diesen, zu sichern; und allen jeden nur möglichen Weg zu versperren, um jemals mehr als ihren rechtmäßigen Anteil an den Produkten der Natur und der Arbeit zu erlangen.

Daß das einzige Mittel, dies zu erreichen, darin besteht, die gemeinschaftliche Verwaltung einzuführen, das Sondereigentum aufzuheben, jedem Menschen nach seiner Anlage und seiner beruflichen Fähigkeit die für ihn geeignete Tätigkeit zuzuweisen; ihn zu verpflichten, die Frucht derselben in natura an das gemeinschaftliche Magazin abzuliefern, eine einfache Distributionsverwaltung einzurichten, eine Lebensmittelverwaltung, die über alle Individuen und Sachen Buch führt, und die die letzteren in peinlichster Gleichheit verteilt und jedem Bürger in seine Behausung zuführt.

Daß diese Regierung, welche die Erfahrung als ausführbar bewiesen hat, weil es die gleiche ist, die gegenüber den zwölfhunderttausend Mann unserer zwölf Armeen angewandt wird (und was im Kleinen möglich ist, ist es auch im Großen), daß diese Regierung die einzige ist, aus der ein allgemeines, unvergängliches, ungetrübtes Glück hervorgehen kann – das gemeinsame Glück, Ziel der Gesellschaft. (...)

Grab, Die Französische Revolution. Eine Dokumentation, S. 278-283.

Dok. 25: Benjamin Constant, Über politische Reaktion (März 1797)

(....) Damit die staatlichen Einrichtungen eines Volkes von Dauer sind, müssen sie auf der Höhe seiner Ideen sein. Dann wird es keine Revolutionen geben, die diesen Namen verdienen. Es mag wohl zu Zusammenstößen, zum Sturz bestimmter Persönlichkeiten, zur Absetzung einzelner Männer durch andere Männer, zur Entmachtung gewisser Parteien durch andere Parteien kommen, aber solange die Ideen und Einrichtungen sich auf gleicher Höhe bewegen, bleiben die letzteren bestehen.

Wenn sich herausstellt, daß die Harmonie zwischen Einrichtungen und Ideen zerstört ist, sind Revolutionen nicht mehr zu vermeiden. Sie tendieren dahin, diese Harmonie wiederherzustellen. Zwar ist das nicht immer das Ziel der Revolutionäre, stets jedoch ist es die Tendenz, die den Revolutionen selber innewohnt. (...)

Schießt aber eine Revolution über dieses Ziel hinaus, das heißt, schafft sie Einrichtungen, die nicht den herrschenden Vorstellungen entsprechen, oder zerstört sie solche, die diesen durchaus angemessen sind, schwört sie unabweisbar Reaktionen herauf … Wenn eine in dieser Weise ihre Grenzen überschreitende Revolution zum Stillstand kommt, so führt man sie zunächst wieder in diese Grenzen zurück. Doch begnügt man sich im allgemeinen nicht damit, sie auf diese einzuschränken, sondern geht auf dem eingeschlagenen Weg um so weiter zurück, je weiter sie sich vorgewagt hat. Es gibt kein Maßhalten mehr, die Reaktion beginnt.

Es gibt zwei Arten einer solchen Reaktion: eine Reaktion gegen die Menschen und eine solche, die sich gegen die Ideen richtet.

Als Reaktion bezeichne ich weder die gerechte Bestrafung der Schuldigen noch die Rückkehr zu heilsamen Ideen. Von diesen beiden Vorgängen ist eine Sache der Justiz, die andere Sache der Vernunft. Was hingegen wesensmäßig die Reaktion kennzeichnet, ist Willkür statt Gesetz und Leidenschaft anstelle vernünftiger Überlegung. Anstatt die Menschen vor Gericht zu stellen, erklärt man sie für vogelfrei; anstatt die Ideen zu prüfen, verwirft man sie.

Die Reaktion gegen die Menschen verewigt die Revolution, denn sie verewigt das, was deren Ursache war, nämlich die Unterdrückung. Die Reaktion gegen die Ideen vernichtet die Frucht der Revolution, denn sie stellt die alten Missstände wieder her. Die eine richtet die Generation, die sie erlebt hat, zugrunde, die andere lastet auf allen Generationen. Die eine vernichtet einzelne Personen, die andere verhängt Erstarrung über die ganze Gesellschaft. (…)

Es genügt also nicht, die Freiheit errungen, der Aufklärung zum Sieg verholfen, durch große Opfer diese beiden unschätzbaren Güter erkauft und unter beträchtlichen Mühen diesen Opfern schließlich ein Ende bereitet zu haben. Man muß auch noch verhindern, daß die Gegenbewegung, die mit Sicherheit auf einen übermäßigen Vorstoß folgt, die ihr unbedingt zu setzende Grenze mißachtet, die Wiederherstellung alter Vorurteile vorbereitet und schließlich als letzte Auswirkung des Wandels, den man hat herbeiführen wollen, nur Trümmer, Tränen und Blutvergießen hinterlässt. (…)

Benjamin Constant, Werke in vier Bänden, hg. v. Axel Blaeschke u. Lothar Gall, Bd. 3, Berlin 1972, S. 119-202, hier S. 123-129.

Dok., 26: Die Bürger der I. Liniendivision der Italienarmee, genannt Masséna, an das Direktorium, Padua, 26. Messidor V/14. Juli 1797

Krieg den Tyrannen!
Bürger Direktoren,
Seitdem der Frieden unserer eigentlichen Tätigkeit ein Ende gesetzt hat, war es angebracht, daß wir die Blicke auf unser Vaterland richten. Was für ein erbärm-

liches Bild bietet es! Die Verfassung gebrochen, die Regierung in den Schmutz gezogen, die Emigranten zurückgekehrt, die aufrührerischen Priester wieder geschützt und geehrt durch das Gesetz, die sauberen und tugendhaften Republikaner geächtet und niedergemetzelt, der Dolch der Royalisten getaucht in das Blut der Verteidiger des Vaterlandes. Nun denn! Glauben diese Ungeheuer wirkliche, daß acht Jahre der Opfer, der Kämpfe und der Ermüdungen unseren Mut haben versiegen lassen; glauben sie wirklich, daß uns nicht mehr genug davon bleibt, um die Verfassung zu verteidigen, auf die wir geschworen haben? Nein, die Verschwörer sollen erzittern! Diesen furchtbaren Schwur werden wir halten. Die Schwerter, die die Armeen der Könige vom Erdboden fegten, sind noch immer in den Händen der Sieger von so vielen Schlachtfeldern.

Sollte der Weg nach Paris für uns etwa ein größeres Hindernis darstellen als der nach Wien? Nein, er wird uns geöffnet werden von den Republikanern, die der Freiheit treu geblieben sind; gemeinsam werden wir sie verteidigen, und unsere gemeinsamen Feinde werden besiegt sein.

Archives nationales, AF III, 111, Bl. 50.

Dok. 27: General Picault-Desdorites, Mein Beitrag an Bürgersinn zur Lösung der gegenwärtigen Krise, Mai 1799

(…) Unsere kaum noch unterbrochenen Kriege beweisen, daß die Franzosen insgesamt ein militärisches Volk werden müssen. Für diese Nation ist es nicht hinreichend, sich nur immer dann kriegerisch zu zeigen, wenn sie zu den Waffen greift. Es ist vielmehr notwendig, daß sie jederzeit zum Krieg bereit ist. Wir können unsere Armeen nicht mit der gebotenen Schnelligkeit und Sicherheit aufstellen, wenn wir nicht kontinuierlich über ein Reservoir an ausgebildeten jungen Männern in der ganzen Republik verfügen. Ohne diese Vorbereitung werden die benachbarten Mächte Frankreich immer voraus sein. (…)

Wollen wir dieses so notwendige Reservoir schaffen? Dann laßt uns die Jugend in den Blick nehmen; machen wir unsere Kinder mit den Lehren des Krieges vertraut; auf daß sie diese Kunst mit ihren Spielen einüben. Auf diese Weise bereiten wir ihre Überführung, wenn sie erwachsen sind, aus welchem Beruf auch immer in den Militärdienst vor. Jeder Bürger der französischen Republik wird dann von Kindheit an ein Zögling des Krieges sein; von mutigem Charakter, wird er seinen Gewohnheiten nach von selbst zum Soldaten werden.

In Preußen, in Österreich, in Ungarn, in der Schweiz und in mehreren nordischen Reichen werden die heranwachsenden und die erwachsenen Männer selbst in Friedenszeiten militärisch ausgebildet, an jedem Feiertag, auf dem Lande wie in den Städten.

Wenn die Franzosen, wie diese Völker, quasi von Geburt an nach militärischen Formen gebildet werden, bräuchten unsere Ausbilder und unsere Rekruten nicht eine so lange Zeit für ihre militärische Ausbildung; sie würden vollständig ausgebildet einrücken. (…)

Aus einer so allgemeinen militärischen Ausbildung würde ein weiterer Vorteil hervorgehen. In den Familien wäre man darauf vorbereitet, daß alle Kinder für den Waffendienst bestimmt sind, ohne damit andere Berufe zu beeinträchtigen. Die Zärtlichkeit der Mütter wird darauf vorbereitet. Ihre übergroße Liebe wird sie nicht mehr einem solchem Ansturm der Gefühle ausliefern, der den Interessen des Vaterlandes zuwiderläuft. Weniger beweinte und beklagte junge Männer werden die Pflicht, ihr Heim zu verlassen, mit weit besserem Bewußtsein akzeptieren. (…)

Als Schlußfolgerung aus diesen Überlegungen schlage ich vor, daß auf der Stelle und auf Dauer in allen Departements der Republik eine zentrale vormilitärische Jugendausbildung eingerichtet wird.

Archives de la Guerre, Service historiques de l'armée de terre, Château de Vincennes, Série Mémoires et Reconnaissances, 1161, 53.

Dok. 28: Ansprache Napoléon Bonapartes an seine Soldaten, 19. *Brumaire* VIII/ 12. November 1799

Soldaten, ich habe euch von Sieg zu Sieg geführt; kann ich auf euch zählen? – (Ja! Ja! .. Es lebe der General! … Was befehlt Ihr uns?) Soldaten, man will Euch Glauben machen, daß der *Rat der 500* das Vaterland retten wolle; das Gegenteil ist richtig, er liefert es der Zerstörung aus! Einige Agitatoren versuchen, ihn zur Erhebung gegen mich aufzurufen! Soldaten, kann ich auf euch zählen? – (Ja! Ja! .. Es lebe Bonaparte!) Also gut, dann werde ich sie zur Ordnung bringen! – (Es lebe Bonaparte!) – (Nun gibt er Anweisungen an seine Leutnants, dann ergreift er wieder das Wort) Lange genug ist das Vaterland gequält, beraubt, ausgeplündert worden! Lange genug wurden seine Verteidiger beschimpft und verletzt! … – (Es lebe Bonaparte!) Diese Tapferen, die ich bekleidet, bezahlt und mit dem Preis unserer Siege ausgehalten habe, in was für einem Zustand finde ich sie nun vor? … – (Es lebe Bonaparte!) Man verschlingt ihren Unterhalt! Man liefert sie ohne Schutz dem Eisen der Feinde aus. Aber ihr Blut ist noch nicht genug; man verlangt auch das ihrer Familien! Die Verschwörer sprechen davon, ihre blutige Herrschaft wieder aufzurichten! Ich habe versucht, zu ihnen zu sprechen; sie haben mir mit Dolchstößen geantwortet! Seit drei Jahren haben mich die verbündeten Könige gesetzlos erklärt, weil ich ihre Armeen besiegt habe; und nun soll ich hier außerhalb des Gesetzes gestellt werden von einigen

Wirrköpfen, die sich mehr für Freunde der Freiheit halten als diejenigen, die tausendfach dem Tod für sie ins Auge gesehen haben! Sollte mein Schicksal etwa die größten Armeen besiegt haben, um dann an einem verschwörerischen Dolchstoß zu scheitern? Drei mal, ihr wisst es, habe ich mein Leben meinem Vaterland geopfert; aber das Eisen der Feinde hat es respektiert: Ich habe die Meere überquert, ohne Furcht, es ein viertes Mal neuen Gefahren auszusetzen; und auf diese Gefahren treffe ich nun inmitten eines Senats von Attentätern! Drei mal habe ich der Republik die Tore geöffnet, und drei mal hat man sie wieder zugeschlagen!

Die letzten Worte werden übertönt von kraftvollen Rufen *Vive Bonaparte!* General Serrurier schreitet die Reihen der Soldaten ab, mit den Worten: Soldaten, der *Rat des Alten* hat sich hinter General Bonaparte gestellt; der *Rat der 500* wollte unseren General umbringen. Und die Soldaten, die dieser Botschaft glauben, wiederholen erneut: Es lebe Bonaparte! – Sie wollten unseren General umbringen, schrien die meisten voller Wut. – Es ist Zeit, diese Redner rauszuschmeißen, sagten andere. Mit ihrem Geschwätz haben sie uns seit sechs Monaten ohne Sold und ohne Schuhe gelassen! – Eine solche Regierung brauchen wir nicht! – Ja, wenn Bonaparte der Chef wäre, wäre alles besser; uns ginge es besser! – Die Schufte wollen uns die ganze Misere aufladen! – (Einige Soldaten zeigen ihre Pfeife.) Seht her, Kommandant, wir haben nicht einmal genug, um etwas Tabak zu kaufen! – Es geht los, Kameraden, und der Frieden ist das Ziel, ergreift erneut General Serrurier das Wort. – Es lebe der General! Es lebe Bonaparte! – (Einige als Männer des Volkes verkleidete Männer fügen hinzu: Bravo! Nieder mit den Jakobinern! Nieder mit den 93!) – Bei diesen Rufen setzt das Schlagen der Trommeln ein, der Lärm der Waffen, der Marschtritt … Der Befehl lautete, den Sitzungssaal des *Rates der 500* zu evakuieren.

Philippe J. B. Bouchez u. Pierre Celestine Roux, Histoire parlementaire de la Révolution française ou Journal des Assemblées Nationales depuis 1789 jusqu'à 1815, 40 Bde., Paris 1834-1838, hier Bd. 38, S. 219f.

Die revolutionäre Neuordnung

1. Pressefreiheit und öffentliche Meinung

Die bürgerliche Öffentlichkeit als Sphäre der Vermittlung zwischen Staat und Gesellschaft war keine neue Erfindung der Französischen Revolution, sie gewann im revolutionären Prozeß aber ganz neuartige, langfristig wirksame Ausprägungen. War die vorrevolutionäre Öffentlichkeit mit ihren Akademien, Logen und Gesellschaften, ihren gelehrten Preisausschreiben, Publikationen und Diskussionen trotz ihrer überständischen Grundlagen doch noch tiefgehend eingebunden in die von Korporationen und Privilegien, von staatlicher Reglementierung und Aufsicht geprägten Strukturen des *Ancien Régime*, so setzte die Revolution eine Dynamik in Gang, die die überkommene Ordnung hinwegfegte und eine anfangs weitgehend ungeregelte, spezifisch politische Öffentlichkeit freisetzte. Sie äußerte sich in sporadischen Manifestationen, Kundgebungen und Demonstrationen ebenso wie in einer sich spontan entwickelnden, zunehmend aber auch gezielt inszenierten und instrumentalisierten revolutionären Festkultur.[1] Ihr Kernelement aber lag in einer sich schnell ausdifferenzierenden Presselandschaft.

Als der neue Premierminister Brienne zur Lösung der schon lange schwelenden Finanz- und Verfassungskrise im Juli 1788 erstmals die Einberufung der Generalstände für das kommende Jahr in Aussicht stellte, hob er zugleich mit seiner Aufforderung an alle Gebildeten, öffentlich Stellung zu beziehen, die bislang in vielfältigen Formen praktizierte Zensur de facto auf. Das Ergebnis war eine umfassende politische Mobilisierung der französischen Gesellschaft. Die Vorbereitungen der Wahlen zu den Generalständen wurden begleitet von der Veröffentlichung einer Vielzahl von politischen Druckschriften, in denen Berühmtheiten wie der Marquis Jean Antoine de Condorcet, werdende politische Stars wie der Abbé Emmanuel Sieyès oder der Comte Honoré Gabriel de Mirabeau, aber auch viele unbekanntere Zeitgenossen ihre Auffassungen über die Ursachen der Krise und die Zukunft von Staat und Gesellschaft vortrugen. Nicht zuletzt der bislang in die Illegalität abgedrängte, gleichwohl höchst produktive politisch-literarische Untergrund des *Ancien Régime* nutzte die Chance, an das Licht der Öffentlichkeit zu treten, Einfluß auf die politischen Debatten zu nehmen und künftige Karrieren vorzubereiten.

Mit der vorerst zeitweiligen Aufhebung der Zensur war die Pressefreiheit im engeren Sinne allerdings noch nicht verbunden. Vor allem in Paris waren weiterhin nur drei königlich privilegierte Zeitungen zugelassen, darunter als einzige Tageszeitung das unpolitische *Journal de Paris*. Als Anfang Mai 1789 jedoch

---

[1] Vgl. Mona Ozouf, La fête révolutionnaire 1789-1799, Paris 1988.

erste unabhängige Zeitungen in der Hauptstadt erschienen – vor allem Mirabeaus *Etats Généraux* und der *Patriote Français* von Jacques-Pierre Brissot – wurden sie auf der Stelle verboten und konfisziert. Die Generalstände aber, an die die politische Initiative nun zunehmend überging, brachen mit dem überkommenen Privilegiensystem, als sie dem größten Pariser Verleger, Panckoucke, ein Privileg für die Berichterstattung aus ihren Versammlungen verwehrten. Die Erklärung des Dritten Standes zur Nationalversammlung und die weiteren revolutionären Vorgänge gaben schließlich den letzten Anstoß zur Publikation unabhängiger Presseorgane, die von der politisierten Öffentlichkeit sehnsüchtig erwartet wurden und von den verunsicherten staatlichen Autoritäten nicht mehr kontrolliert werden konnten.

Zwischen dem 19. Juni und dem 7. Juli 1789 erschienen fünf unabhängige Zeitungen, darunter der *Courrier* von Antoine Joseph Gorsas, der für mehrere Jahre zu einem der führenden revolutionären Blätter wurde. Nach dem Sturz der Bastille folgten weitere wichtige Neuerscheinungen, u. a. Louis Marie Prudhommes berühmte Wochenschrift *Révolutions de Paris* und der *Patriote Français* von Brissot. Der 26. August 1789 brachte schließlich die offizielle Verkündung der Pressefreiheit, als die Nationalversammlung in § 11 der *Erklärung der Menschen- und Bürgerrechte* das Grundrecht der freien Veröffentlichung von Gedanken und Meinungen verankerte. Damit war dem bislang praktizierten System der königlichen Zensur ebenso der Boden entzogen wie den königlichen Privilegien, die zuvor das Recht zu Druck und Veröffentlichung von Zeitungen und Schriften geregelt hatten.

An seine Stelle trat einer freier Markt der Informationen und Meinungen, dessen dynamische Entwicklung mit der wachsenden Nachfrage einer umfassend politisierten, vor allem die Entwicklungen in der Nationalversammlung mit großer Aufmerksamkeit verfolgenden Öffentlichkeit korrespondierte. Zum zentralen Medium der revolutionären Öffentlichkeit wurde die Tagespresse. Sie war offensichtlich am besten geeignet, mit der sich beschleunigenden politischen Entwicklung Schritt zu halten und die Nachfrage des Publikums nach Informationen unmittelbar und kontinuierlich zu befriedigen; sie bot damit zugleich auch die besten Voraussetzungen, die öffentliche Meinung nicht nur sporadisch, sondern auch dauerhaft zu prägen. „Wir benötigen für die kontinuierliche Aufklärung der Franzosen eine Alternative zu den Druckschriften, die sowohl preiswert als auch interessant ist", hatte Brissot bereits im März 1789 festgestellt.[2] In der Tat erlebten zwar auch die Druckschriften in den folgenden Jahren einen weiteren Boom, nicht zuletzt durch gedruckte Bildflugblätter mit den beliebten Karikaturen der politischen Gegner. Doch vor allem gehörte die Zukunft den Zeitungen, die auch deshalb so erfolgreich waren, weil sie nicht nur unmittelbar und kontinuierlich auf die sich beschleunigende politische Entwicklung rea-

---

[2] Prospectus zum Patriote Français, 16.3.1789.

Abb. 12: Verkauf frisch gedruckter Zeitungen. Zeitgenössischer Stich.

gieren konnten, sondern weil ihre Macher zugleich einen neuen, so lebendigen wie dramatisierenden journalistischen Stil entwickelten, der die Leser in seinen Bann schlug. Dominique-Joseph Garat etwa, der aus dem konventionellen *Journal de Paris* ein führendes politisches Blatt machte, sah seine Aufgabe darin, den Leser zum Zeugen dramatisch in Szene gesetzter Ereignisse zu machen und zugleich wirkungsmächtige Interpretationen zu liefern, wenn er über den Fortgang der Revolution und ihre Akteure berichtete: „Ich bildete Sätze aus ihren Ausrufen", so charakterisierte er rückblickend sein journalistisches Selbstverständnis, „und Meinungen aus ihren wilden Gesten."[3]

So war es kein Zufall, daß die neue Gruppe der Journalisten auch politisch eine zentrale Rolle zu spielen begann. Mirabeau und Robespierre, Barère und

---

[3] Zit. n. Hugh Gough, The Newspaper Press in the French Revolution, London 1988, S. 55; die im folgenden nicht angemerkten Zitate ebd., S. 75,.109f., 86f.

Brissot, Rabaut St. Etienne und Garat, Marat und Hébert, sie alle, um nur wenige zu nennen, betraten als Journalisten die politische Bühne. „Nun stehe ich hier als Journalist, und das ist wirklich eine feine Rolle", so pries Desmoulins, der seit November 1789 die berühmten *Révolutions de France et de Brabant* veröffentlichte, seine neue Profession: „Der Journalismus ist keine elende, käufliche Profession mehr, versklavt von der Regierung. Heute ist es in Frankreich der Journalist, der die Tagesordnung bestimmt." Eine Provinzzeitung stellte dementsprechend fest, die revolutionären Journalisten seien „politische Figuren geworden; sie verfügen über eine respektable politische Macht, die ihnen vom Volk übertragen worden ist."

Bis zum Ende des Jahres 1789 kamen allein in Paris etwa 190 neue Zeitungen auf den Markt, von denen über 20 täglich erschienen. Der Ausbau der Presselandschaft war damit keineswegs beendet, er gewann in der Folgezeit noch weiter an Dynamik. Oft handelte es sich dabei um kurzlebige Produkte, die vor der neuen Ordnungsmacht der Publizität, dem Publikumsinteresse, nicht lange bestehen konnten. Den erfolgreicheren Zeitungen aber gelang es, durch den Übergang vom Straßenverkauf zur Subskription ihre Finanzkraft auf eine relativ sichere, längerfristige Planungen ermöglichende Basis zu stellen. Und nicht nur die Anzahl der Presseorgane vervielfachte sich, auch die Höhe der Gesamtauflagen verachtfachte sich bis Mitte der 1790er Jahre auf etwa 150.000 Exemplare.

Die Ausweitung der Produktion basierte nicht auf technischen Innovationen. Vielmehr nahm die Zahl der Druckereien, Verlagshäuser und Buchhandlungen in ähnlich dramatischer Weise zu wie die der Zeitungen und ihrer Auflagen. Gab es 1789 in Paris insgesamt 47 Druckereien und Verlagshäuser, so waren es zehn Jahre später 560, unterschieden in 223 Druckereien sowie 337 Verlagshäuser und Buchhandlungen. Neben kleinen Betrieben mit nur einer Druckerpresse bzw. einem kleinen Bestand an Druckschriften existierten große Druck- und Verlagshäuser wie etwa das von Charles-Joseph Panckoucke, das 1794 an 27 Pressen mehr als 100 Arbeiter beschäftigte und neben diversen anderen Publikationen auch eine der wichtigsten neuen Tageszeitungen, den *Moniteur Universel* herausgab. Ähnlich wie Journalisten konnten auch Buchdrucker und Verleger einen großen politischen Einfluß ausüben. Das vielleicht prominenteste Beispiel dafür ist Antoine-François Momoro, der zum offiziellen Verleger des *Cordeliers-Clubs* und schließlich auch zu seinem Präsidenten aufstieg.

Eine marktbeherrschende Stellung konnte allerdings kein Verleger erreichen, dafür waren zu viele Zeitungen auf dem Markt und die Auflagen auch der größeren Organe, die in der Regel zwischen 5.000 und 20.000 lagen, nicht hoch genug. Die Pariser Presse insgesamt nahm aber eine dominierende Stellung innerhalb Frankreichs ein. Etwa 60 % der in der Hauptstadt gedruckten Zeitungsexemplare wurden nicht in Paris verkauft, sondern in die übrigen Teile des Landes verschickt. Generell verlief die Entwicklung des neuen Zeitungs- und Meinungsmarktes in der Provinz weniger stürmisch als in der Hauptstadt, und Neu-

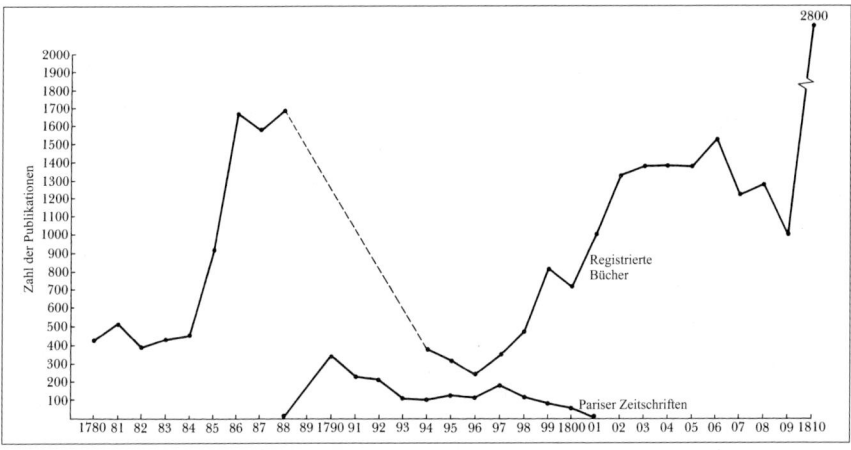

Abb. 13: Publikationszahlen offiziell registrierter Bücher und der Pariser Zeitschriften zwischen 1789 und 1800.

gründungen hatten es zumeist schwer, sich gegen die großen, eher etablierten und für den nationalen Markt produzierten Pariser Blätter zu behaupten. Immerhin aber erschienen bis Ende 1791 auch in den übrigen französischen Städten noch einmal mehr als 200 neue Presseorgane.

Das neue Zeitungsangebot differenzierte sich in vielfacher Hinsicht. Es entstanden nicht nur Wochenschriften und Tageszeitungen, sondern auch morgens bzw. abends erscheinende Blätter und Wandzeitungen wie *La Sentinelle* von Jean-Baptiste Louvet. Manche Organe, vor allem der *Moniteur*, widmeten sich mehr oder weniger ausschließlich der informativen Berichterstattung, Wochenschriften wie die *Révolutions de Paris* stellten die engagierte politische Analyse in den Mittelpunkt, wieder andere, so etwa Desmoulins *Révolutions de France et de Brabant*, der *Ami du Peuple* von Marat oder Héberts *Père Duchesne*, waren eher als mehr oder weniger regelmäßig erscheinende politische Streitschriften konzipiert, die unmittelbar in die politischen Auseinandersetzungen eingreifen sollten. Die meisten der neuen Tageszeitungen, etwa der *Patriote Français*, Gorsas *Courrier* oder die *Annales Patriotiques* von Sébastian Mercier und Jacques-Louis Carra, verbanden indes Information und Kommentar zu der bis heute für die Tagespresse typischen Form. Während es sich bei den agitatorisch konzipierten Blättern oft um Ein-Mann-Betriebe handelte, verfügten diese Zeitungen über einen großen Mitarbeiterstab von zumeist prominenten Kommentatoren und Politikern.

Neben den politischen Zeitungen gab es auch kulturell und wissenschaftlich ausgerichtete Periodika wie etwa, seit 1795, die *Décade philosophique, littérai-*

re et politique von Pierre Claude Daunou und anderen führenden Intellektuellen, die allwöchentlich gleichwohl, und für die Revolution typisch, auch eine Analyse der innen- und außenpolitischen Geschehnisse beinhaltete. Neben seriöse Publikationsorgane traten Formen der Regenbogenpresse, die sich insbesondere nach dem Sturz der Terrorherrschaft dem wiederaufblühenden gesellschaftlichen Leben widmeten. Hinzu kamen schließlich diverse gruppenspezifische Publikationsorgane, für Nationalgardisten und Soldaten, Frauen, Kaufleute und Bauern, Staatsbeamte, Arme oder Priester. Vor allem aber differenzierte sich die neue Presse, ihrer revolutionären Entstehung entsprechend, nach politischen Richtungen.

Die überwiegend bereits 1789 gegründeten, großen Tageszeitungen stellten sich durchgängig auf die Seite der Revolution, sie waren ihrer politischen Ausrichtung nach mehr oder weniger entschieden *patriotisch* orientiert. Einen explizit demokratischen Standpunkt nahm schon früh das *Journal Universel* von Pierre-Jean Audouin ein. Nach dem Sturz der Monarchie trat im Herbst 1792 das *Journal des hommes libres* hinzu, das nach dem Sturz der Jakobinerherrschaft bis zur Machtergreifung Bonapartes unter teilweise wechselnden Titeln zum wichtigsten Sprachrohr des oppositionellen Neojakobinismus wurde. Zum bedeutendsten radikalen Publikationsforum der ersten Jahre der Revolution entwickelte sich aber die Wochenschrift *Révolutions de Paris*, in der die politischen Ereignisse regelmäßig kritisch kommentiert und analysiert wurden.

Während diese Zeitungen trotz ihrer eindeutigen revolutionären Sympathien einen eher intellektuell-bürgerlichen Stil pflegten, zielte der volkstümliche Radikalismus des *Ami du Peuple* von Marat oder des *Orateur du Peuple* von Fréron eher auf die unteren Bevölkerungsschichten. Sie sahen die wesentliche Aufgabe des Journalismus darin, die bürgerlichen Politiker zu überwachen und ihre selbstsüchtigen Verfehlungen vor dem Forum der *Sansculotten* zu denunzieren. Hier fanden auch die revolutionäre Gewalt und der politische Terror ihre ersten Fürsprecher, lange Zeit verächtlich abgelehnt vom *mainstream* der revolutionären Öffentlichkeit. Eine besonders drastische Ausdrucksweise legte seit 1791 der *Père Duchesne* an der Tag. Hébert ließ seinen Titelhelden, der schon seit langem eine volkstümliche Figur war und auch von anderen Journalisten und Schriftstellern als alter ego benutzt wurde, in einer von Flüchen und Beschimpfungen durchsetzten Sprache die Verfehlungen und den Verrat der alten und zunehmend auch der neuen, revolutionären Autoritäten denunzieren und gelangte dabei auf einen immer radikaleren politischen Kurs, der ihn nach dem Sturz der Monarchie und der Ermordung Marats zeitweilig zum eigentlichen Sprachrohr des popularen Pariser Radikalismus werden ließ.

Den Gegnern der Revolution fiel es schwerer, sich auf das neue Medium der revolutionären Öffentlichkeit einzulassen. Ende 1789 waren nur wenige antirevolutionäre Blätter wie das von Antoine Rivarol geschriebene *Journal politique national* und die *Actes des Apôtres* auf dem Markt, darunter nicht eine regelmäßig erscheinende Tageszeitung. Auch als die antirevolutionäre Presse im Früh-

Abb. 14: *Das heilige Feuer des Patriotismus inspiriert sie alle:* Allegorie auf den Ruhm der revolutionären Zeitungen. Kupferstich von 1791.

jahr 1790 einen Aufschwung nahm, trat sie überwiegend mit satirischen Schriften wie der *Chronique du manège* hervor, in denen die revolutionären Politiker verspottet wurden. Unter der Schriftleitung von Jacques Mallet du Pan gewann nun aber das *Journal général de la cour et de la ville* einen gemäßigt monarchistischen Charakter, und auch der entschieden konterrevolutionäre Monarchismus etablierte im Juni 1790 mit der Umbenennung der *Année littéraire* in das programmatische *Ami du Roi* ein eigenes Publikationsorgan, dem weitere, wie etwa der *Royaliste* oder die *Correspondance des Mécontents* nachfolgten. Mit der *Gazette de Paris* und dem *Feuille du Jour* kamen nun auch regelmäßig erscheinende Tageszeitungen mit antirevolutionärer Ausrichtung hinzu. Insgesamt aber blieb die royalistische Presse nach Zahl, Auflagenhöhe und Einfluß weit hinter der revolutionären Presse zurück

Die veröffentliche Meinung, so kann man zusammenfassend festhalten, war in der Revolution zu einer politischen Macht geworden. Diese Entwicklung führte bald zu Überlegungen, die von den Beschränkungen der alten Ordnung befreite, allein von den anonymen Mächten des Marktes regulierte Presse in eine neue, den Bedingungen der revolutionären Gesellschaft entsprechende Ordnung zu überführen. Die Frage indes, auf welche Weise dies im Zeichen der revolutionären Freiheit geschehen könne, war „eine extrem heikle und schwierige Angelegenheit, die die grundlegenden Prinzipien der Freiheit berührt", wie eine Konventskommission im Sommer 1794 feststellte: „Über die Gesetzgebung zu berichten und sie zu kommentieren, ist unermeßlich einflußreich und gefährlich zugleich unter der Herrschaft einer revolutionären Regierung. Woher kommt eigentlich die Legitimation dazu? Ist sie den Journalisten von der Nation übertragen worden, oder haben sie sie sich selbst angemaßt? Wie kann die öffentliche Meinung überhaupt einer so kleinen Gruppe gehören?"

Solche Fragen begleiteten die Entwicklung der revolutionären Öffentlichkeit bereits von Anfang an. Schon die offizielle Verkündung der Pressefreiheit in der

Erklärung der Menschen- und Bürgerrechte hatte zugleich Strafen für ihren Miß-brauch angekündigt. Doch die grundlegenden Fragen, wo die Freiheit enden, wo der Mißbrauch anfangen solle, was als legitime Meinungsäußerung und was als Verleumdung oder gar als Aufwiegelung zu deuten sei, waren schwer zu klä-ren. Zu einer gesetzlichen Regelung kam es lange Zeit nicht, vor allem weil Ein-griffe in die Presse- und Meinungsfreiheit dem Selbstverständnis der Revolutio-näre widersprachen, die gerade noch die *inquisiteurs de la pensée* denunziert hatten. Während konservative Politiker die Untergrabung der öffentlichen Mo-ral und der gesellschaftspolitischen Ordnung beklagten, hoben ihre revolutio-nären Gegner die Kontrolle der Autoritäten durch eine freie Presse hervor und beschworen die Selbstheilungskräfte der freien öffentlichen Diskussion. „Seht ihr denn nicht", so hielt Robespierre noch 1791 den Protagonisten einer Ein-schränkung der Pressefreiheit in typisch fortschrittsoptimistischer Diktion entge-gen, „daß durch den unbehinderten Lauf der Dinge Irrtümer noch immer aus-geräumt worden sind und am Ende die Wahrheit triumphiert? Lassen wir doch guten und schlechten Meinungen dieselbe Freiheit, denn nur erstere sind dazu bestimmt, sich durchzusetzen."[4]

Erst die antirevolutionäre Stimmung nach der Niederschlagung der republika-nischen Bewegung im Sommer 1791 führte schließlich zur Aufnahme von rigi-deren Eingrenzungen der Pressefreiheit in die neue Verfassung. Verleumdung, Diskreditierung öffentlicher Funktionsträger sowie Aufforderung zum Gesetzes-bruch und zum Widerstand gegen legitime Autoritäten wurden nun als strafba-re Verstöße gegen die Pressefreiheit definiert. Die Zensur wurde damit aller-dings nicht wieder eingeführt. Alle inkriminierten Fälle mußten vor unabhängi-gen Gerichten behandelt werden, und de facto wurden die Bestimmungen an-gesichts massiver Vorbehalte der revolutionären Öffentlichkeit vorerst weitge-hend ignoriert. Erst der Krieg stellte die Meinungs- und Pressefreiheit grundsätz-lich zur Diskussion. Bereits im April 1792 wurden die Redakteure der radikalen Blätter *Ami du Peuple* und *Ami du Roi* auf Antrag von General Dumouriez we-gen Landesverrat angeklagt. Konkrete Ergebnisse gab es anfangs kaum, denn Marat ging in den Untergrund und Royou übergab das Blatt seinem Bruder, der es in demselben Geist weiterführte. Doch der obrigkeitliche Unmut gegenüber grundsätzlicher Kritik an den Autoritäten nahm weiter zu. „Wenn das Vaterland in Gefahr ist", so begründete eine Departementalverwaltung im Juli 1792 das Verbot von 32 überwiegend rechten Presseorganen, „dann ist es unabdingbar, jede mögliche Vorsorge zur Bewahrung der öffentlichen Ordnung zu treffen, und eine der wirksamsten Maßnahmen besteht zweifellos darin, die Verbreitung anti-konstitutioneller Schriften zu unterbinden."

Der Sturz der Monarchie im August 1792 führte schließlich zur Unter-drückung aller royalistischen Organe. Auf ähnliche Weise wurde im Sommer

---

[4] Maximilien Robespierre, Discours sur la liberté de la presse, prononcé à la société des amis de la constitution, le 11 mai 1791, Paris o. J.

1793 die *girondistische* Presse ausgeschaltet, und auch jede weitere Liquidierung abweichender politischer Richtungen unter der Terrorherrschaft endete nicht zuletzt mit der Unterdrückung ihrer Presseorgane. Zu einer allgemeinen Pressegesetzgebung kam es in dieser Phase der Revolution indes nicht. Erst nach dem Sturz der Jakobinerdiktatur wurde erneut der Versuch unternommen, die sich nun wieder frei entwickelnde öffentliche Meinung auf gesetzgeberischem Wege zu regulieren und zu kontrollieren. Im Frühjahr 1795 wurden Agitation für die Rückkehr zur Monarchie und Diskreditierung der Volksvertretung mit der Verhängung von lebenslänglicher Exilierung bedroht. Doch da die neue Verfassung des Direktoriums zugleich die Meinungs- und Pressefreiheit garantierte, urteilten die Gerichte in der Regel liberal. Zwar wurde dem Direktorium im September 1797 das Recht zugesprochen, alle Zeitungen zu verbieten, in denen es eine Bedrohung für die politische Ordnung erkannte. Doch eine erfolgreiche Kontrolle der öffentlichen Meinung konnte mit repressiven Mitteln allein nicht erreicht werden. Stattdessen wurden zwei andere Wege beschritten: die regelmäßige Überwachung der Presse durch eine neugeschaffene Presseabteilung im Polizeiministerium und der Aufbau einer abhängigen, regierungsfreundlichen Presse durch spezielle Abteilungen im Innenministerium und bei der Regierung.

Die regierungsoffiziöse Förderung politisch genehmer Zeitungen war bereits unter dem girondistischen Innenminister Jean-Marie Roland eingeleitet worden, der während seiner ersten Amtszeit im Frühjahr 1792 die von Louvet geschriebene Wandzeitung *La Sentinelle* finanziert hatte, um insbesondere die unteren Bevölkerungsschichten über die neue jakobinische Regierungspolitik zu informieren. In seiner zweiten Amtsperiode vom August 1792 bis zum Januar 1793 baute Roland die indirekte Lenkung der öffentlichen Meinung weiter aus, gestützt auf einen Beschluß der Nationalversammlung, der ihm 100.000 *Livres* für Regierungspropaganda bewilligt hatte. Im Innenministerium wurde ein *Bureau d'esprit publique* eingerichtet, das politisch nahestehende Zeitungen insbesondere durch Subskriptionen förderte und dabei nun nicht nur auf die städtische, sondern mit der *Feuille Villagois* auch auf die ländliche Bevölkerung zielte. Diese Form der Einflußnahme auf die öffentliche Meinung erreichte schließlich unter der radikalen Jakobinerdiktatur einen Höhepunkt. Nicht mehr wenige hundert, sondern etliche tausend Exemplare jakobinischer Zeitungen wurden nun regelmäßig von der Regierung aufgekauft und als Agitationsmaterial in die Provinz und zu den Armeen geschickt. Der Allgemeine Sicherheitsausschuß gab darüber hinaus mit der *Feuille de salut publique* ein eigenes Organ heraus, und der Konvent zentralisierte den Druck aller öffentlichen Verlautbarungen in einer eigenen, bevorzugt mit Pressen und Papier ausgestatteten Druckerei.

Auf diese Vorläufer griff das Direktorium zurück, als es angesichts der Probleme einer direkten Kontrolle der Presse ebenfalls zur fördernden Presselenkung überging. Politisch genehme Blätter wie die neu aufgelegte *Sentinelle*, der *Amis des Lois* oder das *Journal des Patriotes* wurden mit Subskriptionen von 2.-

3.000 Exemplaren unterstützt, diese Förderung konnte ihnen aber im Falle unbotmäßiger Berichterstattung auch jederzeit wieder entzogen werden. Unter Anleitung von Carnot, der als Militärfachmann im Wohlfahrtsausschuß die erfolgreiche Kriegführung der Revolutionsarmeen koordiniert hatte, wurde ferner eine spezifische Armeezeitschrift ins Leben gerufen, das *Journal des défenseurs de la patrie*, das mit einer Auflage von etwa 12.-15.000 Exemplaren regelmäßig kostenlos an die Armeen verschickt wurde, um die Soldaten über den Gang der politischen Entwicklung zu unterrichten. Und darüber hinaus rief das Direktorium schließlich auch ein eigenes Publikationsorgan ins Leben, den mit einer Auflage von 20.000 Exemplaren erscheinenden *Rédacteur*. Geleitet wurde diese regierungsoffiziöse Zeitung zuerst von dem radikalen Journalisten Pierre Antoine Antonelle. Doch als dieser seine jakobinischen Sympathien zu deutlich werden ließ, wurde er auf der Stelle entlassen und durch einen willfährigeren Nachfolger ersetzt. Neben der von der Regierung abhängigen Presse gab es jedoch weiterhin eine breite, unabhängige Presselandschaft. Ihr wurde erst nach der Machtergreifung Bonapartes der Boden entzogen.

Die politische Kontrolle und Steuerung der öffentlichen Meinung stand fraglos im Vordergrund der revolutionären Auseinandersetzungen um die Meinungs- und Pressefreiheit. Von kaum geringerer Bedeutung war aber auch die Frage, wie die neue, vom freien Markt bestimmte Eigentumsordnung generell mit kulturellen Werten umgehen, ob und wie sie Kulturpolitik betreiben sollte. Welche Eigentumsrechte gab es für Ideen und Werke? Gehörten sie dem Autor oder der Öffentlichkeit? War der Markt die einzige Instanz, die über den Wert kultureller Produkte entscheiden sollte, oder waren andere Formen der Regulierung vonnöten? Diese Fragen beschäftigten die revolutionäre Öffentlichkeit von Anfang an. Denn so wie die Revolution einen Massenmarkt für politische Informationen und Meinungen ins Leben rief, so brachte sie für Druck und Absatz wissenschaftlicher Werke schnell gravierende Probleme mit sich. Unklar war dabei vor allem, welchen rechtlichen Status der Autor unter den Bedingungen von Meinungs- und Pressefreiheit eigentlich erhalten sollte.

Radikale wie Louis-Philipe de Kéralio setzten Autorenrechte prinzipiell mit der alten Privilegienordnung gleich und sahen darin ein Instrument, „durch das, über die Einschränkung der Pressefreiheit, auch die Meinungsfreiheit zerstört und die Verbreitung des menschlichen Wissens gehemmt wird." Konservativere Autoren dagegen verfochten die Umwandlung von Privilegien in Eigentumsrechte und betonten, es könne keinen Zweifel geben, „daß Schwarzdrucke unserer besten Bücher das Königreich überschwemmen, das Eigentum ruinieren, potentielle Verleger von neuen Manuskripten abschrecken und schließlich die kostbarste Branche unserer Wirtschaft vernichten werden."[5] Durchsetzen konn-

---

[5] So eine Stellungnahme des Siegelbewahrers, zit. n. Carla Hesse, Publishing and Cultural Politics in Revolutionary Paris, 1789-1810, S. 111; das vorhergehende Zitat ebd., die folgenden S. 128, 98f., 138, 195.

te sich schließlich eine Gesetzesinitiative des Dramatikers Marie-Joseph Chénier, die bis in die Gegenwart zur Grundlage des französischen Publikationsrechts geworden ist. Festgeschrieben wurde ein zeitlich beschränktes Eigentumsrecht des Autors und seiner Erben, das seine Begründung nicht im Vorrang des privaten Eigentums, sondern in der öffentlichen Funktion des Autors fand. Dieser wurde nun als *Genius* der öffentlichen Meinung begriffen und dafür zeitweilig mit Eigentumsrechten belohnt, prinzipiell aber schrieb der Konvent den Vorrang des öffentlichen Interesses an der freien Verfügbarkeit von Gedanken und Texten fest. Die gesamte wissenschaftliche und literarische Tradition Frankreichs wurde damit aus allen Privilegien und Eigentumsbindungen befreit und der Öffentlichkeit übergeben.

Dies führte allerdings zu neuen Abhängigkeiten und Problemen. Als unter dem Einfluß des Krieges die Absatzmöglichkeiten rückläufig waren, geriet das sich zuvor dynamisch entwickelnde Druck- und Verlagswesen in eine schwere Krise. „Überall herrscht totale Stagnation. Es muß etwas geschehen", stellte der Direktor der Nationalbibliothek, Jean-Baptiste Lefebvre de Villebrun, zu Anfang des Jahres 1794 drängend fest, „sowohl im Interesse der Allgemeinheit als auch zur Vermeidung des totalen Ruins der Pariser Verlage." Doch dahinter verbarg sich noch ein weiteres Problem, denn die anfangs so enthusiastisch gefeierte Pressefreiheit brachte Verhältnisse hervor, die keineswegs in das aufgeklärte Weltbild der Revolutionäre passten. Nicht wissenschaftlich-technischer Fortschritt, Persönlichkeitsbildung und politische Aufklärung rückten zunehmend in den Mittelpunkt des Publikumsinteresses, sondern Skandale, Unterhaltungsliteratur und andere ‚niedere' Publikationen. Die Nachfrage des Publikums richtete sich vor allem auf Journale, Pamphlete und bald auch auf volkstümliche Geschichten, während wissenschaftliche und philosophische Werke zu Ladenhütern wurden. Da so die ökonomischen Interessen der Verlage nicht mehr in Übereinstimmung mit den allgemeinen Zielen der Nation seien, folgerte Villebrune, sei es unabdingbar, „daß die Regierung in das Verlagswesen eingreift."

Die Lösung wurde in staatlicher Förderung für die Produktion und Veröffentlichung kulturell hochstehender, wissenschaftlicher, künstlerischer und philosophischer Literatur erkannt, um Schriftsteller und Verleger unabhängig von der Nachfrage des Massenpublikums zu machen. Über die Art und Weise indes, wie dies geschehen sollte, bestand weniger Einigkeit. Der Leiter der Öffentlichkeitsabteilung des Innenministeriums, Pierre-Louis Ginguené, votierte dafür, das Schreiben selbst und die Veröffentlichung hochwertiger Bücher durch Unterstützungsleistungen und öffentliche Wettbewerbe zu fördern, so daß eine breite demokratische Öffentlichkeit daran beteiligt werden könnte. Mehrheitsfähig war schließlich jedoch eine zentralisierte Kulturpolitik, wie sie Ginguené als Wiedererweckung der korporativen Institutionen des Absolutismus erschien. Villebrune und vor allem der Abgeordnete Henry Grégoire traten erfolgreich dafür ein, nicht das Schreiben und Publizieren an sich, sondern angesehene Autoren, Verlage und Gesellschaften zu fördern. Diese Tendenz fand ihren Höhepunkt mit der Gründung des elitären *Institut National* im Oktober 1795, dessen Unterhaltung von nun an große Teile des Kulturbudgets beanspruchte.

Die Kulturpolitik des Direktoriums war zweifellos getragen von dem Bemühen, unter den Bedingungen freier Marktwirtschaft die Veröffentlichung wissenschaftlich und kulturell hochwertiger Werke zu fördern und sicherzustellen. Dies war allerdings ein zwiespältiges Unterfangen, denn zugleich sollten republikanische Werte propagiert und die herrschende Ordnung legitimiert werden. Louis Prudhomme etwa, 1789 bis 1794 Herausgeber der legendären *Révolutions de Paris*, beurteilte dementsprechend das ‚neue Theater‘, in dem Grégoire eine moralische Bildungsanstalt des Volkes sah, einige Jahre später als schlichtes Instrument propagandistischer Herrschaftssicherung: „Das Direktorium, das es nötig hatte, die Einwohner von Paris zu korrumpieren, um sie leichter wieder in Fesseln werfen zu können und sie von ihrem Elend und ihrem Hunger abzulenken, vervielfachte dafür die Menge der Theater.“

2. Organisierung politischer Interessen

Neben den öffentlichen Meinungsmarkt trat die revolutionäre Organisierung politischer Interessen. Moderne politische Parteien bildeten sich in der Französischen Revolution zwar nicht, wohl aber deutlich ausgeprägte politische Richtungen und ebenso neuartige wie stilbildende Ansätze organisierter politischer Interessenvertretung. Ihre typische Form war der politische Klub. Der *Club* konnte in mancher Hinsicht auf die Tradition aufgeklärter Societäten zurückgreifen, doch im Zusammenhang der revolutionären Politisierung entstand daraus etwas ganz Neues: ein System der organisierter Einflußnahme politisch tendenziell übereinstimmender Gruppierungen auf die politische Öffentlichkeit und ihre Entscheidungsfindung. Am Anfang, und im weiteren Verlauf auch immer wieder, ging es dabei oft um spezifische, thematisch und zeitlich begrenzte Anliegen. Bereits Anfang 1788 etwa hatten später führende Revolutionäre wie Mirabeau, Brissot, Clavière und Condorcet die *Gesellschaft der Freunde der Schwarzen (Société des Amis des Noirs)* gegründet, um für die Abschaffung der Sklaverei einzutreten. Daneben traten vor allem in Paris bald aber auch allgemeinere politische Diskussionszirkel, besonders die *Gesellschaft der 30 (Société des trentes)*, in der sich Anfang 1789 unter dem Vorsitz von Adrien Duport Vertreter des liberalen Adels wie der Marquis La Fayette oder der Bischof Charles Maurice de Talleyrand-Périgord versammelten.

Bereits im Frühjahr 1789 sind auch die ersten Anfänge des berühmtesten Klubs der Französischen Revolution feststellbar, des *Jakobinerklubs*. Am 30. April trafen sich auf Initiative von Le Chapelier erstmals Abgeordnete des Dritten Standes aus der Bretagne, um in einem Versailler Cafe ihr politisches Handeln miteinander abzustimmen. Aus dem *Club bréton*, dem *Bretonischen Klub* entwickelte sich rasch ein Treffpunkt und loser Zusammenschluß reformorientierter Abgeordneter unterschiedlicher Herkunft, darunter Mirabeau und Sieyès, Barnave und die Brüder Lameth, Robespierre und Pétion. Die wichtigsten parlamentarischen Initiativen des Sommers 1789 wurden hier vorbesprochen und so geschickt vertreten, daß eine kleine, aber gut organisierte Gruppe von Abgeordneten keineswegs selbstverständliche Mehrheiten gewinnen konnte. „Der erste Beschluß war, im Saal zu bleiben, trotz des Verbots des Königs", so schilderte Grégoire die Vorbereitungen auf die Auseinandersetzung mit dem König über den Bestand der Nationalversammlung. „Es wurde ausgemacht, daß wir vor der Eröffnung der Sitzung in den Gruppen unserer Kollegen umhergehen würden, um ihnen anzukündigen, was vor ihren Augen geschehen würde und was man dem entgegensetzen müsse. ‚Aber', sagte einer, ‚können die Stimmen von 12 bis 15 Personen das Verhalten von 1200 Abgeordneten festlegen?' Ihm wurde geantwortet, daß das Partikel *man* eine magische Kraft habe; wir werden sagen: Das muß der Hof tun, und unter den Patrioten hat *man* solche Maßnahmen verabredet. *Man* bedeutet 400 wie zehn. Der Trick gelang."[6]

Diese höchst einflußreiche parlamentarische *Pressure group* überlebte den Umzug des Königs und der Nationalversammlung aus dem beschaulichen Versailles in das unruhige Paris im Oktober 1789 nicht. Doch ein wesentlicher Teil ihrer Mitglieder bildete hier nun die Keimzelle eines neuen Klubs, der *Gesellschaft der Revolution (Société de la Révolution)*, die den geänderten Bedingungen der Pariser Öffentlichkeit entsprechend bald nicht nur Abgeordnete der Nationalversammlung, sondern auch andere politisch aktive Bürger organisierte und nach kurzer Zeit mehr als 1000 Mitglieder zählte. Dieser Klub, der sich zum *Jahresbeginn 1790* offiziell in *Gesellschaft der Verfassungsfreunde (Société des Amis de la Constitution)* umbenannte, mietete für seine nunmehr regelmäßigen, weiterhin vor allem der Diskussion parlamentarischer Initiativen gewidmeten Versammlungen einen Saal im Konvent des ehemaligen Jakobinerklosters in der Rue St. Honoré an und wurde deshalb bald gemeinhin der *Jakobinerklub* genannt.

Abb. 15: Sitzung im Jakobinerklub. Zeitgenössische Darstellung.

---

[6]   Zit. n. Patrice Guenniffey u. Ran Halévi, Klubs und Volksgesellschaften, in: Kritisches Wörterbuch, Bd. 2, S. 769-92, hier S. 774f.

Besondere Bedeutung gewann der Klub nicht nur durch seine prominente Mitgliedschaft, sondern auch weil es ihm gelang, zum organisatorischen Bezugspunkt für eine wachsende Zahl von patriotischen Klubs in ganz Frankreich zu werden, die sich seit dem Sommer 1789 gebildet hatten und sich nun der Pariser Muttergesellschaft anschlossen. „Allein eine Gesellschaft, die in der Nähe der Nationalversammlung eingerichtet ist", so brachte der Pariser Jakobinerklub selbstbewußt seinen Anspruch auf eine politische und organisatorische Vorrangstellung gegenüber den Tochtergesellschaften zum Ausdruck, „kann denjenigen Gesellschaften, die im ganzen Königreich gegründet werden, ein gemeinsames Zentrum bieten."[1] Handelte es sich zum Jahresende 1789 nur um 20 Klubs, so waren es ein Jahr später bereits 276 und im September 1791 erstmals mehr als 1000. Seinen Höhepunkt erreichte diese Entwicklung mit etwa 6000 der Pariser Muttergesellschaft angeschlossenen Klubs im Frühjahr 1794.

Es ist kaum möglich, den Jakobinerklub einer konkreten politischen Richtung zuzuordnen. Der Klub durchlief vielmehr verschiedene Entwicklungsphasen mit sich radikalisierenden politischen Orientierungen, Ausweitung der sozialen Basis, wechselndem Führungspersonal und diversen moderateren Abspaltungen. Trotzdem ist es sinnvoll, für die Jahre 1789 bis 1794 sogar zwingend, den Jakobinismus als eine eigenständige politische Kraft mit einer spezifischen inneren Bindung und einer außergewöhnlich Wirkung nach Außen zu begreifen. Denn die Jakobiner konnten allen Phasen der revolutionären Radikalisierung ihren Stempel aufdrücken und wurden so gewissermaßen zur Verkörperung der Revolution, nicht nur ihrem eigenen Anspruch nach, sondern auch in der Wahrnehmung ihrer Gegner. Was den Jakobinismus dabei jenseits sich wandelnder politischer Orientierungen auszeichnete und zur führenden Kraft der Revolution prädestinierte, war vor allem zweierlei. Auf ideologischem Gebiet handelte es sich um die prinzipielle Orientierung an den zwei grundlegenden, zugleich aber widersprüchlichen Wertbezügen der Revolution, die die Jakobiner auf immer radikalere Weise miteinander zu versöhnen suchten: individuelle Freiheit auf der einen, gesellschaftlicher Nutzen und Zusammenhalt auf der anderen Seite, beides verbunden durch einen patriotischen Tugendbegriff. Noch wichtiger war es vielleicht, daß der jakobinische *Mainstream* sich politisch prinzipiell der revolutionären Dynamik verpflichtet fühlte und deshalb in Konfliktsituationen immer für das Weitertreiben der Revolution eintrat, gegen alle Versuche, sie anzuhalten und den erreichten Zustand zu stabilisieren. Wie einflußreich der Klub tatsächlich war, wird nicht zuletzt darin deutlich, daß bis 1794 alle von ihm abgespalteten Gruppierungen politisch nach kurzer Zeit untergingen. Dazu trug allerdings noch ein weiterer Wesenszug des Jakobinismus bei, der seine höch-

---

[1] Zit. n. François Furet, Jakobinismus, in: Kritisches Wörterbuch, Bd. 2, S. 1160-79, hier S. 1161; vgl. grundlegend Michael L. Kennedy, The Jacobin Clubs in the French Revolution, 3 Bde. Princeton 1982, 1988 u. New York 2000; Patrice Higonnet, Goodness beyond Virtue. Jacobins during the French Revolution, Cambridge/Mass. 1998.

Abb. 16: Ein *club populaire*. Zeitgenössische Darstellung.

ste Ausprägung in der Jakobinerdiktatur fand. Geprägt von der Orientierung an der *Volonté générale*, am Gemeinwillen Rousseau'scher Prägung, wurden abweichende politische Meinungen schnell als illegitime Partikularinteressen begriffen, gegen die es einen agonalen, auf ihre Vernichtung abzielenden Kampf zu führen gelte.

Der Jakobinismus war dabei keineswegs ein Ausdruck des popularen Radikalismus, sondern die Verkörperung der politischen Ideen und Konzepte des revolutionären Bürgertums. Der Klub verlangte relative hohe Mitgliedsbeiträge und schloß damit klein- und unterbürgerliche Schichten weitgehend aus; seine Mitgliedschaft setzte sich vor allem aus den bürgerlichen Mittelschichten zusammen, aus Bildungsbürgern, selbständigen Unternehmern und Handwerkern, gehobenen Angestellten. Deshalb bildeten sich seit 1790 zunehmend auch volkstümlichere Gesellschaften mit deutlich niedrigeren Mitgliedsbeiträgen, unter denen die im April 1790 gegründete Pariser *Gesellschaft der Menschenrechte*, nach ihrer stadtteilbezogenen Basis auch *Cordeliers Club* genannt, die bekannteste und einflußreichste war. Auch das Führungspersonal der *Cordeliers* und anderer volkstümlicher Gesellschaften war oft bürgerlich und spielte teilweise im Jakobinerklub eine einflußreiche Rolle, wie etwa der Rechtsanwalt Georges Danton. Doch die spezifische politische Orientierung und Radikalität dieser Klubs wurde in hohem Maße von ihrer populären Basis bestimmt. Die *Cordeliers* konzentrierten ihre Aktivitäten nicht auf den parlamentarischen Betrieb, sie verstanden sich vielmehr als „Beschützer aller Unterdrückten, Verteidiger der Opfer aller Ungerechtigkeiten, Kämpfer gegen jeden partikularen und allgemeinen Mißbrauch" und wollten, wie es in ihrem Gründungsprogramm hieß, „vor dem Tribunal der öffentlichen Meinung den Machtmißbrauch aller Gewalten und jeden Versuch eines Anschlags auf die Menschenrechte" denunzieren.[2]

Die mißtrauische Überwachung aller Autoritäten und spezifische politische Aktionen rückten so in das Zentrum ihrer Aktivitäten. Die *Cordeliers* wurden zu einer Art politischer Kampfgruppe, die etwa die Verhaftung von Marat verhindern, gemäßigte Politiker öffentlich unter Druck setzen sowie Volksbewegungen und politische Kampagnen in Szene setzten konnte. Zugleich bemühten sie sich aktiv um die politische Aufklärung der unteren Bevölkerungsschichten und koordinierten die sich seit 1790 rasch ausweitende Bewegung der *Brüderlichen Gesellschaften (Sociétés fraternelles)*, Lesegesellschaften, in denen die nicht alphabetisierten Teile der Bevölkerung durch das Vorlesen von Presseberichten und Gesetzen über den Fortgang der Revolution informiert wurden und zugleich für politische Aktionen mobilisiert werden konnten.

Unterstützung fanden die *Cordeliers*, die seit 1792 einen wesentlichen Einfluß auf die Pariser Kommune gewinnen konnten und später zur Massenbasis der radikalen, sozialrevolutionären *Hébertisten* wurden, anfangs weniger bei den Jakobinern als bei einer anderen politischen Gruppierung, die lange als sektiererische Freimaurerei verkannt wurde und deren zentrale Bedeutung für die Französische Revolution die Forschung erst spät in den Blick bekommen hat. Führende Vertreter der Pariser Kommunalrevolution wie Bonneville, Fauchet, Condorcet und Brissot riefen Ende 1789 den *Cercle Social* ins Leben, eine Art Propagandazentrale, die den radikalen bürgerlichen Revolutionären die Unterstützung der unteren Bevölkerungsschichten sichern sollte. Dafür gründeten sie eine Zeitschrift, in der politische Stellungnahmen aus der Bevölkerung anonym veröffentlicht wurden. Der programmatische Name *Das Eisenmaul (La Bouche de Fer)* spielte auf den dem Maul eines Löwen nachgebildeten Briefkasten des Klubs an, in dem diese Schriften abgegeben werden konnten.

Nachdem diese in der Nationalversammlung vorerst nicht vertretene politische Gruppierung bei den Pariser Kommunalwahlen im August 1790 eine gravierende Niederlage erlitten hatte, zogen ihre Vertreter sich zeitweise aus der Tagespolitik zurück und gründeten die *Vereinigung der Freunde der Wahrheit*

---

2 Zit. n. Albert Mathiez, Le Club des Cordeliers pendant la crise de Varennes et le massacre du champ de mars, Paris 1910, S. 6; vgl. auch David Andress, Massacre at the Champ de Mars. Popular Dissent and Political Culture in the French Revolution, London 2000.

(Confédération des Amis de la Vérité), einen philosophisch-politischen Diskussionszirkel, zu dessen erster öffentlicher Versammlung sich am 13. Oktober 1790 mehrere tausend Menschen im *Palais Royal* versammelten. Ziel des Klubs war es, das intellektuelle Leben Frankreichs zu demokratisieren und, gestützt auf ein eigenes Verlagshaus, allgemeine öffentliche Diskussionen anzuregen über „alle Fragen bezüglich der Politik, der Religion, der Gesetzgebung, der Tugend, der Gesellschaft und überhaupt von allem, was die Rechte und das Glück der Menschen anbelangt", wie es programmatisch hieß.[3]

Die Vereinigung gewann auf diesem indirekten Wege bald eine so enorme politische Ausstrahlungskraft, daß sich die Jakobiner in ihrem revolutionären Führungsanspruch bedroht fühlten und alle angeschlossen Gesellschaften aufforderten, jeden Kontakte mit ihr einzustellen. Als die *Freunde der Wahrheit* sich unter dem Einfluß von Lanthenas darüber hinaus im Frühjahr 1791 wieder verstärkt als Aufklärer der Massen zu begreifen begannen und erneut Kontakt zu den volkstümlicheren Gesellschaften suchten, stand auch der Schritt zurück in die aktive revolutionäre Politik bevor. Der in Varennes gescheiterte Fluchtversuch des Königs am 21. Juni 1791 gab den Startschuß für eine demokratisch-republikanische Massenbewegung, die vom *Cercle Social* und den *Cordeliers* gemeinsam organisiert wurde. Bonneville, Condorcet und Lanthenas gründeten die *Gesellschaft der Republikaner (Société des Républicains)*, die mit einer eigenen Zeitung für den Sturz der Monarchie agitierte. Diese Bewegung wurde jedoch am 17. Juli von der Pariser Nationalgarde gewaltsam niedergeschlagen und in den Untergrund gedrängt. Die führenden Vertreter des *Cercle Social* traten daraufhin dem Jakobinerklub bei, der gerade durch die Abspaltung der *Feuillants* seine gemäßigte Führungsgruppe verloren hatte und nun, nicht zuletzt unter ihrem Einfluß, öffentlich zu tagen und sich nachhaltig zu radikalisieren begann.

Auch bei dem berühmten, seit 1792 hervortretenden Konflikt zwischen *Gironde* und *Montagne* handelte es sich nicht um konkurrierende politische Parteien im modernen Sinne des Wortes, sondern um lose organisierte parlamentarische Gruppen, gewissermaßen eine Frühform von Parlamentsfraktionen, jedoch ohne parteipolitische Basis. Nachdem die *Girondisten* im Herbst 1792 aus dem Jakobinerklub ausgeschlossen worden waren, bemühten sie sich nicht um den Aufbau einer über lose Zirkel und Absprachen unter den Konventsabgeordneten hinausgehenden, gar die allgemeine Öffentlichkeit einbeziehenden Organisationsform. Und auch die *Montagne* entwickelte sich nicht zu einer parlamentarischen Vertretung der Jakobiner, sondern ihre Zusammenarbeit blieb auf den Konvent beschränkt. Inhaltlich traten beide Gruppierungen für die revolutionär konstituierte, parlamentarisch-repräsentative Demokratie ein. Sie unterschieden sich weniger in ihren prinzipiellen Orientierungen als in taktischen

---

3   Zit. n. Gary Kates, The Cercle Social, the Girondins and the French Revolution, Princeton 1984, S. 80.

Fragen, von vielfältigen persönlichen Feindschaften einmal abgesehen.[4] Während die *Gironde* die Revolution mit der Verkündung der Republik vollendet sah und nun auf die Legalität ihrer Institutionen pochte, vertrat die *Bergpartei* die Auffassung, daß nur eine weitergehende Revolutionierung die allseits bedrohte Republik retten könne. Sie setzte deshalb zeitweilig auf die Zusammenarbeit mit den radikalen Kräften in der Pariser Volksbewegung, die teilweise im Jakobinerklub, teilweise bei den *Cordeliers* organisiert waren, sich auf das Prinzip der direkten Demokratie stützten und die vor allem in der Pariser Kommune und ihren Sektionen eine führende Rolle spielten.

Sie hatten die Monarchie gestürzt und erhoben unter der Führung von Chaumette, Hébert, Vincent und Momoro weiterhin den basisdemokratisch legitimierten Anspruch, den Willen des Volkes in unmittelbarer Weise zum Ausdruck zu bringen. Eng damit verbunden waren sozialrevolutionäre, den Terror gegen Besitz und Reichtum proklamierende Tendenzen, wie sie zuerst von der Gruppe der *Enragés* um Jacques Roux, später dann von den *Hébertisten* vertreten wurden, die zunehmend den *Cordeliers-Club* dominierten. Durch ihre Aufstandsdynamik konnten die radikalen Kräfte der Pariser Volksbewegung den Sturz der *Gironde* herbeiführen, die *Levée en masse* durchsetzen und schließlich auch die *Terreur* zum offiziellen Regierungsprogramm erheben. Doch gelang es ihnen nicht, eine allgemeine, sozialrevolutionäre Aufstandsbewegung *von unten* durchzusetzen, wie sie in den Proklamationen der Volksbewegung anklang. Ihre Erfolge blieben vielmehr abhängig von der Aufnahme und Umsetzung ihrer Forderungen durch den Konvent. Als hier die *Bergpartei* ihre Machtstellung konsolidiert hatte und dazu überging, eine revolutionäre Kriegsdiktatur *von oben* zu errichten, engagierten sich die radikalen Kräfte zeitweilig in der Dechristianisierungsbewegung. Ihr Versuch, schließlich doch noch einmal einen Aufstand gegen die Konventsherrschaft vorzubereiten, endete im März 1794 mit der Ausschaltung der *Hébertisten* und der förmlichen Unterordnung der *Cordeliers* unter den Jakobinerklub.[5]

Nach dem Ende der Jakobinerherrschaft kam es zuerst nicht zur Bildung neuer politischer Gruppierungen. Im Konvent wie in den Parlamentskammern des Direktoriums dominierten die gemäßigt republikanischen *Thermidorianer*, während sowohl die politische Linke wie die politische Rechte lange nicht aus dem Zwielicht von Terror und Konterrevolution herausfanden. Die jakobinischen Kräfte hatten im Frühjahr 1795 die erneuten Aufstandsbewegungen der

---

4 Vgl. Albert Mathiez, Girondins et montagnards, Paris 1988 (Orig. 1930); Actes du Colloque Girondins et Montagnards, hg. v. d. Société des études robespierristes, Paris 1980; Alison Patrick, The Men of the First French Republic. Political Allignements in the National Convention of 1792, Baltimore u. London 1972.

5 Vgl. Frédéric Bresch, La Commune du 10 août 1792. Étude sur l'histoire de Paris du 20 juin au 2 décembre 1792, Paris 1911; Morris Slavin, The Making of an Insurrection. Parisian Sections and the Gironde, Cambridge/Mass. 1986; ders., The Hébertists to the Guillotin. Anatomy of a „Conspiracy" in Revolutionary France, Louisiana 1994.

Pariser *Sansculotten* unterstützt, und ihr Reorganisationsversuch im Ende 1795 verbotenen *Panthéon-Klub* blieb nicht nur ideologisch an die terroristische Diktatur gebunden, sondern wies auch deutliche Verbindungen zu den Verschwörern um Babeuf auf. Die Monarchisten waren auf der anderen Seite bereits durch das gescheiterte Landungsunternehmen konterrevolutionärer Emigranten im Frühsommer 1795 diskreditiert, bevor sie mit ihrem gescheiterten Aufstandsversuch im Oktober 1795 jede politische Legitimität verloren.

Die Rückkehr in die Legalität schien trotzdem zuerst den konservativen Kräften zu gelingen. Sie begannen seit 1796 im *Club de Clichy* eine führende Rolle zu spielen und konnten im Frühjahr 1796 mit ihrer kriegsgegnerischen Propaganda einen großen Wahlerfolg erzielen. Die Frage indes, ob der seit 1789 schwelende Konflikt zwischen gemäßigt konservativen und radikal konterrevolutionären Tendenzen[6] gelöst werden, ob es zu der von Carnot angestrebten Zusammenarbeit von gemäßigten Republikanern und verständigungsbereiten Monarchisten auf dem Boden der nachrevolutionären Ordnung kommen könnte, muß offenbleiben. Denn mit dem *Fructidor*-Staatsstreich der republikanischen Direktoriumsmehrheit vom September 1797 wurde die politische Rechte erneut kriminalisiert. Der daraufhin einsetzende Linksrutsch führte zum Aufschwung des *Neojakobinismus*, der sich in einer Vielzahl von *Cercles constitutionelles* und 1799 auch im zentralen Pariser *Manège-Club* organisierte. Obwohl vieles dafür spricht, daß die *Neojakobiner* die Verfassung und den Pluralismus auf ihrem Boden agierender politischer Kräfte zu akzeptieren begannen, kam es auch hier nicht zur Probe aufs Exempel.[7] Denn ihre in den Parlamentswahlen von 1798 gewonnen Mandate wurden von den um ihre Mehrheiten fürchtenden gemäßigten Republikanern annulliert. Und als die *Neojakobiner* ein Jahr später nach einem erneuten Wahlsieg tatsächlich wieder in den Parlamentskammern dominierten und das Direktorium parlamentarisierten, befand sich die Republik bereits kurz vor ihrer Auflösung.

---

6 Vgl. Jacques Godechot, La contre-révolution. Doctrine et action, Paris 1961; Paul Harold Beik, The French Revolution Seen from the Right: Social Theories in Motion, 1789-1799, Philadelphia 1956.
7 Vgl. Isser Woloch, Jacobin Legacy. The Democratic Mouvement under the Directory, Princeton 1970; Bernard Gaynot, 1799, un nouveau Jacobinisme? La démocratie représentative, une alternative à brumaire, Paris 2001.

3. Staat und Herrschaft

Die grundlegende, die Revolution insbesondere in ihrer ‚aufsteigenden' Radikalisierungsphase von 1789 bis 1794 vorantreibende Dynamik basierte auf spezifischen Formen der Verbindung von bürgerlich geprägter revolutionärer Politik einerseits, revolutionären Aufstandsbewegungen breiter Bevölkerungsschichten andererseits, in denen soziale und politische Antriebskräfte aufs engste miteinander verbunden waren. Daraus gingen mehrere Schübe der revolutionären Radikalisierung hervor, die jeweils zu einer Neugestaltung der verfassungspolitischen Ordnung führten. Die Revolution brachte so in kurzer Folge verschiedene, für die weitere politische Entwicklung grundlegende Verfassungsordnungen und Herrschaftssysteme hervor, deren innere Kohärenz im Zusammenhang der sich zuspitzenden gesellschaftspolitischen Rahmenbedingungen immer wieder auf die Probe gestellt wurde, deren jeweilige Widersprüchlichkeiten dabei deutlich hervortraten und so zum erneuten Versuch der revolutionären verfassungspolitischen Neuordnung führten.

Die Verfassung von 1791 etablierte den modernen, zentralisierten Einheitsstaat, der Frankreich bis heute prägt. Sie beseitigte alle selbständigen Verwal-

Abb. 17: Französische Departements ab 1791.

tungseinheiten mit ihren diversen Sonderrechten und ersetzte sie durch 83, später 84 gleichförmig strukturierte Departements von annähernd gleicher Größe. Das Projekt der nationalen Vereinheitlichung wurde ferner durch weitere zukunftsweisende Maßnahmen wie vor allem die allgemeine Einführung des Dezimalsystems für Maße und Gewichte ergänzt. Politisch inaugurierte die Verfassung eine konstitutionelle Monarchie, die allerdings schon von Auguste Comte als *Einleitung zur Republik* charakterisiert wurde, weil im nationalen Souveränitätsprinzip implizit, im Verzicht auf das absolute Vetorecht des Königs auch explizit die Unterordnung der monarchischen Exekutive unter die vom Volk gewählte Legislative angelegt gewesen sei. In der Tat ging die revolutionäre Verfassungsstiftung von der Nationalversammlung aus, und ihre Mehrheit lehnte im Spätsommer 1789 alle auf eine deutliche Stärkung der Stellung der Krone zielenden Initiativen der *Monarchiens*, der konstitutionellen Monarchisten um Malouet ab, die nicht nur ein absolutes königliches Vetorecht gegen Gesetzesinitiativen der Nationalversammlung, sondern auch ein zweigeteiltes Parlament mit einem berufenen Oberhaus forderten. Die in einem zweijährigen Diskussionsprozeß entwickelte Verfassung von 1791 wurde demgegenüber wesentlich zu einem Produkt der mehrheitlich liberal orientierten, *patriotischen* Kräfte, die einer allzu großen Machtfülle der Krone ablehnend gegenüberstanden, ohne sie deshalb vollständig entmachten zu wollen.

Gemäß der Montesquieu'schen Lehre von der Gewaltenteilung unterschied die Verfassung klar zwischen parlamentarischer Legislative mit einem Einkammersystem, selbständiger Judikative und monarchischer, vom König als Staatsoberhaupt geleiteter Exekutive, deren Mitglieder nicht aus der Nationalversammlung stammen durften. Dem König oblagen gemäß der Verfassung nicht nur die Leitung von Regierung und Verwaltung, sondern auch die Außenpolitik und der Oberbefehl über die Armee. In einem wichtigen Punkt wurde auch die strikte Trennung der Gewalten zu seinen Gunsten durchbrochen, denn der Monarch wurde zumindest indirekt an der Gesetzgebung beteiligt, um seine eigentlich untergeordnete, Gesetze ausführende Rolle gegenüber dem Parlament doch wieder zu stärken. Mit dem auf Vorschlag von La Fayette verabschiedeten suspensiven Vetorecht wurde dem König ein zwar defensiver, aber durchaus nicht unbedeutender Einfluß auf die Gesetzgebung zugestanden, denn er konnte von der Nationalversammlung verabschiedete Gesetze immerhin für zwei Legislaturperioden von je zwei Jahren blockieren.

Die Verfassung wurde von der bereits im August 1789 verabschiedeten *Erklärung der Menschen- und Bürgerrechte* eingeleitet, die die grundlegenden bürgerlichen Freiheits- und Eigentumsrechte für alle garantierte und die zugleich zur Grundlage der neuen Ordnung werden sollte.[1] Das aktive Bürgerrecht in Form des aktiven und passiven Wahlrechts wurde allerdings, den liberalen Prä-

---

[1] Vgl. Marcel Gauchet, Die Erklärung der Menschenrechte. Die Debatte um die bürgerlichen Freiheiten 1789, Reinbek b. Hamburg 1991. ·

missen entsprechend, nur in abgestuften Formen gewährt bzw. eingeschränkt. Die männlichen Staatsbürger wurden nach einem Vorschlag von Sieyès in *Aktivbürger* (*citoyen actif*) mit Wahlrecht und *Passivbürger* (*citoyen passif*) ohne Wahlrecht unterschieden. An den Urwahlen teilnehmen durften demnach alle männlichen Staatsbürger ab 25 Jahren, die eine direkte Steuer von 2-3 *Livres* jährlich (Gegenwert von mindestens drei Arbeitstagen) entrichteten. Zeitgenössisch war dies enorm, mehr als 4 Millionen Männer durften wählen. Doch mit 2 Millionen war zugleich etwa ein Drittel der aus den unteren Bevölkerungsschichten stammenden Männer als *Passivbürger* vom Wahlrecht ausgeschlossen. Die Urwähler bestimmten allerdings nicht die Abgeordneten, sondern sie wählten im indirekten Verfahren etwa 50.000 Wahlmänner, denen schließlich die Wahl der 745 Abgeordneten der Nationalversammlung oblag. Hier war die soziale Selektion sehr viel einschneidender, wobei nicht der von den konservativen Kräften propagierte Grundbesitz als Kriterium herangezogen wurde, sondern nach liberalem Grundsatz das Steueraufkommen.

Als Wahlmann sollte ursprünglich nur fungieren dürfen, wer eine Steuerleistung von 7-10 *Livres* (Gegenwert von mindestens 10 Arbeitstagen) entrichtete, für die Wählbarkeit zum Parlament sah die Verfassung nach einer höchst umstrittenen, auch gegen den Widerstand führender Liberaler durchgesetzten Entscheidung gar eine jährliche Steuerleistung von einer Silbermark, d. h. einer jährlichen Steuer im Wert von etwa 50 Arbeitstagen vor. Da so auch viele Angehörige des mittleren und gehobenen Bürgertums, insbesondere des Bildungsbürgertums von der Wählbarkeit in die Nationalversammlung ausgeschlossen waren, wurde diese Differenzierung im Sommer 1791 wieder zugunsten der bürgerlichen Mittelschichten revidiert, in typischer Verbindung allerdings mit einer noch deutlicheren Ausgrenzung der unteren Schichten vom passiven Wahlrecht und damit auch von der Möglichkeit zur Übernahme kommunaler Ämter. Sowohl als Wahlmann wie auch als Abgeordneter durfte nun fungieren, wer in einem nach ländlichen und städtischen Bedingungen unterschiedenen System eine Mindeststeuer von mindestens 15, in größeren Städten deutlich mehr *Livres* jährlich entrichtete. Die über die Urwahlen hinausgehenden politischen Gestaltungsmöglichkeiten wurden also auf die besitzenden bürgerlichen Schichten, auf etwa ein halbe Million Männer begrenzt.

Mit der politischen Entrechtung der *Passivbürger* sowie dem ungelösten Spannungsverhältnis zwischen Nationalversammlung und Krone sind zugleich die wichtigsten Problemzonen und Bruchlinien der liberalen, ‚konstitutionellen' Verfassungskonstruktion bezeichnet, die im Zusammenhang des revolutionären Radikalisierungsprozesses der Jahre 1791/92 bald deutlich hervortraten und schließlich zum Sturz der konstitutionellen Monarchie führten. Denn zum einen hatte die umfassende revolutionäre Basisdemokratisierung insbesondere in den großen Städten viele Menschen politisiert, die nun von der Teilnahme am politischen Geschehen wieder weitgehend ausgeschlossen wurden oder zumindest, wenn sie etwas begüterter waren, doch keine politischen Ämter übernehmen durften. Dadurch entstand eine deutliche Spannung zwischen Volksgesellschaften, Öffentlichkeit und Straße auf der einen, den Verfassungsinstitutionen auf der anderen Seite. Zum anderen konnte die Verfassung wegen der immer noch starken Stellung des Monarchen nur funktionieren, wenn der König ihre Prinzipien akzeptieren und demgemäß politisch handeln würde. Doch obwohl Ludwig XVI. der Verfassung am 13./14. September 1791 schließlich formal zustimmte, wurde im politischen Prozeß immer wieder deutlich, daß diese Voraussetzung inhaltlich keineswegs gegeben war.

Die sich unter dem Einfluß der revolutionären Massenstimmung und der jakobinischen *Gironde* schnell radikalisierende Politik der neugewählten Legislative zielte dementsprechend seit Herbst 1791 darauf ab, Ludwig XVI. durch gesetzgeberische Initiativen gegen eidverweigernde Priester, Emigranten und gegen die mit militärischer Intervention drohenden Mächte des *Ancien Régime* zu einer eindeutigen Stellungnahme für oder gegen die revolutionäre Nation zu zwingen. Nachdem im Frühjahr 1792 der Krieg begonnen hatte, begannen sich auch die innenpolitischen Frontlinien bald zu erklären. Spätestens als der König im Juni sein erst im März gebildetes jakobinisches Ministerium wieder entließ und zentrale kriegspolitische Initiativen des Parlaments mit seinem *Veto* blockierte, trat immer deutlicher zutage, daß er nicht auf den Sieg, sondern auf die Niederlage Frankreichs setzte, um auf diesem Wege seine unbeschränkte Herrschaft wieder hergestellt zu bekommen. Und während die Abgeordneten lange vor seiner Absetzung zurückschreckten, ergriffen erneut die aus der offiziellen Politik teilweise ausgeschalteten Pariser Volksmassen die Initiative. Nachdem die radikalen Sektionen der Hauptstadt bereits am 20. Juni mit einer großen Massendemonstration den König erfolglos unter Druck zu setzen versucht hatten, führte ein erneuter revolutionärer Aufstand am 10. August 1792 zur Festnahme des Königs, zur Abschaffung der Monarchie und zur Etablierung einer demokratischen Republik.[2]

Unter dem Druck der revolutionären Pariser Kommune schrieb die Legislative auf der Basis eines weitgehend allgemeinen Männerwahlrechts (ausgeschlossen waren allerdings Hausdiener, unter 21-Jährige, kurzfristig zugezogene und nicht von eigenen Mitteln oder Arbeitserträgen lebende Männer) sofortige Neuwahlen zu einem Nationalkonvent aus. Gegen den Widerstand der Volksbewegung und führender Radikaler wie Robespierre wurde allerdings am indirekten Wahlverfahren der alten Verfassung festgehalten, was dazu beitrug, daß die Konventsabgeordneten schließlich doch fast ausschließlich dem revolutionären Bürgertum entstammten. In seiner ersten Sitzung am 21. September 1792 erklärte der Konvent das Königtum offiziell für abgeschafft und proklamierte am folgenden Tage die *eine und unteilbare* französische Republik. Wenige Monate später wurde der König politisch abgeurteilt und hingerichtet. Zur genaueren

---

[2] Vgl. Frédéric Braesch, La Commune du 10 août 1792. Etude sur l'histoire de Paris du 20 juin au 2 décembre 1792, Paris 1911.

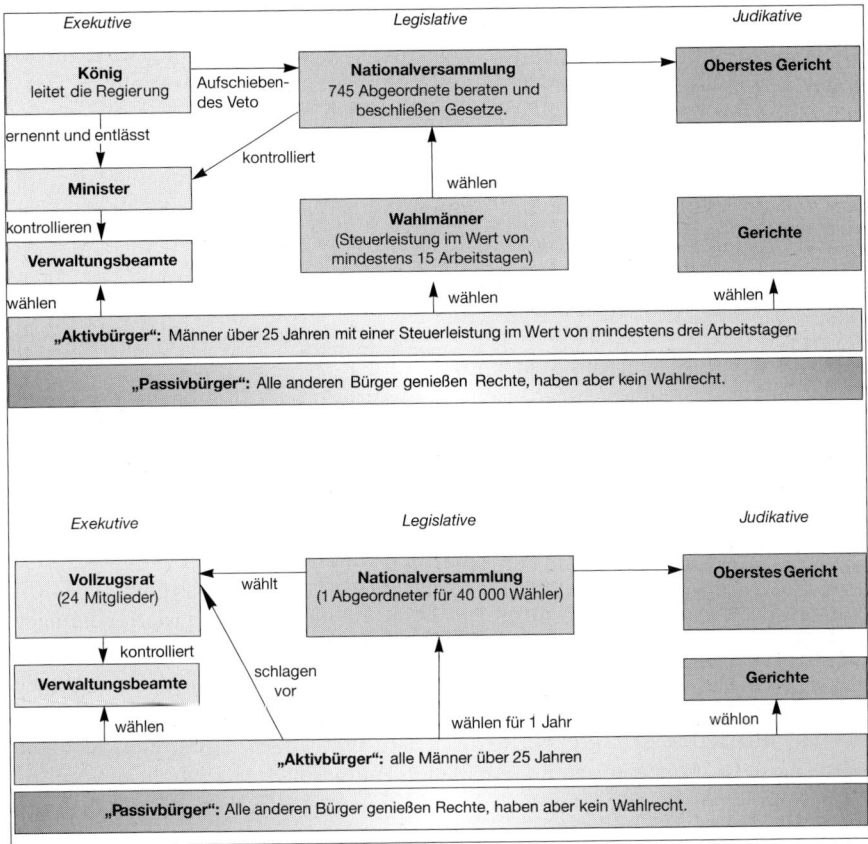

Abb. 18: Die Verfassungen von 1791 und 1793.

Ausgestaltung der neuen republikanischen Ordnung setzte der Konvent ein Verfassungskomitee ein, doch die schließlich im Juli 1793 verabschiedete und in einer Volksabstimmung bestätigte republikanisch-demokratische Verfassung wurde unmittelbar danach für die Dauer des Kriegs suspendiert und trat de facto nie in Kraft.

Betrachtet man die ursprünglich trotzdem demokratisch legitimierte, der Struktur nach parlamentarische Praxis der Konventsherrschaft genauer, so treten mehrere grundlegende, durch die Kriegssituation noch einmal nachhaltig verschärfte Bruchlinien der modernen Demokratie zutage. An erster Stelle ist hier das widersprüchliche Verhältnis zwischen repräsentativer und direkter Ausübung der Volkssouveränität, zwischen direkter und parlamentarischer Demokratie zu nennen. Die konkurrierenden Verfassungsentwürfe der *Gironde* wie der *Montagne* sahen beide weitgehende Elemente der direkten Demokratie vor. Nicht nur Verfassungsänderungen und andere weitreichende legislative Maßnahmen sollten einer Volksabstimmung unterliegen, es war vielmehr vorgesehen, auch die Regierung vom Volk direkt wählen zu lassen. Allein die *Montagne* wollte dabei eine engere Bindung der Exekutive an das Parlament sicherstellen, indem die Regierungsmitglieder aus einer in den Departements gewählten Vorschlagsliste vom Konvent ausgewählt werden sollten. Doch de facto blieb dies im revolutionären Prozeß graue Theorie, der Konflikt zwischen direkter und repräsentativer Demokratie fand vielmehr in der Doppelherrschaft von Legislative und aufständischer Pariser Kommune im August/September 1792 sowie in den folgenden Konflikten zwischen der Pariser Volksbewegung und dem Konvent seinen deutlichsten Ausdruck.

Die Pariser Kommune stützte sich organisatorisch auf die regelmäßig tagenden, allen Bürgern offenstehenden Sektionsversammlungen, die ihre eigenen Exekutivkomitees einsetzten und Vertreter in den Gesamtpariser Generalrat, das städtische Parlament sandten. Sie war damit im Prinzip basisdemokratisch organisiert, doch de facto bildete sich schnell eine politische Führungsschicht heraus, die durch ihre Präsenz und durch die Übernahme von Funktionen eine führende Rolle zu spielen vermochte. Hier dominierten seit Sommer 1792 die von den Jakobinern und den *Cordeliers* koordinierten radikalen Kräfte, die nach dem Sturz der Monarchie die reale politische Macht in Händen hielten, der Legislative zeitweilig ihren Willen aufzwingen konnten und auch in der Folgezeit nicht bereit waren, auf einen allgemeinpolitischen Gestaltungsanspruch zu verzichten. Im Herbst 1792 gelang es dem von der *Gironde* geführten Konvent zeitweilig, die nun von dem gemäßigten Bürgermeister Chambon geführte Kommune wieder auf ihre kommunalen Funktionen zu beschränken. Doch unter der Führung seines Nachfolgers Pache und der von Chaumette, Hébert und Réal gebildeten Verwaltungsspitze erhob die Kommune in den Radikalisierungsprozessen des Jahres 1793 erneut den Anspruch, den Volkswillen in unmittelbarer Form zum Ausdruck zu bringen, auch gegen den demokratisch-repräsentativ legitimierten Konvent. Mit ihren revolutionären Aufständen führten die Pariser Sektionen Ende Mai/Anfang Juni 1793 den Sturz der *Gironde* herbei, erzwangen im August die *Levée en masse* sowie weitreichende sozialpolitische Maßnahmen und setzten Anfang September 1793 nicht nur eine personelle Reorganisation der Regierungsausschüsse, sondern auch die offizielle Verkündung des Terrors als Regierungsprogramm durch.[3]

Doch obwohl durch diese von den *Montagnards* im Konvent unterstützten Eingriffe die repräsentative Konventsherrschaft tiefgehend infrage gestellt und beschädigt wurde, blieb sie im Prinzip bestehen. Jenseits ihrer sporadischen

---

[3] Vgl. Susanne Petersen, Lebensmittelfrage und revolutionäre Politik in Paris 1792-1793. Studien zum Verhältnis von revolutionärer Bourgeoisie und Volksbewegung bei der Herausbildung der Jakobinerdiktatur, München 1979.

Aufstände verfügten die Pariser *Sansculotten* nicht über ein alternatives Programm der Staatsorganisation. Und nach der Konsolidierung seiner Macht trat auch der von der *Bergpartei* beherrschte Konvent eindeutig für den Vorrang der repräsentativen Demokratie ein und reduzierte den Einfluß der Kommune erneut auf die Verwaltung der Hauptstadt. „Die Demokratie ist nicht ein Staat", stellte Robespierre Anfang 1794 klar, „wo das beständig versammelte Volk selbst alle öffentlichen Angelegenheiten leitet; und noch weniger ein Staat, wo hunderttausend Fraktionen des Volkes durch isolierte, übereilte und einander zuwiderlaufende Maßregeln über das Los der ganzen bürgerlichen Gesellschaft entscheiden. (…) Die Demokratie ist ein Staat, wo das souveräne Volk, von den Gesetzen geleitet, die sein Werk sind, selbst alles dasjenige tut, was es gehörig tun kann, und durch Abgeordnete alles dasjenige tun läßt, was es nicht selbst zu verrichten imstande ist."[4]

Eine zweite, in der revolutionären Konventsherrschaft deutlich werdende Bruchlinie der modernen Demokratie wird oft in dem Konflikt zwischen Zentralismus und Föderalismus gesehen, wie er insbesondere nach dem Sturz der *Gironde* mit den sog. *föderalistischen Erhebung* weiter Landesteile gegen die Pariser Revolutionsführung hervortrat.[5] Doch davon kann im Grunde nur indirekt die Rede sein. Die *Gironde* war im Prinzip keineswegs föderalistisch orientiert, ihre Agitation gegen Paris richtete sich ursprünglich nicht gegen den Konvent, sondern gegen die Kommune, und auch die Aufstände zielten nicht auf die Etablierung föderaler Eigenständigkeit. Unter den Bedingungen von Krieg und Bürgerkrieg konnte die im Konflikt zwischen radikaler Pariser Zentralregierung und gemäßigteren Republikanern in weiten Landesteilen immerhin strukturell angelegte Problematik einer föderalen Austarierung demokratischer Machtbefugnisse schon gar keine reale Gestalt gewinnen. Von weit grundlegenderer Bedeutung war das, wogegen sich die sog. föderalistische Erhebung tatsächlich richtete, nämlich die immer deutlicher hervortretenden Tendenzen einer inneren Aushöhlung und diktatorischen Umformung der ursprünglich demokratisch legitimierten und konstituierten Konventsherrschaft, wie sie mit der Ausschaltung der *Gironde* ihren ersten Höhepunkt erlebt hatte und sich in den Jahren 1793/94 mit der Herrschaft der beiden großen Regierungsausschüsse des Konvent, dem *Allgemeinen Sicherheitsausschuß* (*Comité de sûrété générale*) und vor allem dem *Öffentlichen Wohlfahrtsausschuß* (*Comité de salut publique*), immer weiter verfestigte.

Eine wesentliche Voraussetzung dafür lag zweifellos in der Konzentration der Staatsgewalt in einem einzigen Organ, dem Konvent, dessen Herrschaft durch keine anderen Institutionen mit vergleichbarer Legitimität kontrolliert oder begrenzt wurde. Seine Abgeordneten wählten und kontrollierten nicht nur als Par-

---

4 Rede vom 5.2.1794/17. Pluv. II, abgedr. in: Fischer, Reden der Französischen Revolution, S. 341-62, hier S. 343f.

5 Vgl. Hedwig Hintze, Staatseinheit und Föderalismus im alten Frankreich und in der Revolution, Frankf./M. 1989 (Orig. Stuttgart u. a. 1928).

lament die Regierung, seine Ausschüsse und Kommissare übernahmen vielmehr zunehmend auch selbst Regierungsfunktionen und intervenierten unmittelbar in alle Bereiche des gesellschaftspolitischen Lebens. Formal blieb die Herrschaft der Konventsausschüsse an Mehrheitsentscheidungen des demokratisch legitimierten Konvents und damit auch an das Prinzip einer repräsentativ vermittelten Ausübung der Volkssouveränität gebunden. Auch der Wohlfahrtsausschuß wurde monatlich bestätigt, seine Entscheidungen mußten von der Konventsmehrheit gebilligt werden. In der praktischen Machtausübung indes bildeten sich bald eindeutig diktatorische Tendenzen heraus. Sie fanden ihre Begründung in der durch Krieg und Bürgerkrieg bedrohten Stellung der Revolution und in den Notwendigkeiten eines absoluten, nicht durch legale Grenzen beschränkten, revolutionären Verteidigungskampfes gegen die Kräfte der Konterrevolution. Die Regierung Frankreichs müsse „revolutionär bis zum Ende des Krieges sein", so rechtfertigte der Konvent im Herbst 1793 die Außerkraftsetzung der neuen Verfassung. Und Robespierre begründete zum Jahreswechsel 1793/94 die Notwendigkeit einer „revolutionären", d. h. nicht dem Recht unterworfenen Regierungsform dementsprechend mit dem Argument, es gehe in dieser Phase des agonalen Kampfes gegen die Konterrevolution noch nicht um eine demokratisch-konstitutionelle Regierungspraxis, sondern erst einmal um die revolutionäre Herstellung ihrer Voraussetzungen: „Die konstitutionelle Regierung hat das Ziel, die Republik zu erhalten; das Ziel der revolutionären Regierung aber ist es, sie erst einmal zu begründen. Die Revolution ist der Krieg der Freiheit gegen ihre Feinde."[6]

Die sich unter den Bedingungen der allseitigen Bedrohung durch Krieg und Bürgerkrieg vollziehende Verformung einer nicht nur die Freiheit proklamierenden, sondern auch demokratisch-parlamentarisch legitimierten Revolutionsregierung zu einer terroristischen Diktatur ist dementsprechend von der jakobinischen Tradition als kriegsbedingte Notwendigkeit begriffen und gerechtfertigt worden. Ihre Kritiker dagegen führen sie weniger auf den Krieg als vielmehr auf die jakobinische Ideologie selbst zurück, in deren einheitlicher, Pluralismus und Gewaltenteilung ausschließender Konzeption der Volkssouveränität in Verbindung mit ihrem rigorosen, einer widerstrebenden, von individuellen Interessen geprägten Gesellschaft aufgezwungenen Tugendbegriff von Anfang an diktatorische Tendenzen angelegt gewesen seien. Ein dritter Erklärungsansatz schließlich stellt die kulturelle Erbschaft des Absolutismus in Rechnung, der sich ebenfalls durch die Unterordnung partieller Interessen unter das vom Staat repräsentierte *öffentliche Wohl* legitimiert hatte, auf das die Revolutionäre nun, bewußt oder unbewußt, zurückgriffen.

All dies hat zweifellos eine wichtige Rolle gespielt, doch zugleich spricht vieles dafür, die Entstehung der Diktatur auch als eine implizit angelegte Entwicklungsmöglichkeit der modernen, auf die Volkssouveränität gestützten Demokra-

---

[6] Zit. n. François Furet, Revolutionsregierung, in: Kritisches Wörterbuch, Bd. 2, S. 874; vgl. Dok. 21.

tie zu begreifen; weil sie, wie in den Jahren 1793/94 deutlich wurde, besonders in Krisenzeiten in der Gefahr steht, die im Prinzip als unveräußerlich anerkannten Rechte des einzelnen zur Disposition der Mehrheit zu stellen, oppositionelle Kräfte von der politischen Mitwirkung auszuschließen und den gesellschaftspolitischen Pluralismus einzuschränken, im Prinzip demokratisch legitimierte Macht aus Gründen der Effizienz an zentralisierte, sich ggf. verselbständigende Institutionen zu delegieren und nicht zuletzt die Nation hinter einem charismatischen Führer zu einen. Auch der sich herausbildende Nationalismus spielte dabei als Integrationsideologie eine entscheidende Rolle. Denn gegenüber dem Allgemeininteresse der revolutionären Nation konnten von der Mehrheit abweichende Meinungen und ihre Träger nicht nur leicht als Ausdruck partikularer Einzelinteressen abgewertet, sondern allein deshalb schnell auch als Gegner denunziert und aus der Nation ausgegrenzt werden, zumal da im Zeichen des Krieges die innere Einheit zur nationalen Pflicht erhoben wurde. Insbesondere Robespierre erwies sich als ein Meister auf dieser nationalistischen Klaviatur, doch auch andere, nicht zuletzt seine Nachfolger, vermochten darauf virtuos zu spielen.

Die Ausbildung der revolutionären Kriegsdiktatur der Jahre 1793/94 vollzog sich wesentlich auf vier unterscheidbaren Ebenen: Zum ersten gab der Konvent im Laufe des Jahres 1793 mit der Einführung einer *revolutionären*, d.h. politischen Justiz und der Verabschiedung von Sondergesetzen zunehmend die Prinzipien der Gewaltenteilung sowie der Rechtssicherheit und der Rechtsgleichheit auf. Dieser Prozeß nahm seinen Anfang mit der Aburteilung des Königs nicht durch ein Gericht, sondern durch den Konvent im Winter 1792/93. Im März 1793 folgte dann die Einrichtung des im September noch einmal reorganisierten *Revolutionstribunals*, das mit der Ernennung der Richter durch den Konvent der politischen Macht untergeordnet wurde, den Angeklagten wesentliche Rechte vorenthielt und im Urteil nur Freispruch oder Tod kannte. Hinzu kamen diverse lokale Revolutionstribunale und außerordentliche Kriegsgerichte, die ad hoc eingerichtet wurden, bevor das Pariser Revolutionstribunal im Frühjahr 1794 die alleinige politische Rechtssprechung an sich ziehen konnte. Insbesondere mit den Prozessen gegen führende Revolutionäre wie die *Girondisten*, die *Hébertisten* und schließlich auch, als die sog. *Indulgents/Versöhnler* des Abbau des Terrors forderten, im April 1794 gegen Danton und seine Anhänger gewannen die Verfahren den Charakter politischer Schauprozesse, in denen die Urteile von Anfang an feststanden und die durch vielfältige verfahrenstechnische Schikanen entrechteten Angeklagten der Öffentlichkeit als kriminelle Verräter vorgeführt wurden.

Einen wesentlichen Schritt auf dem Weg zur vollständigen Politisierung und Entrechtlichung der Justiz bedeutete das am 17. September 1793 verabschiedete *Gesetz über die Verdächtigen*. Damit wurden verschiedene Bevölkerungsgruppen (Ausländer und Bürger ausländischer Herkunft, Adelige, bekannte ‚Feinde der Freiheit' etc.) per se unter Verdacht gestellt sowie ihre Registrierung und Überwachung durch die bereits im Frühjahr eingerichteten, nunmehr vom Allgemeinen Sicherheitsausschuß koordinierten revolutionären Überwachungskomitees angeordnet, die jederzeit die Verhaftung und die Überstellung an das Revolutionstribunal erwirken konnten. Schnell waren die Gefängnisse angesichts von insgesamt mehreren hunderttausend Verhaftungen überfüllt, und die revolutionäre Justiz konnte mit den Prozessen kaum nachkommen. Ihren Höhepunkt fand diese Entwicklung schließlich mit dem sog. *Prairial-Gesetz* vom 10. Juni 1794, das dem Revolutionstribunal die allgemeine Aufgabe zusprach, „die Feinde des Volkes zu bestrafen". Anklagen gründeten sich nunmehr bereits auf Denunziationen, eine Untersuchung und die Verteidigung des Angeklagten durch einen Anwalt waren nicht mehr vorgesehen, die Anhörung von Zeugen wurde für überflüssig erklärt, wenn „es Beweise gibt, materieller oder moralischer Natur, unabhängig vom Zeugenbeweis". Damit stand die Justiz nun vollständig im Zeichen einer despotischen Willkür, die keinen rechtlichen Eingrenzungen mehr unterlag.

Zum zweiten entwickelte sich der Wohlfahrtsausschuß, sekundiert vom Allgemeinen Sicherheitsausschuß, schnell zu einem politischen Machtzentrum, das nur de jure als parlamentarische Regierung agierte, de facto aber in umgekehrter Weise den Konvent beherrschte und eine diktatorische Zentralisierung der politischen Machtausübung etablierte.[7] Eine zentrale Voraussetzung dafür war mit dem Ausschluß der *Girondisten* und der Aburteilung ihrer Führer vollzogen worden, denn von nun an unterstanden unbotmäßige Abgeordnete generell der Drohung, ihr Mandat zu verlieren und verhaftet, ggf. auch zum Tode verurteilt zu werden. Die Aburteilung und Hinrichtung nicht nur der radikalen *Hébertisten*, sondern auch der wiederum eigentlich durch ihren Abgeordnetenstatus geschützten *Dantonisten* im April 1794 erfolgte dementsprechend ganz offen auf politische Veranlassung des Wohlfahrtsausschusses. „Wir treten den perfiden Andeutungen entgegen, durch die man die Maßnahmen, die das öffentliche Interesse vorschreibt, als übertriebene Strenge einzustufen sucht", so schüchterte Robespierre etwas später, bei der Verabschiedung des *Prairial-Gesetzes*, die nur kurz widerstrebenden Abgeordneten ein: „Diese Strenge muß jedoch nur von den Verschwörern, nur von den Feinden der Freiheit gefürchtet werden ..."[8]

Zum dritten basierte die konkrete Ausübung der politischen Herrschaft nicht nur auf der parlamentarisch legitimierten Institution der mit diktatorischen Sondervollmachten ausgestatten, einzelne Frontabschnitte und Territorien Frankreichs auch militärisch beherrschenden Konventskommissare (*représentants en mission*), sondern vor allem auf dem Netz der lokalen Volksgesellschaften und Jakobinerklubs. Ohne sie wäre die Pariser Revolutionszentrale kaum in der Lage gewesen wäre, ihre Politik landesweit durchzusetzen. In gewisser Hinsicht

---

[7] Vgl. Robert R. Palmer, Twelve who Ruled. The Committee of Publik Safety during the Terror, Princeton 1941.

[8] Zit. n. Denis Richet, Schreckensherrschaft, in: Kritisches Wörterbuch, Bd. 1, S. 200.

kann die revolutionäre Regierung geradezu als eine Art Einparteiendiktatur begriffen werden. Nachdem im März 1794 auch die *Cordeliers* ausgeschaltet worden waren, gab es überhaupt keine konkurrierenden politischen Vereinigungen mehr, und alle politischen Auseinandersetzungen wurden im wesentlichen als Fraktionskämpfe innerhalb des (Pariser) Jakobinerklubs ausgetragen. Die hier getroffenen Entscheidungen banden de facto die legitimen politischen Gewalten, besonders den eingeschüchterten Konvent, dessen Abgeordnete Gefahr liefen, als Revolutionsfeinde verfolgt zu werden, wenn sie sich der Umsetzung widersetzten. Dementsprechend traten Revolutionsführer wie insbesondere Robespierre mit ihren politischen Vorstößen zuerst im Jakobinerklub auf und führten hier eine Entscheidung herbei, bevor sie sich, durch dessen Zustimmung legitimiert, an den Konvent wandten.

Schließlich Robespierre selbst, der in den Jahren 1793/94 zweifellos eine dominierende Rolle spielen und Züge einer persönlichen Diktatur ausbilden konnte.[9] Seine persönliche Macht stützte sich auf seinen herausragenden Einfluß im Jakobinerklub und im Wohlfahrtsausschuß, den er zusammen mit seinen engsten Vertrauten Couthon und Saint-Just in wachsendem Maße dominieren konnte. Hinzu kam seine charismatische, Massenloyalität sichernde Ausstrahlung als herausgehobener Führer der Revolution. Ähnlich wie der *Volksfreund* Marat ging Robespierre in seiner öffentlichen Rolle auf, doch anders als dieser hielt *der Unbestechliche* Distanz zum Volk und gewann gerade dadurch nicht nur eine höhere Akzeptanz unter den bürgerlichen Revolutionären, sondern auch eine geradezu mythische Verehrung in breiten Bevölkerungsschichten. Wie Danton konnte er zeitweise als personale Inkarnation der Revolution gelten. Doch während dieser zugleich seinen persönlichen Interessen nachging und damit seine öffentliche Rolle selbst beschädigte, lebte Robespierre tatsächlich nur für die Revolution und konnte sich so überzeugend als dem gemeinen Leben entrückter, der Revolution geweihter Führer präsentieren. Allerdings begann seine charismatisch legitimierte Herrschaftsposition gerade in dem Moment zu wanken, als er sie im Frühsommer 1794 zu verabsolutieren begann. Zunehmend verlor er den Kontakt zu den realen Quellen seiner Macht, zu Jakobinerklub, Wohlfahrtsausschuß und Konvent, die er immer seltener besuchte. Und zugleich rief er mit seiner pseudo-religiös übersteigerten Rolle auf dem deistischen *Fest des Höchsten Wesens* (8.6.1794) ebenso Ablehnung und Widerstand hervor wie mit seinen vielfältigen öffentlichen Anschuldigungen.

Als die sog. Jakobinerdiktatur am 9./10. Thermidor des Jahres II, am 27./28. Juli 1794 mit der Entmachtung und Hinrichtung Robespierres und seiner engeren Anhänger schließlich beendet wurde, zielte der parlamentarische Umsturz eigentlich nicht auf die Abschaffung der revolutionären Regierungsform.[10] Trotzdem ging er wie selbstverständlich dazu über, nicht nur weil mit den mi-

---

[9] Vgl. David P. Jordan, The Revolutionary Career of Maximilien Robespierre, New York 1985.
[10] Vgl. Françoise Brunel, Thermidor 1794. La chute de Robespierre, Paris 1989.

litärischen Siegen die revolutionäre Kriegsdiktatur ihre eigentliche Legitimation verloren hatte, sondern auch weil mit Robespierre ihr innerer Zusammenhalt verlorenging und die zu neuem politischem Leben erwachende Nation nun eine scharfe Wendung gegen den Jakobinismus vollzog. In den Mittelpunkt der Konventspolitik rückte erneut die ursprüngliche Hauptaufgabe, die Ausarbeitung einer neuen Verfassung, deren Ziel nun vor allem darin liegen sollte, die Errungenschaften der Revolution in einer liberal fundierten, republikanischen Ordnung sicherzustellen, ohne erneut die Gefahren von revolutionärer Radikalisierung und diktatorischer Entgleisung heraufzubeschwören. Die Revolution sollte vielmehr in einer stabilen republikanischen Ordnung ihr Ende finden.[11]

Die suspendierte Verfassung der Bergpartei von 1793, aber auch der girondistische Verfassungsentwurf von Condorcet erschienen als Vorlage dazu nicht geeignet, insbesondere weil sie im Wahlrecht wie in den direkten Mitwirkungsmöglichkeiten der Bevölkerung zu demokratisch angelegt waren und zu weitgehende soziale Grundrechte vorsahen. Die *Thermidorianer* traten für uneingeschränkte private Eigentumsrechte ein und ergänzten in ihrer vor allem von Boissy d'Anglas, Daunou und Thibaudeau entworfenen, im September 1795 verabschiedeten und anschließend in einer Volksabstimmung bestätigten Verfassung die einleitende *Erklärung der Menschen- und Bürgerrechte* durch eine Fixierung von verbindlichen Bürgerpflichten. Die wesentlichen Charakteristika der auf eine republikanische Stabilisierung abzielenden Verfassung von 1795 lagen zum einen in einer gestaffelten Neuordnung der politischen Mitwirkungsrechte der Bevölkerung, zum anderen in der Etablierung einer ausgeprägten Gewaltenteilung, die jede Verabsolutierung eines Verfassungsorgans unmöglich machen sollte. Damit sind zugleich die inneren Bruchlinien der liberal-republikanischen Verfassungsordnung benannt. Denn weder konnten durch das indirekte Wahlsystem stabile Parlamentsmehrheiten gesichert werden, noch war die extrem mechanistisch konstruierte Form der Gewaltenteilung in der Lage, eine funktionierende Zusammenarbeit zwischen Legislative und Exekutive zu etablieren.

Die Volksvertretung wurde in zwei Kammern aufgeteilt, die allerdings keine Ähnlichkeit mit der 1789 auf Initiative der *Monarchiens* diskutierten, am englischen Vorbild orientierten Unterteilung in Oberhaus und Unterhaus aufwiesen. Die Abgeordneten beider Parlamentskammern wurden vielmehr in einem einheitlichen Wahlverfahren ermittelt, wobei die jüngeren 2/3 den sog. *Rat der 500* bildeten, dessen Kompetenz in der Ausarbeitung von Gesetzesvorschlägen lag. Das ältere Drittel der gewählten Abgeordneten dagegen trat im sog. *Rat der Alten* als zweiter Kammer des Parlaments zusammen, die allein über die Annahme oder Ablehnung der Gesetzesvorschläge des *Rates der 500* zu befinden hatte. Nach einem ähnlich arbeitsteilig konstruierten Verfahren wurde die Spitze

---

[11] Vgl. Roger Dupuy u. Marcel Morabito (Hg.), 1795. Pour une République sans Révolution, Rennes 1996.

Abb. 19: Direktoriumsverfassung von 1795

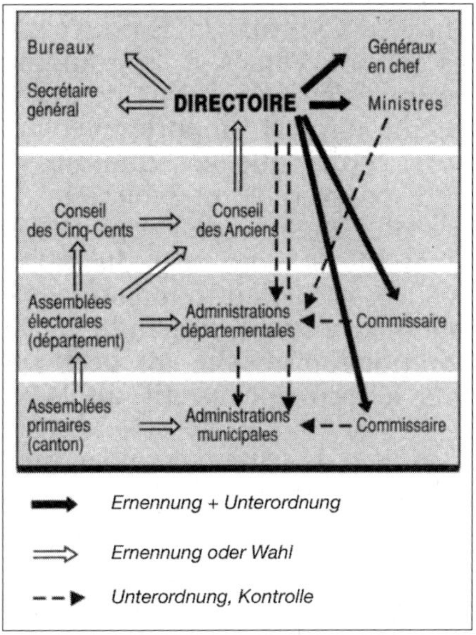

der Exekutive, das Direktorium bestimmt, dem die von ihm ernannten
Fachminister als ausführende Organe
unterstanden: Aus einer Vorschlagsliste des *Rates der 500* konnte der *Rat
der Alten* bei der ersten, konstituie-
renden Wahl fünf Kandidaten zu Direktoren wählen, von denen jährlich
einer nach einem Losverfahren ausscheiden und durch Neuwahl ersetzt
werden mußte. Das Direktorium
selbst setzte sich aus fünf formal
gleichberechtigten Mitgliedern zusammen, die in turnusmäßigem
Wechsel den Vorsitz führten.

Diese mechanistisch-arbeitsteilige
Konstruktion der Verfassungsordnung führte vor allem dazu, daß sich die in
jährlichen Wahlen neu gestaltete Zusammensetzung der Kammern sowie die
Zusammensetzung von Direktorium und Regierung weitgehend unabhängig
voneinander entwickelten und wechselnde Kammermehrheiten nicht mit einem
Regierungswechsel verbunden waren. Seit 1797 standen sich dementsprechend
die Parlamentskammern und das Direktorium immer wieder mehr oder weniger feindlich gegenüber und blockierten sich gegenseitig, insbesondere weil
auch das Wahlverfahren nicht dazu geeignet war, stabile republikanisch-libera-
le Mehrheiten sicherzustellen.

Im Wahlrecht griff die Direktoriumsverfassung erneut auf die Unterscheidung
zwischen *Aktivbürgern* und *Passivbürgern* zurück, faßte dabei aber das aktive
Wahlrecht zur Integration möglichst großer Bevölkerungsteile in die republikanische Ordnung sehr weit, so daß im ersten Wahlverfahren deutlich mehr als
2/3 der männlichen Staatsbürger wahlberechtigt waren. Im Gegenzug wurde
die Wählbarkeit zum Wahlmann in der zweiten Stufe des Wahlverfahrens und
in politische Staatsämter sehr eng auf etwa 30.000 wohlhabende Bürger begrenzt, wodurch die politischen Entscheidungsinstitutionen dem gehobenen
Bürgertum vorbehalten blieben. Nach den politischen Orientierungen handelte
es sich dabei jedoch um eine höchst differenzierte Schicht, so daß es, ausgehend von den demokratischen Wahlverfahren der ersten Stufe, keineswegs
durchgängig zu den erhofften, gemäßigt-republikanischen Mehrheitsbildungen
kam. In den Wahlen dominierten vielmehr teilweise royalistische, teilweise neojakobinische Kräfte, wodurch die eigentlich mit der neuen Verfassungsordnung

angestrebte republikanische Stabilisierung immer wieder zur Disposition stand. Die im Direktorium dominierenden republikanisch-liberalen Kräfte reagierten darauf mit einer Politik des Staatsstreichs[12], die bereits von den *Thermidorianern* vorgezeichnet wurde, als sie im Herbst 1795 die neue Verfassung durch das berüchtigte 2/3-Dekret ergänzten, nach dem 2/3 der neugewählten Abgeordneten erneut aus dem Kreis der ehemaligen Konventsmitglieder stammen mußten, die sich so vorerst eine Mehrheit in den Kammern sichern und auch das Direktorium dominieren konnten.

Das strukturelle Problem ihrer gesellschaftlichen Minderheitsposition konnte damit allerdings nicht beseitigt werden. Als die Opposition von rechts wie von links bei den folgenden Wahlen Siege erzielen konnte. wurde schnell deutlich, daß die Mehrheit der thermidorianischen Elite dauerhaft nicht bereit, konkurrierende politische Kräfte als gleichberechtigt anzuerkennen. Auf die monarchistischen Wahlerfolge des Frühjahrs 1797 reagierte sie mit dem *Fructidor*-Staatsstreich, der nicht nur zu einer Säuberung der Parlamentskammern führte, sondern auch alle konservativen Kräfte erneut in die Illegalität trieb. Auch der daraufhin einsetzende Linksrutsch ging der gemäßigt-republikanischen Führungsschicht bald zu weit. Die sich zeitweise abzeichnende Bildung einer liberale und demokratische Republikaner umfassenden, strukturell mehrheitsfähigen *Union de gauche* blieb so nur ein Zwischenspiel, und damit auch die Möglichkeit einer politischen Konkurrenz zwischen gemäßigt republikanischer Regierung und demokratischer Opposition. Nach großen neojakobinischen Wahlerfolgen ließ das Direktorium Anfang Mai 1798, im *Floréal* des Jahres VI, die Mandate der extremen Linken von der Kammermehrheit für ungültig erklären (*floréalisieren*). Gut ein Jahr später jedoch, im *Prairial* des Jahres VII (Juni 1799), schlugen die nach erneutem Wahlsieg in den Kammern dominierenden Neojakobiner zurück und erzwangen mit der Drohung von Anklageerhebungen gegen die führenden Direktoren eine Neubildung der direktorialen Staatsspitze.

Auch wenn dieser von den Kammermehrheiten durchgesetzte Regierungswechsel nicht der verfassungsmäßigen Ordnung entsprach, unterschied er sich doch deutlich von der bisher üblichen Praxis des Staaatsstreiches ‚von oben'. Verfassungsrechtlich betrachtet handelte es sich vielmehr um eine so formal nicht vorgesehene, im Prinzip aber durchaus zukunftsweisende Parlamentarisierung der demokratisch-repräsentativen Regierungsbildung. Diese Parlamentarisierung hatte jedoch in der zugespitzten, erneut von Krieg und Bürgerkrieg geprägten politischen Situation der zweiten Hälfte des Jahres 1799 kaum eine Chance zur dauerhaften Etablierung. Im weiten Landesteilen lebte die royalistische Agitation wieder auf, die Basis der inzwischen im Pariser *Manège-Klub* organisierten Neojakobiner drängte auf radikale Maßnahmen im Kampf gegen den äußeren und inneren Feind, so daß die Rückkehr zur terroristischen Kriegsdiktatur zu drohen schien. An der Spitze des Direktoriums plante Sieyès eine

---

[12] Vgl. Albert Meynier, Les Coups d'état du directoire, 3 Bde., Paris 1928.

autoritäre Verfassungsrevision, vor allem aber trat nun das Militär, dessen Macht die direktoriale Herrschaft schon seit langem nicht nur nach Außen, sondern auch nach Innen gesichert hatte, als eigenständige politische Kraft immer deutlicher hervor.

Als Sieyès auf der Suche nach einem militärischen *Säbel* zur Durchführung seiner Staatsstreichpläne ausgerechnet auf den als Volksheld aus Ägypten zurückkehrenden Bonaparte zurückgreifen mußte, ließ er sich auf ein Ränkespiel ein, das er letztlich nicht gewinnen konnte und das im November 1799, am 18/19 *Brumaire* des Jahres VIII, schließlich mit einem Militärputsch und der Machtergreifung des Generals endete.[13] Die Herrschaft Bonapartes, die das Revolutionsjahrzehnt innerhalb Frankreichs zum Abschluss brachte und zugleich eine neue Phase der revolutionären Expansion einleitete, basierte allerdings dauerhaft nicht nur auf ihrer militaristischen Grundlage. Sie gestaltete sich vielmehr als komplexe Verbindung revolutionärer und traditioneller Elemente, die Volkssouveränität und imperialen Machtanspruch zeitweilig in charismatischer Form zu integrieren vermochte und als *Bonapartismus* ebenfalls eine über das erste Kaiserreich hinausreichende verfassungspolitische Wirkung entfalten konnte.

---

[13] Vgl. Thiery Lentz, Les coups d'État de Napoléon Bonaparte (novembre – décembre 1799), Paris 1997; vgl. auch Dok. 28.

4. Wirtschaftliche und soziale Verhältnisse

Die Grundlagen für die revolutionäre Neuordnung der Gesellschaft wurden in der berühmten Nacht des 4. August 1789 gelegt, als die Nationalversammlung in einem eindrucksvollen, von patriotischem Überschwang getragenen Akt die alte Ordnung der ständischen Separationen, der ungleichen Rechtsbeziehungen und Abhängigkeiten, der intermediären Gewalten, der Korporationen und der königlichen Privilegien für aufgelöst erklärte. „Die Nationalversammlung zerstört das Feudalsystem vollständig", hieß es verallgemeinernd im ersten Satz ihres Dekrets vom 11. August, das die zuvor beschlossenen Maßnahmen zusammenfaßte.[1] Die Abgeordneten waren damit in der Tat von der politischen zur sozialen Revolution übergangen, denn sie zerschlugen die rechtlichen Bedingungen der überkommenen Sozialordnung und visierten eine ganz neue, auf individueller Freiheit und rechtlicher Gleichheit aller Individuen basierende Gesellschaftsordnung an, deren ökonomische Basis das Privateigentum und die Freiheit des Handels sein sollte. Doch so radikal dieser Schritt im Prinzip auch war, in der konkreten Umsetzung blieb die Nationalversammlung darum bemüht, einen kontinuierlichen Übergang vom alten ins neue System zu gewährleisten und die feudalen Eigentumsrechte nicht entschädigungslos abzuschaffen, sondern in bürgerliche Besitzverhältnisse zu überführen.

Der Sommer 1789 stand nicht zuletzt im Zeichen revolutionärer Bewegungen der Landbevölkerung, die unter dem Eindruck der *Grande peur* in weiten Teilen des Landes in offenen Aufruhr gegen die Symbole und Träger der Feudalordnung umschlugen.[2] Dabei brach sich eine Unzufriedenheit Bahn, deren Ursachen in der sog. *Réaction féodal* der vorhergehenden Jahrzehnte lagen, in deren Zuge die adeligen und zunehmend auch bürgerlichen Großgrundbesitzer nicht nur die Feudallasten erhöht, sondern mit der Einführung kapitalistischer Wirtschaftsprinzipien die bäuerliche Bevölkerung gleich doppelt unter Druck gesetzt hatten. Vor allem in der Normandie, in den Ardennen, im Elsaß, in Burgund und in der Franche-Comté stürmten die Bauern nun die Schlösser und verbrannten die feudalen Besitztitel, in denen Pachtzinsen, Naturalabgaben, Arbeitsdienste u. Ä. verzeichnet waren. Diese Entwicklung war keineswegs im Sinne der Abgeordneten in der Nationalversammlung, die zwar eine gesellschaftliche Neuordnung anstrebten, die überkommenen Eigentumsrechte aber keineswegs prinzipiell infrage stellen wollten.

---

[1] Zit n. François Furet, Die Nacht des 4. August, in: Kritisches Wörterbuch, Bd. 1, S. 152; allg. Michael P. Fitzsimmons, The Night the Old Regime Endet: August 4, 1789, and the French Revolution, Pennsylvania 2003.

[2] Vgl. Georges Lefebvre, La grande peur de 1789, Paris 1970 (zuerst 1932).

Abb. 20: *La grande Peur:* Bauernaufstand im Sommer 1789. Zeitgenössische Darstellung.

Während die politische Rechte Ruhe und Ordnung durch den Einsatz von Militär wiederherstellen wollte, entwickelten patriotische Abgeordnete im *Bretonischen Klub* eine andere Strategie, die unter dem Eindruck der wachsenden Bedrohung am 4. August mehrheitsfähig wurde: den offen proklamierten Verzicht auf alle Privilegien und spezifisch feudalen Eigentumstitel einerseits, verbunden mit einer Bestätigung aller anderen Eigentumsrechte und ihrer Überführung in die Bedingungen der neuen, bürgerlichen Ordnung andererseits. Konkret bedeutete dies nach den Folgegesetzen des Jahres 1790, daß neben der nur in wenigen Landesteilen noch praktizierten Leibeigenschaft und diversen herrschaftlichen Rechten wie dem Jagdrecht und dem Gerichtsrecht auch die bäuerlichen Frondienste als an die Person gebundene Pflichten entschädigungslos abgeschafft wurden. Alle anderen, vom Grundeigentum abgeleiteten Rechtstitel aber wurden als legale, in bürgerliche Rechtsverhältnisse zu überführende Besitzrechte betrachtet. Die Abgabenpflicht auf den Boden sollte fortbestehen, bis sie von den Bauern durch eine einmalige Geldzahlung in Höhe der 20-fachen jährlichen Grundrente bzw. der 25-fachen Leistung von Sachabgaben zurückgekauft worden war. Erschwerend kam hinzu, daß Teile der bäuerlichen Bevölkerung, die Pächter und Teilpächter, den früheren Kirchenzehnten nun an die Grundbesitzer abführend sollten.

Was den Abgeordneten als gelungener Kompromiß zwischen den divergierenden Ansprüchen der Bauern und der Grundbesitzer ebenso wie zwischen antifeudaler Stoßrichtung und bürgerlichem Eigentumsprinzip erschien, hatte in der Realität allerdings kaum Bestand. Die bäuerliche Bevölkerung war nach der förmlichen Aufhebung des Feudalsystems zwar wieder zur Ruhe gekommen, sie nahm die Proklamation aber wörtlich und stellte die Leistung von Abgaben weitgehend ein. Als die Grundbesitzer nach den Beschlüssen vom Frühjahr 1790 ihre Rechtstitel wieder vermehrt einzutreiben versuchten, stießen sie auf vehementen Widerstand der enttäuschten Bauern. „Wir dachten nach dem Dekret zur Abschaffung des Feudalsystems", hieß es Anfang 1792 in einem Schreiben an die Nationalversammlung, „daß wir nun in unserem Eigentum ebenso frei wären wie als Personen; die Erfahrungen von zwei Jahren haben uns gezeigt, daß wir immer noch Sklaven sind."[3] Viele Bauern wandten sich enttäuscht von der Revolution ab, andere radikalisierten sich, überall im Land aber wurden die Rentenzahlungen weiterhin verweigert. Erneut kam es zu gewaltsamen *Jacquerien*, die maßgeblich zur allgemeinen Erosion der konstitutionellen Monarchie beitrugen.

Erst ihr Sturz führte schließlich zur endgültigen Abschaffung des Feudalismus: Unter dem Druck der radikalisierten Massen hob die Legislative am 25. August 1792 alle an den Boden gebundenen Abgaben, die nicht aus einem rechtskräftig bestätigten, privatrechtlichen Vertrag resultierten, entschädigungslos auf. Drei Tage später stärkten die Abgeordneten die Stellung der Bauern um ein weiteres, als sie den Grundherrn rückwirkend die Aneignung des Gemeindelandes verbot und damit weitreichende Rückforderungen der ländlichen Gemeinden legalisierte. Als der Konvent in seinem berühmten Dekret vom 17. Juli 1793 schließlich noch einmal förmlich alle grundherrlichen Abgaben entschädigungslos aufhob und die Verbrennung aller feudalen Rechtstitel beschloß, be-

---

[3] Zit. n. Norman Hampson, A Social History of the French Revolution, London 1963, S. 129; vgl. grundlegend Peter. M. Jones, The Peasantry in the French Revolution, Cambridge u. a. 1988; Georges Lefebvre, Les Paysans du Nord pendant la Révolution française, Paris 1972 (zuerst 1924); Anatoli Ado, Paysans en Révolution. Terre, pouvoir et jacquerie, Paris 1996.

stätigte er in bezug auf das Feudalsystem im Wesentlichen nur den bereits seit einem Jahr bestehenden Rechtszustand. Dieses Dekret eröffnete allerdings zugleich ein neues soziales Schlachtfeld, weil es nicht klar zwischen Feudalrenten und Pachtleistungen unterschied, so daß nunmehr auch bürgerlich-privatwirtschaftliche Eigentumsrechte offen zur Disposition standen. Unter dem Terrorregime wurde das neue Gesetz so zu einem Instrument der weitergehenden sozialen Revolutionierung des Landes, die nun zeitweilig alle größeren Besitzrechte infrage zu stellen schien und die klein- bzw. unterbäuerlichen Schichten der ländlichen Bevölkerung veranlaßte, eigene Anteile am Grund einzufordern. Von der antifeudalen war es aus der Perspektive der Bauern oft nur ein kleiner Schritt zur antikapitalistischen Revolution.

Einen weiteren entscheidenden Faktor für die revolutionäre Neugestaltung der ländlichen Wirtschafts- und Sozialverhältnisse stellte der Verkauf der *Biens nationaux*, der Nationalgüter dar. Ihr Ausgangspunkt war die am 17. November 1789 dekretierte Enteignung der Kirchengüter. Was ursprünglich als Maßnahme gegen den drohenden Staatsbankrott entstanden war, entwickelte sich bald zu einem Instrument der Umverteilung der Besitzverhältnisse auf dem Lande. Wie sollten die Nationalgüter genutzt werden, wer sollte davon profitieren? So lauteten die entscheidenden Fragen. Als die Nationalversammlung im Mai 1790 den Verkauf der Nationalgüter beschloß, stand noch der finanzielle Aspekt eindeutig im Vordergrund. Es wurden große Einheiten gebildet, die seit dem Jahresende an die Meistbietenden versteigert wurden und damit in der Regel nur den begüterten Bevölkerungsschichten, vor allem den ländlichen und städtischen Bürgertum, aber auch (noch) dem Adel und den größeren Bauern einen zusätzlichen Landerwerb ermöglichten. Vor dem Hintergrund anhaltender Protestbewegungen der bäuerlichen und unterbäuerlichen Schichten leitete der Sturz der Monarchie eine zweite Phase der ländlichen Umverteilung ein. Nun wurden auch die Güter von Emigranten konfisziert, zugleich beschloß der Konvent, die versteigerten Güter in kleinere Einheiten zu parzellieren und den Erwerb darüber hinaus durch die Vergabe von Krediten zu fördern. Auch weniger bemittelte Teile der Bevölkerung erhielten damit nun die Möglichkeit zum Landerwerb.

Im Jahre 1793 zeichnete sich unter dem Eindruck neuer, nun weniger antifeudaler als antikapitalistischer, gegen Marktproduktion, Preiswucher und Großgrundbesitz gerichteter Protestbewegungen der bäuerlichen Unterschichten kurzzeitig eine Tendenz zur Etablierung einer demokratischen Gesellschaft kleiner Landeigentümer ab. Doch auch die nun regierende Bergpartei stand weiterreichenden Forderungen nach Einschränkungen der Eigentumsrechte wie etwa der Beschränkung von Besitzgrößen, der unentgeltlichen Übereignung von Grund und Boden oder der Aussetzung von Pachtzinsen in ihrer großen Mehrheit strikt ablehnend gegenüber. Sie hielt darüber hinaus am Prinzip der Versteigerung der Nationalgüter fest und verbot den hier weiterhin kaum konkurrenzfähigen Kleinbauern im Zeichen des wirtschaftlichen Individualismus sogar den zeitweilig praktizierten Ausweg, kollektiv als Käufer aufzutreten. Und selbst das drakonische Gesetz vom 18. März 1793, das allein die Forderung nach einem Agrargesetz, d. h. nach der Aufteilung des Großgrundbesitzes unter Todesstrafe stellte, wurde beibehalten. Die *Montagnards* waren zwar zu taktischen Zugeständnissen an die Unterschichten bereit, das Eigentumsprinzip aber sollte unangetastet bleiben. Die Landnot der bäuerlichen Unterschichten konnte so nicht ernsthaft behoben werden, und hierin ist nicht zuletzt auch ein Grund dafür zu sehen, daß die Jakobinerherrschaft ihren zuerst beträchtlichen Anhang auf dem Lande zunehmend einbüßte.

Durch die revolutionäre Agrarpolitik und insbesondere durch den Verkauf der Nationalgüter wechselten im Revolutionsjahrzehnt insgesamt etwa 10-20 % des Landes den Besitzer. Im Ergebnis dieser enormen Umverteilung mit großen regionalen Unterschieden ist zu bilanzieren, „daß die Reichsten sich weiter bereicherten, daß aber gleichzeitig der Kleingrundbesitz sich ausweiten und die Nicht-Eigentümer die Schwelle zum Eigentum überschreiten konnten."[4] Eindeutige Verlierer waren dabei die privilegierten Stände des alten Systems, waren zuerst der Klerus und dann auch der Adel. Profitieren konnte dagegen vor allem das ländliche und – insbesondere in der Umgebung von Städten – das städtische Bürgertum. Aber auch das selbständige Bauerntum konnte seinen Besitz deutlich vergrößern. Zwar hatten die Bauern bereits vor der Revolution über einen beachtlichen, stetig wachsenden Teil des Landes verfügt. Doch die revolutionären Umverteilungsmaßnahmen sicherten und verstärkten diese Tendenz noch einmal in erheblicher Weise, so daß am Ende der revolutionären Dekade ein gefestigtes, eigenständiges Bauerntum stand.

Die in der Forschung lange dominierende Einschätzung, daß die bäuerliche Bevölkerung insgesamt Nutznießer der revolutionären Umverteilung auf dem Lande war, ist allerdings zu modifizieren und zu differenzieren. Die Einführung der privatkapitalistischen Eigentumsordnung auf dem Lande brachte vielmehr Gewinner und Verlierer hervor, sie trieb vor allem aber die Auflösung der Bauerngemeinden voran. Deutliche Zugewinne konnten nur die selbständigen Bauern mit hinreichend großem Landbesitz und die größeren Pächter verzeichnen, für die marktwirtschaftliche Verkehrsformen eine sinnvolle Perspektive boten. Kleinbauern, Kleinpächter und insbesondere das wachsende Heer der Tagelöhner partizipierten daran kaum, ja sie gehörten zu den Verlierern der revolutionären Umgestaltung der Eigentumsverhältnisse, weil sie keine ökonomisch lebensfähigen Höfe besaßen und ihre angestammten Nutzungsrechte am traditionellen Gemeindebesitz zumindest teilweise einbüßten. Die Konflikte um die Aufteilung des Gemeindebesitzes waren nicht zuletzt dafür verantwortlich, daß sich die in den ersten Jahren der Revolution relativ einheitliche Bauernbewegung seit 1793 aufspaltete und die latenten Widersprüche zwischen den unterschiedlichen Schichten der ländlichen Bevölkerung stärker in den Vordergrund rückten.

---

[4] Louis Bergeron, Nationalgüter, in: Historisches Wörterbuch, Bd. 2, S. 804-16, hier S. 808.

Die Konfliktlinien waren dabei allerdings nur schwer überschaubar, sie gestalteten sich je nach regionalen Bedingungen höchst unterschiedlich. In manchen Landesteilen drängten gerade die Kleinstellenbesitzer auf die Aufteilung des Gemeindebesitzes, weil sie nur auf diesem Wege die Chance sahen, einen nach marktwirtschaftlichen Prinzipien überlebensfähigen Hof zu erlangen. Größere Eigentümer oder Pächter dagegen wollten an der gemeinschaftlichen Nutzung festhalten, weil sie davon stärker profitieren konnten als vom Zugewinn einer kleinen Parzelle und weil sie den Verlust ihrer zu Eigentümern werdenden Landarbeiter befürchteten. Andernorts strebten gerade die agrarkapitalistisch orientierten Kräfte eine Flurbereinigung an, wenn sich ihnen die Möglichkeit zu einer sinnvollen, ggf. auch über nachträglichen Kauf realisierten Vergrößerung der Güter bot. Klein- und unterbäuerlichen Schichten dagegen suchten die gemeinschaftlichen Nutzungsrechte zu verteidigen, die allein ihren prekären, die Selbstversorgung in den Mittelpunkt rückenden Status sichern konnten. Ihre antikapitalistische Orientierung an einer *moral economy* wies durchaus rückwärtsgewandte Züge auf, sie konnte durch die Orientierung am Gemeinbesitz aber auch einen gewissermaßen agrarsozialistischen Charakter gewinnen. Die Revolutionsregierung versuchte den widersprüchlichen Interessen schließlich in ihrem Dekret vom 10. Juni 1793 Rechnung zu tragen, das die gleiche Aufteilung des Gemeindebesitzes auf die Gemeindemitglieder unabhängig von ihrem Alter und ihrem Geschlecht vorsah, wenn sich mindestens ein Drittel von ihnen dafür aussprach. Nur eine beträchtliche Minderheit der Gemeinden machte von dem Gesetz Gebrauch, obwohl die Revolutionsregierung auch im Zeichen kriegswirtschaftlicher Zwänge auf die Umsetzung drängte. Die Bauergemeinde geriet in der Revolution zwar in einen Auflösungsprozeß, doch nahm dieser eine durchaus gebremste Form an, nicht zuletzt weil die Aufteilung gegen widerstrebende Gemeinden in der Regel nicht erzwungen werden konnte.

Unter dem Direktorium wurde die ländliche Umverteilungspolitik in spezifischer, nun wieder eindeutig auf die Stabilisierung der bürgerlichen Eigentumsordnung zielender Form fortgesetzt. Bei der weiterlaufenden Veräußerung von Nationalgütern ging man zu verschiedenen Verkaufssystemen über, deren verbindende Gemeinsamkeit in der Orientierung an großen Einheiten lag und die somit prinzipiell den Interessen der begüterten Bevölkerungskreise entgegenkamen. 1796 wurde darüber hinaus das Gesetz über die Aufteilung des Gemeindebesitzes wieder aufgehoben, ohne allerdings die bereits vollzogenen Aufteilungen wieder rückgängig zu machen.

Im Ergebnis hatte die revolutionäre Agrarpolitik so insgesamt einen ambivalenten Charakter. Sie stärkte einerseits das ländliche Privateigentum, sowohl das bürgerliche als auch das bäuerliche, und sie beförderte die marktwirtschaftliche Orientierung vieler Grundbesitzer. Eine allgemeine Kapitalisierung der Landwirtschaft ging aus der revolutionären Neuordnung der ländlichen Wirtschafts- und Sozialverhältnisse indes nicht hervor, etwa dem Prozeß der Einhegungen vergleichbar, den England im 18. Jahrhundert durchlaufen hatte. Im Gegenteil, viele bürgerliche Käufer von Nationalgütern betrieben keine Selbstbewirtschaftung, sondern betrachteten ihre Ländereien als Spekulationsobjekte oder verpachteten sie und hingen dem überkommenen Ideal des von seinen Gütern lebenden Grundbesitzers an; als Grundlage für den Müßiggang, als Alterssicherung oder als Basis einer politischen Karriere. Auf der anderen Seite erfuhr das kleinere und mittlere selbständige Bauerntum mit geringem Marktbezug durch die Aufhebung der feudalen Lasten einerseits, den Landerwerb andererseits eine deutliche Befestigung. Dies hat zweifellos einen entscheidenden Einfluß darauf gehabt, daß Frankreich im Laufe des 19. Jahrhunderts lange agrarisch strukturiert blieb und einen vergleichsweise langsamen Prozeß der Verstädterung und Industrialisierung durchlief.

Mit der Verteilung der Nationalgüter war noch ein weiterer wirtschaftspolitischer Aspekt der revolutionären Neuordnung verbunden, der zugleich weit in die Zukunft weisende Verkehrsformen auszuprobieren versuchte: die Einführung der *Assignaten* resp. des Papiergeldes.[5] Bei ihrer Einführung im Herbst 1789 waren sie allerdings noch kein Papiergeld, ihr Erwerb diente anfangs ausschließlich der Vorbereitung des Kaufs von Nationalgütern. Als sich im Laufe des Jahres jedoch die staatliche Finanzkrise immer weiter verschärfte, gewannen die *Assignaten*, beginnend im April 1790 mit der Zulassung zur Rentenzahlung, schrittweise den Status eines allgemeinen Zahlungsmittels, wie er schließlich am 29. September 1792 von der Nationalversammlung förmlich verfügt und mit dem Druck verschiedener, auch kleinerer Noten im Wert von 5 bis 50 *livres* weiter ausgestaltet wurde.

Die *Assignaten*, die im Laufe des Revolutionsjahrzehnts zum Symbol der grassierenden Inflation wurden, waren anfangs durchaus erfolgreich. Bis Mai 1792 verloren sie zwar 60 % ihres Wertes in Relation zum Hartgeld, doch war dies keineswegs auf eine inflationäre Ausgabepolitik zurückzuführen, sondern auf die um sich greifende Praxis diverser lokaler Kassen, eigenes Papiergeld zu drucken. Als die Legislative dies im Frühjahr 1792 untersagte, stieg der Wert der *Assignaten* trotz neuer Ausgaben und beginnendem Krieg rasch wieder an. Erst die Finanzierung der expandierenden Kriegswirtschaft durch die Ausgabe weiterer *Assignaten* führte schließlich dazu, daß die im Umlauf befindlichen Noten zunehmend den Gegenwert der verfügbaren Nationalgüter überschritten. Die aus diesem Mißverhältnis resultierenden Inflationstendenzen konnten zwar während der Jakobinerherrschaft durch staatliche Eingriffe wie das Verbot des Handels mit Geld, das Verbot doppelter Preisfestsetzungen in Hartgeld und Papiergeld, die Schließung der Börse, die Festlegung von Höchstpreisen und den Einzug eines Teils der *Assignaten* noch begrenzt werden. Doch als nach ihrem Sturz die Einschränkungen der wirtschaftlichen Freiheit schnell abgebaut, zu-

---

[5] Vgl. Florian Aftalion, L'Économie et la Révolution française, Paris 1987; François Hincker, La Révolution française et l'économie. Décollage ou catastrophe?, Paris 1989.

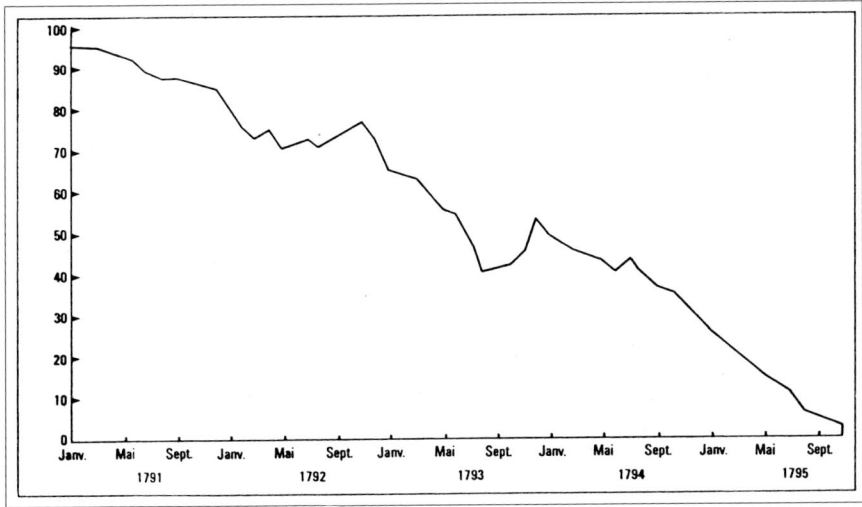

Abb. 21: Kaufkraft der Assignaten (Ausgabewert: 100).

gleich aber weiterhin und in steigendem Maße *Assignaten* ausgegeben wurden, kam es zur Hyperinflation. Die im Umlauf befindlichen Noten verloren nun so rapide an Wert, daß sie nicht mehr zu halten waren. Am 19. Februar 1796 wurden die Druckpressen schließlich in einem öffentlichen Festakt zerschlagen. Nun drohte allerdings das Gegenteil, die Deflation. Da die politische Klasse den privaten Banken mißtraute und von ihnen ausgestellten Wechseln ablehnend gegenüberstand, unterlag sie einer Art Wiederholungszwang. Die schon im folgenden Monat vom Staat ausgegebenen *mandats territoriaux* indes verloren erneut so schnell an Wert, daß sie schon nach 4 Monaten wieder eingezogen werden mußten.

Das revolutionäre Experiment mit dem Papiergeld erwies sich so auf den ersten Blick als Fehlschlag. Doch ganz so negativ, wie es den Zeitgenossen erschien, stellt sich die Bilanz im historischen Rückblick nicht dar. Die wirtschaftsgeschichtliche Forschung ist sich heute weitgehend einig, daß die Ausgabe der *Assignaten* für das revolutionäre Regime eine Überlebensnotwendigkeit war, zuerst um die vom alten Regime hinterlassene Staatsverschuldung in den Griff zu bekommen und schließlich um die Finanzierung des Krieges sicherstellen zu können. Die militärische Behauptung der Revolution wäre ohne die Einführung des Papiergeldes nicht zu leisten gewesen. Mittelfristig haben die *Assignaten* ferner dazu beigetragen, die Staatsverschuldung abzubauen und die Staatsfinan-

zen auf eine solidere Basis zu stellen. Durch seine enge Verbindung mit der Inflation war das Papiergeld im öffentlichen Bewußtsein allerdings auf lange Zeit
diskreditiert. In Reaktion darauf gelang der Revolution aber die Durchsetzung
einer anderen Vereinheitlichung im Bereich der Währung, die von großer Dauer sein sollte. Der Konvent führte im August 1795 den *Franc* als neue, verbind-
liche Währungseinheit ein und gab seinem Wert dadurch dauerhafte Stabilität,
daß er einen Silberanteil von 5 Gramm festschrieb; erst im Jahre 1928 hob die
französische Regierung diese Festlegung auf.

Wie auf dem Lande unterlag auch die Neuordnung der städtischen Sozialbe-
ziehung den Prinzipien eines freiheitlich-revolutionären Individualismus, der
die Privilegien und Korporationen der alten Ordnung als kollektivistisches, die
individuelle Freiheit einschränkendes Zwangssystem begriff und die Autonomie
des Individuums an seine Stelle setzen wollte, dabei aber die Aporien der pri-
vatwirtschaftlichen Eigentumsordnung verkannte bzw. vernachlässigte und sich
bald mit massiven, kollektive Rechte einklagenden Gegenbewegungen konfrontiert sah. Das bürgerliche Individuum sollte wirtschaftlich selbständig und
unabhängig sein, doch nicht alle Bürger konnten tatsächlich einen solchen Status erlangen. Viele Menschen blieben Lohnempfänger, viele kleine Handwerker
und Gewerbetreibende sahen sich angesichts der kapitalistischen Konkurrenz-
situation einerseits, der grassierenden Versorgungsengpässe andererseits, in ihrer Selbständigkeit und in ihrer sozialen Existenz bedroht. Das Ideal einer alle
Bürger erfassenden Eigentümergesellschaft erwies sich in der privatwirtschaftli-
chen Realität so schnell als irreale Utopie. Auf der politischen Ebene fand der
Widerspruch zwischen autonomen Eigentümern und wirtschaftlich Unselbständigen seinen Ausdruck in der Unterscheidung zwischen *Aktiv-* und *Passivbürgern,* die schließlich im Zeichen der republikanischen Demokratisierung wieder
aufgehoben werden mußte. Gesellschaftlich dagegen war das Problem damit
noch nicht gelöst, verändert hatten sich nur die politischen Formen, in denen
die Widersprüche der neuen Gesellschaft ausgetragen werden konnten.

Mehr noch als für das Land gilt für die Stadt, daß die Austragung sozialer
Konflikte im Revolutionsjahrzehnt unter politischen Vorzeichen stand. Ihre fast
vollständige Politisierung hatte verschiedene Ursachen. Sie lag nicht zuletzt im
politischen Charakter der Revolution selbst begründet, doch kamen weitere
Faktoren hinzu. Zum einen war dies die Tradition der obrigkeitlichen Verantwortung für die Versorgung mit Lebensmitteln, die von den unteren Bevölkerungsschichten im Zeichen wachsender Versorgungsengpässe einerseits, allgemeiner Basisdemokratisierung andererseits, vehement und zeitweilig nicht ohne Erfolg eingeklagt wurde. Zum anderen wurde diese Tendenz durch die in-
dividualistischen Prinzipien der revolutionären Neuordnung der Gesellschaft
noch einmal nachhaltig verstärkt. Denn die Nationalversammlung schaffte nicht
nur die Gilden und Zünfte als exklusive Zwangskorporationen des alten Regimes ab, sondern sie wollte auch keine neuen, auf Freiwilligkeit basierenden
Zusammenschlüsse zur Vertretung kollektiver Interessen zulassen. Am 14. Juni

1791 verbot die Konstituante mit ihrem *Loi Chapelier* neben Streiks auch jegliche Bildung freiwilliger Zusammenschlüsse für die Vertretung sozialer Gruppeninteressen. Insbesondere die Bildung von Gewerkschaften wurde damit kriminalisiert. Alle die als Individuen ihre sozialen Interessen nicht hinreichend zu wahren vermochten, und das waren viele, waren damit unmittelbar auf die Ebene der Politik, waren auf die politischen Vereine und Versammlungen verwiesen, wenn sie ihre soziale Lage auf kollektivem Wege verbessern wollten.

In mancher Hinsicht wurden die Volksgesellschaften und Sektionsversammlungen wohl zu einem politisierten Ersatz für die alltäglichen Formen des Zusammenlebens in den abgeschafften Zünften und Korporationen, die zuvor geregelte Formen des sozialen Zusammenhalts geboten hatten. „Wenn er den Tag gut gearbeitet hat", so beschrieb der *Père Duchesne* des Alltag des Aktivisten, „geht der Sansculotte am Abend in seine Sektion und ruht sich aus; und wenn er im Kreise seiner Brüder erscheint …, streckt ihm einer die Hand hin, der andere klopft ihm auf die Schulter und frage, ob er den Tag gut verbracht hat." In der *sanskulottischen* Alltagskultur und ihren Umgangsformen wurden zugleich wesentliche Grundzüge einer sozialen Orientierung deutlich, die solidarisch-egalitär ausgerichtet war. Dies zeigte die spezifische Kleidung an, die lange Hose, der kurze Rock und – mit besonderem symbolischen Gehalt – die rote Jakobinermütze sowie, in Kampfzeiten, die Pike, dies wurde vor allem aber auch in den Verkehrsformen deutlich. An die Stelle der distanzierten Anrede „Herr" trat der „Bürger", das distanzierende „Sie" wurde durch das gemeinschaftliche „Du" ersetzt. „Die Mitglieder sollen sich wie Brüder behandeln, sich duzen und ‚Bürger' anreden", beschloß eine Sektionsversammlung im Dezember 1792, „des Ausdrucks ‚Herr' sollen sie sich unbedingt enthalten." Denn das ‚Sie' sei, wie eine andere Sektion erklärte, „gegen das Recht der Gleichheit, es habe immer nur dem Recht der Feudalität gedient, und das Wort ‚Du' sei die rechte Anrede, deren sich freien Menschen bedienen sollten." Und diese solidarisch-egalitäre Ausrichtung wurde nicht nur im Alltagsleben praktiziert, sie kennzeichnete auch die allgemeineren sozialen und politischen Orientierungen der *Sansculotterie*. Das ist der soziale Kern der berühmten Sentenz aus dem revolutionären Volkslied „Ca Ira": „Wer aufsteigt, wird von uns heruntergezogen …"

Die hochgradig politisierten sozialen Bewegungen der städtischen Bevölkerung, wie sie am intensivsten für Paris untersucht worden sind, standen wesentlich im Zeichen von Inflation, Versorgungskrise und unmittelbarer sozialer Not. Aber sie waren auch mit der Ausbildung politisch-sozialer Vorstellungen und Ideologien verbunden, die die *Sansculotten* mehr oder weniger erfolgreich politisch durchzusetzen versuchten. Dem sozialen Status wie dem gesellschaftlichen Bewußtsein nach handelte es sich dabei nicht um ein entstehendes Proletariat, das seiner spezifischen Lage als abhängig beschäftigte Klasse mit einem grundlegenden Klassenwiderspruch zur kapitalistischen Bourgeoisie bewußt geworden wäre, wie vereinfachende marxistische Analysen gemeint haben. Andere marxistische Forscher, insbesondere Albert Soboul, haben vielmehr ge-

Abb. 22: Sansculotte und Sansculottin. Zeitgenössische Darstellung.

zeigt, daß die *Sansculotterie* bei einem eher geringen Anteil von Lohnarbeitern nicht nur wesentlich aus kleinbürgerlichen Schichten zusammengesetzt war, sondern dementsprechend auch in ihren gesellschaftspolitischen Zielen eher kleinbürgerlichen Idealen und Zielen anhing, die weitgehend auch noch von den lohnabhängigen Arbeitern geteilt wurden.[6]

Ähnlich wie die revolutionären Bürger orientierten sich die *Sansculotten* durchaus am privaten Eigentum, doch sollten nach ihren Vorstellungen alle Mitglieder der Gesellschaft über Eigentum verfügen können. Ihr Ideal war, ähnlich wie unter den Bauern, eine Gesellschaft relativ egalitärer Kleineigentümer, die durch die Einschränkung großer Besitztümer verwirklicht werden sollte. „Ein Bürger soll nicht mehr als eine Werkstatt oder einen Laden besitzen dürfen", forderte eine Pariser Sektionsversammlung im September 1793. Denn man könne auf diesem Wege, unterstützt durch staatliche Interventionen, „nach und nach die zu große Ungleichheit der Vermögen beseitigen und die Zahl der Besitzenden ansteigen lassen." Doch der sozialen Utopie einer demokratisch-ega-

---

6 Vgl. grundlegend Albert Soboul, Die Sektionen von Paris im Jahre II, bearb. u. hg. v. Walter Markov, Berlin 1962; hier S. 333 und S. 34 auch die vorhergehenden Zitate, die folgenden S. 98, 84, 91, 93, 130; ferner ders. u. Walter Markov, Die Sansculotten von Paris. Dokumente zur Geschichte der Volksbewegung 1793-1794, Berlin/DDR 1957; Albert Mathiez, La vie chère et le mouvement social sous la Terreur, Paris 1973 (Orig. 1927).

Abb. 23: Plünderung eines herrschaftlichen Hauses im Pariser Stadtteil St. Germain, November 1790. Zeitgenössischer Kupferstich.

litären Gesellschaft autonomer Kleineigentümer standen gravierende Hindernisse im Weg. Denn die jakobinische Revolutionsführung hielt prinzipiell an individuellen Eigentumsrechten sowie der Freiheit wirtschaftlicher Betätigung fest und war hier höchstens zu taktischen Zugeständnissen bereit. Die *Sansculotten* dagegen blieben von vorkapitalistischen, kommunitären Vorstellungen geprägt, nach denen die Grundversorgung der Bevölkerung Vorrang vor privaten Eigentumsrechten besaß. Ihre kollektiven Versuche, dieses Programm politisch durchzusetzen, wiesen allerdings weniger in die Vergangenheit als in die Zukunft sozialer Interessenvertretung. Die *Sansculotten* griffen einerseits zu sozialrevolutionären Maßnahmen, die sich unmittelbar gegen *les riches*, gegen die Reichen richteten. Andererseits entwickelten sie aber auch explizit politische, organisiert vorgetragene Forderungen an eine revolutionäre Obrigkeit, die auf diesem Wege zu sozialstaatlichen Maßnahmen genötigt wurde. Darüber hinaus begannen sich bald auch erste Tendenzen zu einer sozialistischen Ordnung von Wirtschaft und Gesellschaft abzuzeichnen.

Ausgangspunkt und Antriebskraft der sozialen und politischen Bewegungen der *Sansculotten* war *la vie chère*, die Verknappung und Verteuerung der Lebensmittel, insbesondere des Brotes, die als Konsequenz der ökonomischen Freiheit begriffen wurden und den Zorn der unteren städtischen Volksschichten vor allem gegen die agrarischen Produzenten und die Händler richteten. In ihrer unmittelbar von Armut und Not geprägten Perspektive wurden nun auch diejenigen zu Feinden des Volkes, „die sich unter dem Vorwand der Freiheit und des Eigentums berechtigt glauben, das Blut des Armen zu schlürfen und ihre elende Gier zu befriedigen, indem sie ihm kaum noch die Fähigkeit lassen, zu atmen oder sich beklagen." Zuerst geriet vor allem der Handel in das Visier der sich radikalisierenden *Sansculotten*. Sie griffen zu mehr oder weniger spontanen, oft auch von lokalen Behörden wie der Pariser Kommune organisierten Aktionen gegen Handelshäuser und Warenlager, deren Bestände, insbesondere Getreide *taxiert*, d. h. zu angemessen erscheinenden Preisen verkauft wurden. Da Reichtum und Überfluß den darbenden, egalitär orientierten *Sansculotten* generell suspekt erschienen, blieben ihre unmittelbaren Aktionen bereits 1793 nicht auf den Zwangsverkauf beschränkt. Die Reichen sollten vielmehr auch ihrem Wohlstand entsprechend besteuert werden, und diese Forderung wurde bald aktiv in die Tat umgesetzt. Erst agierten die Sektionsversammlungen auf der Basis der Freiwilligkeit, verbunden mit moralischem Druck, um die besser situierten Kreise zu Spenden für die Ausrüstung von Truppen und für die Versorgung von Bedürftigen zu veranlassen. Doch bald gingen sie auch dazu über, Zwangsabgaben festzulegen und einzutreiben.

Zur sozialrevolutionären direkten Aktion traten allgemeinere, an den Staat gerichtete Forderungen nach Einschränkungen freier Marktprinzipien hinzu, vor allem nach dem Verbot des Hortens von lebensnotwendigen Gütern und des Preiswuchers sowie nach der Festsetzung von Höchstpreisen. „Es gibt keinerlei Vorwand, keine Überlegung, kein Gesetz und kein Recht zugunsten des Eigentums", so hatte eine Pariser Sektionsversammlung bereits im September 1792 gegen die unbegrenzte Eigentumsfreiheit argumentiert, „das in Anspruch genommen werden könnte, sobald irgendwelche Mißbräuche im Zusammenhang damit auftreten, insbesondere bei diesen drei Warenarten (Getreide, Fleisch und Wein), da sie alle drei zu eng mit dem Schicksal der Armen, der ganzen Gesellschaft und der öffentlichen Ruhe und Sicherheit zusammenhängen." Am 4. Mai 1793 folgte die Mehrheit des Konvents schließlich dem Druck der um sich greifenden sozialen Proteste und setzte Höchstpreise für Getreide fest, die in jedem Department nach einem Durchschnittsschlüssel der vergangenen sechs Monate berechnet werden sollten. Da die Aktivisten jedoch, nicht ohne Grund, dem Handel und den Lebensmittelproduzenten zutiefst mißtrauisch gegenüberstanden, führte das Gesetz weniger zu einer kontrollierten Preisgestaltung als zu einer Reihe von Zwangsmaßnahmen wie Hausdurchsuchungen, Beschlagnahmen und Strafen, die in die Logik des sozialen Terrors mündeten.

Im September 1793 schließlich wurde das große *Maximum* verabschiedet, d. h. allgemeine Höchstpreisfestsetzungen für alle Grundbedarfsmittel. Die

Durchsetzung gegen widerstrebende Produzenten und Händler lag in den Händen des Terrorapparats, insbesondere bei den neugeschaffenen *Armées révolutionnaires*, die über Land zogen und Requirierungsmaßnahmen durchführten. Im Zusammenhang dieser Entwicklungen bildeten sich zugleich aber Vorstellungen heraus, die weit über die staatliche Einschränkung der Marktprinzipien hinausreichten und die Nationalisierung zwar nicht der Produktion, wohl aber der produzierten Verbrauchsgüter anvisierten. Sie sollten in nationalen Magazinen gesammelt und dann unter staatlicher Regie verteilt werden. „Die Bauern, Grundbesitzer und Eigentümer der Manufakturen sollen verpflichtet werden, den Überschuß über ihren Verbrauch an allen Arten von Waren zu einem mäßigen Preis dort abzuliefern, und die Nation soll über diese Waren verfügen", forderte eine Pariser Sektion Ende 1793 vor dem Jakobinerklub. Eine andere charakterisierte den Status eines Kaufmanns in der anvisierten neuen sozialen Ordnung folgendermaßen: „Er ist der Verwalter und nicht, wie man einfältigerweise bisher geglaubt hat, der Besitzer der zum Leben notwendigen Dinge. Er ist der Verwalter dieser Dinge, wie andere Bürger Verwalter eines Teils der staatlichen Autorität sind. Er ist mithin ein Staatsbeamter."

Die *Sansculotten* waren vor allem aber durchdrungen von der Vorstellung, den darbenden Teilen der Bevölkerung stehe ein Recht auf Versorgung zu, das durch politische Eingriffe erzwungen werden könne. Konsequenterweise wurde in den Verfassungsdiskussionen des Jahres 1793 immer vehementer die Verankerung des sozialstaatlichen Prinzips gefordert, „daß die Hilfe des Vaterlandes das gute Recht des Armen ist." Die schließlich nach dem Sieg über die *Gironde* von der *Bergpartei* verabschiedete Verfassung verankerte dementsprechend ein Recht auf Arbeit und erklärte die Versorgung der Bedürftigen zur „heiligen Pflicht", ohne indes konkrete Umsetzungsschritte folgen zu lassen. Die Sektionen von Paris griffen stattdessen zur Selbsthilfe und forderten vom Konvent Unterstützung für die Betreibung von sozialen Einrichtungen und vor allem für die Schaffung von „Werkstätten, wo der Arbeitsame zu jeder Zeit und überall die Arbeit findet, die ihm fehlt."

Die Forderung, öffentliche Aufträge insbesondere für die Ausrüstung der Truppen an die Pariser Sektionen statt an private Händler und Produzenten zu vergeben, war nicht neu. Hatte sie ursprünglich darauf abgezielt, kleine Handwerksbetriebe mit Aufträgen zu versorgen, gewann sie nun angesichts der ökonomischen Zwänge des totalen Krieges einen weitergehenden Charakter. Die Sektionen begannen, nicht nur eigene Verteilungsämter, sondern auch eigene Werkstätten einzurichten, in denen die bislang selbständigen, beschäftigungslosen Handwerker und Handwerkerinnen gemeinsam arbeiten sollten. Während sie dabei auf kleine, in der Arbeitsorganisation weitgehend selbstbestimmte Einheiten setzten, wünschte die militärische Versorgungsverwaltung große, maschinell betriebene, nach ökonomischen Prinzipien geleitete Produktionsstätten mit klaren Hierarchien, Aufgabenverteilungen und Entscheidungskompetenzen. Auch der Konvent dachte in dieser Weise und beschloß die Einrichtung von 6 großen Pariser Werkstätten, Vorläufer der *Nationalwerkstätten* des 19. Jahrhunderts.

Doch diese großbetriebliche Organisationsform konnte vorläufig gegen die von der Selbständigkeit handwerklicher Arbeit geprägten *Sansculotten* nicht durchgesetzt werden. Nach anhaltenden Protesten mußte der Konvent seine Entscheidung zurücknehmen. Nun konnten stattdessen auf dezentralisierter Ebene sektionseigene Bekleidungsmanufakturen eingerichtet werden. Trotzdem gelang es nur in begrenztem Maße, diese neuen Werkstätten in der von den Beschäftigten gewünschten Form als eine Art Produktionsgenossenschaft mit selbstbestimmter Arbeitsorganisation und Betriebsführung zu betreiben. Denn da die Sektionen nicht über eigenes Kapital verfügten, wurden ihre Werkstätten schnell von Kapitalgebern abhängig, die die zu verarbeitenden Materialien zur Verfügung stellten und den Vertrieb der Produkte organisierten. Die von den Sektionen im Herbst 1793 vehement vorgebrachten Forderungen nach einer Ausschaltung des dominierenden Zwischenhandels durch die Überführung in die Regie der Stadtverwaltung fand jedoch kein Gehör.

Was im Konflikt zwischen Sektionswerkstätten, Handelskapital und kriegswirtschaftlichen Interessen der Revolutionsführung noch einen gewissermaßen verborgenen Charakter hatte, trat im Winter 1793/94 in den großen kriegswirtschaftlichen Betrieben mit teilweise tausenden von Beschäftigten, gewissermaßen als Vorgriff auf die Zukunft der sozialen Beziehungen im industriellen Kapitalismus, deutlicher zutage: der Konflikt zwischen Arbeitern und Unternehmern, wobei es hier allerdings im Zeichen der staatlich organisierten Kriegswirtschaft zumeist noch nicht um private Betriebe ging. Während in den traditionellen Nationalwerkstätten der Luxusgüterindustrien unter dem Eindruck der revolutionären Dynamik durchaus Formen der Mitbestimmung der Beschäftigten ausprobiert werden konnten, wurden die kriegswirtschaftlichen Betriebe und ihre Arbeiter straff kontrolliert. Obwohl alle Formen kollektiver wirtschaftlicher Interessenvertretung generell verboten waren und insbesondere hier unter scharfen Strafandrohungen standen, kam es im Dezember 1793 in Paris und Umgebung zu großen Streikbewegungen, als die Revolutionsführung die Arbeitslöhne, für die bereits zusammen mit den Höchstpreisen ein Lohnmaximum festgesetzt worden war, senken und die Arbeitszeit verlängern wollte.

„Alle Koalitionen oder Versammlungen von Arbeitern sind verboten", dekretierte der alarmierte Wohlfahrtsausschuss daraufhin. „Die Arbeit darf unter keinem Vorwand niedergelegt werden. (…) Unter keinen Umständen dürfen sich die Arbeiter versammeln, um Klagen vorzubringen; möglicherweise auftretende Zusammenrottungen werden aufgelöst; die Urheber und Rädelsführer werden festgenommen und nach dem Gesetz verurteilt."[7] Trotz dieser Drohungen blie-

---

[7] Zit. n. Daniel Guerin, Klassenkampf in Frankreich. Bourgeois und „bras nus" 1793- 1795, Frankf./M. 1979 (Orig. Paris 1946), S. 213 ; vgl. auch Kare D. Tønessen, La défaite des sansculottes. Mouvement populaire et réaction bourgeoise en l'an III, Oslo 1978 (Orig. 1959).

ben die folgenden Monaten von weiteren Streiks und Arbeitsauseinandersetzungen über Löhne und Arbeitsbedingungen geprägt, die bald auch die Provinz ergriffen, vor allem als die Revolutionsführung nach der Ausschaltung der Sektionsbewegung im Frühjahr 1794 erneut dazu überging, die Arbeitsverhältnisse noch strenger zu kontrollieren, die Löhne zu senken und Streiks als konterrevolutionäre Unternehmungen zu verfolgen. Noch konnte sie sich durchsetzen, doch die Verabschiedung eines abgesenkten Lohnmaximums für die Pariser Arbeiter im Juli 1794 trug zweifellos dazu bei, daß Robespierre und seine Anhänger ihre Unterstützung in den unteren Schichten der Bevölkerung zunehmend einbüßten.

Nachdem bereits die erste Jahreshälfte 1794 im Zeichen des Versuchs gestanden hatte, die von den revolutionären Aufstandsbewegungen der Vorjahres erzwungene, staatlich gelenkte Wirtschaft wieder von Restriktionen zu befreien, führte der Sturz der Terrorherrschaft rasch zu einer weitgehenden Reprivatisierung insbesondere der städtischen Wirtschaft und Gesellschaft, vor allem als die Pariser Sektionen nach ihren gescheiterten Aufständen im *Germinal* und *Prairial* des Frühjahrs 1795 vollständig zerschlagen und entwaffnet worden waren. Zuvor bereits war das *Maximum* abgeschafft, war die Preiskontrolle aufgegeben worden, nun folgte auch die Auflösung und Reprivatisierung der Sektionswerkstätten und Versorgungsämter. Der revolutionäre Versuch, die persönliche Freiheit des einzelnen und das Interesse der Allgemeinheit miteinander zu verbinden, schlug nach den kollektivistischen Tendenzen der Terrorherrschaft nun in sein Gegenteil um. Der Eigennutz trat an die Stelle des *Salut publique*, die Unterschiede zwischen Reichtum und Armut wurden immer größer.

Während große Teile der städtischen Bevölkerung vor allem in den Jahren 1795/96 hungerten und auch massenhaft starben, schlug auf der anderen Seite die Stunde der Großhändler und Spekulanten, die sich bei der Heeresversorgung und dem Verkauf von Nationalgütern hemmungslos bereichern konnten.[8] Oft geschah dies im Verein mit korrupten Politikern wie Barras, die sich selbst üppig versorgten und darüber hinaus ihre große *Entourage* durch die Vergabe von Ämtern und Pfründen aushielten. Eine große Rolle spielte auch die Generalität, die die bürgerliche Republik nicht nur durch ihre militärischen Erfolge festigte, sondern sie auch durch die Ausplünderung der besetzten Länder Europas materiell unterhielt. Reichtum wurde nun insbesondere von den neureichen bürgerlichen Aufsteigern in aller Offenheit zur Schau gestellt, die soziale Kluft zwischen dem wohlhabenden Bürgertum und den pauperisierten, ihrer Organisationsstrukturen, ihrer Waffen und politischen Orientierungen beraubten Massen wurde zunehmend unüberbrückbar. Der Kreis um Babeuf versuchte die Konsequenzen zu ziehen. Zum einen rückte er nun prinzipiell das Gemeineigentum an Produktionsmitteln in den Mittelpunkt seines kommunistischen Ge-

---

8 Vgl. Michel Bruguière, Gestionnaires et profiteurs de la Révolution, Paris 1986.

sellschaftsbildes. Und zum anderen unternahm er den vorerst scheiternden, trotzdem aber in die Zukunft des revolutionären Kommunismus weisenden Versuch, in der Illegalität einer gut organisierten Verschwörergruppe einen Putsch zur Übernahme der Staatsgewalt vorzubereiten, um auf diesem Weg den Aufbau einer kommunistischen Gesellschaft voranzutreiben.[9]

Kommen wir zu einer Abschlußbilanz des revolutionären Versuchs, Wirtschaft und Gesellschaft von den Fesseln der feudalen Privilegienordnung zu befreien und bürgerliches Privateigentum und freie Marktwirtschaft als Grundlage einer neuen Ordnung an ihre Stelle zu setzen. Deutlich wurde zweifellos, daß privatwirtschaftliches und allgemeingesellschaftliches Interesse keineswegs kongruent waren, sondern vielmehr in ein widersprüchliches Verhältnis treten konnten, ja mußten. Es gab dabei nicht nur Gewinner, sondern auch Verlierer, und zwar nicht nur unter den Privilegierten der alten Ordnung, sondern auch unter den eigentumslosen Bevölkerungsschichten des ehemaligen dritten Standes, die auf vielfältige Weise in Gegensatz zu den besitzenden bürgerlichen Kräften traten. Ihre Versuche, sich gegen die Herrschaft von Markt und Kapital zur Wehr zu setzen, waren oft noch von überkommenen, kommunitären Vorstellungen angeleitet, doch sie wiesen zugleich in die Zukunft sozialrevolutionärer Bewegungen, kollektiver gesellschaftlicher Selbstorganisation und sozialstaatlicher Absicherung. Während sie auf dem Land durchaus dauerhafte Erfolge erzielen konnten, blieben diese Bestrebungen in der städtisch-gewerblichen Wirtschaft von der nur kurzzeitig vorhandenen Bereitschaft des Staates abhängig, die Freiheit von Markt und Eigentum einzuschränken und soziale Gegengewichte durchzusetzen.

Schließlich ist festzuhalten, daß die Revolution zwar auf vielen Ebenen, vom privaten Eigentumsrecht und marktwirtschaftlichen Strukturen über die allgemeine Rechtsgleichheit und die öffentliche politische Selbstregierung bis zum vereinheitlichten nationalen Markt die Rahmenbedingungen der modernen bürgerlich-kapitalistischen Wirtschafts- und Gesellschaftsordnung verankert, die Entwicklung zum industriellen Kapitalismus trotzdem jedoch allem Anschein nach kaum vorangetrieben hat. Keineswegs nur die revolutionären Verwicklungen und Kriege waren dafür verantwortlich. Vielmehr waren es vor allem die sozialpolitischen Entscheidungen und Ergebnisse der Revolution selbst, die einer durchgreifenden Kapitalisierung hinderlich im Wege standen und den eher langsamen französischen Industrialisierungsprozeß des 19. Jahrhunderts vorgeprägt haben. Auf dem Lande ist hier vor allem die Stärkung der bäuerlichen Kleinbetriebe zu nennen, die den Anteil der Selbstversorgung gegenüber der Marktproduktion vergrößert und die Abwanderung in ein städtisches Proletariat verzögert hat. Und für die neuen, bürgerlichen Führungsschichten ist davon auszugehen, daß der massenhafte Kauf von Nationalgütern industrielle Investitionen eher behindert, die Ausbildung rentiersartiger Mentalitäten bestärkt und

---

9   Vgl. Claude Mazauric, Babeuf et la conspiration pour l'égalité, Paris 1962.

eine mehr spekulative als produktive Orientierung befördert hat. *Bereichert Euch!*, so lautete bereits hier die Devise eines profitorientierten, die revolutionäre gesellschaftliche Neuordnung auf den wirtschaftlichen Individualismus reduzierenden Bürgertums.

5. Geschlechterbeziehungen

Als Olymphe de Gouge im September 1791 der neuen Verfassung ihre *Erklärung der Rechte der Frau und Bürgerin* gegenüberstellte und darin den Vorwurf erhob, der bürgerlich-revolutionäre Mann wolle weiterhin „despotisch über ein Geschlecht befehlen, das alle intellektuellen Fähigkeiten besitzt"[1], wurde zweierlei deutlich: Zum einen integrierten die allgemeinen, von der Konstituante bereits zwei Jahre zuvor verabschiedeten Menschen- und Bürgerrechte das weibliche Geschlecht offenbar nicht oder nur unzureichend und führten somit auch in der neuen Verfassungsordnung zur Benachteiligung der prinzipiell nur als *Passivbürger* ohne aktive politische Gestaltungsrechte betrachteten Frauen. Die Analogie der Erklärungen weist allerdings, zum anderen, zugleich darauf hin, daß die Revolution nicht nur für Männer, sondern auch für Frauen neue inhaltliche und formale Voraussetzungen schuf, um ihre Interessen legitimieren, öffentlich vertreten und ihre Berücksichtigung einfordern zu können.

Mit der revolutionären Zerstörung der überkommenen patriarchalischen Ordnung von Staat und Gesellschaft war in der Tat auch eine Infragestellung der traditionellen Geschlechterbeziehungen verbunden, die ihre Neuordnung auf die politische Tagesordnung rückte. Mehr noch, aus der Vernunft als zentraler Legitimationsgrundlage der revolutionären Neuordnung ließ sich, wie der letzte der großen Aufklärungsphilosophen, Condorcet, in aller Deutlichkeit feststellte, gar kein Argument für die rechtliche Ungleichbehandlung von Männern und Frauen ableiten. Man müsse sonst, so argumentierte Condorcet bereits 1789, „entweder beweisen, daß die natürlichen Rechte der Frauen nicht unbedingt die gleichen sind wie die der Männer, oder daß diese nicht fähig sind, sie auszuüben. Die Menschenrechte leiten ihre Berechtigung jedoch allein daraus ab, daß Menschen sinnliche Wesen sind, sich moralische Ideen aneignen und mit diesen Ideen umgehen können. Da nun Frauen die gleichen Fähigkeiten aufweisen, haben sie notwendigerweise auch die gleichen Rechte."

Die Tür zur weiblichen Emanzipation und Gleichberechtigung schien so im Zusammenhang der revolutionären Neuordnung anfangs weit offen zu stehen, zumal Frauen, insbesondere Frauen aus den unteren Schichten der Bevölkerung, auch an den revolutionären Basisprozessen aktiv beteiligt waren. Frauen nahmen sowohl 1789 als auch in den folgenden Jahren in großer Zahl an den diversen Aufstandsbewegungen teil, der Zug der Pariser Bevölkerung Anfang Oktober 1789 nach Versailles wurde sogar überwiegend von Frauen getragen, und auch vor revolutionärer Gewalt schreckten sie nicht zurück. Frauen be-

---

[1] Abgedr. in: Susanne Petersen, Marktweiber und Amazonen. Frauen in der Französischen Revolution. Dokumente – Kommentare – Bilder, Köln 1987, S. 89-96; hier auch die im folgenden nicht angemerkten Zitate.

suchten nicht nur politische Versammlungen und beteiligten sich an ihren allgemeinen Diskussionen, sie gründeten auch eigene Klubs – zwischen 1789 und 1793 wurden immerhin gut 60 politische Frauenvereinigungen gezählt –, und sie stellten neben frauenspezifischen auch allgemeinpolitische Forderungen auf. Offensichtlich verstanden nicht nur sie sich dabei als originären Bestandteil des Volkes mit seinem revolutionären Souveränitätsanspruch, sondern sie wurden auch von den männlichen Revolutionären als ein solcher akzeptiert, zumindest teilweise und/oder zeitweilig. „Die Revolutionären Republikanerinnen haben sich", so belobigte die Pariser Kommune nach dem Sturz der *Gironde* das politische Engagement des gleichnamigen Klubs, „um das Vaterland verdient gemacht. Ihr Eifer ist unermüdlich, ihre Wachsamkeit deckt Verschwörungen auf, ihr Einsatz bringt sie zu Fall, ihr Argwohn wendet Intrigen ab, ihre Kühnheit beugt den Gefahren vor, ihr Mut überwindet sie – in einem Wort: Sie sind Republikanerinnen und Revolutionärinnen."

Wie hier bereits angeklungen, zeichnete sich die revolutionäre politische Praxis von Frauen allerdings auch durch geschlechtsspezifische Formen und Besonderheiten aus. Es war dabei durchaus abwertend gemeint, wenn in der Revolutionshistoriographie häufig die Verhaftung der Frauen in den Deutungsmustern und Handlungsformen traditioneller Subsistenzunruhen hervorgehoben wurde. Die neuere, feministisch inspirierte Forschung hat demgegenüber gezeigt, daß dies kaum als Indiz für eine vorrevolutionäre, der alten Ordnung verhaftete Rückständigkeit der Frauen und ihrer politischen Aktionen gedeutet werden kann. Denn auch ‚männliche' Aktionsformen waren nicht auf einmal ganz modern geworden, die Übergänge von traditionell geprägten zu moderneren, politischen Aktionsformen waren vielmehr bei beiden Geschlechtern in durchaus ähnlicher Weise fließend, insbesondere wenn man die revolutionäre politische Praxis der ebenfalls von aktiven Mitbestimmungsrechten ausgeschlossenen männlichen *Passivbürger* in den Blick nimmt. Frauen engagierten sich zwar bevorzugt in Bereichen wie der Lebensmittelversorgung, die ihren überkommenen Lebensbereichen näher lagen, aber sie taten dies in einer Weise, die sich die neuen revolutionären Rahmenbedingungen und Institutionen zunutze machte, darüber und darauf politischen Einfluß auszuüben versuchte und so eine neue, politische Qualität gewann.[2]

Der *Zug der Marktweiber nach Versailles* Anfang Oktober etwa ließ bereits deutlich werden, wie sehr sich auch die Frauen des Volkes als Teil des revolutionären Souveräns, als in der revolutionären Aktion politisch aktive Bürgerinnen sahen und verhielten. Denn sie bemächtigten sich nicht nur der königlichen Familie, sondern sie drangen auch in den Sitzungssaal der Nationalversammlung ein und diktierten den Abgeordneten einen Gesetzentwurf zur Lö-

---

[2] Vgl. Dominique Godineau, Masculine and Feminine Political Practice during the French Revolution, in: Harriet B. Applewhite und Darline G. Levy (Hg.), Women and Politics in the Age of the Democratic Revolution, Ann Arbor 1990, S. 61-80.

sung der Subsistenzprobleme, der schließlich verabschiedet wurde. Dies geschah teilweise in traditionellen *Charivari*-Formen, so etwa als eine Frau den Sitz des abwesenden Parlamentspräsidenten einnahm und die Versammlung leitete. Doch im Ergebnis handelte es sich um einen erfolgreichen Versuch der revolutionären politischen Einflußnahme, der so weit ging, auch gleich die Ausführungsmodalitäten der neuen Verordnung festzulegen. „So übten sie an diesem unvergleichlichen Tag", charakterisierte der *Courier* von Gorsas höchst beeindruckt die Aktionen der beteiligten Frauen, „die Funktion der legislativen und der exekutiven Gewalt aus."[3]

Wenn sich Frauen in den folgenden Jahren, wie oft abfällig berichtet wurde, im politischen Leben als teilweise lärmende Besucherinnen der Tribünen von politischen Versammlungen, Sitzungen der Nationalversammlung und anderer revolutionärer Gremien oder des Revolutionstribunals hervortaten, so ist dies wohl nicht zuletzt als Versuch zu bewerten, trotz des Ausschlusses von aktiven Mitbestimmungsrechten politischen Einfluß auszuüben. Und in den diversen revolutionären Aufstandsbewegungen als höchster Form der direkten Demokratie des souveränen Volkes haben Frauen immer wieder aktiv teilgenommen, nicht nur als ‚Brandrednerinnen', die ihre Männer zum Kampf anhielten, son-

Abb. 24: Zug der Pariser Marktfrauen nach Versailles am 5. Oktober 1789. Zeitgenössische Darstellung.

---

[3] Révolutions de Versailles et de Paris, dédiés aux dames françaises, 3.-7.10.1789.

Abb. 25: Frauen in der Nationalversammlung.
Zeitgenössische Zeichnung.

dern auch als revolutionäre Kämpfe-
rinnen, die so ihr Bürgerrecht zu
praktizieren versuchten. Beim Sturz
der Monarchie am 10. August 1792
etwa haben sich, wie ein im *Moniteur* abgedruckter Brief berichtete,
„Tausende von Frauen in die Auseinandersetzungen gemischt, die einen
mit Säbeln, die anderen mit Piken.
Ich selbst sah welche, die eigenhän-
dig Schweizer (Wachgardisten, WK)
getötet haben, andere ermutigten ihre Ehemänner, ihre Kinder, ihre Brüder. Mehrere dieser Frauen wurden
getötet, ohne daß sich die anderen
dadurch einschüchtern ließen."
    Warum blieben Frauen trotzdem
durchgehend von aktiven Mitbestimmungsrechten, insbesondere vom aktiven
wie passiven Wahlrecht ausgeschlossen? Für die Männer in der Konstituante war
dies offensichtlich so selbstverständlich, daß über die politische Gleichstellung
der Frauen nicht einmal debattiert wurde. Bei den erneuten Verfassungsbera-
tungen im Konvent sah dies 1793 zwar etwas anders aus, doch auch hier entschied sich die große Mehrheit der noch immer rein männlichen Abgeordneten
schließlich gegen die Integration der Frauen in die politischen Selbstverwaltungsinstitutionen der jungen Republik. Offenbar handelte es sich dabei um einen Bereich, der für große Teile der politisch aktiven Bevölkerung am Rande
oder gar außerhalb dessen stand, was zeitgenössisch denkbar oder zumindest
umsetzbar erschien. Manon Roland, die keineswegs nur als Ehefrau des zeitweiligen Innenministers Jean-Marie Roland, sondern auch durch ihren Salon, ihre
engen Kontakte zu anderen führenden *Girondisten* und durch ihre publizistische Tätigkeit einen beträchtlichen politischen Einfluß auszuüben vermochte,
hat diese Problematik 1791 folgendermaßen zu fassen versucht, als sie in einem
Brief an Henry Bancal begründete, warum sie ihre politischen Aufsätze anonym
publizierte. Die vorherrschenden sittlich-moralischen Einstellungen würden den
Frauen noch nicht, so schrieb sie, „erlauben sich offen zu zeigen. Sie müssen
das Gute inspirieren und hegen, sie müssen alle patriotischen Gefühle entflam-
men, aber nicht aktiv in der politischen Arena auftreten. Denn sie können nicht
offen an der Politik teilnehmen, bis nicht alle Franzosen die Bezeichnung frei-

er Menschen verdienen. Solange werden unsere Vorurteile, unsere schlechten Sitten den Frauen lächerlich erscheinen müssen, die etwas aus sich selbst machen wollen und damit doch nur alle Vorteile zerstören, die sie sonst erlangen können."[4]

Wir haben hier eine erstaunliche Stellungnahme vor uns, die nicht nur die Verhaftung großer Teile der Bevölkerung in traditionellen Geschlechterrollen anzeigt, sondern durchaus auch der Autorin selbst. Zugleich aber wird deutlich, daß Madam Roland damit eine Perspektive verband, die die Revolution als Ausgangspunkt für einen langfristig konzipierten Prozeß der weiblichen Emanzipation begriff, der zuerst einmal eine fundamentale Veränderungen der gesellschaftlichen Normen und Muster zur Voraussetzung habe. Vieles spricht dafür, in dieser Perspektive auch die gemeinsame Grundlage der in der Revolution hervortretenden, im einzelnen höchst unterschiedlichen Formen kollektiver Frauenbewegungen zu sehen. Ihre wichtigsten organisatorischen Ausdrucksformen waren zum einen die weitgehend bürgerlich geprägte *Confédération des Amies de la Vérité* (*Vereinigung der Freundinnen der Wahrheit*) von 1791, zum anderen, als Teil der revolutionären Volksbewegung, die *Sociétés des Citoyennes Républicaines Révolutionnaires* (*Gesellschaft der Revolutionären Republikanerinnen*) von 1793.

Die scheinbare Selbstverständlichkeit, daß nicht nur die politischen Vertretungskörperschaften, sondern auch politische Vereine eine rein männliche Angelegenheit seien, wurde bereits zu Anfang 1790 durchbrochen, als Théroigne de Méricourt gemeinsam mit anderen führenden Revolutionären den beiden Geschlechtern offenstehenden *Club des Amis de la Loi* (*Klub der Gesetzesfreunde*) gründete, der allerdings keine bedeutende politische Rolle zu spielen vermochte. Ganz anders der etwas später ins Leben tretende *Cercle Social*, der ebenfalls Frauen offenstand und in Etta Palm d' Aelders seine führende Repräsentantin hatte. Hier fanden sich nicht nur Männer wie Condorcet, Lanthénas und Brissot, die selbst für die politische Emanzipation eintraten und Frauen die Möglichkeit zur Veröffentlichung ihrer Reden und Schriften boten. In seinem Umkreis bildete sich auch die für eine Gleichberechtigung der Geschlechter werbende *Sociéte fraternelle des deux sexes*, hier entstand vor allem aber die erste nur von Frauen gebildete politische Organisation in Paris. Nachdem sich zuvor bereits politische Frauenklubs in der Provinz gebildet hatten, wurde im März 1791 als Unterorganisation der *Société des Amis de la Vérité*, wie man sich inzwischen nannte, die Gesellschaft der *Amies de la Vérité* gegründet.

Es war durchaus typisch für ihr Politikverständnis, wenn sich die *Wahrheitsfreundinnen* programmatisch der medizinischen und sozialen Unterstützung junger, vor allem lediger Frauen und ihrer Kinder widmeten, darüber hinaus

---

4   Zit. n. Gary Kates, „The Powers of Husband and Wife Must Be Equal and Separate": The Cercle Social and the Rights of Women, 1790-91, in: Applewhite und Levy , Women and Politics, S. 163-80, S. 170f.; hier S. 172f. auch die folgenden Zitate.

Abb. 26: Patriotischer Frauenclub. Zeitgenössische Darstellung,

aber auch das eher vage formulierte politische Ziel verfolgten „zu beweisen, daß Frauen Gerechtigkeit verdienen." Dementsprechend forderte die Klubpräsidentin Etta Palm etwas später in einer Rede vor der Nationalversammlung zwar auch die formale Gleichheit der politischen Rechte beider Geschlechter. Vor allem aber brachte sie soziale und zivilrechtliche Forderungen vor, wie sie in der Folgezeit – begriffen sowohl als Lösung drängender Probleme als auch als Voraussetzung zukünftiger politischer Gleichberechtigung – generell in den Mittelpunkt der politischen Praxis der *Wahrheitsfreundinnen* und ihrer männlichen Mitstreiter rückten: die Mädchenbildung, die Lösung junger Frauen aus der Abhängigkeit vom Vater, vor allem aber das gleiche Erbrecht und das Recht auf Ehescheidung. Vor der politischen sollte die gesellschaftliche Emanzipation der Frauen durchgesetzt werden, und auf diesem Gebiet konnten in der Tat beachtliche Fortschritte erzielt werden.

Als die Nationalversammlung im Jahre 1790 die Volljährigkeit von 25ten auf das 21te Lebensjahr herabsetzte und außerdem mit dem Verbot der *lettres de cachet* die erwachsenen Kinder prinzipiell aus der Herrschaft des Vaters befreite, bezogen sich diese Entscheidungen gegen die patriarchalische Ordnung ohne große Kontroversen auf Söhne wie auf Töchter. Mit derselben Stoßrichtung organisierte der *Cercle Social* im selben Jahr eine Kampagne gegen das überkommene Erbrecht, nach dem der älteste bzw. der vom Vater ausgewählte Sohn der Alleinerbe war. Lanthenas forderte in der Konstituante, „daß die Gleichheit der Verteilung des Erbes unter den Kindern" explizit durch eine Verfassungsbestimmung garantiert werden solle, und Manon Roland präzisierte in einem Zeitungsartikel, es gehe darum, „Brüdern und Schwestern gleiche Anteile am Besitz ihres Vaters" zu garantieren. Anfang 1791 wurde die gleiche Verteilung des Erbes auf alle Kinder, Söhne wie Töchter, schließlich in der Verfassung festgeschrieben und damit ein wesentlicher Faktor der sozialen Gleichberechtigung der Geschlechter verankert. Mit der Abschaffung der Möglichkeit zur Enterbung löste der Konvent 1793 schließlich das letzte juristische Residuum der patriarchalischen Herrschaft über die erwachsenen Kinder auf.

Als im Sommer 1791 das von vielen politischen Kräften geforderte Recht auf Ehescheidung zur Debatte stand, traten die geschlechtsspezifischen Aspekte der Neuordnung des Familienrechts allerdings sehr viel deutlicher und kontroverser hervor. Denn das Verfassungskomitee der Nationalversammlung schlug vor, daß Ehebruch nur vom Ehemann, nicht aber von der Ehefrau als Scheidungsgrund vorgebracht werden könne und dem Mann im Falle der Scheidung grundsätzlich die von der Frau in die Ehe eingebracht Mitgift zufallen sollte. Etta Palm reagierte darauf mit einer schroffen Polemik gegen die „Wiedereinführung des Despotismus" in die Ordnung der Familie, hatten sie und ihre Mitstreiter mit dem Scheidungsrecht doch gerade die Hoffnung auf die Befreiung auch der verheirateten Frauen aus der patriarchalischen Herrschaft verbunden. In der Nationalversammlung allerdings setzte sich vorerst nur die Konzeption der Ehe als zivile Vertragsbindung gleicher Partner durch. Das Recht auf Ehescheidung wurde erst nach dem Sturz der Monarchie von der Legislative eingeführt und vom Konvent im Zusammenhang der allgemeinen Laizierung des Zivilstandes bestätigt. Daß es sich dabei tatsächlich um eine Entscheidung handelte, die wesentlich im Interesse der Frauen war, wurde anschließend in der rechtlichen Praxis deutlich: Scheidungsgesuche wurden $2^1/_2$-mal so oft von Frauen wie von Männern eingereicht, als Hauptgrund wurde Schlagen durch den Ehemann angeführt.

Erst der Konvent verabschiedete schließlich Ende 1792 auch das allgemeine Recht auf Primarschulbildung für Jungen wie Mädchen, eine Einrichtung, die die politischen Kräfte im Umfeld des *Cercle Social* bereits seit langem als Voraussetzung politischer Emanzipation gefordert hatten. Die bildungs- und zivilrechtliche Gleichstellung der Geschlechter war somit in der Republik formal weitgehend verwirklicht. Dies ist nicht zuletzt darauf zurückzuführen, daß auch die männlichen Revolutionäre von allgemeinen, unverletzlich Menschenrechten beider Geschlechter ausgingen und dementsprechend das naturrechtliche Vertragsdenken auf die Ehe als zentrale geschlechtergeschichtliche Institution übertrugen. Bereits in der Verfassung von 1791 war festgelegt worden, daß „das Gesetz die Ehe nur als einen zivilen Vertrag begreift" (Art. 7), und 1793 stellte Cambacérès in seinem ersten Entwurf zum *Code Civil*, ausgehend von der allgemeinen Rechtsgleichheit, gar in aller Radikalität fest, es gebe rechtlich streng genommen nicht nur keine Stände, sondern auch keine Familien mehr.[5] Die Familie wurde tatsächlich als eine Kleinform der staatlichen Republik begriffen, in der dieselben Gleichheitsgrundsätze zu gelten hatten.

So konsequent dieser Ansatz im Zivilrecht jedoch umgesetzt wurde, auf die politischen Rechte fand er kaum eine Anwendung, auch wenn Frauen bereits von der Konstituante immerhin das Recht zugebilligt worden war, Petitionen einzureichen. Die aktiven politischen Gestaltungsrechte aber blieben wie selbstverständlich den männlichen Staatsbürgern vorbehalten, die, begriffen als reale oder potentielle Familienväter, die Repräsentation der Familie nach Außen zu gewährleisten hatten. Der innere Widerspruch zwischen zivilrechtlicher Gleichstellung und politischer Entrechtung der Frauen trieb allerdings einer Lösung zu, als im Zusammenhang der revolutionären Radikalisierung des Jahres 1793 die Frage der politischen Rechtsgleichheit erneut auf die Tagesordnung der Revolution rückte. Zwei Faktoren waren dabei von besonderer Bedeutung: zum einen die Ausarbeitung und Verabschiedung der neuen, republikanischen Verfassung, zum anderen das Auftreten eines zweiten, ausschließlich von Frauen getragenen politischen Klubs, der eng mit den radikalen *Enragés* verbundenen *Société des Citoyennes Républicaines Révolutionnaires*.

Die politischen Debatten über die neue Verfassung im Frühsommer 1793 führten offenbar zu einer verbreiteten Unsicherheit über das Frauenwahlrecht, die sich vor allem darin äußerte, daß viele Frauen schließlich im Rahmen der Volksabstimmung ihre Zustimmung zur neuen Verfassung und damit auch ihren Anspruch auf politische Mitwirkung zum Ausdruck brachten. Tatsächlich war im Konvent allerdings nur eine kleine Minderheit von *Girondisten* für das Frauenwahlrecht eingetreten. Die nun dominierende *Bergpartei* dagegen lehnte das Frauenwahlrecht prinzipiell ab und fand dabei auch die Unterstützung der fraktionell ungebundenen *Plaine*, so daß allein Männer wahlberechtigt blieben. Eine eindeutige Klärung dieses Sachverhalts und damit auch des Widerspruchs zwischen zivilrechtlicher Gleichheit und politischer Ungleichheit erfolgte schließlich in der Auseinandersetzung mit der aktivsten politischen Frauenorganisation dieser Phase der Revolution. Nicht die Wahlrechtsfrage stand allerdings im Mittelpunkt des Wirkens der *Revolutionären Republikanerinnen*, sondern die aktive und organisierte Beteiligung am revolutionären Kampf der Pariser *Sansculotten*, den sie in enger Verbindung mit den sozialrevolutionären *Enragés* führten. Die Lebensmittelversorgung spielte eine zentrale Rolle, auch der *tugendhafte* Kampf gegen die Prostitution. Doch ihre im Gründungsaufruf vom 12. Mai 1793 formulierten politischen Hauptforderungen lauteten, „1. daß alle Bürgerinnen jeder Sektion von 18 Jahren an, sofern es ihre Kräfte zulassen, auf-

---

[5] Vgl. Jennifer Heuer und Anne Verjus, L'invention de la Sphère domestique au sortir de la Révolution, in: Annales historiques de la Révolution française, 327/2002, S. 1-28.

Abb. 27: *So sieht der Wahlakt aus, meine Damen:* Frauen, denen es versagt ist, einen Stimmzettel in die Wahlurne zu werfen, dürfen statt dessen für patriotische Zwecke spenden. Zeitgenössische Karikatur.

gefordert werden, ihren heimischen Herd zu verteidigen; 2. daß wir alle als Erkennungszeichen die dreifarbige Kokarde tragen; 3. daß wir Kommissare zur Organisierung einer Sammlung ernennen, um Frauen von Sansculotten zu bewaffnen, die es nicht aus eigenen Mittel können."[6]

In der Orientierung auf Kampf und Bewaffnung wird deutlich, wie sehr das Wirken der *Revolutionären Republikanerinnen* mit der kriegerischen Entwicklung der Revolution verbunden war. Implizit ging es dabei jedoch immer auch um die Frage der politischen Rechte, denn das Waffenrecht in der Nationalgarde war seit 1789 unmittelbar mit der Wahlrechtsfrage verbunden.[7] Es war sowohl ein Ausdruck revolutionärer Kampfbereitschaft als auch des Anspruchs auf staatsbürgerliche Gleichberechtigung, wenn engagierte Frauen schon lange das Recht zur Bewaffnung gefordert hatten. Bereits vor Kriegsbeginn, im März 1792, hatte etwa Pauline Léon, die spätere Präsidentin der *Gesellschaft der Re-*

---

[6] Abgedr. in: Petersen, Marktweiber und Amazonen, S. 179f.

[7] Vgl. Claudia Opitz, Der Bürger wird Soldat – und die Bürgerin?, in: Victoria Schmitt-Linsenhoff (Hg.), Französische Revolution und neue Weiblichkeit 1760-1830, Frankf./M. 1989, S. 38-54.

Abb. 28: Théroigne de Méricourt forderte 1793 die Aufstellung revolutionärer „Amazonen-Legionen". Xylografie des frühen 19. Jahrhunderts.

THÉROIGNE
DE MÉRICOURT

volutionären Republikanerinnen, der Legislative eine Petition mit fast 300 Unterschriften vorgelegt, in der die Erlaubnis zur Bildung einer weiblichen Nationalgarde gefordert wurde. Ein Jahr später, im März 1793, folgte Théroigne de Méricourt mit dem Antrag, Amazonen-Legionen zu bilden und alle Frauen zu bewaffnen; sie wurde daraufhin allerdings im Jakobinerklub denunziert und blieb politisch ebenso ohne Erfolg wie vor ihr Léon. Noch aber wurden die radikalen politischen Aktivitäten der *Revolutionären Republikanerinnen* im Kampf gegen die gemäßigte *Gironde* durchaus gerne gesehen. Erst als dieser Kampf entschieden war und die Konsolidierung der jakobinischen Herrschaft nunmehr gegen die radikalisierten Teile der Pariser Volksbewegung in den Mittelpunkt der revolutionären Politik rückte, entschied sich auch die Frage nach der politischen Beteiligung des weiblichen Geschlechts.

Allerdings wäre es zu einfach, allein den Gegensatz zwischen jakobinisch-bürgerlichen Männern und engagierten Frauen des Volkes in den Blick zu nehmen. Denn den konkreten Anlaß zur politischen Klärung der Problematik boten Konflikte zwischen den *Revolutionären Republikanerinnen* auf der einen, Pariser Marktfrauen auf der anderen Seite. Es ging dabei um die von Pauline Léon, Claire Lacombe und ihren Mitstreiterinnen erhobene Forderung, daß nicht nur Männer, sondern auch Frauen gesetzlich verpflichtet werden sollten, in der Öffentlichkeit als Ausweis ihrer nationalen Gesinnung (und perspektivisch zugleich als Ausdruck ihres Anspruchs auf einen gleichberechtigten Bürgerstatus) die blau-weiß-rote Kokarde der revolutionären Republik zu tragen. Die Marktfrauen lehnten dies vehement ab, insbesondere vor dem Hintergrund der sozialpolitischen Konfrontation zwischen der Pariser Sansculottenbewegung, zu der die *Revolutionären Republikanerinnen* gehörten, und dem Handel, der seine Geschäfte unbehelligt von politischen Einschränkungen abwickeln wollte. Zwar konnten sich die patriotischen Frauen politisch scheinbar durchsetzen, denn der

Konvent verpflichtete am 21. September unter scharfen Strafandrohungen alle Frauen, in der Öffentlichkeit die nationale Kokarde zu tragen. Doch handelte es sich, wie bald deutlich wurde, um einen Pyrrhus-Sieg. Denn als die Tumulte trotzdem nicht abrissen, nahm die Revolutionsführung dies zum Anlaß, nicht nur die *Gesellschaft der revolutionären Republikanerinnen*, sondern politische Zusammenschlüsse wie überhaupt politische Aktivitäten von Frauen generell zu verbieten und damit zugleich eine Neuordnung der Geschlechterbeziehungen einzuleiten, die bald auch die erreichte zivilrechtliche Gleichstellung wieder infragestellte.

„Wir glauben also", erklärte Amar am 30. Oktober 1793 als Berichterstatter im Konvent, „daß es nicht möglich ist, daß Frauen politische Rechte ausüben." Zwar wandte der Abgeordnete Charlier ein, es sei nach den revolutionären Prinzipien rechtlich gar nicht zulässig, Frauen an sich das Versammlungsrecht zu entziehen, es sei denn, man wolle das weibliche Geschlecht gar nicht der Menschheit zurechnen. Doch Amar argumentierte auf einer ganz anderen, die Mehrheit der Abgeordneten offenbar überzeugenden Ebene, als er Männern und Frauen unterschiedliche, von der Natur bestimmte Geschlechtscharaktere zusprach und daraus getrennte Lebenssphären und Tätigkeitsbereiche ableitete. „Die soziale Ordnung", so führte Amar aus, „resultiert aus dem Unterschied, der zwischen Mann und Frau besteht. Jedes Geschlecht ruft nach einer ihm eigenen Art von Beschäftigung, bewegt sich in diesem Kreise, den es nicht überwinden kann. Denn die Natur, die dem Menschen diese Grenzen gesetzt hat, befiehlt gebieterisch und hält sich an kein Gesetz." Gemeint war damit, daß der stärkere und intelligentere Mann für das öffentliche Leben, die schwächere und einfühlsamere Frau für das familiäre Innenleben geschaffen sei.

Als die *Revolutionären Republikanerinnen* sich trotzdem nicht geschlagen geben wollten und weiterhin Einfluß auf politische Entscheidungen zu nehmen versuchten, brachte der Leiter der Pariser Kommune, Chaumette, noch einmal in aller Deutlichkeit zum Ausdruck, wie die Mehrheit der revolutionären Männer sich die Beziehungen der Geschlechter vorstellte. Er wandte sich gegen ‚widernatürliche Mannweiber' und stellte fest: „Seit wann ist es erlaubt, seinem Geschlecht abzuschwören? Seit wann ist es schicklich, Frauen die frommen Sorgen ihres Haushalts, die Wiege ihrer Kinder aufgeben zu sehen, um auf die öffentlichen Plätze, auf die Volkstribünen, an die Schranken des Senats zu eilen? Hat die Natur den Männern die häuslichen Aufgaben anvertraut? Hat sie uns Brüste gegeben, um unsere Kinder zu säugen? Nein! Sie hat zum Mann gesagt: Sei Mann. Die Jagd, die Landwirtschaft, die politischen Aufgaben, die Anstrengungen aller Art – das ist Dein Reich. Sie hat zur Frau gesagt: Sei Frau. Die liebevollen Sorgen, die der Kindheit geschuldet sind, die verschiedenen Haushaltsdinge, die süßen Sorgen der Mutterschaft, das sind Deine Arbeiten. Aber Deine fleißigen Dienste verdienen eine Entschädigung! Nun gut! Du wirst sie erhalten; du wirst die Göttin des häuslichen Bereichs sei, du wirst über alles herrschen, was er umfaßt, durch den unbezwingbaren Charme der Anmut und der Tugend."[8]

Es liegt nahe, daß eine so begründete Verdrängung aus dem politischen Leben auch Rückwirkungen auf die allgemeine Stellung der Frauen in der Gesellschaft haben mußte. In der Tat stand die Folgezeit im Zeichen des Abbaus bereits erreichter Gleichstellungsrechte. Zwar behielten Mädchen ein Recht auf Primarschulbildung, doch wurden sie nach der neuen Verfassung von 1795 getrennt von den Jungen und nach unterschiedlichen Curricula unterrichtet, so daß die höhere Bildung zum Privileg der männlichen Jugend wurde. Und auch die zivilrechtliche Gleichstellung der Frauen wurde in entscheidenden Punkten wieder revidiert. Will man diese Wendung gegen die in der Revolution ja durchaus auch angelegten weiblichen Emanzipationstendenzen verstehen, erscheint es sinnvoll, noch einmal in vertiefter Weise nach den geschlechtergeschichtlichen Grundstrukturen der revolutionären Neugestaltung zu fragen und dabei auch die im engeren Sinne geschlechtlichen, sexuellen Beziehungsmuster in den Blick zu nehmen; zumal wenn man bedenkt, in welch' hohem Maße Symbolik und Bildsprache der Französischen Revolution insgesamt erotisiert und sexualisiert waren. Zwar unternahm die Tugenddiktatur Robespierres kurzfristig den Versuch, die als unrein begriffene Sexualität zu kontrollieren, indem sie die Prostitution verbot und Prostituierten öffentlich die Haare scheren ließ, doch nachhaltige Wirkungen konnten damit kaum erzielt werden. Die revolutionäre Befreiung aus überkommenen Bindungen zielte auch auf die Freiheit der (männlichen) Sexualität.

Eine weitreichende Analyse der geschlechtergeschichtlichen Grundlagen der Revolution hat Lynn Hunt in ihrer einflußreichen Studie über die *family romance* der Französischen Revolution entwickelt.[9] Ausgehend von Freuds gattungsgeschichtlichen Annahmen, interpretiert sie die Revolution als eine untergründige Auseinandersetzung um die patriarchalische Macht des Königs/Vaters und, in der Phase der agonalen Fraktionskämpfe nach der Abschaffung der Monarchie, um die Neuverteilung der Macht zwischen den königs-/vatermordenden revolutionären Brüdern. Im gattungsgeschichtlichen Kern ging es demnach immer um geschlechtsbestimmte Auseinandersetzungen zwischen Männern, ging es um die Regelung des Zugangs zu und der Verfügung über Frauen, die von Hunt als eigentliche Grundlage der sozialen und politischen Auseinandersetzungen betrachtet werden.

Auch wenn man der Erklärungsfähigkeit dieses Ansatzes für die allgemeine Geschichte der Revolution mit Skepsis gegenübersteht, spricht doch allein das

---

[8] Abgedr. in: Petersen, Marktweiber und Amazonen, S. 227f.; die vorher zitierte Rede ebd., S. 221-25. Vgl. auch Harriet B. Applewhite und Darline G. Levy, Reaktionen auf den politischen Aktivismus der Frauen des Volkes im revolutionären Paris von 1789-1793, in: Held (Hg.), Frauen im Frankreich des 18. Jahrhunderts, S. 67-91.

[9] Vgl. Lynn Hunt, The Family Romance of the French Revolution, Berkeley und Los Angeles 1992.

überlieferte Bildmaterial dafür, die Bedeutung sexueller Aspekte nicht nur im revolutionären Bewußtsein, sondern auch im politischen Prozeß selbst nicht zu unterschätzen. So wurde Ludwig XIV. etwa in der revolutionären Karikatur zu einem impotenten Hahnrei stilisiert, der weder seine Frau, die als öffentliche Hure dargestellte Königin Marie-Antoinette, befriedigen noch die Geschicke des Staates lenken könne; seine Impotenz und ihre ‚unmoralische' Libertinage wurden zu Symbolen des Zusammenbruchs der patriarchalischen Ordnung von Staat und Gesellschaft schlechthin, bevor das Königtum schließlich gestürzt wurde. Vor allem aber erscheint es angebracht, die Entwicklung der sozialen und politischen Beziehungen der Geschlechter selbst nicht zuletzt in Abhängigkeit von sexuellen Grundmustern zu betrachten. Hunt stellt zwei Extrempositionen vor, wie die Neuordnung der Geschlechterverhältnisse nach der endgültigen, in der Hinrichtung des Königs deutlich werdenden Zerstörung patriarchalischer Herrschaft geordnet werden konnte; oder genauer, wie die von der Herrschaft des Königs/Vaters befreiten revolutionären Brüder nun ihre Sexualität ausleben konnten, ohne neue Hierarchien untereinander zu errichten. Die eine Position erscheint dabei eher irreal, mehr wegen ihrer radikalen Zuspitzung als wegen ihres Realitätsgehalts interessant, die andere dagegen wurde umso nachdrücklicher in die gesellschaftliche Praxis umgesetzt.

Einmal haben wir hier die Vorstellungen des Marquis de Sade, der die menschliche Sexualität generell von allen Beschränkungen befreien wollte, dabei aber dem männlichen Geschlecht eindeutig die Vorrangstellung einräumte. In der Republik sollten demnach alle Frauen als öffentliche Geschlechtswesen betrachtet werden, von denen die Männern nach ihrem Wunsch sexuellen Gebrauch machen konnten.[10] Da sie alle frei geboren und gleich an Rechten seien, so lautete seine scheinbar den revolutionären Maximen entsprechende Ausgangsposition, stehe auch jedem Mann „das gleiche Recht auf den Genuß aller Frauen" zu. Zwar sei auch die Frau ein freies Wesen, doch gelte dies nur im Rahmen der von der Natur vorgegebenen, auf die Befriedigung von Bedürfnissen abzielenden Bedingungen, denen sie sich nicht entziehen dürfe. „Es ist unbestreitbar, daß wir das Recht haben", formulierte de Sade die männliche Position im Geschlechterkampf, „Gesetze zu schaffen, die die Frauen zwingen, dem zu Willen zu sein, der sie begehrt; und da die Gewalt eine der Auswirkungen dieses Rechtes ist, können wir sie also legal anwenden. Und hat die Natur nicht bewiesen, daß wir dieses Recht haben, als sie uns die nötige Kraft mitgab, Frauen gefügig zu machen?" Völlig einseitig war die Position des Marquis zwar nicht, denn er forderte umgekehrt, daß auch den Frauen „wie den Männern der Genuß aller Geschlechter und aller Teile ihres Körpers erlaubt wird." Doch zu-

---

[10] Vgl. Marquis de Sade, Die Philosophie im Boudoir, oder: Die lasterhaftigen Dialoge, zur Erziehung junger Damen bestimmt, Hamburg 1970 (Orig. London 1795). Die folgenden Zitate entstammen dem eingeschobenen Traktat „Franzosen, noch eine Anstrengung, wenn ihr Republikaner sein wollt", S. 195-286.

Abb. 29: Geschlechterbeziehungen nach Sade'schem Muster: Öffentliche Anstalt zur Befriedigung sexueller Bedürfnisse. Illustration zur *Histoire de Juliette* des Marquis de Sade.

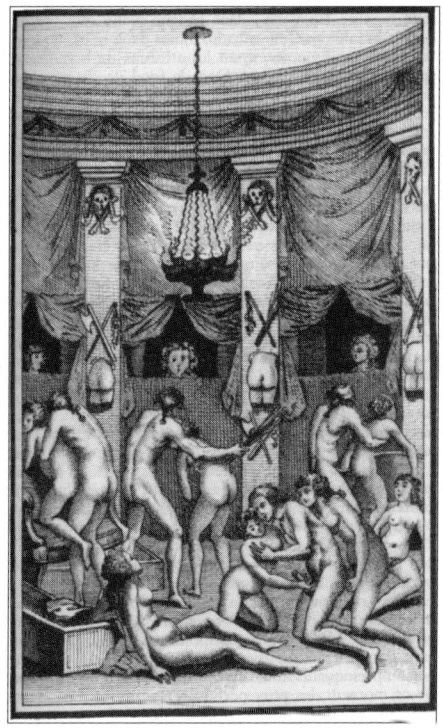

gleich feierte er den Geschlechtsakt als höchste Ausdrucksform männlichen Dominanzstrebens, als „Lust in diesem Augenblick zu herrschen. ... Wenn es nicht die Absicht der Natur wäre, daß der Mann der Überlegene sei, dann hätte sie nicht die Wesen, die sie ihm für diesen Augenblick gegeben hat, schwächer als ihn erschaffen."

Die Sade'schen Männerphantasien zielten auf die Öffentlichkeit der Sexualität, sie zielten zugleich aber auch gegen „alle Bande, die eine Frau an einen Mann ketten können ... es gibt keinen Mann, der gemäß den Gesetzen der Natur ein alleiniges und persönliches Anrecht auf eine Frau besäße." Genau darin aber, in der Bindung je einer Frau an je einen Mann, lag die andere, mit dem bürgerlichen Konzept von Ehe und Familie tatsächlich in die Realität umgesetzte Möglichkeit zur Befriedung des männlichen Konkurrenzkampfes um die Frauen. Sie fand ihre Begründung in der Vorstellung nicht nur unterschiedlicher, sondern zugleich komplementärer Geschlechtscharaktere sowie in der daraus hervorgehenden Ideologisierung geschlechtsspezifischer Eigenschaften und Tätigkeitsfelder, wie wir sie oben bereits als Begründung für den Ausschluß der Frauen aus dem politischen Leben kennengelernt haben. Als ein Herrschaftsverhältnis wurde die bürgerliche Ehe dabei allerdings nicht begriffen. Die ungleiche, eben der unterschiedlichen Natur der Geschlechter entsprechende Beziehung zwischen Mann und Frau sollte vielmehr durch die Liebe gestiftet und zusammengehalten werden, ähnlich wie die Tugend als ideologischer Kitt für die brüchigen Beziehungen zwischen Individuum und Gesellschaft diente. Der bürgerliche Mann wurde dementsprechend nicht mehr als patriarchalischer Herrscher begriffen, sondern als liebender Gatte und fürsorgender Vater, der als *homo ökonomicus* für den Unterhalt seiner Familie zu sorgen und sie als *homo politicus* nach Außen zu repräsentieren hatte.

Im Lichte geschlechterpsychologischer Deutungsmöglichkeiten jenseits der Freud'schen Grundannahmen liegt es allerdings nahe, die Durchsetzung der bürgerliche Ehe und der mit ihr verbundenen Vorstellung unterschiedlicher Geschlechtscharaktere und daraus abgeleiteter Lebenssphären nicht oder jedenfalls nicht allein auf die Befriedung der männlichen Konkurrenz um die Frauen zurückzuführen. Vieles spricht vielmehr dafür, daß die selbstbewußte Teilhabe von unabhängigen Frauen an der neuen bürgerlichen Öffentlichkeit Männern auch als unmittelbare Konkurrenz und Bedrohung erscheinen konnte. Dies gilt wiederum keineswegs nur für die politisch-soziale Ebene, sondern auch in sexueller Hinsicht. Dafür ist es durchaus bezeichnend, daß Marie-Antoinette in der revolutionären Öffentlichkeit nicht nur als Hure, sondern auch als angsteinflößendes, männerverschlingendes weibliches Fabelwesen dargestellt wurde. Und die Art, in der männliche und weibliche Anhänger der *Bergpartei* die *Girondistin* Théroigne de Méricourt 1793 öffentlich demütigten, indem sie sie vor einem johlenden Publikum entkleideten und züchtigten, zielte ganz offensichtlich ebenfalls nicht nur gegen einen politischen Gegner, sondern zugleich auch gegen eine selbstbewußt in die Öffentlichkeit tretende Frau.

Wie sehr die männliche Perspektive im sexuellen Kampf der Geschlechtern schließlich auch in das Konzept der bürgerlichen Ehe eingeschrieben war, das wurde bei den in der zweiten Hälfte der 1790er Jahre eingeleiteten Diskussionen über die Neuordnung des Ehe-, Erbschafts- und Scheidungsrechts, wie es schließlich 1804 mit dem napoleonischen *Code Civil* verabschiedet wurde, schlaglichtartig deutlich. Denn nicht nur das gleiche Erbrecht für Töchter und die grundsätzliche Gleichheit der Ehegatten wurden wieder fallengelassen, die Ehefrau erneut unter die ökonomische, administrative und juristische Vormundschaft ihres Mannes gestellt. Parallel dazu wurde auch das Scheidungsrecht geschlechtsspezifisch umgestaltet. Für Männer galt nun der Ehebruch der Frau per se als hinreichender Scheidungsgrund. Frauen dagegen durften sich nur noch scheiden lassen, wenn ihr Mann seine Geliebte mit in den gemeinsamen Haushalt brachte. Hier, im Innern der Familie, in ihrer eigenen Lebenssphäre, war die Ehefrau geschützt, doch außerhalb des bürgerlichen Heims sollte der Mann schon die Freiheit haben, seinen weiterreichenden Neigungen nachzugehen. Für diese Konzeption der Geschlechterverhältnisse in der bürgerlichen Ehe und Gesellschaft mußte es im Grunde doch beide Frauentypen geben, die legitime heimische Ehefrau einerseits, die öffentliche Hure der Sade'schen Phantasien andererseits. Nur dem Mann sollte es vorbehalten sein, in beiden Sphären zu verkehren.

6. Emanzipation und Ausgrenzung

Daß alle Menschen nicht nur im Zustand natürlicher Freiheit und Gleichheit geboren würden, sondern auch in Staat und Gesellschaft grundsätzlich frei und gleich an Rechten bleiben müßten, das war die grundlegende, im ersten Paragraphen formulierte, alles weitere bedingende Festlegung der *Erklärung der Menschen- und Bürgerrechte*. Die gesellschaftspolitische Umsetzung des Gleichheitsgrundsatzes wies indes nicht nur angesichts der realen sozialen und geschlechtlichen Ungleichheiten und Interessengegensätze Probleme und Konflikte auf, sondern auch in bezug auf vielfältige anders konstituierte Bevölkerungsgruppen, die bislang in der ständischen Ordnung des *Ancien Régime* Sonderrollen eingenommen hatten.

Weitgehend problemlos vollzog sich die staatsbürgerliche Emanzipation der Protestanten. Die Verkündung der Glaubensfreiheit und der Gleichberechtigung aller religiösen Bekenntnisse wurde in eindeutiger Weise als Bestätigung einer im Grunde bereits vollzogenen, gleichberechtigten Aufnahme der Protestanten in die Nation begriffen. Für die katholische Bevölkerungsmehrheit und für die katholische Amtskirche waren damit allerdings gravierende Veränderungen ihrer bisher privilegierten Sonderstellung verbunden. Der Klerus verlor alle seine Vorrechte, geistliche Gelübde verloren ihre rechtliche Bindekraft, und auch die Kirche selbst wurde nach revolutionären Prinzipien neu organisiert. Nachdem die Nationalversammlung bereits im Herbst 1789 mit der Aufhebung aller Feudalrechte, der Abschaffung des *Zehnten* und der förmlichen Nationalisierung ihrer Güter die ökonomische Basis der Kirche zerschlagen hatte, folgte im Juni 1790 die Verabschiedung der *Zivilverfassung des Klerus*. Die Geistlichen wurden von nun an nicht nur staatlich besoldet, sie mußten von den Gemeindemitgliedern auch demokratisch gewählt werden und einen Eid auf die zivile Verfassung ablegen.[1]

Mit dieser Integration in den neuen, säkularisierten Verfassungsstaat wurde die Grundlage für eine Spaltung der Amtskirche und für die Ausbildung einer christlich motivierten, lange nachwirkenden Feindschaft zwischen Katholizismus und Revolution gelegt. Etwa die Hälfte der Priester weigerte sich, oft unterstützt von dem Gläubigen, den Verfassungseid zu leisten, insbesondere nachdem der Papst sich öffentlich gegen die Prinzipien der revolutionären Neuordnung ausgesprochen hatte. Die Nationalversammlung reagierte mit Sondergesetzen gegen eidverweigernde Priester, die auf diesem Wege zum Anschluß an die Revolution gezwungen werden sollten, tatsächlich aber oft mitsamt ihren

---

[1] Vgl. Timothy Tackett, Religion, Revolution and Regional Culture in Eighteenth-Century France. The Ecclesiastical Oath of 1791, Princeton 1985; Michel Vovelle, La Révolution contre l'église. De la raison à l'être suprême, Brüssel 1988.

Abb. 30: Fest der Vernunft in der Kathedrale Notre Dame am 10. November 1793. Zeitgenössische Darstellung.

Gemeinden in die Arme der Konterrevolution getrieben wurden. Eidverweigernde Priester wurden zu einem Symbol der Konterrevolution, nicht nur in den Augen der zu immer schärferen Maßnahmen greifenden Revolutionäre, sondern auch für ihre konterrevolutionären Gegner, die sich ideologisch auf die göttliche Ordnung beriefen. Die Auseinandersetzungen fanden ihren Höhepunkt in den Jahren 1793/94, als sich unter der Terrorherrschaft, begleitet von einem pseudoreligiösen Kult der Vernunft, die radikale Dechristianisierungsbewegung Bahn brach, während zugleich überall im Land, vor allem in der Vendée, religiös motivierte Aufstandsbewegungen um sich griffen. Die Konflikte zwischen Revolution und katholischer Kirche konnten erst mit der Verabschiedung der Verfassung von 1795 zeitweilig befriedet werden, die mit der Gleichberechtigung aller Bekenntnisse zugleich die Privatisierung der religiösen Kulte verband. Damit war der Weg zur Trennung von Staat und Kirche gewiesen, der indes schon unter Bonaparte wieder verlassen wurde und erst in der Dritten Republik eine dauerhafte Verankerung fand.

Hochgradig umstritten war auch die Emanzipation der Juden. Die *Judenfrage* stellte sich in der revolutionären Gesellschaft auf vielfältige Weise, wobei nicht zuletzt auch Unterschiede und Interessengegensätze zwischen verschiedenen jüdischen Gruppen in den Mittelpunkt der politischen Auseinandersetzungen rückten. Auf der einen Seite standen dabei die ursprünglich aus Spanien und Portugal stammenden *sephardischen* Juden, die in einigen Städten im Südwesten Frankreichs ansässig waren. Es handelte sich um relativ wohlhabende Gemeinden mit mehren tausend Mitgliedern. Trotz einiger Widerstände aus der Bevölkerung war es ihnen im Frühjahr 1789 mit Unterstützung der Obrigkeit relativ problemlos gelungen, das Recht zur Beteiligung an den Wahlen zu den Generalständen und damit de facto, bereits vor dem eigentlichen Beginn der Revolution, die Anerkennung als gleichberechtigte französische Staatsbürger zu erlangen. Ganz anders war dies jedoch bei den *aschkenasischen* (deutschen) Juden mittel- und osteuropäischer Herkunft im Nordosten Frankreichs, im Elsaß, in Lothringen und in den drei Erzbistümern Metz, Toulouse und Verdun. Sie waren nicht nur weit zahlreicher, sie führten auch ein scharf von der übrigen Bevölkerung separiertes, unter diversen rechtlichen Einschränkungen und besonderen Pflichten stehendes, oft sehr ärmliches Leben in weit verteilten ländlichen Gemeinden oder in den großen Judengettos von Metz und Nancy. Diese weit weniger assimilierten jüdischen Bevölkerungsteile sahen sich mit einer scharfen Judenfeindschaft konfrontiert, die nicht zuletzt in den Beschwerdeheften der christlichen Bevölkerungsmehrheit deutlich zum Ausdruck kam. Und ihnen wurde die Beteiligung an den Wahlen zu den Generalständen von der Obrigkeit verwehrt, weil sie „seit ihrer Geburt Gesetzen unterworfen sind, die es in dieser Provinz nicht erlauben, sie anders als Fremde zu betrachten", wie es in der Erklärung eines Beamten hieß.[2]

Die jüdische Bevölkerung der nordöstlichen Landesteile gab sich damit allerdings nicht zufrieden. Ihr Sprecher Baruch Cerf-Berr forderte vom Staatsministerium, daß die von den Wahlversammlungen ausgeschlossenen Juden zumindest eigene Vertreter zu den Generalstände entsenden dürften. Während dieser Vorstoß ohne Erfolg blieb, gelang es Cerf-Berr im Mai 1789, als die Generalstände längst in Versailles versammelt waren, wenigstens die Erlaubnis zu erlangen, spezielle Beschwerdehefte der jüdischen Gemeinden nachzutragen und Vertreter zu wählen, die diese in Paris überreichen sollten. Doch mit der *Erklärung der Menschen- und Bürgerrechte* schien sich dies zu erübrigen, weil nun doch, wie einer der Delegierten, Isaac Berr, meinte, allen Juden „weit größere Rechte zugestanden worden sind, als wir nach unseren eigenen Beschwerdeheften fordern sollten."

Doch diese optimistische Einschätzung erwies sich bald als Illusion. Im Sommer 1789 kam es vor allem im Nordosten Frankreichs zu einer Vielzahl antijüdischer Ausschreitungen. Als der Abgeordnete Grégoire aus Nancy daraufhin die Nationalversammlung aufforderte, zugunsten der verfolgten jüdischen Be-

---

2 Zit. n. Robert Badinter, Libres et égaux … L'émancipation des Juifs 1789-1791, Paris 1989, S. 5; hier S. 118, S. 13 auch die folgenden Zitate.

völkerung zu intervenieren, traten neben den Akzeptanzproblemen nicht zuletzt auch die Integrationskonflikte zwischen den verschiedenen jüdischen Bevölkerungsgruppen deutlich hervor. Während Grégoire mit seinem Vorstoß die Hoffnung auf eine förmliche staatsbürgerliche Gleichberechtigung aller Juden verband, alarmierte sein Eingreifen die Vertreter der Juden des Südwestens. Diese erkannten in einer erneuten parlamentarischen Diskussion der Judenfrage die Gefahr, daß ihre bereits erreichte Gleichstellung wieder zur Disposition gestellt werden könnte. Die kleine, aber hoch politisierte Gruppe der Pariser Juden dagegen wies diese Haltung ebenso zurück wie die Vertreter des weiterhin ausgegrenzten nordöstlichen Judentums. Beide Gruppen forderten Ende August 1789 die Nationalversammlung ohne Erfolg auf, eine offizielle Erklärung über die staatsbürgerliche Gleichberechtigung aller Juden zu verabschieden. Nur die Pariser verbanden damit allerdings den Wunsch, zugleich auch das traditionelle jüdische Gemeindeleben ausdrücklich unter den Schutz des Staates zu stellen. „Es ist nötig, den Juden als Nation alle Rechte zu verweigern und ihnen als Bürger alle Rechte zu gewähren", lautete demgegenüber die emanzipatorische Maxime der für die vollständige Gleichstellung eintretenden Revolutionäre, die Sonderrechten generell ablehnend gegenüberstanden.

Die Frontlinien im Kampf um die Judenemanzipation lagen quer zu den sonstigen politischen Fraktionierungen, sowohl radikale als auch gemäßigte Abgeordnete konnten für oder gegen die Gleichberechtigung der Juden eintreten. Nur der christlich motivierte Konservatismus äußerte sich geschlossen judenfeindlich. Der schärfste Widerstand aber kam von den Abgeordneten aus Elsaß und Lothringen, an der Spitze der radikale spätere *Montagnard* und Direktor Jean-François Reubell. Die Juden wollten mehrheitlich gar kein Bürgerrecht, so wurde argumentiert, sie bildeten aufgrund ihrer eigenen Sitten und Gesetze eine eigene Nation, die der französischen Nation fremd gegenüberstehe, sie würden schließlich wegen ihrer Betätigung in Geldgeschäften bei voller Rechtsgleichheit binnen kurzer Zeit den ganzen Grund und Boden im Elsaß erwerben und eine jüdische Kolonie aufbauen können. Außerdem sei es politisch inopportun, die judenfeindlich eingestellte Bevölkerung durch die jüdische Gleichberechtigung der Revolution zu entfremden und ihren Haß auf die Juden noch weiter anzuheizen. Auf Antrag von Barnave wurde die Entscheidung darüber schließlich erst einmal vertagt.

Damit stand nun allerdings auch die eigentlich längst vollzogene Emanzipation der Juden im Südwesten Frankreichs wieder zur Disposition, und diese unternahmen nun im Alleingang den Versuch, ihre Rechtsstellung unabhängig von ihren minder privilegierten Glaubensgenossen zu sichern. Sie sandten eine Abordnung nach Paris, der es gelang, viele wichtige Abgeordnete wie Talleyrand, La Fayette, Noilles und Thouret auf ihre Seite zu bringen. Ende Januar 1791 schließlich verabschiedete die Nationalversammlung nach einer erneut langwierigen und heftigen Debatte mit 374 zu 224 Stimmen ein Dekret, in dem die volle Rechtsgleichheit der im Südwesten Frankreichs lebenden Juden bestätigt wurde. Den Juden in den nordöstlichen Landesteilen dagegen wurden mit dieser Entscheidung die Bürgerrechte ex negativo weiterhin offiziell vorenthalten.

Die vollständige rechtliche Emanzipation aller französischen Juden wurde erst $1^{1}/_{2}$ Jahre später, am 27. September 1791 beschlossen, als die neue Verfassung bereits verabschiedet war. Kurz vor Auflösung der Konstituante nutzte Adrien du Port die Annahme eines die Gleichheit preisenden Dekrets zu der Forderung, auch allen die allgemeinen Voraussetzungen erfüllenden jüdischen Franzosen das aktive Bürgerrecht zuzusprechen. Sein Argument, wer dies ablehne, der müsse auch gleich die ganze Verfassung widerrufen, war offensichtlich von großer Überzeugungskraft. Obwohl Reubell und andere Gegner der jüdischen Gleichberechtigung sich in vehementer Weise dagegen wandten, stimmte die Mehrheit der Abgeordneten nunmehr zu und beschloß die Rechtsgleichheit der jüdischen Bevölkerung, verbunden mit der explizit angefügten Bestimmung, daß ihr Eid auf die Verfassung den Verzicht auf alle Sonderrechte beinhalte.

Die damit vollzogene rechtliche Emanzipation war allerdings noch keineswegs gleichbedeutend mit der gesellschaftlichen Gleichstellung der Juden. Zwar formulierten ihre führenden Repräsentanten nun Projekte zur Förderung eines aufgeklärten, in die Nation integrierten Judentums, doch die gesellschaftlichen Widerstände waren enorm und sie traten im Verlauf der revolutionären Radikalisierung immer wieder deutlich zutage. Die Jakobiner von Nancy etwa wandten sich nun offen gegen ihre jüdischen Mitburger, die „schon immer Spekulanten, schon immer Wucherer, schon immer isoliert vom Rest der Republik" gewesen seien.[3] Und der Verdacht gegen die jüdischen Spekulanten und Wucherer diente lokalen Revolutionsbehörden ebenso wie den Vertretern der Pariser Zentralregierung oft dazu, besondere Abgaben über reiche Juden, aber auch über ganze jüdische Gemeinden zu verhängen. Der Konventskommissar Saint-Just legte den Juden von Nancy sogar eine im Grunde unbezahlbare Abgabe in Höhe von 3 Millionen *Livres* auf und ließ ihre Wordführer, als sie sich weigerten zu zahlen, in Geiselhaft nehmen.

Nach dem Sturz des Terrorregimes konnten im Zeichen der Trennung von Kirche und Staat auch die jüdischen Gemeinden zu einem relativ ungestörten religiösen Leben zurückkehren. Die genannten Abgaben jedoch, die in vieler Hinsicht der traditionellen, im Juli 1791 förmlich abgeschafften Judensteuer entsprachen, blieben vielerorts in Kraft. Die jüdische Gemeinde von Avignon forderte deshalb im Herbst 1795 mehrfach vom Konvent die Aufhebung aller Sondersteuern. Doch obwohl die schließlich eingesetzte Kommission die Auffassung vertrat, daß die Erhebung der kollektiven Abgaben verfassungswidrig sei, weil alle Franzosen rechtlich nur noch Individuen seien, beschloß der *Rat*

---

3 Zit. n. Patrick Girard, La Révolution française et les juifs, Paris 1989, S. 228.

der 500 Ende 1797 schließlich ihre Beibehaltung. Die Auflösung aller Korporationen, so wurde argumentiert, habe sich nicht auf die jüdischen Gemeinden erstreckt und deshalb seien auch ihre Steuerschulden nicht nationalisiert worden. Damit wurde erneut eine rechtliche Sonderstellung der jüdischen Gemeinden festgelegt, die zugleich den Eindruck hervorrufen mußte, daß die Juden weiterhin keine gleichberechtigten Bürger seien. Die Konsequenz daraus zog Napoléon, als er zwischen 1806 und 1808 eine Neuordnung der Verhältnisse des französischen Judentums durchsetzte, die nicht mehr die Emanzipation, sondern die Assimilation in den Mittelpunkt rückte und die weniger assimilierte jüdische Bevölkerung des Elsaß zahlreichen, die persönlichen Freiheiten einschränkenden, insbesondere gegen ,jüdischen Wucher' gerichteten Sonderrechten unterwarf.

Noch umstrittener als die Judenemanzipation war die bürgerliche Gleichstellung der farbigen Bevölkerung in den französischen Kolonien Amerikas und Westindiens. Von besonderer Bedeutung war dabei die größte Kolonie, *Santa Domingo*. Auch hier handelte es sich keineswegs um eine einheitliche Bevölkerungsgruppe. Vielmehr standen sich die schwarzen Sklaven und die freien Farbigen, zumeist Mulatten, die oft selbst Sklaven hielten, durchaus feindlich gegenüber. Sozial und politisch dominierend waren allerdings die weißen Kolonisten französischer Herkunft, die sich 1789 anfangs der Revolution anschlossen, weil sie ihre Selbstverwaltung gegen die königliche Kolonialbürokratie durchsetzen wollten, die zugleich aber die politische Gleichberechtigung Farbiger oder gar eine Übertragung bürgerlicher Freiheitsrechte auf ihre Sklaven vehement ablehnten.

In Paris dagegen agitierte bereits seit 1788 die einflußreiche *Société des Amis des Noirs (Gesellschaft der Freunde der Schwarzen)*, der zahlreiche Revolutionäre der ersten Stunde wie Mirabeau, La Fayette, Condorcet, Pétion, Grégoire, Brissot und Carra angehörten, für ein sofortiges Verbot des Sklavenhandels, die gesetzlich geregelte, graduelle Freisetzung der Sklaven und für die vollständige

Abb. 31: Toussaint Louverture, Anführer der „Schwarzen Jakobiner" auf Santa Domingo.

Gleichberechtigung aller Farbigen.[4] Als der Beginn der Revolution ihre Erfolgsaussichten zu erhöhen schien, formierte sich jedoch ein starker Widerstand aus den Kreisen der Plantagenbesitzer und des mit ihnen verbundenen Kolonialhandels. Gleich mehrere *Pressure groups* versuchten, die öffentliche Meinung und die Gesetzgebung in ihrem Sinne zu beeinflussen: der von den Plantagenbesitzern mit Wohnsitz in Frankreich gebildete *Club Massiac*, die im *Comité des députés extraordinaire des manufactures et du commerce de France* organisierten Lobbyisten der Handelskammern und schließlich die sich zu einer Fraktion zusammenschließenden Deputierten der Kolonisten in der Nationalversammlung. Ihr Einfluß wurde schnell so stark, daß die *Amis des Noirs* die Sklavenbefreiung vorerst ganz zurückstellten und als Vorstufe, gemeinsam mit einer Delegation der Mulatten aus Santa Domingo, die politische Gleichberechtigung der freien Farbigen verfochten, einer Bevölkerungsgruppe, die quantitativ fast genau so groß war wie die der weißen Kolonisten.

In dem Kolonialkomitee, das die Nationalversammlung angesichts der bedrohlichen revolutionären Unruhen in den Kolonien Anfang 1790 eingesetzt hatte, trat der Einfluß der Plantagenbesitzer und des Kolonialwarenhandels jedoch sehr deutlich zutage. Auf allgemeinpolitischer Ebene fand man schnell zu einem Kompromiß, nach dem Frankreich seine Handelsprivilegien behielt, die Kolonisten ansonsten aber die Selbstverwaltung zugesprochen bekamen. Und während die Abschaffung der Sklaverei hier gar nicht zur Diskussion stand, wurde die Frage, ob auch die freien Farbigen gleiche politische Rechte wie die weißen Kolonisten erhalten sollten, nicht eindeutig geklärt. In den Kolonien blieb so die Vorherrschaft der Kolonisten de facto ungebrochen.

Die dilatorische Haltung der Nationalversammlung konnte indes nicht von Dauer sein, weder in den Kolonien, wo ein erster Aufstandsversuch der Mulatten von Santa Domingo blutig niedergeschlagen wurde, noch in Paris, wo vor allem die brutale Hinrichtung des Mulattenführers Ogé große Empörung erregte und es in der Folgezeit zu scharfen öffentlichen Auseinandersetzungen zwischen den *Amis des Noirs* und den Vertretern der organisierten Kolonialinteressen kam. Im Mai 1791 schließlich verabschiedete die Nationalversammlung nach viertägiger heftiger Debatte einen Kompromiß, nach dem vorerst nur diejenigen Mulatten, deren Eltern bereits frei gewesen waren, das volle Bürgerrecht erhalten sollten – es handelte sich um etwa 400 von mehreren zehntausend farbigen Menschen. Über den rechtlichen Status der großen Mehrheit würden, so beschloß die Versammlung, nur im Einverständnis mit den Kolonien weitere Regelungen getroffen werden können. Selbst dieser kleine Schritt auf dem Weg zur politischen Gleichstellung der Farbigen wurde von den weißen Kolonisten jedoch abgelehnt und in den Kolonien nicht umgesetzt.

---

4   Vgl. Marcel Drigny, La Société des Amis des Noirs, 1788-1799. Contribution à l'histoire de l'abolition de l'esclavage, Paris 1988.

Abb. 32: Der Aufstand von 1791 auf Santa Domingo. Zeitgenössische Darstellung.

Während die Mulatten sich zu bewaffnen begannen und erneut einen Aufstand vorbereiteten, erfuhr die Szenerie in Santa Domingo eine grundlegende Änderung, als sich im Herbst 1791 die versklavte schwarze Bevölkerungsmehrheit erhob, deren Befreiung nach Auffassung der vor allem die wirtschaftliche Bedeutung der Kolonien in Rechnung stellenden Mehrheit der Konstituante „in der gegenwärtigen Lage weder dem allgemeinen Wohl noch ihrem eigenen Interesse" entsprach.[5] Der Aufstand, dem sich teilweise auch die lavierenden Mulatten anschlossen, war anfangs von spontaner Gewaltsamkeit geprägt. Doch unter der geschickten, auch vor der Zusammenarbeit mit antifranzösischen Ländern wie Spanien und England nicht zurückschreckenden Führung des Schwarzen Toussaint l'Ouverture gewann die Bewegung mit der Zeit eine solche politische Kraft, daß sich die französischen Kommissare Polverele und Sonthonax, um ihre Stellung halten und die Kolonie für die französische Republik retten zu können, bereits Ende August 1793 dafür entschieden, die Abschaffung der Sklaverei zu verkünden. Erst Anfang Februar 1794 schließlich bestätigte der Konvent diese Entscheidung auf Initiative einer Delegation aus *Santa Domingo* und weitete sie zugleich auf alle Kolonien aus. Während die westindischen Kolonisten jedoch die Umsetzung auch gegen starken französischen Druck immer wieder herauszögern konnten, wurde *Santa Domingo* in der Folgezeit, bestätigt durch die keine Rassenunterschiede kennende Verfassung des Jahres 1795, zu

---

[5] Von Dupont de Nemours redigierte Instruktion, zit. n. Yves Bénot, La révolution française et la fin des colonies, Paris 1988; vgl. auch Cyril James, Die schwarzen Jakobiner. Toussaint l'Ouverture und die Unabhängigkeitsrevolution in Haiti, Köln 1984 (Orig. New York 1939).

einer Art Departement der Republik Frankreich mit einer vollständig gleichberechtigten, gesellschaftspolitisch dominierenden schwarzen Bevölkerungsmehrheit. In seiner Leitung spielte der formell zum französischen Offizier ernannte Toussaint zunehmend eine führende Rolle.

Die folgenden Jahre waren nicht nur von bürgerkriegsartigen Auseinandersetzungen zwischen Schwarzen und Mulatten sowie diversen Interventionsversuchen Spaniens und Englands geprägt. Hinzu kamen auch wachsende Konflikten zwischen der schwarzen Bevölkerungsmehrheit und der Republik Frankreich, in der nach dem Sturz der Jakobinerdiktatur und dem Ende der Konventsherrschaft die ökonomischen Interessen der Plantagenbesitzer wieder Einfluß gewinnen konnten, vor allem als seit 1796 die royalistische Rechte an Bedeutung gewann. Dagegen richtete sich im Herbst 1797 die Neugründung der *Société des Amis des Noirs et des Colonies* unter Beteiligung alter Aktivisten wie Grégoire, Lanthenas und Servan. Vorerst konnte die neue, auf der Gleichberechtigung aller Rassen basierende Ordnung in den ehemaligen Kolonien, soweit es sie de facto gab, erfolgreich verteidigt werden. Doch der Zusammenbruch der direktorialen Ordnung im Jahre 1799 führte nicht nur zum erneuten Zerfall der *Amis des Noirs*, er gab schließlich auch den Weg frei für die Wiedereinführung der Sklaverei unter Bonaparte. Auf *Santa Domingo* war dies allerdings auf Dauer nicht mehr durchsetzbar. Nach erneuten Aufständen wurde Ende 1803 die unabhängige Republik Haiti gegründet.

Nicht nur die Emanzipation bislang entrechteter Bevölkerungsgruppen wie der Protestanten, Juden, Farbigen und Sklaven stand allerdings in der Französischen Revolution zur Debatte, sondern auch die allgemeinere Frage, nach welchen Kriterien überhaupt die Zugehörigkeit oder Nichtzugehörigkeit zur Nation zu beurteilen war und welche Stellung Ausländern in der prinzipiell auf universalistischen Rechten aufbauenden Nation eingeräumt werden sollte. Inklusion und Exklusion traten hier in ein kompliziertes Beziehungsgeflecht, wobei anfangs vor allem die Stellung der bislang privilegierten Stände und der Gegner der Revolution in der neukonzipierten Nation prekär war. Nach den berühmten Formulierungen des Abbé Sieyès war allein „der dritte Stand eine vollständige Nation". Die privilegierten Stände standen demzufolge außerhalb der Nation. Ihre Angehörigen konnten bzw. mußten sich dem Dritten Stand anschließen, die revolutionären Prinzipien akzeptieren und auf alle ihre Privilegien verzichten, wenn sie der neugeschaffenen Nation angehören wollten. Taten sie dies nicht, so wurden sie in revolutionärer Sichtweise zu Fremdkörpern, ja zu inneren Feinden, die es aus der Nation und damit auch von allen Bürgerrechten auszuschließen gelte. Die Ausweisung eidverweigernder Priester und anderer Revolutionsgegner sowie die Expatriierung der Emigranten waren der deutlichste Ausdruck dieser Logik, bevor unter dem Terror auch die juristische Verfolgung und schließlich die gezielte physische Vernichtung antinationaler Gesinnung auch nur verdächtiger Personen Raum greifen konnte.

In ähnlicher Weise war auch das Verhältnis der Revolution zu den in Frankreich lebenden Ausländern von einem sich dynamisch entwickelnden Gemisch aus weitreichenden Integrationsangeboten, diskriminierenden Verdächtigungen sowie aktiver Entrechtung und Bekämpfung geprägt. Mit ihrer integrativen, weitgehend von äußeren Kriterien absehenden Konzeption des Staatsbürgers schuf die Revolution auf indirektem Wege zugleich ein von tiefsitzenden Aversionen und Phobien geprägtes Konstrukt des *Fremden*, des im Innern der allzu gastfreundlichen Nation agierenden Feindes. Die französische Historikerin Sophie Wahnich, die den revolutionären Diskurs über den *Étranger*, den *Fremden*, einer grundlegenden Analyse unterzogen hat, erkennt darin ein allgemeines Menetekel der revolutionär konstituierten modernen Gesellschaft.[6] Auch in ihren Darlegungen wird jedoch zugleich mehr als deutlich, wie sehr die realen Auseinandersetzungen zwischen Revolution und Konterrevolution, wie sehr Krieg und Bürgerkrieg dazu beigetragen haben, die latent angelegte Problematik des *Fremden* zur Wahnvorstellung vom vermeintlich überall drohenden inneren Feind zu verschärfen.

Die Verfassung von 1791 hatte einen höchst liberalen, offenen Nationsbegriff etabliert. Sie führte nicht nur das sog. Bodenrecht ein, nach dem jeder in Frankreich geborene und hier lebende Mensch unabhängig von seiner Abstammung das französische Bürgerrecht erhielt. Sie eröffnete – neben außerhalb Frankreichs geborenen Kindern französischer Eltern – zugleich auch allen Ausländern die Möglichkeit, das Bürgerrecht auf relativ einfache Weise zu erwerben. Wer bereit war, den Eid auf die Verfassung zu leisten, mußte dafür nur fünf Jahre in Frankreich gelebt haben und wahlweise einen eigenen Hausstand besitzen, mit einer Französin verheiratet sein oder ein selbständiges Unternehmen betreiben. Darüber hinaus offerierte das revolutionäre Frankreich allen freiheitsliebenden, unter bedrückenden Umständen lebenden oder verfolgten Menschen die brüderliche Gastfreundschaft des freien französischen Volkes, d. h. ein Recht auf Asyl.

Insbesondere unter den Bedingungen von Krieg und Bürgerkrieg traten nationale Gemeinschaftsbildung und Feindbildproduktion allerdings in einen immer engeren Zusammenhang. „In einem freien Volk", so brachte eine Pariser Sektionsversammlung dies im Februar 1793 in aller Klarheit zum Ausdruck, „gibt es nur Brüder oder Feinde."[7] Als Saint-Just gut ein Jahr später, im April 1794, seine berühmte Forderung formulierte, daß im revolutionären Gemeinwesen nun alle Bürger zugleich „Freunde, Gastgeber und Brüder" sein müßten, schloß er aus dieser intimen nationalen Gemeinschaft bezeichnenderweise zugleich „alle Adligen und alle Fremden" als innere Feinde aus. Brüderlicher Zusammenhalt und innere Feindbildproduktion standen offenbar ebenso wie universelle Gastfreundschaft und Fremdenfeindlichkeit in einem engen Zusammenhang.

---

[6] Vgl. Sophie Wahnich, L'impossible citoyen. L'étranger dans le discours de la Révolution française, Paris 1997; hiernach auch die im folgenden nicht einzeln ausgewiesenen Zitate.

[7] Zit. n. Marcel David, Fraternité et Révolution française 1789-1799, Paris 1987, S. 145.

Dies trat erstmals deutlich zutage, als sich Ende 1791 nach Niederschlagung der brabantischen Revolution größere Flüchtlingsgruppen in Nordfrankreich niederließen und das Mißtrauen der Behörden weckten. Handelte es sich wirklich nur um politische Flüchtlinge, oder befanden sich darunter auch feindliche Agenten? Aus dieser Fragestellung entwickelte sich die polizeiliche Überwachung der vermeintlich verdächtigen Ausländer, die in der Folgezeit, angetrieben von der kriegerischen Zuspitzung der Auseinandersetzungen außerhalb wie innerhalb Frankreichs, zunehmend auf alle Ausländer ausgedehnt wurde. Bereits im Mai 1792 forderte Carnot entschiedene Maßnahmen gegen die sich in Paris sammelnden Fremden, in denen er nur verbrecherische Emissäre der emigrierten Konterrevolution sehen konnte. Nach intensiven Debatten beschloß die Legislative schließlich die Ausweisung der „Vagabunden und hergelaufenen Menschen" aus Paris. Als im Frühjahr 1793 die ersten Maßnahmen einer Politik der öffentlichen Wohlfahrt und Sicherheit beschlossen wurden, radikalisierte Barère diese Maßnahme weiter und forderte, nun gleich alle „hergelaufenen Fremden" aus Frankreich auszuweisen. Der *Girondist* Lasource trat demgegenüber dafür ein, zu differenzieren und nur die der Republik eindeutig feindlich gegenüberstehenden Ausländer auszuweisen. Die Mehrheit des Konvents folgte dieser gemäßigten Auffassung, nachdem Jean Débry in seinem Kommissionsbericht darauf hingewiesen hatte, daß nicht nur Ausländer, sondern auch Franzosen Feinde der Revolution sein konnten. Der grundsätzliche Verdacht gegenüber den Ausländern wurde deshalb nun, ungeachtet ihrer Nationalität, auf alle Personen ausgeweitet, „die keiner kennt".

Das Bemühen um die Gleichbehandlung von In- und Ausländern brachte so das Konstrukt des *Étranger de l'intérieur*, des inneren Feindes der Revolution hervor. Alle Fremden ungeachtet ihrer Nationalität waren, so wurde beschlossen, unter scharfen Strafandrohungen verpflichtet, gegenüber den lokalen Behörden bzw. den neugeschaffenen Überwachungsausschüssen ihre Lebensbedingungen zu offenbaren. Wurden sie als gute Bürger anerkannt, erhielten sie *Certificats du civisme*, Bescheinigungen ihrer Loyalität, die die Überwachungsausschüsse nach Zeugnis von vier vertrauenswürdigen Bürgern ausstellen konnten. Wer die Bescheinigung nicht vorweisen konnte, wurde automatisch zum inneren Feind der Revolution, gemeinsam mit Adligen, eidverweigernden Priestern und anderen Franzosen, die sich nicht auf den Boden der neuen Ordnung stellen wollten oder denen der Wille dazu abgesprochen wurde und die deshalb auch den Anspruch verwirkt hätten, unter dem Schutz des Gesetzes zu stehen. Das berüchtigte *Gesetz über die Verdächtigen* vom 6. September 1793 verfügte, daß alle Fremden, die aus Ländern gebürtig waren, mit denen Frankreich im Krieg stand, eingesperrt werden sollten, wenn sie nicht als Handwerker oder Arbeiter im öffentlichen Interesse tätig waren oder hinreichende Beweise für ihre nationale Gesinnung und ihre Loyalität gegenüber der revolutionären Ordnung gegeben hatten. Diese Ausnahmestellung wurde den Betroffenen von den lokalen Behörden mit einem spezifischen *Certificat d`hospitalité*, einer Bescheinigung der ihnen gewährten Gastfreundschaft attestiert, mit der sie sich jederzeit auf Nachfragen ausweisen können mußten. Der noch weitergehende Vorschlag des Abgeordneten Garnier de Saintes, sie mit einem deutlich sichtbaren Band zu kennzeichnen, wurde allerdings nicht in das Gesetz aufgenommen.

Doch trotz aller fremdenfeindlichen Phobien, die von der Revolution proklamierte Offenheit des Staatsbürgerrechts überdauerte die terroristische Hybris. Das Bodenrecht blieb auch in den folgenden französischen Verfassungen enthalten, und sowohl die Direktoriumsverfassung von 1795 als auch die Konsulatsverfassung von 1799 behielten die Möglichkeit bei, daß Ausländer auf relativ einfachem Wege die französische Staatsbürgerschaft erwerben konnten; nicht mehr fünf Jahre mußte man dafür nun allerdings in Frankreich wohnhaft sein, sondern sieben (1795) bzw. 10 (1799) Jahre.

7. Krieg und Militarismus

Die revolutionäre Dekade von 1789 bis 1799 stand nicht zuletzt im Zeichen des revolutionären Krieges, des Krieges zwischen dem revolutionären Frankreich und den es umgebenden Staaten des europäischen *Ancien Régime*. Er nahm im April 1792 seinen Anfang und hat seitdem die Revolution nicht nur begleitet, sondern auch zutiefst geprägt. Aber die Revolution drückte zugleich auch dem Krieg ihren neuartigen Stempel auf und schuf damit wesentliche Grundbedingungen des modernen Krieges. Sie entwickelte neuartige, säkularisierte Formen der Ideologisierung des Krieges, sie mobilisierte die Massen für den modernen Volkskrieg, sie begann, insbesondere im Zeichen drohender Niederlage, den Krieg zum totalen Krieg auszuweiten, setzte neuartige Formen der militärisch fundierten Herrschaftsexpansion in Gang und brachte schließlich auch den modernen Militarismus hervor.

Ihrem eigenen Anspruch nach war die Französische Revolution ursprünglich friedfertig. Sie verfolgte das explizit formulierte Ziel, mit der Etablierung einer freiheitlichen Gesellschaft gleicher Staatsbürger zugleich die Grundlagen für eine friedliche Ordnung der internationalen Beziehungen freier Nationen zu legen. In ihrer berühmten *Friedenserklärung an die Völker der Welt* vom 24. Mai 1790 verkündete die Konstituante dementsprechend feierlich, künftig auf jeden Eroberungskrieg verzichten und niemals mehr die Waffen gegen die Freiheit anderer Völker erheben zu wollen. Auch als das revolutionäre Frankreich zwei Jahre später der Führungsmacht des alten Deutschen Reiches, Österreich-Ungarn, den Krieg erklärte, tat man dies immer noch in dem Bewusstsein, sich gegen eine feindliche Bedrohung zur Wehr setzen zu müssen. Wenige Monate später allerdings trat ein anderer Geist zutage, denn der Nationalkonvent gab nun in seinem berühmten *Propagandadekret* vom 19. November 1792 die höchst offensive Parole aus, alle revolutionären Befreiungsbewegungen in anderen Ländern auf ihren Wunsch hin mit militärischen Mitteln unterstützen zu wollen.

Die Wendung der Revolution in die ideologische und militärische Offensive ist als durchaus logische Konsequenz der Entwicklungen zu begreifen, die der revolutionäre Diskurs über Krieg und Frieden seit 1790 durchlaufen hatte. Dabei kamen zwei Antriebskräfte zusammen, die gemeinsam dazu beitrugen, das ursprünglich am Frieden orientierte Selbstbild der Revolution durch eine bellizistische Perspektive zu ersetzen. Zum einen befand sich die Revolution in der durchaus widersprüchlichen Situation, den Frieden in der Konfrontation mit absolutistisch regierten Nachbarländern anstreben zu müssen, die ihrerseits keineswegs auf Krieg als Mittel der Politik verzichten wollten. So verkündeten die Monarchen Österreichs, Preußens und Sachsens in ihrer *Pillnitzer Deklaration* vom 25. August 1791, daß sie die Lage des Königs von Frankreich als gemeinsames Problem aller Monarchen Europas betrachten und zur Wahrung seiner Interessen ggf. auch militärische Maßnahmen in Erwägung ziehen würden. In den folgenden Monaten kamen weitere Versuche insbesondere von österreichischer Seite hinzu, mit Kriegsdrohungen der Revolution Grenzen zu setzen und die Stellung Ludwig XVI. zu stärken.[1]

Die auf ihre nationale Souveränität eingeschworenen Revolutionäre reagierten, indem sie die Kriegsdrohung aufnahmen und gegen ihre Autoren wendeten, um so den Verzicht auf jedwede äußere Intervention zu erzwingen. Dabei wurde, zum zweiten, bald deutlich, daß die revolutionären Prinzipien auch selbst aggressive Elemente enthielten, die nicht nur konfliktverschärfend wirkten, sondern auch dazu beitrugen, dem heranziehenden Krieg schließlich einen offensiven, revolutionären Charakter zu verleihen. Gegen die Freiheit anderer Völker wollte man die Waffen nicht erheben. Doch wie verhielt es sich mit Despoten, die die Freiheit der benachbarten Brüder unterdrückten und damit die universell gültigen Menschenrechte verletzten? Als Erben der Aufklärung gingen die Revolutionäre davon aus, daß nur freiheitlich regierte Völker politisch friedensfähig seien, während die absolutistische Despotie des *Ancien Régime* als Ursache des Krieges schlechthin begriffen wurde. Konnte es so nicht sinnvoll, angesichts der realen Kriegsdrohungen sogar angebracht sein, durch einen Präventivkrieg gegen die europäischen Despoten nicht nur das revolutionäre Frankreich zu schützen, sondern zugleich auch die Freiheit der unterdrückten Nachbarvölker wie die friedliche Zukunft Europas zu befördern? Das jedenfalls war der Schluß, den wachsende Teile der revolutionären Öffentlichkeit zogen, als sie der auswärtigen Kriegsdrohung die Perspektive eines spezifisch revolutionären Krieges entgegenzusetzen begannen. „Friede den Hütten, Krieg den Palästen!", so lautete die mitreißende Parole des revolutionären Befreiungskrieges. Das erklärte Ziel der französischen Kriegspolitik im „heiligen Krieg der Menschen gegen die Kronen" war es, „die eigene Freiheit vollständig zu sichern und zugleich die Freiheit Europas vorzubereiten."

Die Frage nach Krieg und Frieden wurde für das revolutionäre Frankreich noch komplizierter, weil die inneren und die äußeren Gegner der Revolution in vieler Hinsicht miteinander verbunden waren. Das erste Bindeglied waren die Emigranten, die im grenznahen Ausland bewaffnete Militärlager unterhielten und zugleich die deutschen Fürsten zu einer militärischen Intervention zu bewegen versuchten. Darüber hinaus gab es tatsächlich gute Gründe anzunehmen, daß auch der Königshof mit den ausländischen Monarchen gemeinsame Sache machen und gegen die Revolution intrigieren würde. Insbesondere die engen familiären Beziehungen der Königin Marie-Antoinette zu ihrem Bruder Kaiser Leopold II. trugen zu dem Eindruck bei, am Hof wirke ein geheimes *Co-*

---

[1] Vgl. Timothy C. W. Blanning, The Origins of the French Revolutionary Wars, London u. New York 1986; zu den Revolutionskriegen allgemein ders., The French Revolutionary Wars 1887-1802, London u. a. 1996.

mité autrichien, ein *österreichisches Komitee*, aktiv auf die militärische Intervention Österreichs zugunsten der französischen Monarchie hin. Als Ludwig XVI. im Juni 1791 aus Frankreich zu fliehen versuchte, interpretierte die revolutionäre Öffentlichkeit diesen Schritt infolgedessen wie selbstverständlich (und durchaus begründet) als Auftakt zum Krieg und machte ihrerseits mobil.

Maßgebliche Teile der Forschung haben die revolutionäre Außenpolitik der anschließend in der Legislative dominierenden, zunehmend den Krieg anvisierenden Gruppe um Brissot deshalb unter einem Primat der Innenpolitik gesehen, und dies mit guten Gründen.[2] Tatsächlich ging es der entstehenden *Gironde* durchaus auch darum, mit einer selbstbewußten, die Kriegsgefahr zunehmend einkalkulierenden Außenpolitik die Loyalität des Königs auf die Probe zu stellen und ihn zu zwingen, sich entweder offen auf die Seite der Revolution zu stellen, oder aber seine revolutionsfeindliche, mit den ausländischen Monarchen paktierende Politik zu offenbaren. „Der Krieg wird der Prüfstein für die Haltung der exekutiven Gewalt sein", so brachte der Jakobiner Manuel diese Politik in den großen außenpolitischen Debatten des Jakobinerklubs zum Jahreswechsel 1791/92 treffend auf den Punkt. Damit verbanden sich zugleich Vorstellungen, nach denen die kriegerische Zuspitzung der politischen Situation auch den revolutionären Geist der jungen Nation erneut entfachen, der Krieg insgesamt zu einem Jungbrunnen der so siechenden wie bedrohten Revolution werden könne. Der Krieg sei notwendig, so argumentierte Brissot, denn er sei „eine nationale Wohltat; und das einzige Unglück, daß Frankreich zu vermeiden hat, liegt darin, keinen Krieg zu bekommen und so die innere Austrocknung fortzusetzen, die Kraftlosigkeit, die es ermattet."

Trotzdem greift die vom Primat der Innenpolitik ausgehende Analyse der kriegstreiberischen revolutionären Außenpolitik insgesamt zu kurz. Denn damit wird zwar ein wichtiger Aspekt angesprochen, der aber erst in einem allgemeineren, durch die unauflösliche Verbindung von Außen- und Innenpolitik im revolutionären Denken geprägten Zusammenhang seine spezifische Bedeutung gewinnen konnte. Nicht mehr um systemimmanente Konflikte zwischen politischen Akteuren ging es, sondern um systemtranszendierende Konflikte zwischen gegensätzlichen, ja antagonistischen politischen Prinzipien und ihren Trägergruppen. Die Freiheit der Völker und die Despotie der Tyrannen standen gegeneinander, innerhalb des revolutionären Frankreich wie in allen anderen Ländern. „Die Demarkationslinie liegt heute zwischen den Gesellschaften und ihren Regierungen", stellte Brissot kategorisch fest.[3]

---

[2] Vgl. zuletzt François Furet, Les Girondins et la guerre: les débuts de l'Assemblée législative, in : ders. u. M. Ozouf (Hg.), La Gironde et les Girondins, Paris 1991, S. 189-205; das folgende zit. n. Aulard, Société des Jacobins, Bd. 3, S. 302ff.

[3] AP 36, S. 606, 29.12.1791; die folgenden Zitate Patriote Français, 28.12.1791 (Dok. 9); Chronique du mois, Mai 1792; vgl. allg. Wolfgang Kruse, Die Erfindung des modernen Militarismus. Krieg, Militär und bürgerliche Gesellschaft im politischen Diskurs der Französischen Revolution 1789-1799, München 2003.

Der heraufziehende Krieg wurde so als ein revolutionärer Bürgerkrieg interpretiert, in dem Frankreich als Mutterland der Revolution nicht nur die eigenen, sondern zugleich auch die Interessen der noch immer unterdrückten Nachbarvölker vertrete. „Handelt es sich etwa nur um einen auswärtigen Krieg, um einen Krieg von Königen oder auch von Völkern gegeneinander", fragte der Jakobiner Rœderer rhetorisch, um den Charakter des revolutionären Krieges dann folgendermaßen zu bestimmen: „Es handelt sich um einen Bürgerkrieg, verbunden mit dem auswärtigen Krieg. Es handelt sich um den Krieg des Adels gegen die Gleichheit, der Privilegien gegen die Gemeinschaft, aller Laster gegen die Moral, aller Tyranneien gegen die Freiheiten und die Sicherheit der Menschen." Und was hier erst einmal aus einer defensiven Perspektive entwickelt wurde, erfuhr im revolutionären Diskurs zugleich eine entschieden offensive Wendung. Entworfen wurde nun tatsächlich das Bild eines universellen Freiheitskrieges, den die französische Nation im Interesse der Menschheit führe. Es handelte sich mit den Worten Brissots um „den Krieg der Gerechtigkeit gegen die Unterdrückung, der Freiheit gegen die Despotie; und dieser Krieg ist heilig; er wird bestimmt durch Eure kostbarsten Gefühle und Interessen, durch die Interessen aller Völker, deren künftige Freiheit mit der gerade ins Leben getretenen Freiheit der Franzosen unterdrückt werden soll."

Die Vorstellung eines vom revolutionären Frankreich ausgehenden, tatsächlich aber grenzüberschreitenden revolutionären Befreiungskrieges der Völker Europas gegen ihre tyrannischen Herrscher wurde von seinen Protagonisten durchaus ernst gemeint. Und doch war in ihr von Anfang an ein ideologischer Kern enthalten, den die Realität des Krieges bald offenbarte. Die Problematik des widersprüchlichen Verhältnisses zwischen universellen Ansprüchen und nationalen Eigeninteressen trat deutlicher zutage, als die siegreichen französischen Truppen im Herbst 1792 erstmals die Landesgrenzen überschritten und benachbarte Territorien zu erobern begannen. Wie sollte das revolutionäre Frankreich, so lautete die Kernproblematik der militärischen Erfolge, mit eroberten Territorien und vor allem mit der hier wohnenden Bevölkerung umgehen? Den revolutionären Prinzipien gemäß wollten die französischen Truppen den Menschen die Freiheit bringen. Doch so einfach, wie in der revolutionären Ideologie vorgezeichnet, war der militärische Revolutionsexport keineswegs. „Wie könnt Ihr, ohne deren heilige Rechte zu verletzen, die dortige Bevölkerung zwingen, die Verfassung zu übernehmen, die Ihr Euch geben wollt und die ihr vielleicht gar nicht gefällt?" Mit dieser Frage brachte der *Girondist* Louvet schon im September 1792 während der Diskussionen über die Zukunft des besetzten Savoyen die inneren Widersprüche des Revolutionsexports in klarer Form zum Ausdruck; „Gesetze geben, das heißt erobern", fügte sein Mitstreiter Lasource etwas später treffend hinzu. Das französische Projekt der gesellschaftspolitischen Revolutionierung und die nationale Selbstbestimmung der ‚befreiten' Völker mußten in der Tat keineswegs Hand in Hand gehen. Wo sie in Gegensatz zueinander traten, wie anfangs vor allem in Belgien, da wurde der revolutionäre Messianismus bald in aller Klarheit seines ideellen Charakters entkleidet und enthüllte sich in seinem Kern als das imperialistische Herrschaftsprogramm, daß die französische Außenpolitik in den folgenden Jahren immer deutlicher bestimmen sollte.[4]

Die revolutionäre Öffentlichkeit diskutierte Ende 1792/Anfang 1793 vor allem darüber, welche eroberten Territorien und Völker in die französische Nation und ihr Staatsgebiet integriert werden sollten. Dabei setzte sich schließlich das von so unterschiedlichen politischen Köpfen wie Brissot, Carnot und Danton vertretene Programm der *Limites naturelles*, der *natürlichen Grenzen* durch, nach dem der Rhein, die Alpen, die Pyrenäen und das Meer die Grenzen des französischen Staatsgebiets markieren sollten. Nicht mehr die Interessen und Entscheidungen der von diesem Annexionsprogramm betroffenen Völker wurden nun in den Vordergrund gestellt, sondern das Interesse Frankreichs an einem klar umgrenzten, relativ homogenen und zugleich militärisch leicht zu verteidigenden Staatsgebiet. Auch nach den militärischen Rückschlägen und Siegen der Jahre 1793/94 hielt die revolutionäre Außenpolitik an diesem Annexionsprogramm fest, ergänzt durch die ebenfalls schon 1792 entwickelte Perspektive, *befreite* Völker jenseits der natürlichen Grenzen in mit Frankreich verbundene *Républiques sœurs, Schwesterrepubliken* umzuwandeln.

Wie aber konnte das revolutionäre Frankreich im Krieg gegen die Koalition der Mächte des europäischen *Ancien Régime* überhaupt siegreich sein? Bei den französischen Truppen handelte es sich nicht mehr um dieselben Soldaten, die noch 1789 den Bestand der Revolution bedroht hatten. Die Armee war seither in einen tiefgreifenden Umgestaltungsprozeß eingetreten, in dem die eigentliche Grundlage für ihre militärischen Erfolge und für die revolutionäre Expansion in der zweiten Hälfte der 1790er Jahre zu sehen ist.[5] Von entscheidender Bedeutung war vor allem die revolutionäre Dynamik, die von den Kriegsfreiwilligen in ihren eigenständigen, selbstbestimmten Regimentern ausging. Zu einer ersten revolutionären Massenmobilisierung kam es, als die Nationalversammlung nach der Flucht des Königs im Juni 1791 die Nationalgardisten zur Verteidigung des Landes zu den Waffen rief. Etwa 100.000 *Volontaires nationaux* rückten ein, organisiert in eigenen Regimentern ohne formalisierte militärische Strukturen, mit Phantasieuniformen und selbstgewählten Offizieren, bestimmt vor allem von ihrem revolutionärem Elan. Nach Kriegsbeginn traten erneut Freiwillige unter die Fahnen, diesmal mehr als 100.000, ergänzt durch die sog. *Fé-*

---

4   Vgl. Jacques Godechot. La Grande Nation. L'expansion révolutionnaire de la France dans le monde de 1789 à 1799, Paris 1983; die vorhergehenden Zitate AP 53, S. 190, 28.9.1792; S. 551, 29.10.1792; zur revolutionären Außenpolitik allgemein Albert Sorel, La Révolution française et l'Europe, 8 Bde., Paris 1884-1904.

5   Vgl. Jean-Paul Bertaud, La Révolution armée. Les soldats-citoyens et la Révolution française, Paris 1979; Alan Forrest, Soldiers of the French Revolution, Durham 1990.

LE SERMENT RÉPUBLICAIN.

Abb. 33: Militärische Massenmobilisierung: Als im August 1792 Österreicher und Preußen in die Champagne vorstießen, unterzeichneten Pariser Bürger mit ihrem Blut den Eid, nicht aus dem Krieg heimzukehren, bevor sie die Feinde aus Frankreich vertrieben hätten. Zeitgenössische Darstellung.

dérés, die aus allen Landesteilen nach Paris kamen, um die Hauptstadt zu schützen. Die Abordnung aus Marseille sang bei Ihrem Einzug in Paris ein kurz zuvor für die Rheinarmee komponiertes Marschlied, das bald zum Inbegriff revolutionärer Kampfbereitschaft wurde, die *Marseillaise*.

Aus diesen hochmotivierten Verteidigern der Revolution setzten sich die französischen Truppen zusammen, die im September 1792 bei Valmy einer Kanonade der preußischen Invasionstruppen standhielten und damit der Revolution ihren ersten militärischen Sieg bescherten. Sie gingen anschließend wie selbstverständlich in die Offensive über und eroberten rasch Belgien und das Rheinland, ferner auch Savoien und Nizza. Ihre die Berufssoldaten überraschende Kampfmoral und -kraft reichte allerdings nicht aus, um dem erneuten Ansturm der durch englische, holländische und spanische Truppen verstärkten monarchischen Armeen im Frühjahr 1793 standzuhalten. Angesichts der erneut drohenden Niederlage ging die Republik nun zu Massenaushebungen über. 300.000 junge Männer wurden bereits im Februar unter die Waffen gerufen, ge-

Abb. 34: Rückzug der Interventionstruppen nach der Kanonade von Valmy, September 1792.
Zeitgenössischer Kupferstich.

folgt von der *Levée en masse* im Sommer 1793, die noch einmal eine ähnliche Rekrutenzahl erbrachte. Zwar ging die Freiwilligkeit dabei oft verloren, der Zwangscharakter des Kriegsdienstes nahm zu und im Gegenzug häuften sich Entziehung, Widerstand und Desertion. Doch trotzdem entstand aus den nunmehr *amalgamierten*, miteinander verbundenen Freiwilligenregimentern, Kontingenten der alten Armee und eingezogenen Soldaten schließlich eine ganz neuartige Armee.[6]

Sie war nicht nur jugendlich und von revolutionärem Elan getragen, sie konnte auch auf die traditionellen Hierarchien weitgehend verzichten und die Soldaten als selbständige Individuen begreifen, die man nicht in geschlossener Formation marschieren lassen mußte, sondern in gelockerten, selbständig agierenden, weit schnelleren Marschkolonnen. Nicht zuletzt eröffnete ihre soziale Egalität auch bislang ungekannt Aufstiegsmöglichkeiten, die brillante und innovative junge Männer aus allen Schichten der Bevölkerung, getragen von der Loya-

---

6 Vgl. John A. Lynn, The Bayonets of the Republic. Motivation and Tactics in the Army of Revolutionary France, 1791-1794, Champaign 1984.

lität ihrer Mannschaften, schnell bis in höchste Offiziersränge führen konnte. Damit war zugleich ein Professionalisierungsschub verbunden, denn oft waren die nun vielfach in Offiziersränge aufrückenden ehemaligen Unteroffiziere militärisch besser ausgebildet und motivierter als das alte, adlige Offizierskorps mit seinem Standesdünkel. Vor allem aber zeichneten sich die revolutionären Armeen durch ihren Massencharakter aus. Im Jahre 1793 führte die Republik eine dreiviertel Million überwiegend schlecht ausgebildete und ausgerüstete, aber hoch motivierte Soldaten ins Feld, deren revolutionäre Loyalität und Kampfbereitschaft durch massive Propagandaaktivitäten in der Truppe nachdrücklich unterstützt wurde.

Aufbauend auf diesen Voraussetzungen, entwickelte der Wohlfahrtsausschuß unter Führung seines Militärfachmanns Lazare Carnot in den Jahren 1793/94 eine neuartige Militärdoktrin, die die spezifischen Stärken der revolutionären Armeen zur Geltung bringen sollte.[7] Die permanente Truppenbewegung, die Offensive und das Überraschungsmoment koordiniert, aber selbständig agierender Einheiten wurden nun in den Mittelpunkt gerückt, unterstützt durch den kombinierten Einsatz der unterschiedlichen Waffengattungen, insbesondere auch der modernen Artillerie. Vor allem aber brach die neue *Massentaktik* rigoros mit den artifiziellen Kampfformen der adlig geführten Armeen des *Ancien régime* und setzte auf den massiven, den Gegner überraschend treffenden Entscheidungsschlag. Im revolutionären Krieg gehe es nicht um militärische Einzelaktionen und antiquierte ritterliche Ehrenhändel, die nur den Krieg verlängern würden, wies der Wohlfahrtsausschuß im Herbst 1793 die leitenden Offiziere der republikanischen Armeen an, sondern um einen massiven, die gegnerischen Truppen vernichtenden, kriegsentscheidenden Einsatz aller vorhandenen Mittel: „Eine einzige Aktion dieser Art ersetzt und ermöglicht alle übrigen. Sie bewirkt mehr als alle Detailaktionen.[8]

Für die militärischen Erfolge im revolutionären Krieg war allerdings nicht nur die neue Armee der *Bürgersoldaten* verantwortlich. Im Zeichen der drohenden Niederlage bildete die *République assiégé*, die allseits belagerte Republik der Jahre 1793/94 einen anderen Grundzug des modernen Krieges aus, seine Tendenz zur Totalisierung. Sie zeichnete sich wesentlich auf drei unterscheidbaren Ebenen ab: zum ersten in der Zuspitzung zum *Guerre à outrance*, zum gnadenlosen Prinzipienkampf bis zur endgültigen Entscheidung über Triumph und Untergang; zum zweiten in der Mobilisierung nicht nur von Massenheeren für den Krieg an den äußeren Fronten, sondern auch der ganzen Gesellschaft an der untrennbar mit dem revolutionären Krieg verbundenen ‚inneren Front'; schließlich, beides zusammenfügend, im terroristischen Kampf gegen den in Verbindung mit den Kriegsgegner agierenden ‚inneren Feind', der zunehmend in je-

---

7 Vgl. Marcel Reinhard, Le Grand Carnot, 2 Bde., Paris 1950/52.
8 Zit. n. Alan Forrest, Armee, in: Kritisches Wörterbuch, Bd. 2, S. 687-701, hier S. 691.

der Form der Distanzierung von den nationalen Kriegsanstrengungen ausgemacht wurde.

Von Anfang an war der Krieg als Kampf zwischen antagonistischen Prinzipien, als „heiliger Krieg der Gerechtigkeit gegen die Unterdrückung, der Freiheit gegen die Despotie" begriffen worden, wie etwa Brissot bei Kriegsbeginn jubelte.[9] Im Zeichen der drohenden Niederlage wurde daraus schon im Sommer 1792 in seiner Diktion ein finaler *guerre à mort*, ein „Todeskampf zwischen dem Königtum und der Freiheit", ein Krieg also, der nur mit dem totalen Sieg einer Seite enden könne. Diese agonale Zuspitzung wurde anfangs noch durch eine Kriegsideologie im Zaum gehalten, nach der nur despotische Regierungen, nicht aber die von ihnen unterdrückten Völker als Feinde Frankreichs gedeutet wurden. Dies begann sich jedoch langsam zu verändern, als die naiven Erwartungen, daß die Nachbarvölker an die Seite des revolutionären Frankreich treten und mit ihm gemeinsam die Heere der Despoten hinwegfegen würden, enttäuscht wurden. Nun mußten die Revolutionäre feststellen, daß sie tatsächlich keineswegs einen Krieg der Völker gegen die Tyrannen führten, sondern sich in einem „Krieg von zehn Sklavenvölkern gegen ein freies Volk" befanden, wie Brissot im Frühjahr 1793 enttäuscht urteilte. So wie das nationale Selbstbild zunehmend überhöht wurde, so weitete sich auch das Feindbild der revolutionären Nation bald auf „die gegen uns verbundenen Völker" aus. „Ob auf Knien oder aufrecht, wir werden den Völkern keinen Frieden zugestehen, bis sie ihre Ketten gebrochen haben", hieß es Anfang 1794 im Jakobinerklub. „Es gibt keinen Frieden und keinen Vertrag mit korrumpierten und unwürdigen Völkern."[10]

In der politischen Realität beinhaltete dies die Zuspitzung des Krieges zu einem agonalen Vernichtungskrieg nicht nur zwischen Prinzipien, zwischen Republik und Monarchie, Freiheit und Despotie, sondern auch zwischen den an sie gebundenen, sie tragenden Völkern oder Nationen. Auf Antrag von Robespierre bedrohte der Konvent bereits im Frühjahr 1793 jeden Versuch, Verhandlungen über einen Friedensschluß oder über einen Waffenstillstand aufzunehmen, mit der Todesstrafe, solange die Kriegsgegner nicht zuvor feierlich die Unabhängigkeit, die Souveränität, die Unteilbarkeit und die Einheit der (erweiterten) französischen Republik beschworen hatten. Die Verfassung von 1793 verbot darüber hinaus jede Form der Verhandlung mit einem Kriegsgegner, der sich auf französischem Territorium befand. Als Mercier ironisch die Frage „Habt ihr denn einen Vertrag mit dem Sieg" aufwarf, verdeutlichte die berühmte Antwort von Basire in aller Klarheit den agonalen Vernichtungscharakter, den der revolutionäre Krieg inzwischen gewonnen hatte: „Wir haben einen Vertrag mit dem Tod."

---

[9] Patriote Français, 23.4.1792; die folgenden Zitate ebd., 12.7.1792, 5.4.1793.

[10] Aulard, Société des Jacobins, Bd. 5, S. 630; die folgenden Zitate AP 66, S. 676, 18.6.1793; AP 92, S. 391f., 4.7.1794.

Das galt keineswegs nur für die Verteidigung, sondern auch für die Offensive. Noch nach dem vorerst entscheidenden Sieg bei Fleurus im Juni 1794 wandte sich Barère, der außenpolitische Sprecher des Wohlfahrtsausschusses, im Konvent vehement gegen „die gefährliche Idee, alles sei beendet, wenn das französische Territorium befreit ist." Vielmehr gehe es angesichts einer überall anhaltenden Feindschaft gegen das revolutionäre Frankreich nun darum, aus dem Sieg Profit zu schlagen und zum Vernichtungskrieg gegen die feindlichen Armeen überzugehen. „Die Könige hören erst auf, gegen uns zu konspirieren, wenn es sie nicht mehr gibt; es gibt sie nicht mehr, wenn ihre Armeen vernichtet sind, weil sie erst dann keinen Rückhalt, keine Macht mehr haben, wenn sie keine Soldaten mehr haben", argumentierte er, um daraus die Schlußfolgerung zu ziehen: „Laßt uns also einen gnadenlosen Krieg, einen Vernichtungskrieg führen."

Im Zeichen der Totalisierung der Krieges wurde auch die französische Zivilbevölkerung immer unmittelbarer in die Kriegsanstrengungen integriert. Das revolutionäre Frankreich entwickelte sich zu einer primär an den Zwecken des Krieges ausrichteten Gesellschaft. Programmatisch trat dies am deutlichsten in dem berühmten Aufruf hervor, mit dem Barère vor dem Konvent die *Levée en masse* proklamierte: „Von dieser Stunde an bis zu dem Augenblick, da die Feinde vom Boden der Republik verjagt sein werden, sind und bleiben alle Franzosen zum Armeedienst einberufen. Die jungen Männer werden in den Kampf ziehen; die Ehemänner werden die Waffen schmieden und den Nachschub transportieren; die Frauen werden Zelte und Uniformen nähen und in den Lazaretten Dienst tun; die Kinder werden alte Wäsche zu Scharpie zupfen; die Greise werden sich auf den öffentlichen Platz tragen lassen, um den Kriegern Mut einzuflößen, den Haß auf die Könige und die Liebe zur Einheit der Republik zu predigen."[11]

Die Integration der zivilen Bevölkerung in die nationalen Kriegsanstrengungen hat zweifellos im industrialisierten Abnutzungskrieg des 20. Jahrhunderts ganz andere Dimensionen gewonnen, als dies in der überwiegend agrarisch und kleingewerblich organisierten, kaum industrialisierten Wirtschaft des ausgehenden 18. Jahrhunderts möglich war. Als programmatischer Anspruch aber wurde sie im Abwehrkampf der Französischen Revolution bereits deutlich ausgebildet und in die Realität umzusetzen versucht. Insbesondere ging es dabei um die schon bald prekäre Ausrüstung und Versorgung der neuen Massenarmeen. Eine wesentliche Triebkraft war auch hier das revolutionäre Engagement großer Teile der Bevölkerung, das in enger Verbindung mit den lokalen Klubs und Behörden aktiviert wurde. Private Waffen wurden eingesammelt, Piken geschmiedet und Schießpulver hergestellt, Kleidungsstücke und Stoffe zusammengetragen. Doch solche Initiativen reichten bei weitem nicht aus, um den rasch wachsenden Bedarf zu befriedigen, so daß die Revolutionsregierung schon bald

---

[11] Zit. n. Furet u. Richet, Französische Revolution, S. 303.

zu zentralisierenden Maßnahmen überging und eine staatlich koordinierte Kriegswirtschaft ins Leben rief.

Das betraf nicht nur die Requisitionen von Lebensmitteln zur Versorgung der Soldaten wie der Zivilbevölkerung, sondern auch die Produktion von Waffen und anderen kriegswichtigen Gütern. Vor allem die schwerindustrielle Produktion ging dabei unter der Leitung der im Februar 1794 eingerichteten *Commission extraordinaire des Armes et des Poudre*, einer Art Ministerium für die Kriegsproduktion, zunehmend in öffentliche Regie über. Während der Handel weitgehend privatwirtschaftlich organisiert blieb, griffen die revolutionären Behörden in die Waffenproduktion unmittelbar ein, funktionierten Manufakturen um und errichteten selbst neue Werkstätten, in denen Ausrüstungsgegenstände und Waffen produziert wurden. Die große Pariser Waffenmanufaktur beschäftigte 1794 etwa 5.000 Arbeiter. Aber auch in der Provinz entstanden viele neue Fabriken, so daß die Waffenproduktion insgesamt auf 240.000 Gewehre und 7.000 Kanonen pro Jahr gesteigert werden konnte.[12]

Die Revolutionsführung war ferner mit Erfolg darum bemüht, die Wissenschaft in den Dienst von Kriegsführung und Kriegswirtschaft zu stellen. Eine Arbeitsgruppe unter Leitung des Chemikers Guyton-Morveau wurde eingerichtet, an der berühmte Naturwissenschaftler wie der Mathematiker Gaspar Monge, der Chemiker Antoine Fourcroy oder der Physiker Périer beteiligt waren. Ihre Auf-

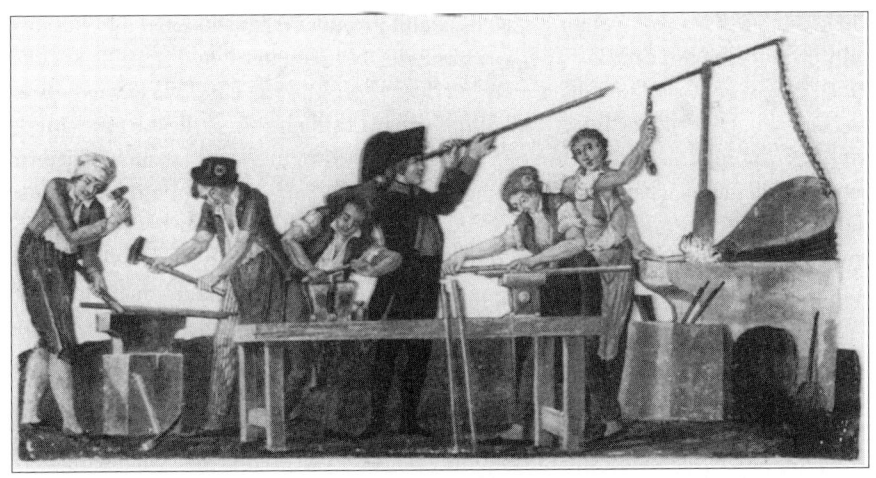

Abb. 35: Waffenschmiede im Jahr II (1794). Zeitgenössische Darstellung.

---

[12] Vgl. Marc Bouloiseau, La République jacobine. 10 août-9 thermidor an II, Paris 1972, S. 152-61; ferner Howard G. Brown, Politics and Army Administration in France, 1791-1799, Oxford 1995.

gabe bestand darin, in kurzer Zeit neue Techniken zur Verbesserung und Unterstützung der Kriegführung zu entwickeln. Hier wurden nicht nur bewaffnete Luftschiffe geplant und der berühmte Ballon *L'Entreprenant* (*Der Verwegene*) entwickelt, der über dem Schlachtfeld von Fleurus die feindlichen Truppen verwirrte. Zwischen Paris und der Nordfront wurde von Claude Chappe und Joseph Lakanal auch die erste Telegraphenleitung installiert, um die Kommunikation zwischen Revolutionsregierung und Generalität zu beschleunigen. Und während der wachsende Rohstoffbedarf oft aus den requirierten Lagerbeständen der französischen Industrie gedeckt werden konnte, wurde die Bronze für den Kanonenbau durch Einschmelzen von Kirchenglocken gewonnen, wobei ein neues, von Gauthier entwickeltes Verfahren die Qualität deutlich verbesserte. Schließlich gelang es durch die Ausweitung des Kohleeinsatzes in den Hammermühlen auch, die Kanonenrohre in ganzen Stücken zu gießen, ihren Stahl besser zu härten und so ihre Qualität deutlich zu verbessern.

Der Aufbau einer staatlich gelenkten Kriegswirtschaft brachte allerdings nicht nur organisatorische und wissenschaftliche Fortschritte mit sich, er unterstellte wachsende Teile der Bevölkerung auch einem wirtschaftlichen Zwangssystem. Das galt nicht nur für Requisitionen und Höchstpreisverordnungen. Auch die Arbeitsbedingungen in den kriegswichtigen Betrieben waren davon betroffen. Generell waren die Höchstpreisverordnung zugleich mit der Einführung von Obergrenzen für die Löhne verbunden, und die Bildung von Arbeiterassoziationen oder gar Streiks standen sowieso unter strengen Strafandrohungen. Die Arbeiter in staatlich geführten kriegswichtigen Betrieben wurden darüber hinaus zwangsverpflichtet, ihre Arbeitsbedingungen wurden einseitig von den Behörden festgelegt, Nachlässigkeiten, Widersetzlichkeiten oder Flucht wurden ähnlich wie in der Armee als Disziplinarvergehen schwer bestraft.

Mit dem Einbezug der zivilen Bevölkerung in die totale Mobilmachung der revolutionären Nation war schließlich der terroristische Kampf gegen den ‚inneren Feind' verbunden. Auf Druck der Pariser Volksbewegung wurde kurz nach der *Levée en masse* auch der Terror als offizielles Regierungsprogramm verkündet. „Wir fordern euch auf, in aller Form zu verfügen", so hatten die aufständischen Pariser *Sansculotten* zuvor gegenüber dem Konvent eine terroristische Konzeption der *Levée en masse* vertreten, „daß alle Verdächtigen auf der Stelle verhaftet werden, um sie dann an die Landesgrenzen zu treiben, hinter ihnen die schreckliche Masse aller Sansculotten der Republik. Dort, in der ersten Frontlinie, sollen sie für die Freiheit kämpfen, die sie seit vier Jahren mit Füßen getreten, oder sie sollen im Kanonenfeuer der Tyrannen hingeschlachtet werden. Ihre Frauen und Kinder sowie die Alten und Gebrechlichen sollen der Obhut der französischen Menschlichkeit und Rechtschaffenheit unterstellt werden: Sie sollen von den Frauen und Kindern der *Sansculotten* als Geiseln genommen werden."[13]

---

[13] AP 72, S. 103, 12.8.1793; vgl. hier Dok. 19.

Abb. 36: Schlacht bei Fleurus (Belgien) am 26. Juni 1794: Die Franzosen unter General Jean
  Baptiste Jourdan besiegen die Österreichischen Truppen unter Josia von Sachsen-
  Coburg. Zeitgenössische Darstellung.

Dieses terroristische Programm wurde von der Revolutionsregierung aufgegriffen und in staatlich organisierte Formen überführt. Die Revolution verstand
sich nun mit den Worten von Robespierre als ein „Krieg der Freiheit gegen alle ihre Feinde", ein Krieg, der im Innern ganz kriegsbezogen von den *Armées
révolutionaires* geführt wurde, die die revolutionären *Sansculotten* für den
Kampf an der inneren Front, gegen zersetzende Elemente, Wucherer, Aufrührer
und Verdächtige bildeten. Der schon bald von der revolutionären Kriegsdiktatur der großen Ausschüsse zentralisierte Terror gegen – reale oder eingebildete
– widersetzliche Teile der Bevölkerung gewann dabei zunehmend dieselben
agonalen, auf Vernichtung zielenden Züge wie die Kriegführung gegen die
feindlichen Armeen. Dies trat besonders bei der Niederschlagung innerer Aufstandsbewegungen und der anschließenden Rache der Sieger hervor, die zehn-
tausende Opfer forderten. Sie wurden nicht nur unter der Guillotine hingerichtet, sondern in Massenerschießungen liquidiert, ertränkt, hingemetzelt. Ihren
Höhepunkt gewann diese Tendenz im Frühjahr 1794 mit dem Vernichtungsfeld-
zug der *Colonnes infernales* gegen die bereits besiegten Aufständischen in der
Vendée, der zweifellos als ein Mentekel für die in der revolutionären Moderne
auch angelegte Tendenz zum Völkermord betrachtet werden kann.[14]

---

[14] Vgl. Reynald Secher, Le Génocide Franco-français: La Vendée vengé, Paris 1986.

Als die französischen Revolutionsarmeen im Frühsommer 1794 wieder die Oberhand gewannen, gingen sie erneut in die Offensive über und eroberten bis zum Jahresende die habsburgischen Teile der Niederlande (Belgien) und das westliche Rheinland. Erst die Erfolge Bonapartes in Italien konnten 1797 allerdings mit dem Vertrag von Campo Formio die *natürliche* Rheingrenze weitgehend sicherstellen.[15] Die Expansionskraft des revolutionären Frankreich fand damit jedoch noch keine eindeutige Grenze. Den von französischen Truppen *befreiten* Völkern jenseits des entsprechend erweiterten Staatsgebietes war bereits im Zeichen des Propagandakrieges der Jahre 1792/93 eine andere Perspektive gewiesen worden, die seit 1795 Politikmächtigkeit gewann. Die nach französischem Vorbild verfaßten *Schwesterrepubliken* in Italien, den Niederlanden und der Schweiz sollten sich der revolutionären Theorie nach freiwillig eng an die französische *Mutterrepublik* anschließen. Doch de facto blieben sie in enger Abhängig von Frankreich und wurden zu ökonomisch ausgebeuteten, politisch fremdbestimmten Satellitenstaaten im allgemeineren Zusammenhang eines wachsenden, französisch bestimmten Imperiums in Europa.[16]

Im Zuge dieser Entwicklungen durchlief auch das revolutionäre Militär einen tiefgehenden Wandlungsprozeß. Das Verhältnis zwischen der zivilen bürgerlichen Gesellschaft und dem Militär war von Anfang an eine Kernproblematik und zugleich eine wesentliche Antriebskraft der Revolution gewesen. Zu Beginn, im Sommer und Herbst 1789, wurden die revolutionären Bürger vor allem von der Angst vor einem konterrevolutionären Einsatz des monarchischen Heeres auf die Barrikaden getrieben. Das Ende der revolutionären Dekade leiteten dagegen die sich keineswegs mehr als Vertreter der alten Ordnung begreifenden Soldaten von General Bonaparte ein, als sie im November 1799 die gewählte Volksvertretung auflösten und eine nur oberflächlich kaschierte Militärdiktatur errichteten. In der Zwischenzeit hatte die Revolution verschiedene Versuche unternommen, das Verhältnis zwischen ziviler Gesellschaft und Militär auf eine neue, der revolutionär konstituierten bürgerlichen Neuordnung entsprechende Grundlage zu stellen. Das Ergebnis dieser Versuche sah allerdings ganz anders aus als erwartet. Die Revolution konnte keine friedensfähige Bürgergesellschaft ins Leben rufen, sie brachte vielmehr den modernen Militarismus hervor.

Die bewaffnete revolutionäre Erhebung vom 14. Juli 1789 war die Geburtsstunde einer neuen Organisation, der Nationalgarde als bewaffneter Macht der bürgerlichen Revolution. In ihr organisierten sich die revolutionären Bürger zur Verteidigung gegen die konterrevolutionäre Bedrohung durch die monarchische Armee, die Nationalgarde sollte zugleich aber auch die Aufrechterhaltung der öffentlichen Ordnung sicherstellen, nicht zuletzt gegen unruhige Unter-

---

[15] Vgl. Raymond Guyot, Le Directoire et la paix de l'Europe. Des traités de Bâle à la deuxième coalition (1795-1799), Genf 1977 (Orig. Paris 1911).

[16] Vgl. Michel Vovelle, Les républiques-sœurs sous le regard de la Grande Nation 1795-1803, Paris 2000.

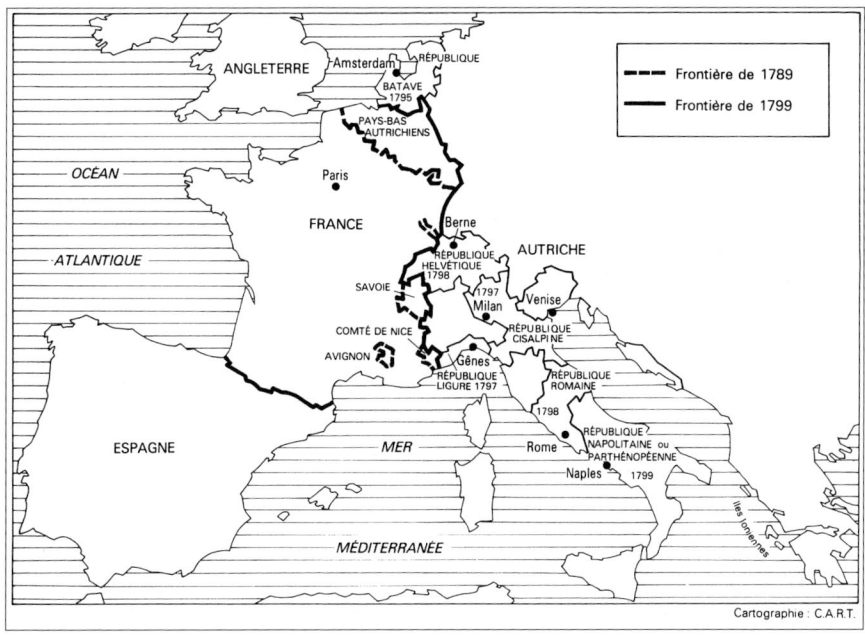

Abb. 37: Die Schwesterrepubliken 1795–1799.

schichten. Aus diesem Grunde wurde der in der Nationalgarde aktive *Soldat-ci-toyen*, der *Bürgersoldat* weitgehend mit dem *Aktivbürger* gleichgesetzt. Von nun an sollte in der revolutionären bürgerlichen Gesellschaft nur derjenige über politische Gestaltungsrechte verfügen, der auch die Verpflichtung zum Waffendienst für die Nation übernehmen konnte – und vice versa.

Am Vorbild der Nationalgarde orientierte sich auch der jakobinische Militärreformer Dubois-Crancé, als er zum Jahresende 1789 in der Nationalversammlung eine grundsätzliche Neuordnung des Verhältnisses zwischen der zivilen Gesellschaft und dem Militär postulierte. Ausgehend von der prekären, allseits bedroht erscheinenden Stellung der Revolution formulierte er die berühmte Forderung, daß in der neuen Gesellschaft „jeder Bürger zugleich Soldat, und jeder Soldat zugleich Bürger sein muß, oder wir werden niemals eine Verfassung bekommen."[17] Dubois ging es um den Vorrang des Bürgers vor dem Militär bzw. um eine Zivilisierung der bewaffneten Macht, die nun in Form eines Milizsystems gänzlich neu organisiert werden sollte. Nach seiner Auffassung war es für den Bestand der Revolution unabdingbar, das stehende Heer auf der Stelle auf-

---

[17] AP 10, S. 521, 12.12.1789.

zulösen und stattdessen eine der revolutionären Neugestaltung verbundene, nur der Verteidigungsfähigkeit gewidmete Organisation der bewaffnete Macht an seine Stelle zu setzen. Nicht Berufssoldaten, die willenlosen Instrumente adliger Offiziere und despotischer Herrscher, sollten fortan die Träger der bewaffneten Macht sein, sondern freie Bürger, die ihre Waffen nur zu Verteidigung ihrer Freiheit führen würden. Dieses radikale Neuordnungskonzept ging der gemäßigten Mehrheit in der Nationalversammlung allerdings zu weit. Sie entschied sich für die Beibehaltung einer politisch kontrollierten Berufsarmee neben der wesentlich mit Polizeiaufgaben betrauten Nationalgarde.

Unter der Leitung ihres Generals La Fayette entwickelte sich allerdings auch die Nationalgarde zu einer Art militärischer Organisation mit berittenen Eliteeinheiten aus Berufssoldaten und streng hierarchischem Aufbau. „Es geht nicht darum", kritisierten die *Révolutions de Paris*, „neue Regimenter zu schaffen, sondern eine Bürgermiliz; keine Soldaten, sondern freie Menschen und Bürger."[18] Die Nationalgarde blieb in der Tat eine zwiespältige Organisation. Sie wurde zur Aufrechterhaltung der öffentlichen Ordnung eingesetzt, nicht nur gegen soziale Revolten, sondern auch gegen politische Projekte der radikalen Linken wie die Petitionsbewegung zur Abschaffung der Monarchie, die im Juli 1791 von den Gardisten La Fayettes auf dem Pariser Marsfeld zusammengeschossen wurde. Andererseits aber trat sie in entscheidenden Situationen auch gegen den Willen ihres Generals an die Seite der aufständischen Bevölkerung, so etwa im Oktober 1789 oder während des Fluchtversuches der königlichen Familie im Juni 1791. Die militaristische Bedrohung, die kritische Kräfte auf der radikalen Linken schon früh in ihr sahen, ging von der Nationalgarde tatsächlich wohl nicht aus, vor allem nachdem die Nationalversammlung kurz vor ihrer Auflösung im Sommer 1791 die hervorgehobene Stellung La Fayettes abgeschafft und den charismatischen General damit zur Übernahme eines militärischen Kommandos veranlaßt hatte. Vorerst waren es noch nicht die revolutionären Bürgersoldaten, die zur Bedrohung der zivilen bürgerlichen Ordnung werden sollten.

Als Robespierre während der Diskussionen über Krieg und Frieden zum Jahreswechsel 1791/92 im Jakobinerklub nachdrücklich vor den Cäsars und Cromwells warnte, die am Ende die politische Macht an sich reißen könnten, dachte er vor allem an die Generalität der alten, monarchistischen Armee. Seine Warnungen sollten sich bald als berechtigt erweisen, denn mehrere Militärführer, vor allem La Fayette im Sommer 1792 und Dumouriez im Frühjahr 1793, unternahmen den Versuch, ihre Truppen gegen die sich radikalisierende Revolution ins Feld zu führen. Sie alle scheiterten aber auch an den selbstbewußten revolutionären *Bürgersoldaten*, die vorerst allen Projekten frondierender Generäle ihre Gefolgschaft verweigerten.

Die revolutionäre Kriegsdiktatur der Jahre 1793/94 bemühte sich nicht nur, durch politische Propaganda unter den Soldaten die Generalität politisch in

---

[18] Révolutions de Paris, 27.7.-1.8.1789.

Schach zu halten. Sie unterwarf die Militärführung auch einer strengen politischen Kontrolle. Die Leitung der Kriegsführung wurde im Wohlfahrtsausschuß zentralisiert, wo insbesondere Carnot die grundlegenden Kriegspläne entwarf. Konventsabgeordnete wurden als politische Kommissare zu den Armeen geschickt, wo sie nicht nur die Umsetzung der politischen Direktiven überwachen sollten, sondern auch selbst gestaltend in die militärischen Belange eingreifen konnten. Der Vorrang der zivilen Politik vor dem Militär konnte so aufrecht erhalten werden. Das Verhältnis zwischen ziviler und militärischer Macht begann sich erst nach dem Sturz der Terrorherrschaft langsam zu Gunsten der Soldaten zu verschieben, als sich das aus der Revolution hervorgegangene Militär der *Bürgersoldaten* im Zeichen des nicht endenden Krieges zunehmend verselbständigte und einen eigenen, spezifisch militaristischen Herrschaftsanspruch zu entwickeln begann.

Diese Entwicklung basierte auf mehreren Grundlagen. Zum einen war die bürgerliche Republik der Jahre 1794-1799 selbst um eine Trennung zwischen Armee und Gesellschaft bemüht. Sie wollte ihren Geschäften nachgehen und ließ die während der kriegerischen Radikalisierung der Revolution eingerückten Soldaten weiterhin im Dienst, so daß zunehmend eine Kluft zwischen den revolutionären Armeen und der zivilen bürgerlichen Gesellschaft entstand. Zum anderen drängten die Militärbefehlshaber in den eroberten Territorien die zivilen Kommissare, die während der revolutionären Kriegsdiktatur über die oberste Entscheidungsgewalt verfügt hatten, zunehmend an den Rand und begannen, nicht nur ihre Armeen selbständig zu leiten, sondern auch die politische Herrschaft selbst auszuüben. Das galt insbesondere für Bonaparte, der in Italien ganz eigenständig agierte, das Land revolutionierte, neue Staaten ins Leben rief, Verfassungen erließ, Regierungen ein- und absetzte. Damit rief er ein Beispiel ins Leben, das auch für seine Nachfolgern stilbildend wurde. „Sie haben ihn Verträge diskutieren, Gesetze ausstellen, Verfassungen für die besiegten Völker vorschlagen sehen", kritisierte ein Botschaftssekretär in der Cisalpinischen Republik, "und die diversen Generäle, die ihm nachgefolgt sind, sind mit Eifer in dieselbe Richtung marschiert. Sie haben alle Macht in ihren Händen zu verbinden versucht, sowohl das Schwert der Eroberung als auch die Verhandlungskunst der Diplomatie und die Feder des Gesetzgebers."[19]

Die Verselbständigung der Militärführung in den besetzten Territorien war auch in ökonomischer Hinsicht von großer Bedeutung. Die Generäle verhängten aus eigener Machtvollkommenheit Kontributionen über die von ihnen beherrschten Völker und machten sich so nicht nur finanziell unabhängig von der Pariser Zentrale, sondern sie trugen bald auch maßgeblich zum Budget der republikanischen Regierung bei, an die vor allem Bonaparte feierlich Teile seiner in Italien erbeuteten Schätze überbringen ließ. Von immenser politischer Bedeu-

---

[19] Zit. n. Jacques Godechot, Les Commissaires aux armées sous le directoire, 2 Bde. Paris 1937, hier Bd. 1, S. 371.

tung war noch ein weiterer ökonomischer Faktor, der eng mit den Liberalisierungsbemühungen der direktorialen Herrschaft verbunden war und zugleich die wachsende Bedeutung der Wirtschaft im modernen Krieg zum Ausdruck brachte. Es bildete sich eine enge Kooperation zwischen den Militärbefehlshabern und den mit einer korrumpierten staatlichen Bürokratie verbundenen Heereslieferanten heraus, die die Pariser Politik weitgehend aus ihren so kriegswichtigen wie profitträchtigen Geschäften ausschalten konnten und damit in mancher Hinsicht die Frühform eines modernen militärisch-industriellen Komplexes ausbildeten.[20] Schließlich basierte der wachsende politische und gesellschaftliche Gestaltungsanspruch der Militärs aber vor allem auf einem politischen Diskurs, der das Verhältnis zwischen der revolutionär konstituierten zivilen bürgerlichen Gesellschaft und dem aus ihr hervorgegangenen Militär der *Bürgersoldaten* ganz neu zusammensetzte.

Die *Bürgersoldaten* der glorreichen, den Fortbestand der Republik garantierenden revolutionären Armeen setzten sich nun selbst in Gegensatz zu einer zivilen Gesellschaft, die nach ihrer Auffassung die revolutionären Ideale zu verraten schien. Sie sahen ihre politisierende Kritik dementsprechend nicht als Bedrohung für den Bestand der Revolution an, sondern vielmehr als ihre letzte Rettung. So wie zu Beginn des Krieges die revolutionären Qualitäten der *Soldats de la liberté* als militärische Speerspitze einer zivilen Revolution den Söldnerheeren der Monarchen gegenübergestellt worden waren, so wurden nun die politischen Ansprüche der *Défenseurs de la patrie* mit ihrem revolutionären Charakter begründet. „Unter einer despotischen Regierung ist der Krieger nur ein gefährliches und schreckliches Instrument im Dienste des Tyrannen", so stellte ein General öffentlich klar, aber „in der Republik ist der Bürger, der sich der Verteidigung des Vaterlandes widmet, ein Garant des Staates und ein Protektor der Freiheit."[21] Ein anderer General fügte die besondere Pflichterfüllung der Soldaten hinzu, um damit ihre politischen Ansprüche zu begründen: „Der Soldat stellt fest: Die Verfassung steht unter dem Schutz der Bürger, und wir sind Bürger; wer kommt denn besser seinen Pflichten nach als wir?"

Der revolutionäre *Bürgersoldat* konnte so die Qualität eines Garanten der politischen Freiheit erlangen, der dazu berufen schien, seine Machtmittel ggf. auch nach Innen einzusetzen. „Der Soldat ist nicht wie einst ein gemeiner Automat", hieß es. „Er denkt nach, er beobachtet, er ist Bürger; wie weit er auch entfernt sein mag von seiner Heimat, seine Augen sind doch auf sie gerichtet, und er wird nicht das betrogene Opfer der ekelhaften Lügen sein, die die Spalter verbreiten. Nicht gegen ihr Land, aber gegen die Verdorbenen, die es spalten, wird sich das Schwert der französischen Krieger richten, wenn es dazu kommen soll-

---

[20] Vgl. Howard G. Brown, War, Revolution, and the Bureaucratic State. Politics and Army Administration in France, 1791-1799, Oxford 1995.

[21] Zit. n. Kruse, Erfindung des modernen Militarismus, S. 322; die folgenden Zitat ebd., S. 323, 311.

te, daß die Exzesse der Royalisten uns zu der schrecklichen Notwendigkeit verdammen, unsere Rechte und unsere Freiheiten mit dem Eisen zurückzuerobern." Allein die revolutionären Armeen schienen tatsächlich berufen, die Revolution nicht nur, wie bisher schon, gegen den äußeren Feind zu verteidigen, sondern ihre Zukunft auch im Innern sicherzustellen.

Zweifellos war dies nicht die Stimme der Soldaten schlechthin, der veröffentlichte militärische Diskurs stand unter dem Einfluß der Generalität. 1797 gab allein Bonaparte drei eigene Zeitschriften heraus, das *Journal de Bonaparte et des hommes vertueux*, den *Courrier de l'Armée d'Italie* und, schon vom Titel her bezeichnend, *La France vue de l'Armée d'Italie*. Vieles spricht aber doch dafür, daß die Diktion dieses Diskurses vielen Soldaten aus der Seele sprach. Sie sahen sich tatsächlich als Vertreter einer Revolution, die in Frankreich selbst ins Hintertreffen zu geraten schien, insbesondere als im Frühjahr 1797 die Royalisten einen großen Wahlsieg erzielten. Doch auch der spezifisch militärische Aspekt im Diskurs der revolutionären *Bürgersoldaten* war bald nicht mehr zu überhören. „Verschwörer! Es stimmt also, daß ihr den Krieg wollt", so hieß es in einem Protestschreiben, „Ihr werdet ihn bekommen, ihr Monstren, ihr werdet ihn bekommen; aber zweifelt ihr auch nur einen Moment über das Schicksal, das euch erwartet? Was wagt ihr von diesem ungleichen Kampf zu erhoffen? Ihr habt, darin pflichten wir bei, den Vorteil der Menge, ihr seid arglistig, einfallsreich, niederträchtig. Aber vor allem seid ihr feige, und wir haben die Waffen, die Tugenden, den Mut, die Erinnerung an so viele Siege und den unwiderstehlichen Enthusiasmus der Freiheit."[22] Bonaparte schließlich brachte den Perspektivenwechsel im Verhältnis zwischen ziviler Revolution und militärischem Machtanspruch in unnachahmlicher Weise auf den Punkt. Hatte die Jakobinerdiktatur noch im Frühjahr 1794 die Soldaten der Italienarmee gelobt, „die mit der Geschwindigkeit des Adlers die unzugänglichsten Gebirge überquert haben", so gab er drei Jahre später gegenüber seinen Soldaten die umgekehrte Parole aus: „Hohe Berge trennen uns von Frankreich, aber wir werden sie mit der Geschwindigkeit des Adlers überqueren, wenn es sein muß, um die Verfassung zu bewahren, die Freiheit zu verteidigen, die Regierung und die Republik zu beschützen."

Die zweite Hälfte der 1790er Jahre war von einer Vielzahl von Staatsstreichen geprägt, wie sie nicht nur in den von französischen Truppen beherrschten Ländern Europas, oft unter Anleitung der Militärs, vor sich gingen, sondern auch in Frankreich selbst. Eine besondere Rolle nahm dabei der Staatsstreich vom 18. *Fructidor* des Jahres V, dem 4. September 1797 ein, in dem sich die republikanische Mehrheit des Direktoriums mit Hilfe der Soldaten gegen die royalistisch orientierte Kammermehrheit und ihre Verbündeten in der Revolutionsführung durchsetzte. Dieser Staatsstreich, der sich formell noch unter der Regie ziviler

---

[22] Adresse der 2. Division der Italienarmee an die „Waffenbrüder der Armee des Innern", zit. n. Kruse, Erfindung des modernen Militarismus, S. 317; die folgenden Zitate ebd., S. 315.

Politiker vollzog, war de facto bereits ein aktiver militärischer Eingriff in die Politik, denn er war zuvor von den Soldaten mit Nachdruck gefordert und politisch wie militärisch vorbereitet worden. Gewissermaßen handelte es sich dabei bereits um eine Generalprobe für den Staatsstreich vom *Brumaire* 1799.

Der royalistische Wahlsieg vom Frühjahr 1797 hatte nicht nur die revolutionären Armeen insgesamt verunsichert, er stellte besonders für Bonaparte auch eine direkte Bedrohung dar, weil er durch die hier hervortretende Tendenz zum Verständigungsfrieden die Früchte seiner Italienpolitik gefährdet sah. Der General initiierte daraufhin einen Adressensturm seiner Italienarmee, dem sich rasch auch die anderen Armeen anschlossen. In hunderten von Adressen wandten sich die Soldaten an das Direktorium, forderten die Ausschaltung der royalistischen Rechten und boten dafür in drängender Form ihre Hilfe an. „Beeilt euch", so hieß es, „wirksamere Maßnahmen zu ergreifen, um einen Damm gegen diese Flut des Verbrechens zu errichten. Die Zeit drängt. Nur ein Wort, und die Armeen werden sich erheben und die Peiniger des Volkes werden besiegt sein."[23]

Nach einem ersten Versuch von General Hoche, der noch an der anschwellenden royalistischen Agitation gegen die politisierenden Militärs gescheitert war, übernahm Bonaparte im Sommer 1797 die Initiative. Er schickte seine rechte Hand, General Augereau, mit den gesammelten Adressen der Italienarmee nach Paris, wo dieser auf Betreiben der republikanischen Mehrheit im Direktorium zum Kommandanten der Pariser Division ernannt wurde. Knapp einen Monat später besetzten seine Truppen die Stadt, um die Kammern, das Direktorium und auch die Öffentlichkeit von allen monarchistischen Elementen zu *säubern*. Als Bonaparte selbst etwas später nach Paris kam, befürchtete die Öffentlichkeit nicht zu Unrecht, er werde selbst direkten Einfluß auf die Regierung zu gewinnen versuchen. Doch nachdem sein langjähriger Gönner Barras die Staatsstreichpläne des Generals schroff zurückgewiesen hatte, kam Bonaparte offenbar zu dem Schluß, daß die Zeit dafür noch nicht reif sei. Erst zwei Jahre später war es dann so weit, als das Direktorium nach erneuten militärischen Niederlagen jeden Kredit verloren hatte.

In der Zwischenzeit war der Versuch der Revolutionsführung gescheitert, die politisierenden Militärs besonders in Italien wieder der zivilen Kontrolle zu unterwerfen. Wenn das Direktorium gegen die Verselbständigung der Militärführung nicht vorgehe, hatte der Journalist Audoin eindringlich gewarnt, „wird seine Macht von den Ambitionen der Militärs zerstört werden."[24] Die Direktoren sandten im Frühjahr 1798 zivile Kommissare nach Italien und in die Schweiz, im Herbst folgte die Einsetzung von Aufsichtskommissionen für die materielle Ausrüstung der Auslandsarmeen und die Ausbeutung der besetzten Territorien. Widerstrebende Generäle wurden versetzt oder sogar, wie Championnet und

---

[23] Adresse der Alpenarmee an das Direktorium, 10. Fruct. V/27.8.1797. Archives Nationales, AF III, 110.
[24] Zit. n. Godechot, Les commissaires aux armées, Bd. 1, S. 370f.

sein Generalstab in der Neapolitanischen Republik, verhaftet und vor Gericht gestellt. Doch der militärische Widerstand war schließlich zu stark. Es formierte sich eine *Partie des généraux*, der inzwischen vielfach in politische Ämter aufgestiegenen Militärführer, die eng mit der politisch erstarkten neojakobinischen Opposition kooperierten. Im *Prairial*-Staatsstreich vom Juni 1799 zwangen sie auf parlamentarischem Weg die alte Direktoriumsmehrheit zum Rücktritt und setzten eine Erneuerung der Revolutionsregierung durch. Der neue Kriegsminister General Bernadotte ließ auf der Stelle die inhaftierten Generäle frei und stattete sie mit neuen Kommandos aus. Es folgte eine regierungsoffiziöse Kampagne gegen die Zivilkommissionen, die des Machtmißbrauchs und der Verantwortung für die militärischen Niederlagen des Jahres 1799 bezichtigt wurden und nach kurzer Zeit ihre Tätigkeit einstellen mußten.

Die Machtansprüche der Militärs blieben indes nicht auf die unter ihrer Herrschaft stehenden Schwesterrepubliken begrenzt, sie erstreckten sich zunehmend auch auf Frankreich selbst. Als im September 1798 auf Antrag des Abgeordneten General Jourdan die Allgemeine Wehrpflicht eingeführt wurde, ging es nicht mehr, wie 1789, um die Zivilisierung des Militärs durch die bewaffneten Bürger, sondern umgekehrt um die Militarisierung der bürgerlichen Gesellschaft. „Unsere kaum noch unterbrochenen Kriege beweisen, daß die Franzosen insgesamt ein militärisches Volk werden müssen", hieß es etwa in einer militärischen Denkschrift. Dafür aber sei es notwendig, die jungen Franzosen „von Geburt an nach militärischen Formen" zu bilden.[25] Und ein anderer militärischer Gesellschaftsplaner leitete aus der typischen Konfrontation zwischen verkommener Zivilgesellschaft auf der einen, militärischen Tugenden auf der anderen Seite, gar in aller Klarheit die militaristische Schlußfolgerung ab: „Wenn ein Volk eroberungslustig wird, dann ist es unausweichlich, daß der militärische Geist über die anderen gesellschaftlichen Gruppen herrschen muß."

Die Ausführung dieses Programms übernahm General Bonaparte. Als er im Oktober 1799 aus Ägypten nach Frankreich zurückkehrte, wurde er von einer begeisterten Öffentlichkeit als revolutionärer Kriegsheld begrüßt, der allein die allseits bedrohte Republik noch einmal vor dem Untergang würde retten können. Bei seiner Ankunft in der Hauptstadt war klar, daß keine grundlegenden Entscheidungen über die Zukunft der Republik ohne Einverständnis des Generals würden getroffen werden können. Auch Sieyès, der schon länger auf der Suche nach einem militärischen *Säbel* zur Unterstützung seiner Staatsstreichpläne war, kam daran nicht vorbei, zumal *der Retter* auch noch den Vorzug besaß, über seinen als Präsident des *Rates der 500* amtierenden Bruder Lucien die neojakobinische Parlamentsmehrheit kontrollieren zu können. Schnell jedoch wur-

---

[25] Mon contingent de civisme pour la crise présente. Par le Citoyen Picault-Desdorides, ancien général, 19. Flor. VII/5.5.1799; hier Dok. 27; das folgende Zitat Capitaine Simon, à la Commission Militaire du Conseil des 500, Vérités et Idées d'un Militaire, 28. Fruct. VII/14.9.1799. Archives Nationales, AF III, 183/837.

de deutlich, daß Bonaparte diesmal nicht mehr gewillt war, als Steigbügelhalter für andere zu agieren, sondern selbst die politische Macht ergreifen wollte.[26]

Am 18./19. Brumaire des Jahres VIII der französischen Republik, nach traditionellem Kalender dem 9./10. November 1799, fegte der General mit einem Militärputsch die verfassungsmäßige Ordnung beiseite und setzte eine nur notdürftig kaschierte Militärdiktatur an ihre Stelle. Zwar schien anfangs der von Sieyès und Lucien Bonaparte entworfene Plan aufzugehen, nach dem sich der Staatsstreich in legalen Formen vollziehen sollte. Der *Rat der Alten* übertrug General Bonaparte angesichts vermeintlicher anarchistischer Umsturzpläne förmlich das Kommando über die bewaffneten Kräfte in der Hauptstadt, auch im *Rat der 500* wurde der Verlegung beider Parlamentskammern nach Saint-Claud zugestimmt, und die amtierenden Direktoren reichten unter dem Druck der Ereignisse mehr oder weniger freiwillig ihren Rücktritt ein. Doch als sich am folgenden Tage parlamentarischer Widerstand gegen den Staatsstreich regte und Bonaparte bei seinem Eintritt in den *Rat der 500* als Diktator beschimpft und mit rechtlichen Schritten bedroht wurde, trat der wahre, militaristische Charakter des Unternehmens deutlich zutage. Nun marschierten die Soldaten und lösten die zweite Kammer des Parlaments kurzerhand mit Waffengewalt auf. General Bonaparte übernahm nun als Erster Konsul die politische Macht und erklärte die Revolution für beendet.

---

[26] Vgl. Jean-Paul Bertaud, Bonaparte prend le pouvoir. 1799, la République meurt-elle assassinée?, Brüssel 1987; Albert Vandal, L'Avènement de Bonaparte, 2 Bde., Paris 1902/07.

Fazit: Die revolutionären Grundlagen der Moderne

Die weltgeschichtliche Bedeutung der Französischen Revolution scheint wie selbstverständlich außer Frage zu stehen. Doch worin genau besteht sie eigentlich? Was ist von ihr geblieben, nachdem sie von Bonaparte beendet und dann unter Ludwig XVIII. die Restauration zum Programm erhoben worden war? Um hier abschließend eine Klärung herbeizuführen, ist es notwendig, nicht nur zwischen unterschiedlichen Themenfeldern, sondern vor allem zwischen verschiedenen Wirkungsebenen zu unterscheiden: den unmittelbaren, auch von der Restauration nicht revidierten Ergebnissen der Revolution; den langfristigen Prägungen, die sie durch ihren Vorbildcharakter auf den weiteren Entwicklungs- und Ausgestaltungsprozeß der modernen bürgerlichen Gesellschaft ausgeübt hat; schließlich den spezifischen Charakter, den die Revolution diesem Modernisierungsprozeß verliehen hat.

Unmittelbare Ergebnisse
Auf den ersten Blick kann leicht der Eindruck entstehen, als habe die Französische Revolution wenig mehr als Erinnerungen und Zukunftsvisionen hinterlassen. Von politischer Demokratie war bereits unter der pseudodemokratisch verbrämten Diktatur Napoléons nicht mehr die Rede, und auch die *Acte constitutionnel* von 1815 blieb in ihrer demokratischen Qualität weit hinter dem Zustand zurück, der bereits im Herbst 1789 erreicht und in der Verfassung von 1791 niedergelegt worden war. Zugleich spricht wenig dafür, daß die Revolution einen unmittelbaren, gar unverzichtbaren Anstoß zur Ausbildung des industriellen Kapitalismus als ökonomisch-sozialer Grundlage für den säkularen Modernisierungsprozeß des 19. Jahrhunderts gegeben hat. Der Feudalismus befand sich in Frankreich ökonomisch schon lange zuvor in einem kaum revidierbaren Auflösungsprozeß, und die revolutionären Wirren, vor allem aber die revolutionären Kriege haben zweifellos die Wirtschaftsentwicklung insgesamt eher behindert als befördert.

Die Sachlage erscheint allerdings in einem anderen Licht, wenn man sich von engen ökonomischen oder politischen Perspektiven löst und die Ausbildung der bürgerlichen Gesellschaft insgesamt in den Blick nimmt. Aus dieser Perspektive betrachtet, stellt die Französische Revolution tatsächlich einen historischen Bruch dar, dessen wichtigste Ergebnisse nicht mehr revidierbar waren. Sie lagen vor allem auf drei Ebenen: Zum ersten war dies die Ersetzung der feudalständischen Privilegienordnung des *Ancien Régime* mit ihrer gewachsenen Vielfalt unterschiedlichster lokaler und regionaler Ausprägungen durch das bürgerliche Prinzip der allgemeinen Rechtsgleichheit und durch individuelle Eigentumsrechte. Zum zweiten handelte es sich um die umfassende Rationalisierung der öffentlichen Ordnung, von der allgemeinen Durchsetzung des metrischen Systems bis zur rationalen Vereinheitlichung des Verwaltungsaufbaus. Schließlich ist das Prinzip der konstitutionellen Bindung politischer Herrschaft hervorzuheben, das insbesondere das Steuerbewilligungsrecht einer repräsentativen Volksvertretung festschrieb und auch von der *Acte constitutionnel* bestätigt wurde. Und diese Grundpfeiler der bürgerlichen Gesellschaftsentwicklung des 19. Jahrhunderts blieben nicht auf Frankreich beschränkt, sondern sie wurden im Zuge der revolutionären Expansion teils direkt, teils indirekt auf weite Teile Europas übertragen. Dahinter fiel auch die Restauration des Wiener Kongresses nicht mehr zurück.

Längerfristige Prägungen
Auch die weitere Entwicklung der bürgerlichen Gesellschaftsordnung ist vom Vorbild der Französischen Revolution tiefgehend geprägt worden. Denn im Zuge ihres experimentellen Radikalisierungsprozesses hatte sie weit in die Zukunft weisende Problemzonen und Konfliktfelder der modernen Politik und Gesellschaft ausgelotet und dabei zugleich in allen Bereichen von Politik und Gesellschaft Lösungsansätze entwickelt, die in vieler Hinsicht stilbildend gewirkt haben. Die Französische Revolution wurde so zu einem Wegweiser in die Moderne, an dessen Vorbild sich von nun an nicht nur das gesellschaftspolitische Denken, sondern auch die Praxis der Menschen orientieren konnte.

Auf der politischen Ebene läßt sich das keineswegs nur an so offensichtlichen Prägungen festmachen wie der Einteilung politischer Richtungen in das aus der Sitzordnung in der Konstitutante abgeleitete rechts-links Schema. Generell ist hier die politische Öffentlichkeit zu nennen, die nach dem Muster der Französischen Revolution nun überall eine neue, demokratische Kultur mit freiem Meinungsmarkt, organisierter Interessenvertretung, politischen Festen und symbolischen Identifikationen hervorbrachte und zugleich das Problem aufwarf, wie die allgemeine Freisetzung von Meinungen und Publikationen begrenzt und kontrolliert werden konnte. Stilbildend wurde nicht nur die Organisierung politischer Interessen in Klubs und ihre Bindung an Zeitschriften. Auch die politischen Parteiungen folgten von nun an überall den Richtungen, die sich in der Revolution ausgebildet hatten: Auf der Rechten ein Konservatismus, der sich in gemäßigt-bewahrende und radikal gegenrevolutionäre Tendenzen ausdifferenzierte. Im politischen Zentrum ein Liberalismus, der die Beteiligung an der Politik auf die ökonomisch selbständigen Bürger begrenzen und die Freiheit der bürgerlichen Gesellschaft von staatlicher Bevormundung im Rahmen einer verfassungsrechtlichen Gewaltenteilung sicherstellen wollte. Schließlich auf der Linken eine demokratische Bewegung, die prinzipiell an der Volkssouveränität orientiert war, für die politische Beteiligung aller (männlichen) Bürger eintrat und die Republik auf ihre Fahnen schrieb. An ihrem linken Rand entwickelten sich wie in der Französischen Revolution immer wieder basisdemokratische Strömungen, in deren sozialrevolutionären Poren sich die sozialistische Bewegung zu formieren begann.

Auch die Verfassungsentwürfe der Französischen Revolution hatten stilbildende Kraft, nicht zuletzt durch die Verarbeitung ihres Scheiterns. Den Vertretern der konstitutionellen Monarchie stand mit dem Scheitern der Verfassung von 1791 klar vor Augen, daß ihr Bestand nur durch den Vorrang des monarchischen Prinzips vor der im Parlament repräsentierten Volkssouveränität sichergestellt werden konnte. Den Plänen der *Monarchiens* von 1789 entsprechend, rückten nun die Bildung eines vom Monarchen berufenen Oberhauses, sein absolutes Vetorecht gegen Parlamentsbeschlüsse und die Unabhängigkeit der monarchischen Exekutive in den Mittelpunkt des konstitutionellen Denkens, während fortschrittlichere politische Kräfte umgekehrt die Parlamentarisierung der Regierung auf ihr Programm schrieben. Ähnliche Lernprozesse sind auch in bezug auf die Wahlrechtsfrage feststellbar. Wahlrechtsbeschränkungen gehörten generell zum liberalen Programm. Doch die in den gestuften Wahlverfahren der Französischen Revolution praktizierte Differenzierung zwischen einem auf der ersten Stufe weit gefaßten und erst für die Wahlmänner der zweiten Stufe eng begrenzten Wahlzensus hatte sich offensichtlich nicht als geeignet erwiesen, gemäßigte Mehrheiten zu sichern. Deshalb trat nun im konstitutionellen Denken die Tendenz in den Vordergrund, Wahlrechte generell stärker zu beschränken. Ganz anders dagegen die bonapartistische Tradition, die unter dem Enkel Napoléons erneut dazu überging, persönliches Charisma und autoritäre Herrschaft mit der auf die unmittelbare Volkssouveränität gestützten, pseudodemokratischen Akklamation durch das Volk zu verbinden und damit in der zweiten Hälfte des 19. Jahrhunderts auch stilbildend für die Modernisierung des monarchischen Konservatismus werden konnte.

Der ebenfalls schon in der Französischen Revolution aufgebrochene Konflikt innerhalb des demokratischen Lagers, zwischen direkter und repräsentativer Ausübung der Volkssouveränität, konnte naturgemäß nur dann wieder hervortreten, wenn die demokratische Republik auf die Tagesordnung rückte. In der französischen Geschichte des 19. Jahrhunderts war dies mehrfach der Fall, insbesondere in der Revolution von 1848 und beim Aufstand der Pariser Kommune 1871, bevor sich 1917 in der russischen Revolution mit der Doppelherrschaft von Konstituante und Sowjet die Situation der Jahre 1792/93 zu wiederholen schien. Immer blieben dabei die direkte Demokratie und sozialrevolutionäre bzw. sozialistische Strömungen eng miteinander verbunden. Für die demokratischen und sozialrevolutionären Basisbewegungen des 19. Jahrhunderts wurden darüber hinaus revolutionäre Gewalt und politischer Terror zu Konnotationen, die sie teilweise tatsächlich einzusetzen wußten, denen sie sich vor allem aber auch im Urteil ihrer Gegner nicht entziehen konnten. Der in der Jakobinerdiktatur hervorgetretene Staatsterror dagegen wurde erst im 20. Jahrhundert wieder zum offiziellen Programm erhoben, sowohl in der bolschewistischen Revolution als auch im Nationalsozialismus. Wie in der Französischen Revolution war er nicht nur aufs engste mit dem Krieg verbunden, sondern auch mit dem Programm des Völkermords, wie es sich im Rachefeldzug des Konvents gegen die militärisch besiegte Vendée bereits angekündigt hatte.

Für die Ausgestaltung der ökonomischen und sozialen Beziehungen in der sich entwickelnden bürgerlichen Gesellschaft des 19. Jahrhunderts hat die Französische Revolution erst einmal die Rahmenbedingungen der Entfeudalisierung vorgeprägt. Während die revolutionären Armeen in ihrem Einflußbereich die unmittelbare Auflösung der Feudalordnung dekretierten, wurde das von der

Konstituante entwickelte Konzept der langfristigen Ablösung von feudalen Pflichten und der Überführung feudaler Rechtstitel in bürgerliche Eigentumsrechte zum Programm staatlicher Reformprogramme ‚von oben'. Demgegenüber bezogen sich demokratische und sozialrevolutionäre Linke auf das in der Radikalisierungsphase der Revolution entwickelte Modell der sofortigen und entschädigungslosen Aufhebung aller feudalen Rechtstitel. So war es kein Wunder, daß etwa in Deutschland erst mit der Revolution von 1848/49 die Reste der Feudalordnung beseitigt werden konnten.

In den städtisch-gewerblichen Sozialbeziehungen hatte die Französische Revolution nicht den Klassenkampf zwischen Proletariat und Kapital hervorgebracht. Stilbildend aber war sie auch hier, und zwar mit der Auflösung der Zünfte und Gilden als Auftakt zu dem vielschichtigen Prozeß des Übergangs von den traditionellen kollektiven Bindungen zu modernen Formen der organisierten sozialen Interessenvertretung. Während die bürgerliche Revolution den ökonomisch-sozialen Individualismus festschreiben wollte und kollektive Organisationen wie etwa Gewerkschaften kriminalisierte, probierten die unterbürgerlichen Schichten der *Sansculotterie* vielfältige alternative Formen der kollektiven Interessenvertretung aus. Diese waren zwar an überkommenen Vorstellungen von einer *moral economy* orientiert, doch unter den Bedingungen der revolutionären Politisierung wiesen sie zugleich weit darüber hinaus. Nicht nur der soziale Terror und der Zusammenschluß zu selbstverwalteten Produktivgenossenschaften oder staatlichen Nationalwerkstätten ist hier zu nennen, sondern auch die politische Forderung nach der Einführung sozialstaatlicher Prinzipien und schließlich, vor allem im Kreis um Babeuf, das Programm einer auf Gemeineigentum und zentral gelenkter Güterverwaltung basierenden, kommunistischen Gesellschaftsordnung.

Für die Sonderstellung spezifischer Gruppen in der bürgerlichen Gesellschaft und ihre Emanzipationsmöglichkeiten kann der Französischen Revolution ebenfalls ein geradezu paradigmatischer Charakter zugespochen werden. Das gilt zuerst einmal für die Frauen und, allgemeiner formuliert, für das Verhältnis der Geschlechter. Die Revolution machte sich im Zeichen der allgemeinen Entpatriarchalisierung der gesellschaftspolitischen Ordnung nicht nur auf, die soziale Gleichstellung von Männern und Frauen zu verwirklichen, sie brachte auch die Forderung nach einer allgemeinen, rechtlichen und politischen Emanzipation hervor. In ihr entwickelten sich erstmals organisierte Formen einer modernen politischen Frauenbewegung, doch geschichtsmächtiger war vorerst das Gegenmodell einer Neuordnung der Geschlechterverhältnisse, das auf der bürgerlichen Ehe aufbaute und für lange Jahre Bestand haben sollte. Ausgehend von unterschiedlichen, biologisch begründeten Geschlechtscharakteren, wurde den Frauen der familiäre Innenbereich als wesensmäßige Bestimmung zugeordnet, während den Männern als ökonomisch, politisch und sexuell aktiven Bürgern der außerhäusliche Bereich zufiel.

Die Revolution machte nicht nur deutlich, daß in der modernen bürgerlichen Gesellschaft auch die Emanzipation aller anderen bislang unselbständigen, ausgegrenzten oder entrechteten Bevölkerungsgruppen auf die Tagesordnung rücken würde. Sie zeigte zugleich auch grundlegende Probleme, Widersprüche und Lösungsmöglichkeiten auf, die im weiteren Emanzipationsprozeß eine zentrale Rolle spielen sollten. Das galt sowohl für die teils versklavten, teils entrechteten Bevölkerungsgruppen in den Kolonien, deren rechtliche Besserstellung ebenso ausprobiert wurde wie ihre staatliche Verselbständigung. Und das betraf auch religiöse Minderheiten und insbesondere die jüdische Bevölkerung, deren Emanzipation auf teilweise massive Ablehnung traf, zugleich aber auch deutlich werden ließ, daß sie mit tiefgehenden Wandlungsprozessen in den jüdischen Gemeinden selbst verbunden sein würde. Schließlich ließ die Revolution auch die Widersprüche deutlich werden, die im Spannungsverhältnis zwischen allgemeingültigen Menschenrechten und nationalen Bürgerrechten angelegt waren. Ihrem Anspruch nach offerierte sie allen Menschen die Möglichkeit, gleichberechtigt in Frankreich leben zu können. De facto brachte sie damit zugleich die Angstvorstellung des *Fremden* hervor, des zwar im Innern der Nation lebenden, aber doch nicht ihr zugehörigen inneren Feindes, den es zu erkennen und auszuschalten gelte.

Eine wichtige Rolle nahm dabei die katholische Kirche ein, womit eine lang anhaltende Gegnerschaft des französischen Katholizismus zu Revolution und Republik eingeleitet wurde. Mit der Trennung von Staat und Kirche wurde in der Revolution zugleich aber auch eine wegweisende Möglichkeit entwickelt, wie Kirche und Religiosität in eine Gesellschaft eingeordnet werden könnten, die ihre primäre Legitimation nicht mehr von göttlichem Recht, sondern vom menschlichen Naturrecht herleitete. Und noch etwas anderes bildete sich heraus, nämlich die ebenfalls zukunftsweisende Tendenz, die gesellschaftliche Säkularisierung durch eine Sakralisierung der neuen Ordnung zu ergänzen.

Der Nationalismus prägte sich besonders im Zusammenhang der revolutionären Ideologisierung und Modernisierung des Krieges aus. Für die herrschenden Eliten war dies vorerst allerdings eine gefährliche Entwicklung, sie versuchten den Krieg wieder einzugrenzen, gerade weil er so revolutionär aufgeladen war. Die neuen Formen der Militärorganisation und Kriegsführung indes wurden allein schon deshalb stilbildend, weil sich die Truppen des revolutionären Frankreich den Armeen des *Ancien Régime* so fundamental überlegen zeigten. Von nun an ging es überall darum, die bewaffnete Macht auf eine neue, mit der sich entwickelnden bürgerlichen Gesellschaft verbundene Grundlage zu stellen. Das revolutionäre Vorbild des nationalen Volkskrieges wies dabei mehrere zukunftsweisende Aspekte auf. Nicht nur um die Öffnung der hierarchischen Strukturen des traditionellen Heerwesens, das selbsttätige Engagement der *Bürgersoldaten* und ihre Mobilisierung durch nationale Kriegsideologien ging es, sondern auch um die Einbeziehung der zivilen Gesellschaft in die nationalen Kriegsanstrengungen. Und in bezug auf das Verhältnis zwischen dem Militär und der zivilen bürgerlichen Gesellschaft hat die Französische Revolution ebenfalls die Eckpunkte vorgezeichnet, zwischen denen der Waffendienst des Bürgers von an changierte:

Auf der einen Seite die aus der ursprünglichen Konzeption der Nationalgarde abgeleiteten Milizvorstellungen, nach denen die bewaffnete Macht aus selbstorganisierten bewaffneten Bürgern bestehen sollte. Und auf der anderen Seite die mit der Allgemeinen Wehrpflicht verbundene Einordnung der Bürger in eine organisatorisch von ihnen separierte Armee, die sie zu formen suchte und letztlich auf die Militarisierung der zivilen Gesellschaft abzielte. Schließlich zeichnete die Revolution auch die Entwicklung des modernen Militarismus vor. Hier entwickelte sich der Anspruch der Militärs, in spezifischer Form dazu berufen zu sein, die bürgerliche Gesellschaft zu beherrschen. Der auf die Etablierung einer Militärdiktatur abzielende Militärputsch wurde zur klassischen Form seiner Umsetzung.

Signum einer Epoche
All dies ist jedoch noch immer nicht hinreichend, um die säkularen Wirkungen der Französischen Revolution angemessen zu erfassen. Sie lagen vor allem auch in ihrem revolutionären Charakter selbst, der zu einer wesentlichen Grundlage der modernen bürgerlichen Gesellschaftsentwicklung wurde. Die Französische Revolution war von nun an nicht nur das stilbildende Modell, an dem sich alle weiteren Revolutionen orientierten oder auf das sie sich zumindest bezogen. Sie prägte auch der weiteren Gesellschaftsentwicklung insgesamt einen revolutionären Charakter auf. Wenn Saint-Simon im Jahre 1819, auf dem Höhepunkt der Restauration, die These vertrat, daß die Gesellschaft sich trotz allem noch immer *en révolution* befinde, dann brachte er damit eine neuartige Erfahrung zum Ausdruck, nach der die Revolution mit der historischen Entwicklung generell identisch zu werden schien. Sie konnte nun – als Verheißung oder als Drohung – überall und immer wieder ihr Haupt erheben, weil sie ein integraler Bestandteil der gesellschaftlichen Entwicklung selbst geworden war, die zunehmend als permanente Revolutionierung gedeutet wurde. Die Revolution wurde so zum Signum einer Epoche der europäischen Geschichte, die im Grunde das ganze ‚lange‘ 19. Jahrhundert von 1789 bis zum Ersten Weltkrieg umfaßte und erst in der Russischen Revolution ihren Abschluß zu finden schien.

Die Erfahrung der revolutionären Beschleunigung hatte insbesondere zwei die weitere historische Entwicklung prägende Eindrücke hervorgebracht. Die revolutionär bewegte *Geschichte* – wie die *Revolution* ein neuer Kollektivsingular – schien alle bisherige Erfahrung hinter sich zu lassen, neue Erwartungshorizonte auszubilden und sich in eine unbestimmte Zukunft zu öffnen. Sie wurde nicht nur verzeitlicht, sondern sie gewann zugleich eine Perspektive: der Fortschritt wurde zu ihrem Inhalt. Man konnte ihn aufzuhalten versuchen, ja sogar Rückschritte einleiten, doch selbst diese Wendung verrät noch, daß der im revolutionären Prozeß eröffneten Verzeitlichung des Geschichtsprozesses auch die Gegner nicht mehr zu entrinnen vermochten. Von nun an drängte die Geschichte vorwärts, sie schien auf ein neuartiges, revolutionäres Ziel hinzulaufen, auf Befreiung und Emanzipation der Menschheit aus all ihren überkommenen Bindungen und Einschränkungen.

Und ein zweiter, aus der Revolution selbst geborener, zugleich auf die Zukunft der Revolution verweisender Topos kam hinzu: die Machbarkeit der Geschichte. Mit der Revolution war die Utopie aus ihrem Jenseitsbezug heraus- und in die reale Welt hineingetreten, sie war konkret geworden. Im revolutionär beschleunigten Prozeß entstand der Eindruck, daß es möglich sei, eine neue Gesellschaft aufzubauen und ihre in die Zukunft führende Entwicklung aktiv zu gestalten. Diese konkrete Utopie blieb erhalten. Sie leitete die neu entstehende Gruppe der *Revolutionäre* an, die das Ziel verfolgten, durch die Herbeiführung revolutionärer Situationen der allgemeinen gesellschaftlichen Umgestaltungsdynamik neuen Schwung zu verleihen. Aber sie wirkte auch darüber hinaus prägend, denn auch der Begriff der *Reform* gewann nun eine neue, auf die bewußte Gestaltung eines insgesamt als revolutionär begriffenen Wandlungsprozesses abzielende Bedeutung. Noch war die Reform nicht zum Gegenbegriff der Revolution geworden, sondern ein eng mit ihr verwobener Bestandteil im Zusammenhang der sog. *Partei der Bewegung.*

Was aber kann die Erbschaft der Revolution heute noch bedeuten, in einer Zeit, die nicht nur das Janusgesicht der revolutionär konstituierten Moderne zur Genüge kennengelernt hat, sondern die zumindest für den entwickelten, demokratisch verfaßten Westen auch nicht den Eindruck erweckt, als könnte die Revolution noch einmal eine sinnvolle gesellschaftliche Perspektive weisen? Mir scheinen vor allem zwei Zusammenhänge von Bedeutung zu sein. Da ist zum einen die Öffnung der Geschichte in eine unbestimmte Zukunft, und aufs engste damit verbunden, die konkrete Utopie der Gestaltbarkeit einer freieren, selbstbestimmteren und gerechteren Gesellschaft, die allerdings immer nur in Auseinandersetzung mit machtvollen Gegenkräften zu realisieren ist. Zum anderen aber bleibt bestehen, daß in diesem Prozeß alles gestaltende Handeln nicht zuletzt einen experimentellen Charakter aufweist. Die Ergebnisse werden allemal anders aussehen als erwartet und Anlaß zu weiterer Neugestaltung geben.

Anhang

1. Personal

AMAR, Jean-Pierre André, 1755-1816. Jurist, Abgeordneter der Isère im Konvent, als Vertreter der Bergpartei führendes Mitglied im Allgemeinen Sicherheitsausschuß. Trotz seiner Beteiligung an den Vorbereitungen zum Sturz von Robespierre 1795 als Terrorist verhaftet, aber begnadigt. 1796 beteiligt an der Verschwörung Babeufs, später Hinwendung zum Mystizismus. 144

ANTHOINE, François Paul Nicolas, 1758-1793. Jurist, Vertreter des Dritten Standes von Sarreguemines in den Generalständen, Mitglied des Jakobinerklubs. Nach aktiver Beteiligung am Sturz der Monarchie Abgeordneter der Moselle im Konvent.

ANTONELLE, Pierre Antoine, Fürst von, 1747-1817. Als ehemaliger Offizier 1789 Bürgermeister von Arles, Abgeordneter der Bouches-du-Rhone in der Legislative, Mitglied des Jakobinerklubs. 1793 Beigeordneter am Pariser Revolutionstribunal, bald aber ausgeschlossen und inhaftiert. Unter dem Direktorium führender Journalist (*Journal des hommes libres*) und Politiker der neojakobinischen Linken, beteiligt an der Verschwörung von Babeuf.

AUGEREAU, Charles Pierre François, 1757-1816. Berufssoldat von niederer sozialer Herkunft mit schnellem Aufstieg in der Armee des revolutionären Frankreich. 1793/94 Oberstleutnant und Adjutant von General Rossignol bei der Niederschlagung der Vendée, anschließend General bei der Pyrenäen-Armee. Seit 1795 enger Mitarbeiter Bonapartes bei der Italienarmee. Als Kommandant der Pariser Militärdivision 1797 militärischer Leiter des Fructidor-Staatsstreichs, 1799 Abgeordneter im Rat der 500. Unter Napoleon 1804 Ernennung zum Marschall, 1808 zum Herzog von Castiglione. 180

BABEUF, François Noël, gen. Gracchus, 1760-1797. Angestellter, im September 1792 Eintritt in den Generalrat des Somme-Departements. Wegen gefälschter Unterschriften verurteilt zu 8 Jahren Haft, Flucht nach Paris, Inhaftierung. Befreit nach dem Sturz Robespierres, Herausgabe des *Journal de la liberté de la Presse* und des *Tribun du Peuple*, erneut inhaftiert wegen eines Artikels gegen Tallien. 1795/1796 Entwicklung kommunistischer Vorstellungen und Bildung eines geheimen Aufstandskomitees mit Antonelle, Felix Le Pelletier und Sylvain Maréchal. Nach Aufdeckung der *Verschwörung der* Gleichen im Mai 1797 zum Tode verurteilt und hingerichtet. 41f., 73f., 100, 131f.

BAILLY, Jean Sylvain, 1736-1793. Berühmter Astronom, Abgeordneter des Dritten Standes von Paris in den Generalständen, erster Präsident der Konstituante, am 17. Juli 1789 Wahl zum Pariser Bürgermeister. 1791 Rücktritt und Rückzug nach Nantes. 1793 verhaftet und am 15. September wegen Verantwortung für Marsfeldmassaker 1791 hingerichtet. 19

BARBAROUX, Charles Jean-Marie, 1767-1794. Jurist, als Mitglied der *Fédérés* aus Marseille führend beteiligt am Sturz der Monarchie im September 1792, anschließend als Vertreter der Bouches-du-Rhône Abgeordneter im Konvent mit führender Rolle in der Partei der Gironde. Vertrauter von Manon Roland. Nach Flucht aus Paris im Juni 1794 gemeinsam mit Buzot und Pétion bei Bourdeaux gefangengenommen. Nach gescheitertem Selbstmordversuch am 25. Juni 1794 in Bourdeaux hingerichtet.

BARÈRE, Bertrand, 1755-1841. Jurist, Vertreter des Dritten Standes von Bigorre in den Generalständen, Herausgeber der Zeitschrift *Point du jour.* Abgeordneter der Hautes-Pyrénées im Konvent, führender Vertreter der Ebene. Konventspräsident während des Prozesses gegen den König, seit April 1793 Mitglied im Wohlfahrtsausschuß, wo er vor allem als außenpolitischer Sprecher hervortrat. 1794 beteiligt am Sturz Robespierres. Nach Inhaftierung und Flucht Leben in der Illegalität bis zum Staatsstreich Bonapartes 1799. 1815 Exil in Belgien, nach Julirevolution 1830 Abgeordneter in der Nationalversammlung. 33, 39f., 170

BARNAVE, Antoine Pierre Joseph Marie, 1761-1793. Jurist, führender Vertreter der vorrevolutionären Bewegungen 1788 in der Dauphiné. Vertreter des dortigen Dritten Standes in den Generalständen, Gründungsmitglied des Jakobinerklubs, gemeinsam mit den Brüdern Lameth und Adrien Duport Führer der patriotischen Partei in der Konstituante. Seit 1791 Verteidiger der Monarchie, Mitbegründer des Klubs der *Feuillants*, geheime Korrespondenz mit der Königin. 1792 Rückkehr in die Dauphiné und Abfassung seiner berühmten Schrift *Introduction à la Révolution française*. Im August 1792 verhaftet, am 28. November 1793 vom Pariser Revolutionstribunal zum Tode verurteilt und hingerichtet. 22, 55f., 93

BARRAS, Paul François Jean Nicolas, Graf von, 1755-1829. Als ehemaliger Berufsoffizier 1789 beteiligt am Sturm auf die Bastille. Abgeordneter des Departements Var im Konvent. Als Konventskommissar 1793 mit Bonaparte Belagerung von Toulon, anschließend dort Bürgermeister. In Paris von Robespierre der Bereicherung angeklagt, als Kommandant der Pariser Truppen entscheidend beteiligt am Sturz des *Tyrannen* und führender Repräsentant der Thermidorianer. Im Oktober 1795 Niederschlagung des royalistischen Vendémiaire-Aufstandes, anschließend Wahl in das Direktorium, dem er bis 1799 angehörte. Barras übertrug Bonaparte, der seine ehemalige Geliebte Josephine de Beauharnais heiratete, das Kommando der Italienarmee. Nach erzwungenem Rücktritt 1799 Exil in Belgien und Rom. 43, 45, 131

BARTHÈLEMY, Balthazard François, Fürst von, 1747-1830. Archäologe und Diplomat, 1791 französischer Botschafter in der Schweiz, 1792 in Baden. 1795 Unterhändler bei den Friedensverhandlungen mit Preußen und Spanien in Basel. Im Juni 1797 als Vertreter der royalistischen Rechten Wahl in das Direktorium. Nach dem Fructidor-Staatsstreich inhaftiert und nach Guyana deportiert. Unter Napoléon amnestiert, Eintritt in den Senat und Ernennung zum Grafen. Staatsminister 1815, Ernennung zum Fürsten durch Ludwig XVIII. 43

BASIRE, Claude, 1761-1794. Archivar in der Bourgogne, Abgeordneter der Côte-d'Or in der Legislative, radikales Mitglied im Pariser Jakobinerklub, führend beteiligt am Sturz der Monarchie. Als Mitglied der Bergpartei im Konvent entschiedener Gegner der Gironde, aber auch Kritiker terroristischer Entgleisungen. Nach Denunziation im Jakobinerklub Ende 1793 verhaftet und im April 1794 mit den Dantonisten hingerichtet. 169

BEAUHARNAIS, Alexandre François Marie, Graf von, 1760-1794. Berufsoffizier, Vertreter des Adels von Blois in den Generalständen. Schloß sich als einer der ersten Adelsvertreter dem Dritten Stand an und spielte eine führende Rolle im Militärkomitee der Konstituante. 1792 Generalsstabschef, 1793 kommandierender General der Rheinarmee, Ablehnung des vom Konvent angebotenen Kriegsministeriums. Nach Scheitern der Verteidigung von Mainz im August 1793 Rücktritt, am 23. Juli 1794 von Revolutionstribunal zum Tode verurteilt und hingerichtet.

BERNADOTTE, Jean-Baptiste Jules, 1763-1844. Berufssoldat mit schnellem Aufstieg in der Revolutionsarmee. 1794 Brigadegeneral, dann Divisionskommandeur in der Nordarmee. 1797 General der Italienarmee, 1798 Botschafter in Venedig. Juli bis September 1799 Kriegsminister. 1804 Ernennung zum Marschall, 1810 Wahl zum Erbprinz von Schweden, 1813 als König von Schweden und Norwegen beteiligt an antinapoleonischer Koalition. 45

BERR, Isaac, 1744-1828. Jüdischer Fabrikant aus Nancy, 1789 Gesandter der elsässischen Juden zu den Generalständen, Autor vieler Schriften über die jüdische Emanzipation.

BILLAUD-VARENNE, Jacques Nicolas, 1756-1819. Jurist und Autor, 1791 wegen Forderung nach Republik aus dem Jakobinerklub ausgeschlossen, anschließend Aktivist im Cordeliers-Klub. 1792 Sekretär des Jakobinerklubs, nach Sturz der Monarchie als Vertreter der Pariser Kommune mitverantwortlich für Septembermassaker. Pariser Abgeordneter im Konvent, Montagnard mit scharfer Frontstellung gegen die Gironde, seit 6. September 1793 Mitglied im großen Wohlfahrtsausschuß. Führend beteiligt am Sturz Robespierres, Ende 1795 zur Deportation nach Guyana verurteilt, wo er auch nach Begnadigung 1799 blieb. 1816 Flucht vor den Bourbonen nach New York und Haiti. 8, 36, 38, 40

BOISSY D'ANGLAS, François Antoine, 1756-1826. Jurist, Abgeordneter des Dritten Standes von Annonay in den Generalständen, Abgeordneter der Ardèche im Konvent, Vertreter der Ebene. Nach dem Sturz Robespierres Eintritt in den erneuerten Wohlfahrtsausschuß, Konventspräsident während des Prairial-Aufstands, führend beteiligt an der Ausarbeitung der Verfassung von 1795, Abgeordneter im Rat der 500, nach Fructidor-Staatsstreich 1797 als Royalist ausgeschlossen und zur Deportation verurteilt, Flucht. Von Bonaparte amnestiert, Mitglied in Tribunat und Senat, 1808 Ernennung zum Grafen. 112

BONAPARTE, Lucien, 1775-1840. Jüngerer Bruder von Napoléon B., Anhänger Paolis, nach Karriere in der Militärverwaltung 1798 als Neojakobiner Wahl in den Rat der 500, 1799 Parlamentspräsident mit führender Rolle beim Staatsstreich seines Bruders. Unter Napoléon Innenminister, Botschafter in Madrid, dann Trennung im Streit 181f.

BONAPARTE, Napoléon, 1769-1821. Berufssoldat aus Korsika, nach Bruch mit Paoli 1793 als leitender Artillerist beteiligt an der Rückeroberung Toulons, anschließend Ernennung zum General. Als Robespierrist nach Thermidor kaltgestellt, im Oktober 1795 Kommando bei Niederschlagung des royalistischen Aufstands, anschließend auf Betreiben von Barras Ernennung zum kommandierenden General der Italienarmee. Nach erfolgreicher Revolutionierung Italiens, politischer Verselbständigung und Frieden von Campo Formio Feldzug nach Ägypten. Im November 1799 Durchführung des Brumaire-Staatsstreichs und Ernennung zum ersten Konsul. 1800 Konsul auf Lebenszeit, 1804 Kaiserkrönung. Erzwungener Rücktritt nach militärischen Niederlagen zuerst 1814, erneut 1815. 42, 43f., 45f., 77f., 115, 177ff.

BONNEVILLE, Nicolas, 1760-1828. Literat und Journalist, führend beteiligt an Pariser Kommunalrevolution und an der Organisation des *Cercle Social*. Herausgeber der Zeitschriften *Le Tribun du Peuple* und *La Bouche de Fer*. Nach Kritik an den Septembermassakern und Unterstützung der Gironde auf Betreiben von Marat verhaftet, erneute Inhaftierung 1799 wegen Kritik an Bonaparte. Anschließend Buchhändler. 97

BOUCHOTTE, Jean-Baptiste Noel, 1754-1840. Berufssoldat mit revolutionärer Karriere, 1793/94 Kriegsminister, nach Sturz Robespierres zeitweilig inhaftiert.

BOUILLÉ, François Claude Amour, Fürst von, 1739-1800. Berufsoffizier, 1790 als kommandierender General verantwortlich für Massaker an revoltierenden Soldaten in der Garnison Nancy, militärischer Organisator des königlichen Fluchtversuchs im Juni 1791, anschließend Emigration und Beteiligung am Kampf gegen das revolutionäre Frankreich.

BOURDON, François Louis, 1758-1798. Jurist, Abgeordneter der Oise im Konvent, entschiedener Gegner der Gironde, bald aber auch zerstritten mit den führenden Montagnards. Beteiligt am Sturz Robespierres, Mitglied des Allgemeinen Sicherheitsausschusses und Präsident des Konvents. Nach Fructidor-Staatsstreich als Royalist aus dem Rat der 500 ausgeschlossen und nach Guyana deportiert.

BOURDON, Léonhard, 1754-1807. Jurist, führend beteiligt am Sturz der Monarchie. Abgeordneter des Loiret im Konvent, engagiert in der Dechristianisierungsbewegung. 1794 beteiligt am Sturz Robespierres, anschließend als Terrorist verhaftet, aber amnestiert.

BRISSOT (de Warville), Jacques Pierre, 1754-1793. Schriftsteller im literarischen Untergrund, nach Inhaftierung in der Bastille Reisen nach England und in die Vereinigten Staaten. 1789 führend beteiligt an Pariser Kommunalrevolution. Herausgeber des *Patriot Français*, führendes Mitglied des *Cercle Social* und der *Société des Amis des Noirs*, Pariser Abgeordneter in der Legislative und führender Politiker des Jakobinerklubs. Gegenspieler Robespierres in den Diskussionen über Krieg und Frieden. 1792 Abgeordneter mehrerer Departements im Konvent, Führer der Gironde. Auf Betreiben Robespierres im Oktober 1792 aus dem Jakobinerklub ausgeschlossen, im Juni 1793 nach Fluchtversuch verhaftet und im Oktober unter dem vorgeschobenen Vorwurf der Verschwörung gegen die Republik vom Revolutionstribunal zum Tode verurteilt und hingerichtet. 25f., 54f., 82ff., 93, 97, 138, 154, 163ff.

BRUNE, Guillaume Marie Anne, 1763-1815. Journalist und Drucker, als Freund von Danton Aktivist des Cordeliers-Klub, 1792 Eintritt in Militärdienst mit schneller Karriere. 1793 Brigadegeneral, 1797 Divisionsgeneral in Bonapartes Italienarmee, anschließender Kommandos in der Schweiz und in Belgien. Nach Brumaire-Staatsstreich Ernennung zum Staatsrat, 1804 zum Marschall. 1807 in Ungnade gefallen, unter Ludwig XVIII. Ernennung zum Pair.

BUZOT, François Nicolas Léonhard, 1760-1794. Jurist, Vertreter des Dritten Standes von Évreux in den Generalständen, Mitglied der äußersten Linken in der Konstituante. Geliebter von Manon Rolland, 1792 Abgeordneter der Eure im Konvent, führendes Mitglied der Gironde. 1793 Flucht aus Paris, 1794 nach Entdeckung Selbstmord.

CAMBACÉRÈS, Jean-Jacques Régis de, 1753-1824. Gerichtspräsident, Abgeordneter der Hérault im Konvent, Vertreter der Ebene. Nach Sturz Robespierres Präsident des Wohlfahrtsausschusses, 1799 Ernennung zum zweiten Konsul, anschließend Senatspräsident, Staatskanzler, Herzog vom Parma. Führend beteiligt am Konkordat mit dem Papst und an der Abfassung des Code Civil. 1815 aus Frankreich ausgewiesen. 140f.

CAMBON, Pierre Joseph, 1756-1820. Kaufmann, Organisator des Jakobinerklubs von Montpellier, nach Flucht des Königs 1791 Forderung nach Einführung der Republik. Abgeordneter der Hérault in der Legislative und im Konvent, Finanzfachmann der Bergpartei. Im Juli 1794 schwere Konflikte mit Robespierre, führend beteiligt am Germinal-Aufstand 1795, Flucht. 1815 expatriiert, Exil in Brüssel. 8, 33, 63f.

CARNOT, Lazare Nicolas Marguerite, 1753-1823. Berufssoldat, Abgeordneter von Pas-de-Calais in der Legislative und im Konvent, Militärfachmann. Seit August 1793 Mitglied im großen Wohlfahrtsausschuß, Organisator der militärischen Siege. Führende Rolle beim Sturz Robespierres. 1795 Abgeordneter der Sarthe im Rat der Alten und Direktor. Nach Fructidor-Staatsstreich 1797 wegen Annäherung an Royalisten ausgeschlossen, Flucht in die Schweiz. 1800 kurzzeitig Ernennung zum Kriegsminister, als Mitglied im Tribunat Gegner Bonapartes. Innenminister während der 100 Tage 1814, anschließend expatriiert, Exil in Preußen. 35, 38, 43, 165ff.

CARRA, Jean-Louis, 1742-1793. Autodidaktischer Schriftsteller, Redakteur der Encyklopädie, Angestellter der königlichen Bibliothek. Seit 1789 Redakteur der *Annales Patriotiques et Litteraires*, führendes Mitglied des Jakobinerklubs mit enger Verbindung zu Brissot. Befürworter des revolutionären Krieges, beteiligt an Vorbereitung des Sturzes der Monarchie. Im Juli 1793 verhaftet, im Oktober mit den Girondisten vom Revolutionstribunal zum Tode verurteilt und hingerichtet. 85, 154

CARRIER, Jean-Baptiste, 1756-1794. Jurist, Abgeordneter von Cantal im Konvent, 1793 Konventskommissar bei Niederschlagung des royalistischen Aufstands in der Bretagne, anschließend in Nantes verantwortlich für extreme Terrorherrschaft, persönliche Bereicherung. Nach Abberufung 1794 beteiligt am Sturz Robespierres, im September 1794 verhaftet und im Dezember als Terrorist hingerichtet. 38, 40

CERF-BERR, Baruch, auch Hirtz de Mendelsheim, 1726-1793. Pferdehändler, führender Vertreter des elsässischen Judentums, während der Revolution mehrfach mit Initiativen zur rechtlichen Gleichstellung hervorgetreten. 151

CHABOT, François, 1756-1794. Kapuzinermönch, Befürworter der Zivilverfassung des Klerus, Abgeordneter des Loir-et-Cher in der Legislative und im Konvent. Am 25. Juli 1792 Forderung nach Rücktritt des Königs, Anfang September mitverantwortlich für Septembermassaker. Montagnard, 1793 Mitglied im Allgemeinen Sicherheitsausschuß. Diskreditiert durch Spekulationsgewinne bei Auflösung der Indienkompanie und Verbindung mit den der Spionage überführten Brüdern Frey, im November 1793 verhaftet, im April mit den Dantonisten vom Revolutionstribunal verurteilt und hingerichtet.

CHALIER, Joseph, 1757-1793. Dominikanermönch, 1789 beteiligt am Sturm auf die Bastille, 1790 Angestellter in der Stadtverwaltung von Lyon, radikaler Jakobiner. 1793 Installierung eines terroristischen Regimes, nach antijakobinischem Aufstand im Mai 1793 hingerichtet.

CHAMBON (de Montaux), Nicolas, 1748-1826. Mediziner, engagiert in der Pariser Kommunalrevolution, Vertrauter von Brissot. Dezember 1792 bis Februar 1793 Bürgermeister von Paris, danach Rücktritt und Rückzug aus der Politik.

CHAMPIONNET, Jean Étienne, 1762-1800. Koch, Kommandant der Nationalgarde von Valencia, nach schneller Karriere in der Moselarmee unter General Hoche 1794 Ernennung zum Brigadegeneral. 1798 kommandierender General der römischen Armee, Bildung der Römischen Republik. Wegen Verstoßes gegen politische Vorgaben Anfang 1799 verhaftet, nach Prairial-Staatsstreich im Juli rehabilitiert, kommandierender General der Alpen- und der Italienarmee, an Epidemie verstorben.

CHAPPE, Claude, 1763-1805. Physiker, beteiligt an Entwicklung des optischen Telegraphen, der 1793 zwischen Paris und Lille errichtet wurde. 172

CHARETTE, 1763-1796. Marineoffizier, beteiligt an der Verteidigung der Tuilerien am 10. August 1792, anschließend militärischer Führer des Aufstandes in der Vendée. Anfang 1796 verhaftet und Ende Februar in Nantes erschossen.

CHARLIER, Louis Joseph, 1754-1797. Verwaltungsbeamter, Abgeordneter der Marne in der Legislative und im Konvent, Propagandist eines radikalen Terrorismus. Nach Beteiligung am Sturz Robespierres verantwortlich für Säuberung der Volksgesellschaften in Lyon, Abgeordneter im Rat der Alten, Selbstmord.

CHAUMETTE, Pierre Gaspard, gen. Anaxagoras, 1763-1794. Medizinstudent, 1790 Mitarbeiter der *Révolutions de Paris* und Mitbegründer des Cordeliers-Klubs. Führend beteiligt am Sturz der Monarchie, anschließend Führer der aufständischen Pariser Kommune, seit November 1792 Protagonist der Dechristianisierungsbewegung. Trotz Versuchen zur Annäherung an Robespierre nach Ausschaltung der Hébertisten verhaftet, zum Tode verurteilt und am 13. April 1794 hingerichtet. 99, 106, 144f.

CHÉNIER, André Marie de, 1762-1794. Militär und Botschaftssekretär in London, Mitglied der *Société de 1789* und des Klubs der Feuillants, Mitarbeiter des *Journal de Paris*. Als scharfer Kritiker der Jakobiner und insbesondere Marats am 7. März 1794 verhaftet, drei Tage vor dem Sturz Robespierres zum Tode verurteilt und hingerichtet.

CHÉNIER, Marie Joseph Blaise, 1764-1811. Jüngerer Bruder von André Ch., Schriftsteller, eng verbunden mit Danton, aktiv in der Leitung des Pariser Jakobinerklubs. Abgeordneter der Seine-et-Oise im Konvent, Montagnard, als Dichter führend beteiligt an der revolutionären Festkultur und Propaganda. Nach Sturz Robespierres einflußreiche Rolle unter den Thermidorianern, Abgeordneter im Rat der 500. 1799 Unterstützung für Staatsstreich Bonapartes und Eintritt in das Tribunat. 91

CHODERLOS DE LACLOS, Pierre Ambroise François, 1741-1803. Berufsoffizier und Schriftsteller, seit 1788 enger Mitarbeiter des Herzogs von Orléans. Mitbegründer des Pariser Jakobinerklubs und Herausgeber seines Publikationsorgans *Journal des Amis de la Constitution*, 1792 Mitglied der revolutionären Pariser Kommune, anschließend von Danton zum Regierungskommissar ernannt. Im März 1793 als Anhänger des Herzogs von Orléans verhaftet, aber nicht zum Tode verurteilt. Ende 1794 freigelassen, vermutlich beteiligt an der Vorbereitung der Machtergreifung Bonapartes, 1800 Wiedereintritt in die Armee.

CHOUAN, Jean Cottereau, 1767-1794. 1793 Führer des antirevolutionäre Aufstands in der Normandie, am 25. Juli 1794 in einem Gefecht mit revolutionären Truppen gefallen.

CLAVIÈRE, Étienne, 1735-1793. Genfer Bankier, 1789 Mitarbeiter von Mirabeau, enger Vertrauter von Brissot, Jakobiner, Mitbegründer der *Société des Amis des Noirs*. Pariser Abgeordneter in der Legislative, März-Juni 1792 und August 1792-Juni 1793 Finanzminister. Als Anhänger der Gironde verhaftet, im Dezember 1793 vor der Überstellung an das Revolutionstribunal Selbstmord. 28, 93

CLERMOMT-TONNERRE, Stanislas, Graf von, 1757-1792. Berufsoffizier, Freund von Rousseau und den Enzyklopädisten. Abgeordneter des Pariser Adels in den Generalständen. Anführer der Adligen, die sich am 25. Juni 1789 dem Dritten Stand anschlossen, Befürworter der englischen Verfassungsordnung mit Zweikammersystem. Anfang 1790 Mitbegründer des *Club des Impartiaux* als Gegengewicht zum Jakobinerklub. Am 10. August 1792 von den aufständischen Massen gelyncht. 22

CLOOTS, Jean-Baptiste, Baron von, 1755-1794. Reicher Erbe aus Kleve, seit 1789 in Paris, engagiert als selbsternannter *Redner des Menschengeschlechts* und Protagonist eines revolutionären Befreiungskrieges. Anfangs Parteigänger der Gironde, später Radikalisierung. Abgeordneter der Oise im Konvent, im März 1794 mit den Hébertisten verhaftet, abgeurteilt und hingerichtet.

COLLOT D'HERBOIS, Jean-Marie, 1749-1796. Schauspieler, Sekretär des Pariser Jakobinerklubs, im August 1792 führend beteiligt am Sturz der Monarchie, Mitglied der revolutionären Pariser Kommune, anschließend Pariser Abgeordneter im Konvent. Im September 1793 als Vertrauensmann der Pariser Kommune in den Wohlfahrtsausschuß gewählt, beteiligt an Niederschlagung des Aufstandes in Lyon und verantwortlich für terroristische Strafmaßnahmen. Im Juli 1794 Unterstützung für Sturz Robespierres, trotzdem als Terrorist verurteilt und nach Guyana deportiert. Dort wegen revolutionärer Propaganda unter den Schwarzen inhaftiert und in der Haft verstorben. 36, 38, 40

CONDORCET, Jean Antoine Nicolas de Caritat, Fürst von, 1743-1794. Berühmter Mathematiker und Philosoph, Mitglied des *Cercle Social* und aktiver Befürworter des Frauenwahlrechts. Abgeordneter in der Legislative und im Konvent, Anhänger der Gironde, beauftragt mit der Ausarbeitung eines demokratischen Verfassungsentwurfs. Im Juli 1793 nach Kritik an der Montagnard-Verfassung von Chabot denunziert, nach Flucht und Verhaftung Ende März 1794 Selbstmord. 25, 81, 93, 97, 112, 134, 154

CONSTANT, Benjamin, 1767-1830. Kammerherr am Hof von Braunschweig, 1795 mit Germaine de Staël Ansiedlung in Paris, publizistische Unterstützung des Direktoriums. Seit 1800 Kritiker der Herrschaft Bonapartes, als Journalist und Schriftsteller einer der führenden Autoren des modernen Liberalismus. 74f.

CORDAY, Marie Anne Charlotte, 1768-1793. Aus royalistisch eingestellter Familie, erstach am 13. Juli 1793 aus Rache für die Hinrichtung des Königs Marat. 4 Tage später zum Tode verurteilt und hingerichtet.

COUTHON, Georges Auguste, 1755-1794. Jurist, Abgeordneter des Puy-de-Dôme in der Legislative und im Konvent. Zeitweilig eng mit dem Kreis um Rolland verbunden, seit November 1792 Unterstützung für Robespierre und Frontstellung gegen die Gironde. Seit 30. Mai 1793 Mitglied im großen Wohlfahrtsausschuß. Zusammen mit Robespierre am 28. Juli 1794 gestürzt und hingerichtet. 35

CUSTINE, Adam Philippe, Graf von, 1740-1793. Berufsoffizier, Vertreter des Pariser Adels in den Generalständen mit frühem Anschluß an den Dritten Stand. 1791 Wiedereintritt in die Armee, kommandierender General der Rheinarmee. Nach Aufgabe von Mainz Vorschlag einer Militärdiktatur, nach Sturz der Gironde abberufen und Ende August 1793 zum Tode verurteilt und hingerichtet.

DANTON, Georges Jacques, 1759-1794. Jurist, Mitbegründer des Cordeliers-Klubs, Jakobiner. Als Organisator der Petitionsbewegung zur Abdankung des Königs im Juli 1792 Verfolgung und Flucht nach England. Nach Amnestie Mitarbeiter von Bürgermeister Pétion und Verwaltungsleiter Manuel in der Pariser Kommune, im August 1792 führend beteiligt am Aufstand zum Sturz der Monarchie, Ernennung zum Justizminister, passiv während der Septembermassaker. Rücktritt nach Wahl als Pariser Abgeordneter in den Konvent, als Montagnard lange bemüht um Verständigung mit der Gironde. April bis Juli 1793 führendes Mitglied im Wohlfahrtsausschuß, im August führende Rolle im Konvent, anschließend Rückzug in seinen Geburtsort Arcis-sur-Aube. Ende 1793 Rückkehr nach Paris, mit Desmoulins Führer der Indulgents, Wendung gegen Dechristianisierung und Terror. Nach Sturz der Hébertisten Ende März 1794 auf Betreiben von Robespierre und Saint-Just mit seinen Vertrauten verhaftet, vom Revolutionstribunal zum Tode verurteilt und am 5. April hingerichtet. 27, 31, 33, 37, 65f., 109, 165

DAUNOU, Pierre Claude François, 1761-1840. Professor für Philosophie und Theologie, 1789 Begräbnisredner der Opfer des Sturms auf die Bastille. Abgeordneter des Pas-de-Calais im Konvent, Gegner des Prozesses gegen den König, im Juni 1793 nach Protest gegen den Ausschluß der Girondisten inhaftiert. Nach Sturz Robespierres rehabilitiert, Mitglied im Wohlfahrtsausschuß, Berichterstatter der Konventskommission zur Ausarbeitung der Verfassung von 1795, führend beteiligt an Niederschlagung des royalistischen Vendémiaire-Aufstands und Gründung des *Institut National*. Abgeordneter im Rat der 500, Vorsitzender der Kommission zur Bildung der Römischen Republik, von Bonaparte 1802 mit der Gruppe der liberalen *Idéologues* politisch kaltgestellt. Nach Restauration liberaler Abgeordneter, Organisator des französischen Archivwesens. 86, 112

DAVID, Jacques Louis, 1748-1825. Maler, 1789 Führer der revolutionären *Gruppe patriotischer Künstler*, in der Folgezeit Organisator der revolutionären Festkultur. Pariser Abgeordneter im Konvent, Montagnard, Mitglied im Allgemeinen Sicherheitsausschuß und Anhänger Robespierres, später Bonapartes, 1815 expatriiert. Von D. stammen die berühmtesten Gemälde der Französischen Revolution, u. a. der Ballhausschwur und die Ermordung Marats. 15

DEBRY, Jean Antoine Joseph, 1760-1834. Jurist, Abgeordneter der Aisne in der Legislative und im Konvent, Mitglied der Ebene, 1795 Abgeordneter im Rat der 500. Unter Napoléon im Tribunat, Präfekt, Ernennung zum Baron, 1815 trotz Unterstützung für die Bourbonen expatriiert, Exil in Belgien. 159

DELACROIX, Charles, 1741-1805. Jurist, Abgeordneter der Marne im Konvent, Vertreter der Ebene, nach Thermidor aktiver Antijakobiner. Abgeordneter im Rat der Alten, Außenminister bis Juli 1797, anschließend Botschafter in Holland. Unter Bonaparte Präfekt in der Gironde.

DELACROIX, Jean-François, 1753-1794. Jurist, Abgeordneter der Eure-et-Loire in der Legislative und im Konvent. Enger Vertrauter von Danton, von April bis Juli 1793 Mitglied im Wohlfahrtsausschuß, beteiligt an Ausschaltung der Gironde. Mit Danton Ende März 1794 verhaftet, abgeurteilt und hingerichtet.

DESMOULINS, Camille, 1760-1794. Schulfreund von Robespierre, Jurist. 1789 führend beteiligt am Sturm auf die Bastille, Herausgeber der *Révolutions de France et de Brabant*, Mitbegründer des Cordeliers-Klubs, im August 1792 beteiligt am Sturz der Monarchie. Mitarbeiter von Danton im Justizministerium, anschließend Pariser Abgeordneter im Konvent, entschiedener Gegner von Brissot und der Gironde. Seit Ende 1793 Herausgeber der Zeitschrift *Vieux Cordelier*, Forderung nach Beendigung der Dechristianisierung und der Terrorherrschaft. Ende März 1794 mit Danton verhaftet, abgeurteilt und am 5. April hingerichtet. 7, 20, 27, 37, 49f., 70f., 84f.

DUBOIS-CRANCÉ, Edmond Louis Alexis, 1746-1814. Berufssoldat in der königlichen Garde, Vertreter des Dritten Standes von Vitry-le-François in den Generalständen, führende Rolle im Militärkomitee der Konstituante. Anschließend Adjutant von General Wimpfen, Abgeordneter der Ardennen im Konvent, Vertreter der Ebene. Anfang Juli 1794 wegen Moderantismus aus dem Jakobinerklub ausgeschlossen, nach Thermidor Vertreter der jakobinischen Linken, Abgeordneter im Rat der 500 und im Rat der Alten, September bis November 1799 Kriegsminister. Nach Brumaire Rückzug aus der Politik. 175f.

DUCOS, Pierre Roger, 1747-1816. Jurist, Abgeordneter der Landes im Konvent, Vertreter der Ebene. 1795 Abgeordneter im Rat der Alten, 1798 Mandat als Vertreter der neojakonischen Linken aberkannt. Im Juni 1799 nach Prairial-Staatsstreich auf Vorschlag von Barras in das Direktorium gewählt, anschließend mit Sieyès beteiligt an der Vorbereitung des Staatsstreichs vom Brumaire, Ernennung zum Dritten Konsul, zum Senator, 1808 zum Grafen, 1815 expatriiert. 45

DUHEM, Pierre Joseph, 1758-1807. Mediziner, Abgeordneter von Lille in der Legislative und im Konvent, Vertreter des extremen Linken mit aktiver Beteiligung am Aufstand zum Sturz der Monarchie. Nach Konflikten mit Robespierre Anfang 1794 aus dem Jakobinerklub ausgeschlossen, im Juli beteiligt am Sturz Robespierres. Anschließend Vertreter der jakobinischen Linken mit Beteiligung am Germinal-Aufstand 1795. Nach Verhaftung und Amnestie Rückzug aus der Politik, Militärarzt.

DUMOURIEZ, Charles François Du Périer, 1739-1832. Berufsoffizier, Mitglied im Pariser Jakobinerklub, verbunden mit Brissot. Im März 1792 Ernennung zum Außenminister, nach Kriegsbeginn kommandierender General der Nordarmee, Sieger von Valmy, Besetzung Belgiens. Nach Niederlagen im März 1793 Verhandlungen mit den Österreichern, Auslieferung von Kriegsminister Beurnonville und 4 Konventskommissaren, nach Scheitern des Versuchs, seine Soldaten gegen Paris zu führen, übergelaufen. 33

DUPONT DE NEMOURS, Pierre Samuel, 1739-1817. Führender Physiokrat, Vertreter des Dritten Standes von Nemours in den Generalständen, führend beteiligt an der Ausarbeitung der Zivilverfassung des Klerus. Herausgeber der *Nouvelles politiques nationales et étrangères* mit gemäßigt monarchistischer Ausrichtung, Mitbegründer des Klubs der Feuillants, Gegner der Kriegspolitik. Im Frühjahr 1792 ohne Erfolg für Militärputsch La Fayettes, am 10. August 1792 Verteidiger der Tuilerien, anschließend abgetaucht, am 13. Juli 1794 verhaftet, nach Sturz Robespierres befreit. Abgeordneter des Loiret im Rat der Alten, im September 1797 als Royalist ausgeschlossen, Flucht in die USA. 1802 Rückkehr nach Frankreich, Präsident der Pariser Handelskammer, 1814 Generalsekretär der provisorischen Regierung, Auswanderung in die USA. 156

DUPORT, Adrien, 1759-1798. Jurist, Vertreter des Pariser Adels in den Generalständen, nach Tod Mirabeaus im Triumvirat mit Barnave und Alexandre de Lameth Führer der Patrioten in der Konstituante. seit Sommer 1791 Unterstützung für die konstitutionelle Monarchie, Mitbegründer des Klubs der Feuillants. Nach Sturz der Monarchie im August 1792 inhaftiert und auf Intervention Dantons freigelassen, Flucht nach England. 1795 Rückkehr nach Frankreich, nach Fructidor-Staatsstreich 1797 ausgewiesen. 22, 153

DUQUESNOY, Ernest Dominique François Joseph, 1749-1795. Soldat und Landwirt, Abgeordneter von Pas-de-Calais in der Legislative und im Konvent, Vertreter der extremen Linken. Führer des Prairial-Aufstands 1795, anschließend zum Tode verurteilt, Selbstmord.

FABRE D'ÉGLANTINE, Philippe François Nazaire, 1750-1794. Dichter und Schauspieler, Mitglied des Klubs der Cordeliers und des Jakobinerklubs, im August 1792 Mitarbeiter von Justizminister Danton, beteiligt an Septembermassakern, anschließend Pariser Abgeordneter im Konvent, Mitglied im Allgemeinen Sicherheitsausschuß, Herausgeber der *Gazette de France*. Wegen Spekulation bei der Auflösung der Indienkompanie aus dem Jakobinerklub ausgeschlossen und verhaftet, mit den Dantonisten zum Tode verurteilt und hingerichtet.

FAIPOULT, Guillaume Charles, 1752-1817. Soldat, Ingenieur und Architekt, 1789 Mitglied des Militärkomitees von Paris, seit 1791 Jakobiner, seit März 1792 enger Mitarbeiter von Innenminister Rolland, 1795 Finanzminister, 1796 Botschafter in Genf. Anschließend führende Rolle bei der Revolutionierung Italiens mit Frontstellung gegen die Verselbständigung der Militärführung. Unter Joseph Bonaparte Finanzminister in Spanien.

FAUCHET, Claude, 1744-1793. Priester, 1789 Mitglied der Pariser Kommune, beteiligt am Sturm auf die Bastille. Gründer des *Cercle Social* und Herausgeber des *Bulletin de la bouche de fer*, Protagonist eines Agrargesetzes zur Aufteilung des Großgrundbesitzes. Abgeordneter von Calvados in der Legislative und im Konvent. Im September 1792 auf Initiative von Chabot und Robespierre aus dem Jakobinerklub ausgeschlossen, Vertreter der Gironde, Herausgeber des *Journal des Amis*, gegen Verurteilung des Königs und Dechristianisierungsbewegung. Als vermeintlicher Inspirator des Attentats auf Marat verhaftet, Ende Oktober 1793 abgeurteilt und hingerichtet. 97

FOUCHÉ, Joseph, 1759-1820. Mathematiker und Physiker, Freund von Robespierre. Abgeordneter der Loire-Inférieur im Konvent, fast ohne Redebeitrag, Führer der Dechristianisierungsbewegung, beteiligt am Terror in Lyon. Beteiligt am Sturz von Robespierre, anschließend verbunden mit Babeuf und involviert in Germinal-Aufstand, verhaftet. Nach Freilassung auf Initiative von Barras Karriere im Polizeidienst, Botschafter in Mailand, im Juli 1799 Ernennung zum Polizeiminister, Unterstützung für Machtergreifung Bonapartes und Fortführung seiner Tätigkeit. 1810 Ernennung zum Grafen, 1815 erneut Polizeiminister, nach Waterloo Übertritt zu den Bourbonen und Polizeiminister unter Ludwig XVIII., schließlich aber doch expatriiert. 38

FOUQUIER-TINVILLE, Antoine Quentin, 1746-1795. Jurist, Vetter von Desmoulins. Nach Sturz der Monarchie Präsident des Gerichts zur Aburteilung der Monarchisten, seit März 1793 Ankläger am Revolutionstribunal, der für alle politischen Gruppierungen von den Brissotins über die Hébertisten bis zu den Dantonisten die Todesstrafe beantragt. Im Mai 1794 gegen Robespierres Vorschlag, Verteidiger von den Verfahren auszuschließen, Ende Juli Forderung nach Todesurteilen gegen Robespierre und seine Anhänger. Anschließend selbst verhaftet, am 7. Mai 1795 mit den anderen Mitgliedern des Revolutionstribunals zum Tode verurteilt und hingerichtet. 40

FOURCROY, Antoine François, 1755-1809. Mediziner und Chemiker, Mitglied im Jakobinerklub, seit 1793 als Nachrücker für Marat Pariser Abgeordneter im Konvent. 1793/94 als Direktor der *Commission des poudres et salpêtres* führend beteiligt an der wissenschaftlich-ökonomischen Sicherstellung der Munitionsversorgung für die republikanischen Armeen, verantwortlich für die Entwicklung von Beobachtungsballons. Nach Gründung der *École Polytechnique* 1795 Eintritt ins *Institut National*. Unter Napoléon als Staatsrat zuständig für den Aufbau des Universitätssystems. 171f.

FRANÇOIS DE NEUFCHÂTEAU, Nicolas Louis, 1750-1828. Jesuitenschüler und Schriftsteller, Ersatzabgeordneter des Dritten Standes von Toul in den Generalständen, Abgeordneter der Vogesen in der Legislative. Aus Gesundheitsgründen Ablehnung seines Mandats für den Konvent und des Justizministeriums. September 1793 bis August 1794 wegen eines für subversiv erachteten Theaterstücks inhaftiert. 1796 Aufnahme in das *Institut National*, Juli bis September 1797 Innenminister, anschließend Wahl in das Direktorium. Nach Ausscheiden französischer Vertreter in Wien, dann erneut Innenminister. Unter Bonaparte Senator und Ernennung zum Grafen. 44

FRÉRON, Stanislas Louis Marie, 1754-1802. Schriftsteller und Journalist, Herausgeber des radikalen *Orateur du Peuple*, aktiv beteiligt 1791 an Petitionsbewegung zur Abdankung des Königs und 1792 am Aufstand zum Sturz der Monarchie, anschließend Pariser Abgeordneter im Konvent, Montagnard. Als Konventskommissar mit Barras in der Normandie aktiver Terrorist. Von Hébert und Robespierre der Bereicherung angeklagt, im Juli 1794 beteiligt am Sturz Robespierres, anschließend führender Journalist der royalistischen Rechten, Organisator des weißen Terrors der *Jeunesse dorée* de Fréron. Unter Bonaparte Subpräfekt in Santa Domingo. 40, 86

GARAT, Dominique Joseph, 1749-1833. Jurist und Schriftsteller, Vertreter des Dritten Standes von Labourd in den Generalständen, Redakteur des *Journal de Paris*. 1791 Mitarbeiter an der französischen Botschaft in England, im Oktober 1792 Ernennung zum Justizminister, Anfang 1793 zum Innenminister. Nach Rücktritt im September 1793 wegen Nähe zur Gironde verhaftet, später untergetaucht. 1795 Ernennung zum Professor und zum Mitglied des Institut National, 1798 Botschafter in Neapel, anschließend Abgeordneter im Rat der Alten, Unterstützung für Machtergreifung Bonapartes, Ernennung zum Senator, zum Grafen und zum Mitglied der *Académie française*. 83f.

GARNIER de l'Aube, Antoine Marie Charles, 1742-1805. Jurist, Abgeordneter von Troyes im Konvent, Mitglied der Gruppe um Danton, beteiligt am Sturz Robespierres, 1795 Rückzug aus der Politik.

GARNIER de Saintes, Jacques, 1755-1818. Jurist, Abgeordneter der Charente-Inférieur im Konvent, Jakobiner und Montagnard, Mitglied des Allgemeinen Sicherheitsausschuß, Abgeordneter im Rat der 500, 1815 expatriiert.

GARRAN DE COULON, 1749-1816. Jurist, stellvertretender Abgeordneter des Dritten Standes von Paris in den Generalständen, führender Protagonist der Pariser Kommunalrevolution. Abgeordneter von Paris in der Legislative und des Loiret im Konvent, später im Rat der 500, beteiligt am Staatsstreich Bonapartes, Ernennung zum Senator und zum Grafen.

GENSONNÉ, Armand, 1758-1793. Jurist, Abgeordneter der Gironde in der Legislative und im Konvent. Anfang Juni 1793 ausgeschlossen und verhaftet, Ende Oktober zum Tode verurteilt und hingerichtet.

GINGUENÉ, Pierre Louis, 1748-1816. Schriftsteller, inhaftiert während des Terrors, anschließend Mitglied des *Institut National*, Leiter der Regierungskommission für Öffentlichkeitsarbeit und einer der Herausgeber der *Décade philosophique*. Vertreter Frankreichs in Turin, unter Bonaparte im Tribunat, 1802 wegen Opposition politisch kaltgestellt. 91

GOBEL, Jean-Baptiste Joseph, 1727-1794. Jesuitenpriester, Vertreter des Klerus von Belfort in den Generalständen, Protagonist der Zivilverfassung des Klerus. 1791 Erzbischof von Paris, Jakobiner, Aktivist der Dechristianisierungsbewegung. Anfang April 1794 mit den Hébertisten abgeurteilt und hingerichtet.

GOHIER, Louis Jérôme, 1746-1830. Jurist, Abgeordneter von Ille-et-Vilaine in der Legislative, März 1793 bis April 1794 Justizminister. Nach Beamtenkarriere im Juni 1799 Wahl in das Direktorium, nach Ablehnung des Brumaire-Staatsstreichs französischer Generalkonsul in Amsterdam. 45

GORSAS, Antoine Joseph, 1752-1793. Privatschullehrer, seit 1789 Herausgeber des *Courrier de (Versailles à) Paris*, 1792 beteiligt an der Vorbereitung des Aufstandes zum Sturz der Monarchie, anschließend als Abgeordneter der Seine-et-Oise im Konvent Anhänger der Gironde und Gegner Robespierres. Im Juni 1793 ausgeschlossen, nach Flucht Anfang Oktober 1793 in Paris festgenommen, auf der Stelle abgeurteilt und hingerichtet. 82, 136

GOUGE, Marie Olympe de, 1755-1793. Geschiedene Schriftstellerin, nach missglückten Versuchen zur Gründung eines Frauenklubs im September 1791 Veröffentlichung der *Erklärung der Rechte der Frau und Bürgerin*, mit der sie sich nicht nur an die Öffentlichkeit, sondern auch an Marie-Antoinette wandte. Wegen ihrer Unterstützung für Ludwig XVI. im Königsprozeß auf Initiative von Robespierre inhaftiert, vom Revolutionstribunal abgeurteilt und am 3. November 1793 hingerichtet. 134ff.

GRÉGOIRE, Henry Baptiste, 1750-1831. Jesuitenschüler, Vertreter des lothringischen Klerus in den Generalständen, führend beteiligt bei Anschluß des niederen Klerus an den Dritten Stand. Mitbegründer des bretonischen Klubs und der *Societé des Amis des Noirs*, Protagonist der Emanzipation von Juden und Farbigen. 1790 Konstitutioneller Bischof, 1792 Abgeordneter des Mont-Blanc im Konvent, Kritiker des Vandalismus der Dechristianisierungsbewegung. Anfang 1795 Protagonist der Freiheit des religiösen Bekenntnisses und der Trennung von Kirche und Staat, anschließend Organisator der konfessionellen Kirche. Bis 1798 Abgeordneter im Rat der 500, nach 1800 als Senator Gegner der Herrschaft Bonapartes, trotzdem 1808 zum Grafen ernannt. 22, 91f., 93f., 151ff.

GUADET, Marguerite Elie, 1758-1794. Jurist, Abgeordneter der Gironde in der Legislative und im Konvent, scharfer Gegner Robespierres. Anfang Juni 1793 ausgeschlossen, nach Flucht und Verhaftung am 17. Juni 1794 mit seinem Vater, seinem Bruder und seiner Tante zum Tode verurteilt und hingerichtet.

HANRIOT, François, 1759-1794. Niederer Angestellter mit Karriere in der Pariser Sektion *Sans-Culottes* und in der Nationalgarde, 1792 aktiv beteiligt am Aufstand zum Sturz der Monarchie, im Mai 1793 Kommandant der Pariser Nationalgarde, Protagonist des Sturzes der Gironde. Obwohl eng mit den Hébertisten verbunden, von Robespierre vor der Guillotine bewahrt. Bei Versuch, den Sturz Robespierres zu verhindern, verwundet und am 28. Juli 1794 hingerichtet.

HÉBERT, Jacques René, 1757-1794. Journalist, Herausgeber des *Père Duchesne*, Aktivist der Cordeliers, Mitglied der revolutionären Pariser Kommune, Vertreter von Chaumette. Entschiedener Gegner der Gironde. Seit 1793 Führer einer politischen Gruppe auf der radikalen Linken, der sog. Hébertisten, mit sozialrevolutionären Forderungen und aktiver Beteiligung an Dechristianisierungsbewegung. Im März 1794 nach Aufruf zur Erhebung auf Betreiben von Robespierre und Saint-Just verhaftet, abgeurteilt und hingerichtet. 34, 36f., 84ff., 99, 106

HÉRAULT DE SÊCHELLES, Marie Jean, 1759-1794. Jurist und Schriftsteller, Pariser Abgeordneter in der Legislative, Abgeordneter der Seine-et-Oise im Konvent. Zuerst mit der Gironde verbunden, später Übertritt zur Bergpartei, seit Mai 1793 Mitglied im Wohlfahrtsausschuß. Im April 1794 auf Betreiben Robespierres mit den Dantonisten verhaftet, abgeurteilt und hingerichtet. 34f.

HOCHE, Louis Lazare, 1768-1797. Berufssoldat mit schneller Karriere in der revolutionären Armee. 1789 Sergeant der Pariser Nationalgarde, im Mai 1792 Ernennung zum Leutnant, im Oktober 1793 zum kommandierenden General der verbundenen Rhein- und Moselarmee. April bis August 1794 nach Denunziation Pichegrus inhaftiert, anschließend Niederschlagung der Aufstände im Westen. 1797 Scheitern eines ersten militärischen Staatsstreichversuchs und Ablehnung des Kriegsministeriums, verstorben an Tuberkulose. 43, 180

ISNARD, Maximin, 1755-1825. Kaufmann, Abgeordneter des Var in der Legislative und im Konvent, Vertreter der Gironde. Am 31. Juni 1793 freiwilliger Rücktritt, am 28. September trotzdem verhaftet, Flucht in die Illegalität. Im Februar 1797 Wiedereintritt in den Konvent, bis 1797 Abgeordneter im Rat der 500, anschließend Staatsbeamter, unter Napoléon 1813 Ernennung zum Baron.

JEANBON SAINT-ANDRÉ, André Jeanbon, gen., 1749-1813. Jesuitenschüler und Pastor, Jakobiner von Montauban, 1792 Abgeordneter des Lot im Konvent, Montagnard, seit Juli 1793 Mitglied im Wohlfahrtsausschuß. Im Herbst 1795 inhaftiert und amnestiert, anschließend französischer Konsul in Algier und Smyrna. Unter Napoléon Ernennung zum Präfekt und zum Baron. 35

JOUBERT, Barthélemy Catherine, 1769-1799. Berufssoldat mit schnellem Aufstieg in der revolutionären Armee. Bei Kriegsbeginn Leutnant, 1795 Ernennung zum Brigadegeneral der Italienarmee, 1798 zum kommandierenden General. Im August 1799 bei Novi gefallen.

JOURDAN, Jean-Baptiste, 1762-1833. Berufssoldat mit schnellen Aufstieg in der revolutionären Armee. Im Mai 1793 Ernennung zum General, zum Jahresende kommandierender General der Ardennenarmee, 1794 als Kommandeur der Moselarmee Sieger von Fleurus. 1798 Abgeordneter im Rat der 500, Protagonist der im September verabschiedeten Allgemeinen Wehrpflicht. 1799 zuerst Gegner des Staatsstreichs von Bonaparte, nach neutraler Haltung aber doch Ernennung zum Marschall. Unter Ludwig XVIII. Ernennung zum Grafen. 181

JULIEN, Jean, Pfarrer, Abgeordneter der Haute-Garonne im Konvent, Montagnard. Kompromittiert wegen Spekulation bei Auflösung der Indienkompanie, seit Ende 1793 in der Illegalität. Unter dem Direktorium Vertreter der Théophilantropie, Gegner der Machtergreifung Bonapartes, Exil in Turin. 60

JULIEN, Marc Antoine, 1744-1821. Schriftsteller, Abgeordneter der Drôme in der Legislative und im Konvent, Montagnard, Anhänger Robespierres. Nach Thermidor Rückzug aus der Politik.

KÉRALIO, Louise Félicité de, 1758-1821. Schriftstellerin und Verlegerin, Mitherausgeberin des *Mercure National*, Tochter von Louis Félix Guyement de Kéralio und Ehefrau von Pierre François Joseph Robert.

KERSAINT, Armand Guy Simon de Coetnempren, Graf von, 1742-1793. Marineoffizier, 1789 Präsident der Wahlmännerversammlung von Paris, Mitglied des Jakobinerklubs. Abgeordneter von Paris in der Legislative und der Seine-et-Oise im Konvent, Anhänger der Gironde, Rücktritt nach Verurteilung des Königs. Im Oktober 1793 verhaftet, zum Tode verurteilt und hingerichtet.

LACOMBE, Claire, gen. Rose, 1765-1798. Schauspielerin, 1792 beteiligt am Aufstand zum Sturz der Monarchie, nach Engagement im Jakobinerklub im Mai 1793 Präsidentin der *Société des citoyennes républicaines révolutionnaires*, eng verbunden mit den *Enragés*. Ende März 1794 mit den Hébertisten verhaftet, anschließend Rückzug aus der Politik 143f.

LACOSTE, Élie, 1745-1806. Mediziner, Abgeordneter der Dordogne in der Legislative und im Konvent, seit Oktober 1793 Mitglied im Allgemeinen Sicherheitsausschuß, beteiligt am Sturz Robespierres. 1795 zeitweilig inhaftiert, anschließend Rückzug aus der Politik.

LA FAYETTE, Marie Joseph Paul Yves Roch Gilbert Motier, Fürst von, 1757-1834. Berufsoffizier, General im amerikanischen Unabhängigkeitskrieg, 1789 Vertreter des Adels von Riom in den Generalständen mit schnellem Anschluß an den Dritten Stand, Mitautor der *Erklärung der Menschen- und Bürgerrechte*, seit Juli General der Pariser Nationalgarde, verantwortlich für Marsfeldmassaker. 1791 Rücktritt, Ernennung zum General der Nordarmee, Mitbegründer des Klubs der Feuillants. Im Sommer 1792 nach Scheitern des Versuchs, seine Truppen gegen Paris zu führen, Übertritt zu den Österreichern, dort inhaftiert. Nach 1815 liberaler Abgeordneter. 28, 93, 102, 154, 176

LAKANAL, Joseph, 1762-1845. Konstitutioneller Geistlicher, Abgeordneter der Ariège im Konvent, gemeinsam mit Daunou und Sieyès beteiligt an Planungen für ein öffentliches Schul- und Erziehungssystem, an der Errichtung einer Telegraphenverbindung zwischen Paris und der Nordarmee sowie am Aufbau der Waffenfabrik von Bergerac. 1795-1797 Abgeordneter im Rat der 500, Mitglied im *Institut National*. Unter Bonaparte kaltgestellt, anschließend Emigration in die USA. 172

LALLY-TOLLENDAL, Trophime Gérard, Graf von, 1751-1830. Berufsoffizier, Vertreter des Pariser Adels in den Generalständen, Mitglied des Verfassungsausschusses der Konstituante. Im Oktober 1789 Rückzug und Exil in der Schweiz, Rückkehr nach Paris zur Verteidigung des Königs, im August 1792 als Royalist inhaftiert, nach Freilassung Flucht nach England. Unter Ludwig XVIII. Ernennung zum Pair und zum Mitglied der *Académie française*. 22

LAMETH, Alexandre Théodore Victor de, 1760-1829. Berufsoffizier, beteiligt am amerikanischen Unabhängigkeitskrieg, Vertreter des Adels von Péronne in den Generalständen mit frühem Anschluß an den Dritten Stand. Mit Barnave und Duport Führer der Patrioten in der Konstituante. Im Sommer 1791 Mitbegründer des Klubs der Feuillants, Annäherung an den Hof, mit La Fayette Übertritt zu den Österreichern. Nach 3 Jahren Haft Exil in England und Hamburg. Unter Napoléon hoher Verwaltungsbeamter, Ernennung zum Baron, nach 1815 liberaler Abgeordneter. 22, 93

LAMETH, Charles Malo François, 1757-1832. Berufsoffizier, beteiligt am amerikanischen Unabhängigkeitskrieg, Vertreter des Adels von Artois in den Generalständen mit frühem Anschluß an den Dritten Stand, Mitglied des Klubs der Feuillants. Nach Sturz der Monarchie Rückzug aus der Armee, kurzzeitig inhaftiert, Exil in Hamburg. Unter Napoléon Brigadegeneral, unter Ludwig XVIII. Generalleutnant, seit 1829 liberaler Abgeordneter. 93

LAMETH, Théodore de, 1756-1854. Berufsoffizier, mit seinen jüngeren Brüdern beteiligt am amerikanischen Unabhängigkeitskrieg, 1791 Abgeordneter des Jura in der Legislative, Gegner der Kriegspolitik. Anfang 1793 Entlassung als General, Flucht in die Schweiz. 93

LANJUINAIS, Jean Denis, 1755-1823. Professor an der Universität Rennes, Vertreter des Dritten Standes in den Generalständen, Mitbegründer des Bretonischen Klubs, beteiligt an Ausarbeitung der Zivilverfassung des Klerus. Abgeordneter von Ille-et-Vilaine im Konvent, Anhänger der Gironde, 1793 Flucht in die Illegalität. Nach Sturz Robespierres Mitautor der Verfassung von 1795, Abgeordneter im Rat der Alten bis Mai 1797. Unter Napoléon oppositioneller Senator, seit 1808 Mitglied des *Institut National* und Ernennung zum Grafen, nach 1815 Mitglied des Oberhauses.

LANTHENAS, François Xavier, 1754-1799. Mediziner, Organisator popularer Volksgesellschaften, 1792 Abgeordneter des Rhône-et-Loire im Konvent, Anhänger der Gironde, im Juni 1793 durch Marat von der Proskriptionsliste gestrichen. Abgeordneter von Ille-et-Vilaine im Rat der 500, 1798 Rückzug aus der Politik. 98, 138

LA REVELLIÈRE-LÉPAUX, Louis Marie de, 1753-1824. Rentier, Vertreter des Dritten Standes von Angers in den Generalständen, 1791 für Rücktritt des Königs. Abgeordneter des Maine-et-Loire im Konvent, Anhänger der Gironde, 1793 Rücktritt. 1795 Abgeordneter im Rat der Alten, Wahl in das Direktorium mit führender Rolle bis zum erzwungenen Rücktritt im Juni 1799. Anhänger der Théophilantropie, nach Brumaire wegen Gegnerschaft zu Bonaparte Ausschluß aus dem *Institut National*. 43f.

LA ROCHEFOUCAULD, Dominique de, 1712-1800. Kardinal, 1789 Präsident des Klerus in den Generalständen, Gegner des Anschlusses an den *Dritten Stand*, in der Konstituante entschiedener Verteidiger der Privilegien des Klerus. Nach Sturz der Monarchie Flucht ins Exil.

LA ROCHEFOUCAULD-LIANCOURT, François Alexandre Frédéric, Herzog von, 1747-1827. Höfling in Versailles, Abgeordneter des Adels von Clermont-en-Beauvaisis in den Generalständen, Mitglied im Klub der Feuillants. Nach Sturz der Monarchie Exil in England und Amerika.

LA ROCHEJAQUELEIN, Henry du Vergier, Graf von, 1772- 1794. Offizier der königlichen Garde, nach Sturz der Monarchie einer der militärischen Führer des Aufstandes in der Vendée, Anfang 1794 im Kampf gefallen.

LASOURCE, Marc David Alba, gen., 1763-1793. Kalvinistischer Geistlicher, Abgeordneter von Tarn in der Legislative und im Konvent. Gegner der Monarchie, Anhänger der Gironde mit früher Gegnerschaft zu Marat und Robespierre. Januar bis April 1793 Mitglied im Allgemeinen Sicherheitsausschuß, im Juni 1793 aus dem Konvent ausgeschlossen und verhaftet, im Oktober mit den Girondisten zum Tode verurteilt und hingerichtet. 61f., 159, 164

LE CHAPELIER, Isaac René Guy, 1754-1794. Jurist, 1789 Vertreter des Dritten Standes von Rennes in den Generalständen, Mitbegründer des Bretonischen Klubs und, 1791, des Klubs der Feuillants. Präsident der Konstituante bei der Abschaffung der Feudalordnung am 4. August 1789, Autor des nach ihm benannten Gesetzes vom 14. Juni 1791, das alle wirtschaftlichen Koalitionen untersagte. Anfang 1794 verhaftet, im April vom Revolutionstribunal abgeurteilt und hingerichtet. 93

LECLERC, Jean Théophile Victoire, 1771-?. Nach Beteiligung am Aufstand in Martinique 1791 inhaftiert, 1792 mehrfach Redner in der Legislative, Forderung nach Absetzung des Königs. 1793 beteiligt am Terror in Lyon, Aktivist der Cordeliers, führender Enragé, verheiratet mit Pauline Léon. Nach Marats Tod Herausgeber des radikalrevolutionären *Amis du Peuple, par Leclerc*. Ausschluß aus dem Jakobinerklub, Inhaftierung im April 1794. Nach Haftentlassung im Herbst 1794 verschwunden.

LEGENDRE, Louis, 1752-1797. Schlachter, 1789 beteiligt am Sturm auf die Bastille und 1792 am Aufstand zum Sturz der Monarchie, Mitbegründer des Klubs der *Cordeliers*. Pariser Abgeordneter im Konvent, Anhänger Dantons. Im Frühjahr 1795 beteiligt an Niederschlagung der Aufstände vom Germinal und Prairial, anschließend Abgeordneter im Rat der Alten.

LÉON, Anne Pauline, 1768-?. Schokoladenherstellerin, beteiligt seit 1789 an den Aufständen der Pariser Bevölkerung, im Mai 1793 mit Claire Lacombe Gründerin der *Société des citoyennes républicaines et révolutionnaires*, eng verbunden mit den Enragés. Seit November verheiratet mit Théophile Leclerc, mit dem sie im Anfang April 1794 verhaftet wurde. Nach Haftentlassung Rückzug aus der Politik. 142ff.

LE PELLETIER DE SAINT-FERGEAU, Louis Michel, 1760-1793. Jurist, Vertreter des Adels von Paris in den Generalständen, Anschluß an den Dritten Stand. Abgeordneter der Yvonne im Konvent, Montagnard. Ende Mai 1793 in Paris von einem Royalisten umgebracht.

LE PELLETIER DE SAINT-FERGEAU, Ferdinand Louis Félix, 1767-1837. Jüngerer Bruder von Louis Michel, Berufsoffizier, Jakobiner, beteiligt an der Verschwörung von Babeuf. Gegner Bonapartes, zeitweilig inhaftiert, Exil in der Schweiz.

LEQUINIO, Marie Joseph, 1755-1814. Jurist, 1789 Bürgermeister von Rhuys, Abgeordneter von Morbihan in der Legislative und im Konvent, Aktivist der Dechristianisierung, Herausgeber des *Journal des laboureurs*. Nach Thermidor Führer des Jakobinerklubs, anschließend im Untergrund. 1798 als Neojakobiner in den Rat der 500 gewählt, Mandat aberkannt. Unter Napoléon Vizekonsul in den Vereinigten Staaten.

LESSART, Jean-Marie Antoine Claude de Valdec de, 1742-1792. Hoher Beamter, Freund von Necker, seit Anfang 1791 Innenminister, im Laufe des Jahres Marineminister und Außenminister. Anfang März 1792 auf Betreiben der Brissotins vor dem Gerichtshof von Orléans angeklagt. Im August 1792 bei der Überstellung zum Pariser Revolutionstribunal massakriert.

LEVASSEUR, René, 1747-1834. Mediziner, Abgeordneter der Sarthe im Konvent, Montagnard, scharfer Gegner der Gironde, beteiligt am Sturz Dantons. Nach Beteiligung am Germinal-Aufstand bis Herbst 1795 inhaftiert. Anschließend Rückzug aus der Politik, Abfassung einer Geschichte der Konventsherrschaft.

LHUILLIER, Louis Marie, 1746-1794. Pamphletist, 1792 Präsident der revolutionären Pariser Kommune, anschließend führender Verwaltungsbeamter, Hébertist. Nach Verhaftung Selbstmord.

LINDET, Jean-Baptiste Robert, 1746-1825. Jurist, Abgeordneter der Eure in der Legislative und im Konvent. Anfangs den Girondisten nahestehend, Anfang 1793 Übertritt zur Montagne. Seit Oktober 1793 Mitglied im großen Wohlfahrtsausschuß, verweigerte als einziger die Unterschrift unter den Haftbefehl für Danton. 1794/95 inhaftiert, 1798 als Neojakobiner in den Rat der 500 gewählt, Mandat annulliert. Juli bis November 1799 Finanzminister, Rücktritt nach Machtergreifung Bonapartes. 38, 45

LINDET, Robert Thomas, 1743-1823. Jüngerer Bruder von Robert L., Priester, 1789 Vertreter des Klerus von Sainte-Croix à Bernay in den Generalständen, Protagonist der Zivilverfassung des Klerus. 1791 Konstitutioneller Bischof der Eure, 1792 Abgeordneter im Konvent, Montagnard. 1796 Abgeordneter im Rat der 500, Mandat nach Wiederwahl 1798 annulliert, Rückzug aus der Politik. 8

LOUSTALLOT, Élisée, 1762-1790. Jurist, bis zu seinem frühen Tod leitender Redakteur der Zeitschrift *Révolutions de Paris*.

LOUVET, Jean-Baptiste, 1760-1797. Buchhändler und Schriftsteller, Aktivist des Pariser Jakobinerklubs, 1792 Herausgeber der Wandzeitschrift *La Sentinelle* mit antimonarchistischer Tendenz, Abgeordneter des Loiret im Konvent. Anhänger der Gironde, scharfer Kritiker Robespierres, im Juni 1793 ausgeschlossen und angeklagt, erfolgreiche Flucht. Nach Wiedereintritt in den Konvent Anfang 1795 Kritiker des linken und rechten Radikalismus, Mitglied im Wohlfahrtsausschuß, Wiederherausgabe der *Sentinelle*, bis zu seinem Tod Abgeordneter im Rat der 500. 85, 89, 164

LUDWIG XVI., 1754-1793. Seit 1774 König von Frankreich, mit dem Eid auf die Verfassung 1791 konstitutioneller König der Franzosen. Nach Aufstand am 10. August 1792 abgesetzt, als Louis Capet vom Konvent abgeurteilt und am 21.1.1793 hingerichtet. 18, 21, 23f., 26, 28f., 32, 104

MALLET DU PAN, Jacques, 1749-1800. Journalist, Mitarbeiter des *Mercure de France*, Befürworter der konstitutionellen Monarchie nach englischem Vorbild. 1792 geheimer Unterhändler des Königs bei den Emigranten und dem König von Preußen, anschließend Exil in der Schweiz und in England. 87

MALOUET, Pierre Victor, 1740-1814. Marineintendant, Abgeordneter des Dritten Standes von Riom in den Generalständen, Führer der für eine konstitutionelle Monarchie nach englischem Vorbild eintretenden Monarchiens in der Konstituante, nach Sturz der Monarchie Exil in England. Unter Napoléon Staatsrat und Baron. 22

MANUEL, Louis Pierre, 1751-1793. Verlagsangestellter und Schriftsteller, zeitweilig in der Bastille inhaftiert, Polizeichef in der Pariser Kommune von 1789. 1792 aktiv beteiligt am Aufstand zum Sturz der Monarchie. Anschließend Leiter der revolutionären Pariser Kommune, Abgeordneter von Paris im Konvent. Kritiker der Septembermassaker, Gegner der Hinrichtung des Königs, Rücktritt. Im März 1793 verhaftet, im November als Verräter verurteilt und hingerichtet. 7, 163

MARAT, Jean-Paul, 1743-1793. Mediziner und Schriftsteller, seit September 1789 Herausgeber der populären radikalen Zeitschrift *Ami du Peuple* mit terroristischen Tendenzen, 1793 des *Publiciste de la Révolution française*. Nach kurzzeitiger Emigration 1792 Abgeordneter von Paris im Konvent, Montagnard, scharfer Gegner der Gironde. Am 13. Juli 1793 von der Royalistin Charlotte Corday im Bad erstochen, anschießend Verehrung als Märtyrer der Revolution. 23, 31, 34, 84ff.

MARÉCHAL, Pierre Sylvain, 1750-1803. Bibliothekar und Schriftsteller, seit 1789 Mitarbeiter der *Révolutions de Paris*. Autor des sozialistischen *Manifestes der Gleichen*, beteiligt an der Verschwörung Babeufs, vor Gericht aber nach geschickter Verteidigung freigesprochen.

MARIE-ANTOINETTE, 1755-1793. Tochter von Kaiser Franz I., nach Eheschließung mit Ludwig XVI. seit 1774 Königin von Frankreich, vielfach Objekt pornographischer Schriften. Während der Revolution konspirative Kontakte mit ihrem Bruder, Kaiser Leopold II. Von den revolutionären Kräften als Führerin eines österreichischen Komitees angeklagt, nach Sturz der Monarchie inhaftiert, im Oktober 1793 vom Revolutionstribunal zum Tode verurteilt und hingerichtet. 26, 146, 162f.

MASSÉNA, André, 1758-1817. Berufssoldat, 1792 bis 1798 in der Italienarmee, seit 1793 als General, berüchtigt für Plünderungen. 1804 Ernennung zum Marschall und Herzog von Rivoli. 75f.

MENOU, Jacques François de Boussay, Baron von, 1750-1810. Berufsoffizier, Abgeordneter des Adels der Touraine in den Generalständen, gemäßigter Royalist. 1792 Ernennung zum Feldmarschall, 1793/94 ohne Kommando, 1795 als Pariser Stadtkommandant beteiligt an Niederschlagung des Prairial-Aufstandes. Nach zeitweiliger Inhaftierung wegen royalistischer Tendenzen beteiligt an Bonapartes Orientfeldzug, 1801 Übertritt zum Islam und Kapitulation als kommandierender General der Orientarmee. 1808 Ernennung zum Grafen.

MERCIER, Louis Sebastian, 1740-1814. Schriftsteller, Herausgeber der *Annales patriotiques et littéraires*, Abgeordneter der Seine-et-Oise im Konvent. Nach Protest gegen Ausschluß der Girondisten im Oktober 1793 inhaftiert. Bis 1798 Abgeordneter im Rat der 500, Mitglied des *Institut National*. 85, 169

MERLIN DE THIONVILLE, Antoine Christophe, 1762-1833. Jurist, Abgeordneter der Moselle in der Legislative und im Konvent, führend beteiligt am Aufstand zum Sturz der Monarchie. Montagnard, Vertreter der extremen Linken, als Konventskommissar in der Vendée Terrorist, Bereicherung, beteiligt am Sturz Robespierres. Anschließend mit Fréron Führer der gegenrevolutionären *jeunesse dorée*, beteiligt an Niederschlagung des Germinal-Aufstandes, bis 1798 Abgeordneter im Rat der 500, anschließend Rückzug aus der Politik.

MERLIN DE DOUAI, Philippe Antoine, 1754-1838. Jurist, Vertreter des Dritten Standes von Douai in den Generalständen, Abgeordneter im Konvent und im Rat der Alten, 1797 als Justizminister beteiligt am Fructidor-Staatsstreich. Anschließend Wahl in das Direktorium bis zum erzwungenen Rücktritt im Juni 1799. Unter Napoléon Staatsrat und Ernennung zum Grafen, seit 1815 Exil in Brüssel. 44

MIRABEAU, Honoré Gabriel Riquetti, Graf von, 1749-1791. Schriftsteller, zeitweilig in der Bastille inhaftiert. Abgeordneter des Dritten Standes von Aix in den Generalständen. Als Führer der patriotischen Fraktion Inkarnation der Revolution von 1789. Seit 1790 Annäherung an den Hof, Vertrauensverlust in der Konstituante, verstorben am 2. April 1791. 19, 22, 48, 81, 83, 93, 154

MOMORO, Antoine François, 1756-1794. Buchhändler, Führer der Cordeliers, Erfinder der Parole „Freiheit, Gleichheit, Brüderlichkeit". Nach Petitionsbewegung zur Abdankung des Königs 1791 verhaftet, 1792 beteiligt am Aufstand zum Sturz der Monarchie, anschließend Mitglied der Verwaltung der revolutionären Pariser Kommune, entschiedener Gegner der Gironde. Im März 1794 mit den Hébertisten zum Tode verurteilt und hingerichtet. 84, 99

MONGE, Gaspard, 1746-1818. Mathematikprofessor, Mitglied der Akademie der Wissenschaften, August 1792 bis März 1793 Marineminister. 1794/95 Professor an der *École normale*, seit 1796 verbunden mit Bonaparte. Organisator der Römischen Republik, 1798 Abgeordneter im Rat der 500, mit Bonaparte in Ägypten. Präsident des Ägypteninstituts, nach Brumaire Senator, Ernennung zum Grafen, 1815 als Leiter der *École polytechnique* abgesetzt. 121f.

MURAT, Joachim, 1767-1815. Berufssoldat, mit Bonaparte 1795 beteiligt an Niederschlagung des royalistischen Vendémiaire-Aufstandes, anschließend Adjutant des Generals in der Italienarmee, Kommandant der Reiterei der Orientarmee, als General beteiligt am Brumaire-Staatsstreich. Nach Eheschluß mit Bonapartes Schwester Caroline Ernennung zum Marschall und zum König von Neapel. 1815 von Anhängern des neapolitanischen Königs Ferdinand gefangengenommen und erschossen.

NARBONNE-LARA, Louis Marie, Graf von, 1755-1813. Berufsoffizier, von Dezember 1791-März 1792 Kriegsminister, nach Sturz der Monarchie mit Germaine de Staël Exil in England. Unter Napoléon Botschafter in München und Wien, Ernennung zum Grafen. 28

NECKER, Jacques, 1732-1804. Bankier aus Genf, schlug 1788 als Finanzminister die Einberufung der Generalstände vor. Seine Abberufung im Juli 1789 war Anlaß für den Sturm auf die Bastille, anschließend bis September 1790 Regierungschef, Rückkehr in die Schweiz. 20

NOAILLES, Lous Marie d'Ayen, 1756-1804. Berufsoffizier mit Beteiligung am amerikanischen Unabhängigkeitskrieg, Vertreter des Adels von Nemours in den Generalständen mit aktiver Beteiligung an der Abschaffung der Feudalordnung am 4. August 1789. 1792 Demission aus der Armee, Exil in England und Amerika.

ORLÈANS, Louis Philippe Joseph, Herzog von, 1747-1793. Vetter von Ludwig XVI. mit liberalen Tendenzen, Besitzer des Palais Royal. Vertreter des Adels in den Generalständen, früher Anschluß an den Dritten Stand, evtl. beteiligt am Sturm auf die Bastille und am Marsch der Pariser nach Versailles. Mitglied des Jakobinerklubs, nach Flucht des Königs mit Hoffnung auf Regentschaft. Als *Philippe Égalité* Pariser Abgeordneter im Konvent, Montagnard, stimmte im Königsprozeß für Hinrichtung seines Vetters Ludwig. Nach Übertritt seines Sohnes zu den Österreichern am 6. April 1793 verhaftet, 6 Tage später zum Tode verurteilt und hingerichtet.

PACHE, Jean Nicolas, 1746-1823. Hauslehrer und Verwaltungsangestellter im Marineministerium, 1792 unter Rolland Mitarbeiter im Innenministerium, unter Servan im Kriegsministerium. Oktober 1792 bis Februar 1793 Kriegsminister, anschließend Bürgermeister von Paris. Wendung zur Montagne und zu den Hébertisten, aktiv beteiligt an Ausschaltung der Gironde. Nach Ausschaltung der Hébertisten als Bürgermeister abgesetzt, auf Weisung von Robespierre persönlich aber geschont. Nach Prairial-Aufstand 1795 inhaftiert, anschließend Rückzug aus der Politik. 106

PAINE, Thomas, 1737-1809. Berühmter politischer Schriftsteller aus England, aktiv beteiligt am amerikanischen Unabhängigkeitskrieg, mit *Rights of Man* publizistischer Gegenspieler von Edmond Burke. 1791 in Paris mit Condorcet Herausgeber der antimonarchistischen Zeitschrift *Le Républicain*. Ernennung zum französischen Ehrenbürger, Abgeordneter des Pas-de-Calais im Konvent, Anhänger der Gironde. Nach ihrem Sturz ausgeschlossen und inhaftiert, später Rückkehr nach Amerika.

PALM D'AELDERS, Etta, 1743-1799. Holländerin aus reicher Fabrikantenfamilie, nach früher Verwitwung wohnhaft in Paris, Tätigkeit als Agentin. Nach 1789 im *Cercle Social* aktiv, Mitglied der *Société fraternelle des deux sexes* und der *Société des amies de la vérité*. 1792-1793 Tätigkeit für das girondistische Außenministerium, nach dem Sturz der Gironde Flucht nach Holland, dort 1795-1798 inhaftiert. 138ff.

PANCKOUCKE, Charles Joseph, 1736-1798. Buchhändler, Aufbau des größten Pariser Verlagshauses, u. a. Herausgeber des *Mercure de France* und des *Moniteur universelle*. 82, 84

PAOLI, Pascal, 1736-1798. Führer der Bewegung für die Selbständigkeit Korsikas von der Herrschaft Genuas, 1790 nach Integration Korsikas in das revolutionäre Frankreich Ernennung zum Präsidenten des Departements und zum Oberbefehlshaber der dortigen Militärdivision. 1793 zusammen mit Napoléon Bonaparte Organisation eines scheiternden Feldzuges gegen Sardinien, anschließend Ausweisung der Familie Bonaparte aus Korsika und Übergabe der Insel an die Engländer. Seit 1795 wohnhaft in London.

PASTORET, Claude Emmanuel Joseph Pierre de, 1755-1840. Hoher Beamter, 1789 Präsident der Wahlmännerversammlung von Paris, als Abgeordneter in der Legislative Führer der monarchistischen Fraktion. Nach Sturz der Monarchie Flucht, 1795 Abgeordneter im *Rat der 500*, Mitglied der monarchistischen Clichy-Gruppe, erneute Flucht im September 1797. Unter Napoléon Mitglied des *Institut National* und des *Collège de France*, Ernennung zum Grafen.

PÉTION (de Villeneuf), Jérôme, 1756-1794. Jurist, Vertreter des Dritten Standes von Chartres in den Generalständen, in der Konstituante mit Robespierre auf der äußersten Linken, Jakobiner. Juni 1791-Juli 1792 und August 1792-März 1793 Bürgermeister von Paris, forderte am 3. August 1792 im Namen der Pariser Sektionen die Absetzung des Königs. Abgeordneter der Eure-et-Loire im Konvent, im September Präsident des Konvents und des Pariser Jakobinerklubs, Anhänger der Gironde, Gegner Robespierres. Nach Ausschluß aus dem Konvent am 2. Juni 1793 Flucht, am 18. Juni 1794 nach Gefangennahme in Bordeaux Selbstmord. 22, 66f., 93

PHILLIPPEAUX, Pierre Nicolas, 1756-1794. Jurist, Herausgeber des *Défenseur de la liberté*, Abgeordneter der Sarthe im Konvent, Anhänger Dantons. Anfang April 1794 zum Tode verurteilt und hingerichtet.

PRIEUR (de la Marne), Pierre Louis, 1756-1827. Jurist, Vertreter des Dritten Standes von Châlons-sur-Marne in den Generalständen, und Abgeordneter im Konvent. Vertreter der äußersten Linken, Mitglied im großen Wohlfahrtsausschusses, nach Unterstützung der Aufstände im Germinal und Prairial 1795 inhaftiert, anschließend Rückzug aus der Politik. 35

PRIEUR (de la Côte d'Or), Claude Antoine, 1763-1832. Berufsoffizier, Abgeordneter der Côte d'Or in der Legislative und im Konvent, Mitglied im großen Wohlfahrtsausschuß, mit Carnot Organisator des Krieges. Bis 1798 Abgeordneter im Rat der 500, anschließend Rückzug aus der Politik. 35

PRUDHOMME, Louis Marie, 1752-1830. Buchhändler, Juli 1789 Herausgeber der Zeitschrift *Révolutions de Paris*, nach Eintreten für Verständigung zwischen Gironde und Montagne im Juni 1793 zeitweilig inhaftiert, Einstellung seiner Zeitschrift. Nach *Thermidor* erneut Publizist. 82, 92

QUINETTE, Nicolas Marie, 1762-1821. Notar, Abgeordneter der Aisne in der Legislative und im Konvent, Mitglied im Wohlfahrtsausschuß, im April 1793 von Dumouriez an die Österreicher ausgeliefert. 1795 gegen Tochter von Ludwig XVI. ausgetauscht, bis Mai 1797 Abgeordneter im Rat der 500, im Juni 1799 Innenminister. Unter Napoléon Präfekt, Staatsrat, 1810 Ernennung zum Baron von Rochemont. 1815 mit Joseph Bonaparte Flucht nach New York, später Exil in Brüssel.

RABAUT SAINT-ETIENNE, Jean-Paul, 1743-1793. Pastor und Schriftsteller, Abgeordneter der Vogtei von Nîmes in den Generalständen, führender Vertreter der religiösen Emanzipation. 1791 Veröffentlichung einer berühmten Einführung in die Geschichte der Revolution, Abgeordneter der Aude im Konvent, Anhänger der Gironde, Mitarbeiter der *Chronique de Paris*. Im Juni 1793 Flucht, nach Festnahme Anfang Dezember 1793 abgeurteilt und hingerichtet. 84

RÉAL, Pierre François, 1757-1834. Verwaltungsangestellter, aktiver Jakobiner, Gegner Robespierres. Seit Herbst 1792 führender Aktivist der revolutionären Pariser Kommune, Vertreter von Chaumette. Im Frühjahr 1794 inhaftiert, im Oktober 1795 beteiligt an Niederschlagung des royalistischen Aufstandes, anschließend Kommissar des Direktoriums. Nach Beteiligung am Brumaire-Staatsstreich unter Napoléon Staatsrat und Polizeipräfekt. 106

REUBELL, Jean-François, 1747-1807. Jurist, Vertreter des Dritten Standes des Elsaß in den Generalständen, orientiert auf der Linken, aber entschiedener Gegner der Judenemanzipation. Abgeordneter des Elsaß im Konvent, Montagnard, nach Thermidor im Wohlfahrtsausschuß. 1795-1799 Mitglied des Direktoriums, anschließend bis Brumaire im Rat der Alten, Rückzug aus der Politik. 43, 152ff.

RIVAROL, Antoine, 1753-1801. Journalist, seit 1789 führender Verteidiger der Monarchie, Redakteur des *Journal politique national* und Mitarbeiter der *Actes des Apôtres*. Nach Sturz der Monarchie Emigration. 86

ROBERT, Pierre François Joseph, 1763-1826. Jurist und Großhändler, Sekretär des Cordeliers-Klubs, Pariser Abgeordneter im Konvent, Montagnard, Anhänger Dantons.. Mit seiner Ehefrau Louise de Kéralio Herausgeber des *Mercure National*.

ROBESPIERRE, Augustin Bon Joseph, 1763-1794, Jurist, jüngerer Bruder von Maximilien R. Abgeordneter von Paris im Konvent, *Montagnard*, als Konventskommissar bei Toulon Protagonist von Bonaparte, nicht beteiligt an Terrormaßnahmen. Am 10. Thermidor 1794 nach Selbstmordversuch mit seinem Bruder hingerichtet.

ROBESPIERRE, Maximilien Marie Isidore de, 1758-1794. Jurist, Abgeordneter des Dritten Standes von Artois in den Generalständen, Vertreter der äußersten Linken in der Konstituante, bekannt als *Der Unbestechliche*. Nach Spaltung im Juli 1791 mit Brissot Leiter des Pariser Jakobinerklubs, Herausgeber der Zeitschrift *Le Défenseur de la Constitution*, Staatsanwalt am Pariser Kriminalgericht. Gegner der girondistischen Kriegspolitik, im August 1792 Mitglied der revolutionären Pariser Kommune. Als Pariser Abgeordneter im Konvent mit Danton und Marat Führer der Bergpartei, scharfer Gegner der Gironde, seit Juli 1793 führendes Mitglied im großen Wohlfahrtsausschuß mit wachsenden Tendenzen zur persönlichen Diktatur. Im Frühjahr 1794 Ausschaltung der Fraktionen, führende Rolle beim *Fest des Höchsten Wesens*, Verschärfung der Terrorherrschaft. Ende Juli 1794 (9./10. Thermidor) von der Konventsmehrheit gestürzt, abgeurteilt und hingerichtet. 22, 25, 27, 31, 36ff., 57f., 69, 71ff., 83, 88, 93, 104, 107ff., 145, 176

RŒDERER, Pierre Louis, 1754-1835. Jurist, Vertreter des Dritten Standes von Metz in den Generalständen, anschließend leitender Angestellter in der Pariser Kommune, Mitglied des Jakobinerklubs, Redakteur des *Journal de Paris*. Rettete am 10. August 1792 die königliche Familie aus den Tuilerien und überstellte sie an die Legislative. 1796 Mitglied des *Institut National*, führend beteiligt an Vorbereitung der Machtergreifung Bonapartes, anschließend Staatsrat. 1815 entlassen, 1830 Abgeordneter im Oberhaus der Julimonarchie. 56f., 164

ROLAND DE LA PLATIÈRE, Jean-Marie, 1734-1793. Manufakturinspektor und Schriftsteller, Mitglied im Pariser Jakobinerklub. März bis Juni und August 1792 bis Januar 1793 Innenminister, Anhänger der Gironde. Flucht Anfang Juni 1793, im November Selbstmord nach Hinrichtung seiner Frau. 28, 89

ROLAND, Manon, 1754-1793. Schriftstellerin, Ehefrau von Jean-Marie R., in ihrem Pariser Salon Inspiratorin der Gironde. Im November 1793 vom Revolutionstribunal zum Tode verurteilt und hingerichtet. 137ff.

ROMME, Gilbert, 1750-1795. Mathematiker und Hauslehrer, Abgeordneter des Puyde-Dôme in der Legislative und im Konvent, führend beteiligt an der Ausarbeitung des republikanischen Kalenders. Sympathisant der Dechristianisierungsbewegung, nach Beteiligung am Prairial-Aufstand zum Tode verurteilt, Selbstmord.

RONSIN, Charles Philippe, 1751-1794. Berufssoldat mit Aufstieg in der Pariser Nationalgarde, 1793 Mitarbeiter im Kriegsministerium, anschließend General der Revolutionsarmeen in der Vendée, militärischer Führer der Hébertisten. Im Dezember 1793 mit Vincent verhaftet, nach Freilassung im Februar 1794 erneute Verhaftung, Aburteilung und Hinrichtung mit den Hébertisten im März 1794. 7

ROUGET DE LISLE, Claude Joseph, 1760-1836. Berufssoldat, 1792 Autor der *Marseilleise* als Marschlied der Nordarmee. Während des Terrors inhaftiert, 1796 nach Verwundung Entlassung aus der Armee als Bataillonskommandant.

ROUX, Jacques, 1752-1794. Priester, Aktivist der Pariser Sektion Gravilliers, nach Sturz der Monarchie Mitglied der revolutionären Pariser Kommune, Führer der sozialrevolutionären Gruppe der Enragés, 1793 Herausgeber des *Publiciste de la Révolution française, par l'ombre de Marat*. Nach mehrmaligen Inhaftierungen und Überstellung an das Revolutionstribunal Anfang 1794 Selbstmord. 33, 36, 67f.

RÜHL, Philippe Jacques, 1737-1795. Archivar und persönlicher Berater des Prinzen von Linange-Hartenbourg, Abgeordneter des Bas-Rhin in der Legislative und im Konvent, weit links orientiert, aber ohne klare Gruppenzugehörigkeit. Nach Beteiligung am Prairial-Aufstand 1795 angeklagt, Selbstmord.

SADE, Donatien Alphonse François, Graf von, 1740-1814. Ehemaliger Berufsoffizier, nach Denunziation wegen sexueller Exzesse zum Tode verurteilt, nach Flucht inhaftiert, unter anderem in der Bastille. Nach Befreiung im April 1790 Schriftsteller, politisch aktiv als Präsident der Pariser Sektion *Piques*, Dezember 1793 bis Oktober 1794 wegen Moderantismus erneut inhaftiert, anschließend Publizist. 1801 nach Kritik an Bonaparte wegen obszöner Schriften verhaftet und bis zu seinem Tode in der Irrenanstalt Charenton inhaftiert. 146ff.

SAINT-JUST, Louis, 1767-1794. Jurist, nach bewegter Jugend Karriere in der Nationalgarde der Picardie, gewählt in die Legislative, aber wegen Unterschreitung der Altersgrenze nicht zugelassen. Abgeordneter von Soissons im Konvent, Montagnard mit erstem großem Auftritt in den Diskussionen über den Königsprozeß, aktiv im Kampf gegen die Gironde und, nach dem Eintritt in den großen Wohlfahrtsausschuß, gegen Hébertisten und Dantonisten. Vertrauter Robespierres, am 10. Thermidor zum Tode verurteilt und hingerichtet. 38, 63, 153, 158

SALLES, Jean-Baptiste, 1759-1794, Mediziner, Vertreter des Dritten Standes von Nancy in den Generalständen, Mitbegründer des Klubs der Feuillants. Abgeordneter der Meurthe im Konvent, rechtsstehend, Anfang Juni mit den Girondisten ausgeschlossen, nach Flucht mit Guadet verhaftet und in Bourdeaux hingerichtet.

SANTERRE, Antoine Joseph, 1752-1809. Brauer im Pariser Vorort Saint-Antoine, berühmt als Rennreiter. Am 10. August 1792 zum Kommandanten der Pariser Nationalgarde ernannt, führend beteiligt am Aufstand zum Sturz der Gironde. Nach gescheitertem Kommando in der Vendée verhaftet, nach Freilassung im Sommer 1794 Rückzug aus der Politik.

SCHERER, Barthélémy Louis Joseph, 1747-1804. Berufsoffizier, 1792 Adjutant von General Beauharnais bei der Rheinarmee, September 1793 Ernennung zum General. 1795 kommandierender General der Pyrenäenarmee, anschließend in der Italienarmee. Juli 1797 bis Februar 1799 Kriegsminister, anschließend erneutes Kommando in der Italienarmee.

SERVAN, Joseph, 1741-1808. Verwaltungsangestellter und Militärtheoretiker, 1791 Eintritt in die Armee, Mai-Juni und August-September 1792 Kriegsminister, anschließend kommandierender General der Pyrenäenarmee, abgelöst nach dem Sturz der Gironde. Unter dem Direktorium Truppeninspekteur. 28

SIEYÈS, Emmanuel Joseph, 1748-1836. Priester, Autor der Schrift *Was ist der Dritte Stand?*, Vertreter des Dritten Standes von Paris in den Generalständen. Im Juni 1789 führend beteiligt an ihrer Umwandlung in eine Verfassungsgebende Nationalversammlung, Mitglied der *Gesellschaft von 1789*. Abgeordneter der Sarthe im Konvent ohne klare Gruppenzugehörigkeit und mit ungeklärten Aktivitäten. 1795 Abgeordneter im Rat der 500, Ablehnung der Wahl in das Direktorium. Im Mai 1799 schließlich doch Eintritt in das Direktorium, führend beteiligt am Brumaire-Staatsstreich, schneller Rücktritt vom Amt des Konsuls. Senator, 1815 expatriiert. 18f., 43, 45f., 47, 81, 103, 114f., 157

STAËL, Anne Louise Germaine Necker, Baronin von, 1766-1817. Tochter von Necker, als Frau des schwedischen Konsuls in Paris anfangs begeisterte Anhängerin der Revolution. Nach Sturz des Königs und Septembermassakern ausgewandert. 1795 Rückkehr nach Paris, Leitung eines Salons, Schriftstellerin, Förderin von Benjamin Constant. Von Bonaparte 1803 ausgewiesen.

TALLEYRAND-PÉRIGORD, Charles Maurice de, 1754-1838. Priester, Bischof von Autun, Abgeordneter des Klerus in den Generalständen mit aktiver Beteiligung an Nationalisierung der Kirchengüter und Zivilverfassung des Klerus. Seit Anfang 1792 erst als französischer Emissär, dann als Exilant in London und den USA. 1796 Rückkehr nach Paris, 1797 bis Juli 1799 Außenminister, beteiligt an Vorbereitung des Brumaire-Staatsstreichs, Wiederernennung zum Außenminister. Nach Lösung von Napoléon Vertreter Frankreichs auf dem Wiener Kongreß, unter Ludwig XVIII. erneut Außenminister, seit 1830 Botschafter in London. 93

TALLIEN, Jean Lambert 1767-1820. Rechtsanwaltsgehilfe, seit 1789 aktiv in der Pariser Volksbewegung. 1791 Herausgeber des *Ami des citoyens*, beteiligt am Aufstand zum Sturz der Monarchie und an den Septembermassakern. Abgeordneter der Seine-et-Oise im Konvent, Montagnard, als Konventskommissar in Bordeaux beteiligt an terroristischen Exzessen. Wegen seiner Verbindung mit der geschiedenen Frau eines Adligen, Thérésa Cabarrus, denunziert, führend beteiligt am Sturz Robespierres, anschließend zeitweilig Hinwendung zur Reaktion. 1796 Abgeordneter im *Rat der 500*, Mitglied von Bonapartes Expedition nach Ägypten. 1801 Konsul in Alikante, nach Erkrankung Pensionär. 40

TALLIEN, Jeanne Marie Ignace Thérésa Cabarrus, 1773-1835. Bankierstochter, nach Scheidung von M. de Fontenay in Bourdeaux als der Konterrevolution verdächtige Person inhaftiert, anschließend Mätresse und, nach erneuter Verhaftung, seit 1794 Ehefrau von Jean Lambert T., später Mätresse von Barras. In der Zeit des Direktoriums führende Dame der guten Gesellschaft, berühmt für ihre Schönheit und extravagante, freizügige Kleidung. Seit Scheidung von Tallien 1802 und Heirat eines jungen Grafen vielfache Mutter.

THÉROIGNE DE MÉRICOURT, Anne Josephe Terwagne, gen., 1762-1817. Sängerin, 1789 beteiligt am Zug der Pariser Frauen nach Versailles und 1792 am Aufstand zum Sturz der Monarchie. Nach Kritik an Robespierre 1793 von einer Gruppe seiner Anhänger öffentlich entkleidet und gezüchtigt, anschließend geistig verwirrt. 143ff.

THIBAUDEAU, Antoine Claire, 1765-1854. Jurist, Vertreter des Dritten Standes des Poitou in den Generalständen, Abgeordneter der Vienne im Konvent, Mitarbeit am Plan zur Neuordnung des Bildungswesens von Le Peletier. Nach dem Sturz Robespierres Inspirator der thermidorianischen Reaktion, beteiligt an der Ausarbeitung der Verfassung von 1795. Anschließend als Abgeordneter im Rat der 500 Annäherung an Royalismus, nach Fructidor-Staatsstreich zeitweilig im Untergrund. Unter Napoléon Präfekt, 1815 expatriiert, unter Napoléon III. Senator. 112

THOURET, Jacques Guillaume, 1746-1794. Jurist, Vertreter des Dritten Standes von Rouen in den Generalständen mit führender Rolle zu Beginn der Konstituante, beteiligt an der Neuaufteilung Frankreichs in Departements und am Beginn der Entwicklung des *Code Civil*. 1794 für verdächtig erklärt, verhaftet und hingerichtet.

THURIOT, Jacques Alexis, 1753-1829. Jurist, Abgeordneter der Marne in der Legislative und im Konvent, Juli bis September 1793 Mitglied im Wohlfahrtsausschuß. Nach öffentlichen Konflikten mit Robespierre Ausschluß aus dem Jakobinerklub, im Juli 1794 führend beteiligt am Sturz Robespierres. Anschließend erneut Mitglied im Wohlfahrtsausschuß, nach Beteiligung am Germinal-Aufstand Flucht. Wahl als Neojakobiner in den Rat der 500 1798 annulliert, unter Napoléon Verwaltungsbeamter, 1815 expatriiert. 35

TOUSSANT-LOUVERTURE, François Dominique, 1743-1803. Sklave auf Santa-Domingo, beteiligt am Aufstand im September 1791, anschließend Offizier erst in der spanischen, nach Abschaffung der Sklaverei 1794 der französischen Armee, 1796 Ernennung zum General. Nach eigenständiger Verfassungsstiftung Ernennung zum Gouverneur, abgesetzt von französischen Truppen, nach Aufstandsversuch Deportation nach Frankreich, verstorben in französischer Haft. 154ff.

TREILHARD, Jean-Baptiste, 1742-1810. Jurist, Vertreter des Dritten Standes von Paris in den Generalständen, 1791 Präsident des Pariser Kriminalgerichts, Abgeordneter der Seine-et-Oise im Konvent, April bis Juni 1793 Mitglied im Wohlfahrtsausschuß. Führender Thermidorianer, Abgeordneter im Rat der 500, französischer Gesandter in Neapel und auf dem Kongreß von Rastatt, Mai 1798 bis Juni 1799 Mitglied im Direktorium. Unter Napoléon Mitglied im Staatsrat, beteiligt an der Ausarbeitung des *Code Civil*. 44

VADIER, Marc Guillaume Alexis, 1736-1828. Berufsoffizier, Vertreter des Dritten Standes der Grafschaft Foix in den Generalständen, Abgeordneter von Mirepoix im Konvent. Seit September 1793 führendes Mitglied im Allgemeinen Sicherheitsausschuß, aktiv beteiligt am Sturz Dantons und Robespierres. Anschließend als Terrorist zur Deportation nach Guyana verurteilt, nach Flucht und Beteiligung an der Verschwörung Babeufs erneut inhaftiert. 1816 expatriiert.

VARLET, Jean, Lebensdaten unbekannt. Bekannter Revolutionsredner in den Pariser Vororten, Mitglied der sozialrevolutionären Enragés, 1793 zeitweilig inhaftiert, anschließend untergetaucht. 34

VERGNIAUD, Pierre Victurnien, 1753-1793. Jurist, Abgeordneter von Bordeaux in der Legislative und im Konvent. Jakobiner und führendes Mitglied der Gironde, bekannt als herausragender Parlamentsredner. Anfang Juni 1793 ausgeschlossen und verhaftet, zum Tode verurteilt und am 31. Oktober 1793 hingerichtet. 31, 59f.

VINCENT, François Nicolas, 1767-1794. Verwaltungsangestellter, führendes Mitglied des Klubs der Cordeliers. Als Büroleiter, später Generalsekretär im Kriegsministerium seit 1792 Organisator der militärischen Macht der Hébertisten. Im März 1794 verhaftet, abgeurteilt und hingerichtet. 99

2. Glossar

AKTIVBÜRGER – PASSIVBÜRGER (*Citoyen actif – passif*): Die Konstituante beschloß im Herbst 1789, zwischen Aktivbürgern und Passivbürgern zu unterscheiden. Aktivbürger waren alle selbständigen Männer über 25 Jahre, die mindestens Steuern in Höhe eines Verdienstes von 3 Arbeitstagen eines Arbeiters zahlten. Dies waren 61% der über 25-jährigen Männer. Sie waren im ersten Gang des indirekten Wahlverfahrens wahlberechtigt und zum Waffendienst in der Nationalgarde zugelassen. Um in höhere Verwaltungsfunktionen und als Wahlmann wählbar zu sein, war allerdings eine wesentlich höhere Steuerleistung zu entrichten. Abgeordneter durfte ursprünglich nur werden, wer mindestens eine Silbermark Steuern entrichtete, doch nach scharfen Protesten hob die Konstituante diese Bestimmung im August 1791 wieder auf. 23, 103ff., 113f., 134, 175
Frauen, Kinder und Männer, die die geforderten Voraussetzungen nicht erfüllten, waren Passivbürger. Nach dem Sturz der Monarchie wurde die Unterscheidung aufgegeben, ohne allerdings den Frauen das Wahlrecht zu verleihen.

ALLGEMEINER SICHERHEITSAUSSCHUß (*Comité de sûreté générale*): Ausschuß des Nationalkonvents, gegründet am 2. Oktober 1792, der seit September 1793 für die polizeiliche Organisation des Terrors verantwortlich war und damit bis Ende Juli 1794 eine zentrale politische Rolle spielte. Er bestand zuerst aus 30, später aus 12 durchgängig der Bergpartei angehörenden Mitgliedern, unter denen Amar, David, Le Bas und Vadier führend waren. Nach dem Sturz Robespierres wurde der Ausschuß personell erneuert und war nun für die Verfolgung von dessen Anhängern zuständig. 36, 89, 107

AMALGAM: Nach einem Vorschlag von Dubois-Crancé verabschiedete der Konvent am 21. Februar 1793 das A., d. h. die Zusammenführung der alten königlichen Armee und der neuen Freiwilligenregimenter. Zwei Freiwilligenbataillone und ein Bataillon der Linienarmee sollten demnach zu einer neuen Demi-Brigade (einer Halb-Brigade) amalgamiert werden. Die Umsetzung dieses Gesetzes zog sich allerdings über mehr als zwei Jahre hin.

ANCIEN RÉGIME: Der Begriff kam 1790 auf. Er diente dazu, die vorrevolutionäre Ordnung von Staat und Gesellschaft als Sammelbegriff der „Institutionen, die die Freiheit und die Gleichheit der Rechte verletzen", wie es in der Präambel der Verfassung von 1791 hieß, von der revolutionären Neugestaltung abzusetzen. Gemeint waren damit insbesondere die feudale Privilegienordnung und der Absolutismus, seit 1792 auch die Monarchie generell. Von Alexis de Tocqueville wurde der Begriff 1858 in die wissenschaftliche Terminologie eingeführt. 9, 91, 145, 161ff., 185

ARMÉES RÉVOLUTIONNAIRES (Revolutionäre Armeen): Nach dem Aufstand der Pariser Sektionen vom 4./5. September 1793, der zur offiziellen Verkündung des Terrors führte, geschaffene, bewaffnete Sansculotten-Einheiten, die Konterrevolutionäre bekämpfen und Requisitionsmaßnahmen durchführen sollten. Die A. wurden zum bewaffneten Arm der sozialrevolutionären Hébertisten und zu Protagonisten der Dechristianisierungsbewegung. Die regionalen A. wurden vom Konvent Ende 1793 wieder aufgelöst. Die große Pariser A. existierte bis zur Ausschaltung der Hébertisten im März 1794. 173

ASSIGNATEN: Zuerst Ende 1789 eingeführt als Berechtigungsscheine zum Erwerb von Nationalgütern, wurden die A. bald zu normalem Papiergeld. Durch eine forcierte Ausgabepolitik verloren sie insbesondere seit 1793 im Zeichen des Aufbaus der Kriegswirtschaft zunehmend an Wert. Angesichts der grassierenden Inflation wurden die Pressen zum Druck von Assignaten am 19. Februar 1796 auf Beschluß des Direktoriums zerstört. Da auch die ersatzweise eingeführten Territorialmandate einen rapiden Wertverlust erlitten, schaffte das Direktorium im Februar 1797 alles Papiergeld ab. Mit der Rückkehr zum Hartgeld und der Einführung des *Franc* war allerdings ein verschärfter Deflationsprozeß verbunden. 122f.

BERGPARTEI (*Montagne*): Bereits während der Legislative wurden die radikalen Abgeordneten, die sich auf den obersten Bänken des Parlaments versammelten, als *Montagnards* (Männer vom Berg) bezeichnet. Im Konvent bildeten sie als Montagne/Bergpartei einen engeren Zusammenhang aus, traten in offene Konfrontation zur Gironde und übernahmen nach deren Sturz seit Juni 1793 die Führung im Konvent. Die B. trat für eine enge Kooperation mit der Pariser Kommune, für die Erfüllung sozialer Forderungen der Sansculotten und für eine diktatorisch zentralisierte Kriegspolitik ein, im Prozeß gegen den König votierten ihre Vertreter durchgängig für die Hinrichtung. Führende Abgeordnete der B. waren Collot d'Herbois, Couthon, Danton, Desmoulins, Marat, Robespierre und Saint-Just. Zur historiographischen Deutung vgl. auch das Stichwort Gironde. 31, 98f., 106ff., 141

BESCHWERDEHEFTE (*Cahiers de doléances*): Seit 1484 war es in Frankreich üblich, daß vor dem Zusammentritt der Generalstände Hefte abgefasst wurden, in denen die Bevölkerung der einzelnen Wahlkreise und Stände Beschwerden und Reformvorschläge formulierte. Diese B. dienten zugleich als Auftrag an die Delegierten. 1789 forderte der Dritte Stand vor allem die Aufhebung feudaler Sonderrechte, die Steuer- und Rechtsgleichheit sowie Persönlichkeitsrechte gegenüber dem absolutistischen Staat. 15

BRETONISCHER KLUB (*Club brèton*): Vorläufer des Jakobinerklubs, als pressure group in der Konstituante von den Abgeordneten aus der Bretagne gegründet. Der B., dem sich bald auch andere Abgeordnete mit patriotischer Ausrichtung anschlossen, trat seit April 1789 im Versailler Cafe Amaury zusammen. Er löste sich nach der Übersiedlung von Nationalversammlung und Hof nach Paris Anfang Oktober 1789 auf, wurde aber zu einer Keimzelle des Pariser Jakobinerklubs. 93f.

BRISSOTINS: Sammelbezeichnung für die Anhänger des führenden jakobinischen Politikers und Journalisten Jacques-Pierre Brissot; tendenziell identisch mit *Girondisten*. 31

BRUMAIRE-STAATSSTREICH: Am 18./19. Brumaire VII, dem 9./10. November 1799, löste General Bonaparte mit militärischer Gewalt die Parlamentskammern und das Direktorium auf. Der ursprünglich friedlich geplante Staatsstreich war vor allem von Sieyès vorbereitet worden, zwischenzeitlich spielte auch Lucien Bonaparte als Präsident des Rates der 500 eine entscheidende Rolle. Als die Abgeordneten sich weigerten, einer Auflösung der Verfassungsordnung zuzustimmen, übernahm das Militär unter Napoléon Bonaparte die Führungsrolle. An die Stelle des Direktoriums traten vorerst drei provisorische Konsuln, Bonaparte, Sieyès und Roger Ducos, tatsächlich bedeutete der Staatsstreich aber die Machtergreifung des Generals. 45f.

BÜRGEREID (*Serment civique*): Ausgehend vom Ballhausschwur der Abgeordneten der Konstituante, nicht eher auseinanderzugehen, bis eine neue Verfassung gestiftet sei, fanden Formen des Bürgereides schnell eine weite Verbreitung, insbesondere in der Nationalgarde und in der Föderationsbewegung. Der Bürgereid wurde in die Verfassung von 1791 aufgenommen und führte, da alle Priester ihn schwören sollten, zur Spaltung der Kirche in eine konstitutionelle und eine römische, inoffizielle Richtung. Alle weiteren Phasen der Revolution sahen verschiedene Bürgereide vor, die insbesondere ein Bekenntnis zur Republik und die Ablehnung der Monarchie beinhalteten. 149

CA IRA: Berühmtes, seit dem Frühsommer 1790 populäres Revolutionslied, das von den Pariser Sansculotten mit einem aggressiv sozialrevolutionären Inhalt gefüllt wurde („Wer aufsteigt, den ziehen wir herab …").

CARMAGNIOLE: Revolutionäres Tanzlied, entstanden im September 1792 nach der Einnahme einer Piemonteser Festung gleichen Namens. Inhaltlich richtete sich die C. vor allem gegen die im Temple inhaftierte königliche Familie.

CAMPO FORMIO, FRIEDEN VON: Vom kommandierenden General der Italienarmee, Bonaparte, ausgehandelter, am 17. Oktober 1797 unterzeichneter Friedensvertrag zwischen Frankreich und Österreich. Vorausgegangen war der Präliminarfrieden von Leoben. Inhaltlich erkannte Österreich die Zisalpinische Republik an und verzichtete auf die belgischen Niederlande sowie auf große Teile des linken Rheinufers. Im Gegenzug erhielten die Habsburger die bislang selbständige Republik Venedig sowie Istrien und Dalmatien. Der Friedensvertrag sah ferner die Abhaltung eines Kongresses in Rastatt vor, der die Problematik der Besitzstände deutscher Fürsten auf dem linken Rheinufer klären sollte. 43

CERCLE SOCIAL: Anfang 1790 von Fauchet in Paris gegründeter politischer Debatierklub mit entschieden revolutionärer, auch soziale Probleme aufgreifender Orientierung. Der auf der politischen Linken sehr einflussreiche Klub, in dem Brissot und Condorcet eine führende Rolle spielten, unterhielt eine eigene Druckerei und gab neben diversen Flugschriften die Zeitschriften *La Bouche de fer*, *La Sentinelle* und *Chronique du mois* heraus. Er begründete die *Gesellschaft der Freunde der Wahrheit* sowie die *Gesellschaft der Freundinnen der Wahrheit*, arbeitete zeitweilig eng mit den *Cordeliers* zusammen und bezog seit der Flucht des Königs im Sommer 1791 offen republikanische Positionen. Das Engagement seiner Mitglieder im Jakobinerklub trug in der Folgezeit zur Radikalisierung der Jakobiner bei. Der C. stellte eine Basis der Brissotins dar. Er existierte bis zum Sturz der Gironde im Juni 1793. 97ff., 138ff.

CERTIFICAT DE CIVISME: Vom Generalrat der Pariser Kommune eingeführtes Zeugnis, das seinem Träger bestätigte, die bürgerlichen Pflichten erfüllt zu haben. Ursprünglich allein den öffentlichen Funktionsträgern vorbehalten, fanden die C. unter der Terrorherrschaft eine immer weitere Verbreitung und wurden verdächtigen Bevölkerungsgruppen als Pflicht auferlegt. 159f.

CHOUANNERIE: Nach dem Schrei ihres Zeichentieres, einer Katze benannte, royalistische Aufstandsbewegung mit Zentrum in der Bretagne, die bereits seit 1791 gegen die Revolution kämpfte. Die Ch. stützte sich weitgehend auf arme Bauern, Katholiken und Priester. Ausschließlich auf dem Lande aktiv, führte sie eine Art Guerillakrieg gegen die der Pariser Revolutionsregierung anhängenden Städte. Da die Ch. nicht militärisch organisiert war, konnte sie von den revolutionären Armeen nie ganz zerschlagen werden und erlebte im Herbst 1799 einen neuen Aufschwung.

CLUB DE CLICHY: Nach dem Sturz Robespierres in einem Lokal in der *rue de Clichy* von Opfern der Terrorherrschaft gegründeter politischer Klub mit anfangs moderater Ausrichtung. Als nach der Schließung des Jakobinerklubs die weiter links stehenden Mitglieder ausschieden, gewann der Klub eine deutlich royalistische Ausprägung. Der royalistische Wahlsieg im Frühsommer 1797 schien den Mitgliedern des Klubs eine zentrale politische Rolle zu eröffnen, doch der Fructidor-Staatsstreich Anfang September führte zu seiner Auflösung. 43, 100

CLUB DES IMPARTIAUX: Politischer Klub mit monarchistischer Ausrichtung und scharfer Gegnerschaft zu den Jakobinern. Der von Malouet geleitete Klub, dessen Namen auch als Sammelbezeichnung für alle gemäßigten Mitglieder der verfassungsgebenden Nationalversammlung diente, löste sich nach dem Ende der Konstituante auf.

CODE CIVIL: Nachdem der Konvent die Ausarbeitung eines Bürgerlichen Gesetzbuches beschlossen hatte, stellte Cambacérès am 22. August 1793 einen Entwurf grundlegender Prinzipien vor. Die konkrete Ausarbeitung des C. zog sich allerdings noch Jahre hin und konnte erst 1804 unter Bonaparte (*Code Napoléon*) abgeschlossen werden. 141ff.

COLONNES INFERNALS (Höllenkolonnen): Nach dem Vorbild einer Einheit der Pyrenäenarmee benannte Einsatzgruppen, die 1794 nach dem militärischen Sieg unter General Turreau den Auftrag erhielten, die Vendée systematisch zu zerschlagen. Die C. waren an zahlreichen Massakern gegen Zivilisten, Frauen und Kinder beteiligt. 37, 173

CORDELIERS, CLUB DES: Der nach einem Pariser Klosterbezirk benannte, im April 1790 u. a. von Danton gegründete Klub hieß eigentlich *Société des droits de l'homme et du citoyen* (Gesellschaft der Menschen- und Bürgerrechte). Er spielte eine zentrale Rolle in der Agitation der Pariser Bevölkerung, war in den Jahren 1791 bis 1794 entscheidend an den wichtigsten Aufstandsbewegungen beteiligt und kontrollierte große Teile der Pariser Sektionen und der Kommune von Paris. Nach dem Tod Marats dominierten Hébert und Vincent den C., der nun immer radikalere, sozialrevolutionäre und terroristische Positionen einnahm und dem Konvent immer kritischer gegenübertrat. Als im März 1794 die Hébertisten ausgeschaltet wurden, vollzog der Klub eine Selbstreinigung und unterwarf sich dem Jakobinerklub. Er wurde im April 1795 endgültig aufgelöst, nachdem er zuvor an der Auflösung des Jakobinerklubs mitgewirkt hatte. 25, 37, 96ff., 106ff.

DECHRISTIANISIERUNGSBEWEGUNG: Radikale Bewegung gegen Kirche und Christentum, die mit der Verabschiedung des Republikanischen Kalenders am 5. Oktober 1793 ihren Ausgang nahm. Sie wurde in hohem Maße von engagierten Konventskommissaren propagiert, die sich dabei auf die sansculottischen Revolutionsarmeen stützen konnten. Die Kirchenplünderungen fanden ihren Höhepunkt in der Zerstörung der Ampulle mit dem Krönungsöl in der Kathedrale von Reims. An die Stelle christlicher Zeremonien trat der Kult der Vernunft, der erstmals am 10. November 1793 in Notre Dame de Paris gefeiert wurde. Der Konvent verbot schließlich die kaum noch kontrollierbare, eng mit dem Hébertismus verbundene Bewegung. 150

DÉPARTEMENTS: Die Konstituante vollzog 1790 eine verwaltungsrechtliche Neueinteilung Frankreichs, die bis in die Gegenwart Bestand hat. 83, später 84 Départments von etwa gleicher Größe traten dabei an die Stelle der vielfältigen, höchst unterschiedlichen Verwaltungseinheiten des Ancien Régime. Sie wiesen einen vollständig gleichen Rechtsstatus auf und waren in das System der politischen Zentralverwaltung eingebunden. Die Verwaltungsreform der Konstituante zielte dabei allerdings auf einen Ausgleich zwischen Zentralregierung und Selbstverwaltung. Erst mit dem von Bonaparte eingeführten System der Regierung durch von Paris berufene Präfekte wurde der eindeutige Vorrang der Zentralregierung sichergestellt. 102

DIREKTORIUM: Kollegiales, aus fünf Direktoren bestehendes Leitungsgremien des Staates nach der Verfassung von 1795. Die Direktoren wurden nach einer Vorschlagsliste des Rates der 500 vom Rat der Alten gewählten. Jährlich musste ein durch Losverfahren bestimmter Direktor ausscheiden und ersetzt werden. Führende Direktoren waren Barras, Reubell, La Revellière sowie anfangs Carnot, am Ende Sieyès. Der Begriff D. dient zugleich als Bezeichung für die Phase der Revolution vom Oktober 1795 bis zum November 1799, in der die Direktoriumsverfassung vom 1795 gültig war. 42ff., 112ff., 160

ENRAGÉS: Bezeichnung für eine Gruppe radikaler Revolutionäre, die im Sommer 1793 mit der Forderung nach sozialrevolutionären Maßnahmen gegen das Horten, den Wucher und gegen die Reichen hervortraten. Die E., deren führende Vertreter Roux, Varlet und Chalier waren, spielten eine führende Rolle in der Agitation für die *Levée en masse* und die *Terreur*. Sie wurden im September 1793 auf Initiative von Robespierre zerschlagen. 11, 33, 99, 141

FÖDERATIONSFEST (*Fête de la Fédération*): Nachdem seit Ende 1789 in weiten Landesteilen revolutionäre Verbrüderungen zwischen Nationalgardisten und Liniensoldaten stattgefunden hatten, beschloß die Konstituante auf Vorschlag des Pariser Bürgermeisters Bailly, in der Hauptstadt zum Jahrestag des Sturms auf die Bastille ein zentrales Fest zu veranstalten. Das Föderationsfest bestand förmlich aus einem militärischen Zeremoniell, an dem 14000 Bewaffnete teilnahmen, die mit dem König und den Abgeordneten der Konstituante unter Anleitung von Talleyrand und La Fayette am Altar des Vaterlandes den Eid auf die Verfassung ablegten. Unter den Zuschauern herrschte allerdings eine ungezwungenere revolutionäre Feststimmung, an der sich nach dem Ende der Zeremonie auch die Waffenträger beteiligten.

FÉDÉRÉS: Die Legislative rief zur Feier des 14. Juli 1792 erneut 20000 sog. *Fédérés* aus den Departments nach Paris. Sie sollten vor allem jedoch dem Schutz der durch die Invasionsarmeen des Herzogs von Braunschweig bedrohten Hauptstadt und der Einschüchterung von inneren Konterrevolutionären dienen. Obwohl der König sein Veto einlegte, strömten aus allen Landesteilen bewaffnete Kämpfer nach Paris, die am 10. August eine wichtige Rolle beim Aufstand zum Sturz der Monarchie spielten. 29, 165f.

FEUILLANTS, CLUB DES: Der nach seinem Sitzungslokal in einem ehemaligen Kloster benannte Klub wurde am 15. Juli 1791 nach der Spaltung des Pariser Jakobinerklubs gegründet. Seine Protagonisten waren gemäßigte Jakobiner, die die Wendung der Jakobinermehrheit gegen den König nach der Flucht nach Varennes nicht mitvollziehen wollten. Die meisten jakobinischen Abgeordneten in der Konstituante schlossen sich den Feuillants an, zerstritten sich bald aber zwischen den Anhängern La Fayettes und des sog. Triumvirats Barnave, Duport, Lameth. Der Klub spielte anfangs auch eine führende Rolle in der Legislative, kompromittierte sich aber durch die Zusammenarbeit seiner Führer mit der Krone und dem Ausland. Der längst desavouierte Klub verschwand nach dem Sturz der Monarchie endgültig von der politischen Szenerie. 25, 28

FLEURUS, Schlacht bei: Entscheidender Sieg der Sambre-und-Meuse-Armee unter General Jourdan über die verbündeten österreichisch-holländischen Truppen am 26. Juni 1794. Nach der Schlacht zogen sich die Truppen von General Coburg zurück und überließen Belgien den französischen Armeen. Die seit dem Frühjahr 1793 bestehende militärische Bedrohung des französischen Territoriums war damit vorerst beendet. 39, 170, 173

FLORÉAL-STAATSSTREICH: Mit Gesetz vom 22. Floréal VI/11. Mai 1798 erklärte die Staatsführung die Mandate von 106 neugewählten Abgeordneten mit neojakobinischer Ausrichtung für ungültig. Diese Maßnahme richtete sich gegen den Linksrutsch, der auf den Fructidor-Staatsstreich vom September 1797 gefolgt war und zu einem Wahlsieg der Neojakobiner geführt hatte. Der Aufstieg des Neojakobinismus konnte damit allerdings nur kurzfristig aufgehalten werden. 44, 114

FÖDERALISTISCHE ERHEBUNG: Sammelbezeichnung für Aufstände republikanisch orientierter Kräfte mit Schwerpunkten im Südwesten Frankreichs gegen die Pariser Jakobinerdiktatur im Jahre 1793. Im Mai 1793 stürzte die Bevölkerung Lyons die von Chalier geleitete Jakobinerherrschaft, nach dem Sturz der *Gironde* folgten, teilweise mit Beteiligung aus Paris geflohener *Girondisten*, weitere Aufstände insbesondere im Südwesten Frankreichs. Da es den Aufständischen nicht gelang, militärisch zu kooperieren, konnten sie im Herbst 1793 von den Truppen des Konvents nacheinander niedergeschlagen werden. Es folgten terroristische Rachemaßnahmen. 35, 107

Der Vorwurf des Föderalismus war den Girondisten wegen ihrer Wendung gegen die Pariser Kommune von der Bergpartei schon seit Herbst 1792 gemacht worden. Inhaltlich war er allerdings nicht berechtigt, denn es ging ihnen nicht um die Verselbständigung einzelner Landesteile, sondern um Widerstand gegen die Machtansprüche der Pariser Kommune sowie gegen die diktatorische Konventspolitik und ihre lokalen Ausprägungen.

FREIHEITSBAUM: Symbol der Revolution, das seit 1790 die Tradition der Maibäume abwandelte und zum Zentrum revolutionärer Feste wurde. Bereits 1792 wurden in Frankreich etwa 60000 Freiheitsbäume errichtet. Die revolutionären Armeen trugen den Brauch in der Folgezeit auch in das Ausland.

FRUCTIDOR-STAATSSTREICH: Nachdem die Wahlen im Frühjahr 1797 zu gemäßigten und royalistischen Kammermehrheiten geführt hatten, entschloß sich die entschieden republikanisch orientierte Mehrheit im Direktorium, Barras, La Revellière und Reubell, militärisch gegen die Royalisten vorzugehen. Zuvor hatten die revolutionären Armeen auf Initiative von General Bonaparte einen antiroyalistischen Adressensturm an das Direktorium gerichtet und damit erstmals selbständig in die revolutionäre Innenpolitik eingegriffen. Am 18. Fructidor V/4. September 1797 säuberten die Truppen von General Augereau die Parlamentskammern. Fast 200 royalistische Mandate wurden anschließend annulliert und 65 Politiker wie Journalisten nach Guyana deportiert. Im Direktorium wurden Barthélemy und Carnot durch Merlin de Douai und François de Neufchâteau ersetzt. 44, 100, 114, 179f.

GENERALSTÄNDE: Repräsentative, landesweite Versammlung der drei Stände in der feudalstaatlichen Ordnung des *Ancien Régime* mit Zustimmungsrechten bei der

Einführung neuer Steuern. Die G. waren letztmals im Jahre 1614 zusammengetreten, bevor Ludwig XVI. sie im Frühjahr 1789 erneut einberief, um die Finanzkrise des Staates bewältigen zu können. Traditionell waren alle drei Stände, Adel, Klerus und Dritter Stand, mit der gleichen Abgeordnetenzahl vertreten. 1789 wurde die Zahl der Vertreter des Dritten Standes, der großen Mehrheit der Bevölkerung, verdoppelt, während der Forderung nach Aufhebung der Versammlung und Abstimmung in getrennten Kurien nicht nachgegeben wurde. Die indirekten Wahlen zu den Generalständen mit einem annähernd allgemeinen Männerwahlrecht und die Abfassung der Beschwerdehefte führten zu einer umfassenden Politisierung der Bevölkerung, bei der sich im Dritten Stand eine deutliche Mehrheit für die reformorientierte Partei der Patrioten abzeichnete. 15f., 18

GERMINAL-AUFSTAND: Am 12. Germinal III/1. April 1795 kam es zu einem Aufstand der hungernden Pariser Bevölkerung. Die Masse drang in den Sitzungssaal des Konvents ein und forderte „Brot und die Verfassung von 1793". Nachdem der weitgehend unkoordinierte Aufstand abgeebbt war, veranlasste die Konventsmehrheit die Verhaftung führender, mit dem Aufstand sympathisierender Mitglieder der Bergpartei wie Amar, Bourdon, Duhem und Levasseur. Die bereits inhaftierten Barère, Billaud, Collot und Vadier wurden nach Guyana deportiert. 41, 131

GESELLSCHAFT DER FREUNDE DER SCHWARZEN (*Société des amis des noirs*): Am 19. Februar 1788 in Paris gegründete Gesellschaft, die sich die Agitation gegen die Sklaverei in den französischen Kolonien zum Ziel setzte. Zu den Gründungsmitgliedern gehörten führende spätere Revolutionäre wie Brissot, Carra, Clavière und Mirabeau. 93, 154ff.

GESELLSCHAFT VON 1789 (*Société de 1789*): Als nach der Übersiedlung von Hof und Nationalversammlung nach Paris im Oktober 1789 die Mehrheit der Mitglieder des Bretonischen Klubs dem neugegründeten Pariser Jakobinerklub beitraten, organisierten sich die gemäßigteren Klubmitglieder in der Gesellschaft von 1789. Ihre führenden Mitglieder waren La Fayette, Le Chapelier, La Rochefoucauld und Sieyès. Teile des Klubs waren 1791 an der Gründung des Klubs der Feuillants beteiligt.

GIRONDE: Bezeichnung für eine Gruppe von jakobinischen Abgeordneten in der Legislative und im Konvent, die zuerst auf dem äußersten linken Flügel stand, nach dem Sturz der Monarchie aber die revolutionären Errungenschaften konsolidieren wollte und dadurch in Konflikte mit der Pariser Kommune und der radikaleren Bergpartei geriet. Führende Mitglieder wie Gensonné, Guadet und Vergniaud stammten aus der Gironde, mit ihnen verbunden waren aber auch einflußreiche Politiker anderer Herkunft wie Bouzot, Louvet, Pétion und vor allem Brissot, nach dem die Gruppe zeitgenössisch auch als *Brissotins* bezeichnet wurde. Die G. konstituierte sich vor allem in der Agitation gegen den Hof, gegen die Emigranten und für den Krieg. Im Konvent spielte sie anfangs eine führende Rolle, geriet aber durch ihre uneinheitliche Linie im Königsprozeß und gegenüber den Herausforderungen des Krieges und der sozialen Notlage der Pariser Bevölkerung zunehmend in die Defensive. Sie wurde Ende Mai/Anfang Juni durch Aufstände der Pariser Sektionen gestürzt, ihre führenden Vertreter wurden verhaftet und im Oktober 1793 hingerichtet. Der Konflikt der G. mit der Montagne ist eines der großen Themen der Revolutionshistoriographie.
Die marxistische Forschung hat in der G. eine Vertretung des bürgerlichen Handelskapitals gesehen, die vor allem das Privateigentum sichern wollte, während

der Bergpartei aufgrund ihrer eher kleinbürgerlichen Herkunft eine höhere Bereitschaft zugesprochen wird, Eigentumsrechte einzuschränken und den sozialen Bestrebungen der unterbürgerlichen Schichten entgegenzukommen. Doch nach ihrer bürgerlich geprägten Sozialstruktur unterschieden sich beide Gruppen kaum, und im Umkreis der Gironde wurden teilweise weitgehende Sozialbindungen des Eigentums diskutiert, so daß dieser Erklärungsansatz Probleme aufweist. Das gilt auch für die fragwürdige Annahme, die G. sei föderalistisch orientiert gewesen. Oft ist auch zwischen dem demokratischen Legalismus der G. und den diktatorischen Tendenzen der B. unterschieden worden, doch auch diese Polarisierung ist nicht in jeder Hinsicht überzeugend. Vieles spricht dafür, daß es sich bei beiden Gruppierungen um in hohem Maße durch persönliche Verbindungen konstituierte, republikanisch-demokratisch orientierte Gruppen handelte, die zu unterschiedliche Zeiten eine Beendigung der Revolution anvisierten und die nicht zuletzt durch die Probleme von Krieg und Bürgerkrieg in einen agonalen Kampf gegeneinander gerieten. 31, 33, 98f., 104, 106ff., 141

GRANDE PEUR (die große Angst): Von Georges Lefebvre geprägte Bezeichnung für eine nach dem Sturz der Bastille in weiten Teilen Frankreichs um sich greifende Panik mit antifeudaler Stoßrichtung. Gerüchte über Räuberbanden durchzogen das Land, die Menschen bewaffneten sich, an vielen Orten zogen sie schließlich zu den Schlössern der Adligen, plünderten sie und verbrannten die Verzeichnisse der Abgaben. Die Bewegung flaute ab, nachdem die Nationalversammlung am 4. August 1789 die Aufhebung des Feudalsystems beschlossen hatte. 20, 116f.

GUILLOTINE: Auf Vorschlag des Mediziners und Abgeordneten in den Generalständen Joseph Ignace Guillotin führte die Konstituante 1791 die Guillotine als Hinrichtungsinstrument ein. Sie sollte die brutalen Hinrichtungsformen des Ancien Régime (Rädern, Vierteilen etc.) abschaffen und eine humanere, für alle gleiche Form der Hinrichtung etablieren. Nach dem Sturz der Monarchie wurde die Guillotine zunehmend zum Symbol der revolutionären Terrorherrschaft. Sie diente zuerst zur Hinrichtung der Verteidiger der Tuilerien gegen den Aufstand zum Sturz der Monarchie, später zur Hinrichtung des Königs und aller vom Revolutionstribunal zum Tode verurteilten Revolutionsfeinde. Unter der Terrorherrschaft wurde in jedem Departement eine Guillotine aufgerichtet, die Revolutionsarmeen führten transportable Guillotinen mit sich. 36

HÉBERTISTEN: Bezeichnung für die Anhänger des radikalen Pariser Journalisten (*Le père duchesne*) und Politikers Hébert, die nach dem Sturz der Enragés im September 1793 die Führung im sozialrevolutionären Lager übernahmen. Die H. hatten ihre Massenbasis im Cordeliers-Klub und in den Pariser Sektionen, darüber hinaus eine militärische Machtbasis in der Pariser Revolutionsarmee. Ende März 1794 wurden ihre führenden Persönlichkeiten, neben Hébert vor allem Ronsin und Vincent, auf Initiative von Robespierre und Saint-Just verhaftet, vom Revolutionstribunal zum Tode verurteilt und hingerichtet. 37, 97, 99, 109

HÖCHSTES WESEN, Fest des: Am 8. Juni 1794 wurde in Paris das Fest des Höchsten Wesens begangen. Es handelte sich dabei um einen deistischen Kult, der auf Initiative von Robespierre und David dem von der Dechristianisierungsbewegung etablierten Kult der Vernunft entgegengesetzt wurde. Robespierre spielte bei dem Fest eine herausgehobene Rolle, traf damit aber auf deutliche Ablehnung unter vielen Konventsabgeordneten. 38

INSTITUT NATIONAL: Als Ersatz für die aufgelösten Akademien des Ancien Régime schuf der Konvent kurz vor seiner Auflösung im Oktober 1795 das *Institut national des sciences et des arts*. Das I., das die bedeutendsten Wissenschaftler Frankreichs versammeln sollte, war in drei Klassen eingeteilt: Physik und Mathematik, Literatur und schöne Künste, politische und moralische Wissenschaften. Unter Napoléon wurde es 1803 reorganisiert.

JAKOBINERKLUB: Nach der Übersiedlung von Konstituante und Hof nach Paris im Oktober 1789 gegründeter, den revolutionären Prozeß maßgeblich prägender politischer Klub, der nach seinem Versammlungslokal, einem ehemaligen Dominikanerkloster benannt wurde. Eigentlich hieß der Klub *Société des amis de la Constitution*. Der ursprünglich von Abgeordneten getragene Klub öffnete sich bald für andere Mitglieder, behielt aber durch relativ hohe Mitgliedsbeiträge einen bürgerlichen Charakter. Dem Pariser J. schlossen sich Volksgesellschaften im ganzen Land an, die er als Muttergesellschaft organisierte. Nach der Flucht des Königs und der Abspaltung der Feuillants rückte der nun von Brissot und Robespierre geleitete J. immer weiter nach links. Seit Herbst 1792 wurden Brissot und seine Anhänger zunehmend ausgeschlossen, der Klub wurde zur Machtbasis Robespierres und zu einem integralen Bestandteil der sog. Jakobinerdiktatur bzw. der revolutionären Regierung. Die thermidorianische Gegenrevolution führte am 12. November 1794 zur Schließung des J., der Jakobinismus erlebte aber seit 1797 einen neuen Aufschwung (Neojakobinismus). 25, 94ff., 106ff., 169

KOALITIONSKRIEGE: Zusammenfassende Bezeichnung für die Kriege der verbundenen europäischen Mächte gegen das revolutionäre Frankreich. Die erste Koalition bildete sich, als nach der französischen Okkupation Belgiens Anfang 1793 zu Österreich und Preußen zuerst England, bald auch die Niederlande, Sardinien-Piemont und Spanien als Gegner Frankreichs hinzutraten. Mit den Friedensschlüssen von Basel im Jahre 1795 gelang es Frankreich, die Koalition aufzusprengen. Als 1797 in Campo Formio auch Österreich einen Frieden mit Frankreich schloß, blieb nur England als Kriegsgegner übrig. Schon 1798 begann sich allerdings eine zweite antifranzösische Koalition zu bilden, als Russland nach der Annexion von Malta Frankreich den Krieg erklärte. Neapel trat zum Jahresende bei, im März 1799 folgte auch Österreich, nachdem es zuvor bereits den russischen Truppen Durchmarschrechte eingeräumt hatte. Trotz anfänglicher Erfolge der Koalitionstruppen konnten die französischen Armeen ihren Vormarsch im September durch große Siege in Holland und der Schweiz stoppen. Bonaparte erntete die Früchte dieser Erfolge, als er in den Jahren 1800-1801 durch weitere militärische Siege die Gegner zu Friedensschlüssen zwang. Das napoleonische Kaiserreich sah sich in den folgenden Jahren insgesamt fünf weiteren Koalitionen der europäischen Mächte gegenüber. 165ff.

KÖNIGSPROZESS: Prozeß gegen Louis Capet (Ludwig XVI.), den der Konvent im Dezember 1792 und Januar 1793 führte. Ludwig wurde einhellig (707 : 0 Stimmen) des Landesverrats für schuldig befunden, die Abgeordneten waren aber zerstritten über das Strafmaß. Während die Bergpartei geschlossen für die Hinrichtung plädierte, präsentierte die Gironde ein uneinheitliches Bild. Ihre Abgeordneten plädierten teilweise gegen die Todesstrafe, teilweise für einen Aufschub, schließlich forderten sie, die Urwählerversammlungen über das Schicksal Ludwigs abstimmen zu lassen. Am 16./17. Januar kam es im Konvent zu einem Abstimmungsmarathon, in dessen Verlauf jeder Abgeordnete sein Votum begründete. 361

stimmten für, 360 gegen die Hinrichtung, darunter 26 für Todesstrafe mit Aufschub. Bei der folgenden Abstimmung über einen Aufschub entschieden sich 380 Abgeordnete für die sofortige Hinrichtung, 310 dagegen. Am 21. Januar 1793 wurde der Ex-König auf der Guillotine hingerichtet. 32, 109

KOMMUNE VON PARIS: Bezeichnung für die Pariser Stadtregierung in den Jahren 1789 bis 1795. Die erste revolutionäre Kommune bildete sich am 13. Juli 1789 unter Bürgermeister Bailly. Ihre Vertreterversammlung bestand in der Folgezeit aus 144 Mitgliedern, je drei aus den 48 Sektionen der Hauptstadt, von denen 48 das *corps municipal* bildeten. Davon stellten 16 das zentrale *bureau municipal*, während die übrigen 32 im *conseil municipal* zusammentraten. Die Spitze der Stadtregierung bildeten einerseits der Bürgermeister, andererseits ein Prokurator mit zwei Stellvertretern. Die K. rückte bereits 1791 unter Bürgermeister Pétion und Prokurator Manuel, der Danton zu seinem Stellvertreter ernannte, weit nach links, viele ihrer Repräsentanten waren am Aufstand zum Sturz der Monarchie beteiligt. Am 10. August 1792 bildete sich unter führender Beteiligung von Danton eine aufständische Kommune, die auf 288 Mitglieder ausgeweitet und von der Legislative anerkannt wurde. Sie organisierte den sog. ersten Terror und trat bald in Gegensatz zu Legislative und Konvent, vor allem zu den *Girondisten*. Unter der Führung von Bürgermeister Pache, Prokurator Chaumette und seiner Stellvertreter Hébert und Réal entwickelte die Pariser Kommune seit 1793 eine radikalrevolutionäre Ausrichtung. Sie war entscheidend am Sturz der Gironde beteiligt und engagierte sich seit Herbst 1793 aktiv in der Dechristianisierungsbewegung. Nach dem Sturz der Hébertisten im März 1794 reduzierte der Wohlfahrtsausschuß den Einfluß der Kommune maßgeblich, nach dem Thermidor wurde ihre Sonderrolle endgültig beendet. 34, 39, 99, 104, 106ff., 135

KONSTITUTIONELLE ZIRKEL (Cercles constitutionels): Sammelbezeichnung für republikanische Volksgesellschaften, die sich nach dem Fructidor-Staatsstreich 1797 im ganzen Land bildeten und zur Basis des Neojakobinismus wurden. 100

KONSTITUANTE: Kurzfassung für die *Assemblée Nationale Constituante*, die Verfassungsgebende Nationalversammlung, zu der sich der Dritte Stand der Generalstände am 17. Juni/7. Juli 1789 erklärte. Die Konstituante stellte sich die Aufgabe, eine Verfassung auszuarbeiten, sie agierte zugleich aber auch als Parlament. Sie löste sich am 30. September 1791 nach der Annahme der Verfassung auf. Zuvor hatte sie auf Antrag Robespierres beschlossen, daß ihre Mitglieder nicht zur Wahl in die Legislative kandidieren durften. 19ff., 101ff., 115ff., 149ff.

LEGISLATIVE: Die Legislative Versammlung amtierte vom 1. Oktober 1791 bis zum 20. September 1792. In ihre Amtszeit fielen vor allem die Entscheidung zum Krieg und der Aufstand zum Sturz der Monarchie, nach dem die Abgeordneten den König für abgesetzt erklärten und für Ende September demokratische Neuwahlen zu einem Nationalkonvent ausschrieben. 25, 28f., 104f., 118f.

LEVÉE EN MASSE: Seit langem gefordert von den Pariser Sektionen, dekretierte der Konvent am 23. August 1793 die levée *en masse*. Der Begriff beinhaltete allerdings unterschiedliche Bedeutungen. Die radikalen Kräfte in der Pariser Volksbewegung zielten auf eine allgemeine, selbstorganisierte revolutionäre Massenerhebung gegen die äußere und innere Konterrevolution. Die bürgerliche Revolutionsführung in Konvent und Wohlfahrtsausschuß sah darin indes eine Bedrohung sowohl für ihre Machtstellung als auch für die Notwendigkeiten der militärischen Landesverteidigung und strebte eine ,von oben' organisierte Anspannung aller nationalen

Kräfte für die Kriegsführung an. Als die Pariser *Sanculotten* dies erkannten, setzten sie Anfang September 1793 mit einer erneuten revolutionären Erhebung die Verbindung der *levée en masse* mit der *terreur* durch. 35, 106, 167ff.

MARSFELDMASSAKER: Nach dem gescheiterten Fluchtversuch des Königs griff im Juli 1791 eine Bewegung für die Absetzung Ludwig XVI. und die Einführung der Republik um sich. Sie ging vom Cercle Social sowie dem Klub der Cordeliers aus und wurde in gemäßigter Form von der Mehrheit des Jakobinerklubs aufgegriffen. Als die Cordeliers am 17. Juli auf dem Pariser Marsfeld eine Massenversammlung abhielten, auf der eine republikanische Resolution unterzeichnet werden sollte, erklärte Bürgermeister Bailly das Kriegsrecht und unter Führung von General La Fayette löste die berittene Pariser Nationalgarde die Versammlung mit Waffengewalt auf. Ihre Gewehrsalven hinterließen etwa 30-50 Tote. Es folgte eine Repressionswelle gegen die republikanische Bewegung. 25

MAXIMUM: Sammelbegriff für allgemeine Höchstpreisverordnungen, die von der hungernden Pariser Bevölkerung seit 1793 immer entschiedener gefordert und von den wirtschaftlich im Prinzip liberal orientierten Konventsabgeordneten nur zögernd zugestanden wurden. Das erste, kleine Maximum von 4. Mai 1793 setzte Höchstpreise für Getreide und Butter fest. Das zweite, große Maximum vom 29. September 1793 weitete die Höchstpreise auf eine große Anzahl von Gebrauchsgütern aus, verband damit aber auch die Festsetzung von Lohnobergrenzen. Nach dem Sturz Robespierres wurden die Maximum-Gesetze schnell abgebaut und am 24. Dezember 1794 ganz abgeschafft. 34, 36, 128ff., 172

MONARCHIENS: Bezeichnung für eine schon früh gebildete Abgeordnetengruppe in der Konstituante, die für eine parlamentarische Monarchie nach englischem Muster, mit einem Zwei-Kammer-System und einem unbeschränkten Vetorecht des Königs gegen Beschlüsse der Nationalversammlung eintrat. Ihre Führer waren Malouet, Lally-Tollendal und Clermont-Tonnere. Als sich die M. im Herbst 1789 mit ihren Vorstellungen nicht durchsetzen konnten, löste sich die Gruppe rasch auf. 22, 112, 186

MONTAGNARDS: Die Männer vom Berg, d. h. die sich auf den oberen Rängen von Legislative und Konvent sammelnden Abgeordneten der äußersten Linken. Vgl. *Bergpartei/Montagne.*

NACHT DES 4. AUGUST: In der Nacht vom 4. auf den 5. August 1789 verzichteten die Abgeordneten der Konstituante unter dem Eindruck antifeudaler Bewegungen im ganzen Land (*grande peur*) auf ihre feudalen Privilegien und erklärten die Feudalordnung für abgeschafft. Die konkrete Ausgestaltung blieb allerdings lange umstritten, alle Feudallasten wurden erst 1794 vom Konvent formell aufgehoben.

NATIONALGÜTER (*Biens nationaux*): Sammelbezeichnung für Güter, die von der Revolution dem Staat übertragen wurden. Zum einen handelte es sich dabei um die 1790 eingezogenen Kirchengüter, zum anderen um die Besitztümer von Emigranten und verurteilten Revolutionsfeinden, die nach Gesetzen vom 2. September 1792 und vom 3. Juni 1793 enteignet wurden. Die N. bildeten die Wertgrundlage für die Assignaten, die ursprünglich nur als Anrechtsscheine für ihren Kauf eingeführt worden waren. Einzug und Verkauf der N. führten zu großen Besitzumschichtungen insbesondere auf dem Lande, wobei vor allem bürgerliche, aber auch bäuerliche Schichten profitierten. 119ff.

NATIONALGARDE: Im Zusammenhang mit dem Sturm auf die Bastille gegründete Organisation der bewaffneten Bürger zur Sicherung der Revolution und zur Wie-

derherstellung der öffentlichen Ordnung. Zum Kommandanten der Pariser Nationalgarde, wie sie sich ähnlich in allen anderen Städten bildete, wurde La Fayette
gewählt. Die Verfassung von 1791 bestimmte, daß jeder Aktivbürger und seine
volljährigen Söhne zum Dienst in der N. zugelassen und verpflichtet waren. Die
Pariser Nationalgarde stellte den bewaffneten Arm der Pariser Sektionen dar. 1795
geriet sie unter Kontrolle royalistischer Kräfte. Im Vendémiaire-Aufstand von Lini-
entruppen unter General Bonaparte besiegt, wurde sie anschließend entwaffnet
und verlor jeden Einfluß. 165ff.

NATIONALKONVENT: Der nach einem demokratischen, aber indirekten Männerwahlrecht gewählt N. trat am 21. September zusammen. Er arbeitete eine im Juni
1793 verabschiedete, aber gleich suspendierte Verfassung aus, vor allem aber regierte er durch seine Ausschüsse die von Krieg und Bürgerkrieg bedrohte revolutionäre Republik. Seit dem Sturz der Gironde Anfang Juni 1793 wurde der N. von
der Bergpartei beherrscht und wurde zur Basis der revolutionären Diktatur. Nach
dem Sturz Robespierres und seiner Anhänger regierte der Konvent noch über ein
Jahr weiter und arbeitete eine zweite, die im August 1795 angenommene Direktoriumsverfassung aus. Der Konvent löste sich am 26. Oktober 1795 auf, nachdem
er ein Gesetz verabschiedet hatte, daß 2/3 der Abgeordneten in den neugewählten Parlamentskammern aus seinen Reihen stammen mußten. 30f., 34, 104ff., 137

NEOJAKOBINISMUS: Nach dem Fructidor-Staatsstreich im September 1797 kam es
zu einem neuen Aufschwung des Jakobinismus. Die in Konstitutionellen Zirkeln
organisierten, sog. Neojakobiner gewannen die Parlamentswahlen im Frühjahr
1798 und im Frühjahr 1799. Nachdem ihre Mandate 1798 für ungültig erklärt worden waren, konnten sie im Juni 1799 (Prairial) eine Umbildung des Direktoriums
durchsetzen. In der Forschung gibt es unterschiedliche Positionen zu der Frage,
ob der im Pariser *Manège-Club* organisierte N. die Gefahr einer Neuauflage der
Jakobinerdiktatur in sich getragen habe. Viele neojakobinische Abgeordnete widersetzten sich im November 1799 dem Brumaire-Staatsstreich von Bonaparte und
Sieyès. 44f., 100, 114f.

ÖSTERREICHISCHES KOMITEE (*Comité autrichien*): Geheimausschuß, der vor allem in den Jahren 1791/92 nach Meinung der revolutionären Öffentlichkeit am
Hof gegen die Revolution intrigiert und mit der österreichischen Regierung koo-
periert hat. Das Komitee, für dessen formale Existenz es keine Beweise gibt, soll
insbesondere aus Marie-Antoinette, der Schwester von Kaiser Leopold II., sowie
den Ministern Bertrand de Molleville und Armand Marc de Montmorin bestanden
haben. Die Agitation von führenden Jakobinern wie Brissot und Marat gegen das
Ö. trug 1792 wesentlich zur Wendung der revolutionären Bewegung gegen Hof
und Krone bei. 162f.

PHYSIOKRATEN: Sammelbezeichnung für eine Gruppe von liberalen Wirtschafts-
theoretikern, die die von Quesnay begründete, französische Schule der National-
ökonomie vertraten. Die Ph. gingen von Wirtschaftskreisläufen aus, die durch
Tauschakte zwischen verschiedenen sozialen Klassen geprägt seien. Dabei sahen
sie allein in den Landwirten eine produktive Klasse und forderten staatliche Re-
formen, die ihre marktwirtschaftliche Überlebensfähigkeit verbessern sollten.

PRAIRIAL-AUFSTAND: Nachdem der Aufstand der Pariser Sektionen im Germinal II
gescheitert war, unternahmen sie am 1-3. Prairial/20-22. Mai 1795 einen erneuten
Versuch, „Brot und die Verfassung von 1793" durchzusetzen. Am 20. Mai drangen

die Massen in den Konvent ein, töteten den Abgeordneten Féraud und erzwangen, unterstützt von einigen Montagnards, die Verabschiedung einer Reihe von Maßnahmen (Freilassung von Gefangenen, Permanenz der Sektionen, Haussuchungen bei Reichen). Der Aufstand wurde schließlich mit Waffengewalt niedergeschlagen, die Maßnahmen zurückgenommen und die Sansculotten entwaffnet. 41, 131

PRAIRIAL-GESETZ: Gesetz vom 22. Prairial II/10. Juni 1794, mit dem die Stellung der Angeklagten vor dem Revolutionstribunal noch einmal einschneidend verschlechtert wurde: Keine öffentliche Befragung des Angeklagten, keine Verteidigung, keine Verpflichtung des Gerichts zur Anhörung von Zeugen, als Urteil nur noch Freispruch oder Todesstrafe. Das Gesetz leitete den sog. *großen Terror* ein. 110

PRAIRIAL-STAATSSTREICH: Bezeichnung für die von den neojakobinisch dominierten Parlamentskammern durchgesetzte Ersetzung von drei Direktoren (La Revellière, Merlin de Douai, Treilhard) durch Kandidaten der Linken (Gohier, Roger Ducos, General Moulin). Der Vorgang entsprach formal nicht den in der Verfassung von 1795 festgelegten Regeln, nach denen pro Jahr nur ein Direktor nach Losverfahren ausscheiden musste. Er stellte andererseits aber einen Versuch zur Parlamentarisierung der Regierung dar, dem jedoch keine Dauer beschieden war. 114

RASTATT, Kongreß von: Nach dem Friedensschluß von Campo Formio traten in Rastatt vom 9. Dezember 1797 bis zum 23. April 1799 die Vertreter der Fürsten des Deutschen Reiches (Hl. Röm. Reich) und Frankreichs zusammen, um abschließend über die ehemals deutschen Besitztümer auf dem linken Rheinufer zu entscheiden. Die französischen Delegierten verließen den Kongreß, nachdem sie am 28.4.1799 von österreichischen Truppen angegriffen und zwei von Ihnen getötet worden waren.

RAT DER ALTEN (*Conseil des Anciens*): Oberhaus des zweigeteilten Parlaments nach der Direktoriumsverfassung von 1795. Der R. war ausschließlich zuständig für die Entscheidung über die vom Rat der 500 ausgearbeitete Gesetzesvorhaben und Vorschläge zur Wahl in das Direktorium. 112f., 182

RAT DER 500 (*Conseil des 500*): Unterhaus des zweigeteilten Parlaments nach der Direktoriumsverfassung von 1795. Der R. war für die Ausarbeitung von Gesetzesvorschlägen und Vorschlagslisten zur Wahl in das Direktorium zuständig, über die der Rat der Alten zu befinden hatte. 112f., 182

REPRÉSENTANTS EN MISSION (Konventskommissare): Seit dem 2. November 1791 schickte die Legislative Abgeordnete als Kommissare zu den französischen Armeen und in die Departements. Das System der R. wurde vom Konvent übernommen, der sie zum Instrument der Kriegsdiktatur machte. Gruppen von je zwei R. wurden in je zwei Departements geschickt, je drei R. kontrollierten die zwölf kommandierenden Generäle. Die R. hatten unmittelbare Eingriffs- und Entscheidungsbefugnisse, einige von Ihnen wurden zu Aktivisten des Terrors insbesondere in den aufständischen Landesteilen. 110

REPUBLIKANISCHER KALENDER (*Calendrier républicain*): Der Konvent beschloß im September 1792, eine neue Zeitrechnung einzuführen, die das Jahr nach der Einführung der Republik zum Jahre I erklärte. Daraus resultierte die Entwicklung eines ein Jahr später verabschiedeten Kalenders, der nicht nur mit der überkommenen Jahreszählung brach, sondern eine ganz neue Zeiteinteilung einführte. Beginnend mit dem 22. September 1792 (Einführung der Republik), wurden die 12 Monate nach dem Dezimalsystem in je drei Dekaden eingeteilt, hinzu kamen am

Jahresende 5 jours supplémentaires. Der Dichter Fabre d'Eglantine entwarf die neuen Monatsnamen (vendémiaire, brumaire, frimaire, nivôse, pluviôse, ventôse, germinal, floréal, prairial, messidor, thermidor, fructidor). 7

REVOLUTIONÄRE REGIERUNG (*Gouvernement révolutionnaire*): Bezeichnung für die Ausnahmeregierung jenseits der suspendierten Verfassung, die der Konvent seit September 1793 im Zeichen von Krieg und Bürgerkrieg praktizierte. Die theoretischen Grundlagen wurden vor allem von Robespierre gelegt, der sie am 25. Dezember 1793 in einer Rede vor dem Konvent entwickelte. 36, 99, 108ff.

REVOLUTIONÄRE REPUBLIKANERINNEN, Gesellschaft der (*Société des citoyennes républicaines révolutionnaires*): Am 2. Mai 1793 unter Führung von Pauline Léon und Claire Lacombe in Paris gegründeter revolutionärer Frauenklub, der in enger Verbindung mit den *Enragés* agierte. Der Verbot der R. Ende September 1793 war mit einem allgemeinen Verbot von Frauenklubs verbunden. 138ff.

REVOLUTIONÄRE ÜBERWACHUNGSKOMITEES (*Comités de surveillance révolutionnaire*): Nachdem die Legislative am 11. April 1792 die Organisation der Polizei den lokalen Behörden übertragen hatte, bildeten sich überall im Land revolutionäre Überwachungskomitees, die in der Folgezeit zu einer zentralen Grundlage des Terrorsystems wurden. Am 17. September 1793 erhielten sich das Recht, alle zu verhaften, die der Revolutionsfeindschaft verdächtigt wurden. Die R. wurden nach dem Sturz Robespierres aufgelöst. 33

REVOLUTIONSTRIBUNAL: Revolutionäres Sondergericht, dessen Einführung der Konvent am 10. März 1793 beschloß. Seine Urteile wurden unmittelbar vollzogen. Unter der Amtsführung von Präsident Dumas und Ankläger Fouquier-Tinville wurde das Pariser R. zu einer zentralen Institution der Terrorherrschaft. Bis Ende Juli 1794 wurden 2747 von 5343 Angeklagten zum Tode verurteilt und auf der Guillotine hingerichtet. Von den Konventskommissaren wurden in den Departements weitere Revolutionstribunale eingerichtet, die der Konvent jedoch am 16. April 1794 wieder auflöste. Das Pariser R. wurde endgültig erst am 31. Mai 1795 aufgelöst. 33

SANSCULOTTEN: Bezeichnung für die Teile der Bevölkerung, die nicht die von Adligen, aber auch von manchen gehobenen Bürgern, u. a. von Robespierre, bevorzugten Kniehosen (*culottes*), sondern lange Hosen trugen. Die S. rekrutierten sich aus den unteren und mittleren, überwiegend handarbeitenden Schichten der Bevölkerung, die sich überwiegend durch eine egalitäre Ausrichtung auszeichneten. Sie stellten die Massenbasis der Pariser Volksbewegungen, aber auch der Sektionen und der Kommune von Paris dar. 11, 35, 106f., 125ff.

SCHWESTERREPUBLIKEN (*Républiques sœurs*): Sammelbegriff für die unter dem Einfluß der französischen Armeen gebildeten Satellitenstaaten des revolutionären Frankreich: *Batavische Republik* (1795), *Cisalpinische Republik* (1796), *Cispadanische Republik* (1796, im folgenden Jahr mit der *Cisalpinischen Republik* zusammengelegt), *Cisrhénanische Republik* (1797, wenige Monate bis Annexion), *Ligurische Republik* (1797), *Helvetische Republik* (1798), *Neapolatanische Republik* (1798), *Römische Republik* (1798). 165ff.

SEKTIONEN (von Paris): Nach der Neuformierung der Pariser Verwaltungsbezirke 1790 wurde die Hauptstadt in 48 Sektionen untergliedert, die sich in eigenen Versammlungen selbst regierten. Die Sektionsversammlungen wurden zur Grundlage der direkten sansculottischen Basisdemokratie. Sie spielten eine zentrale Rolle bei den revolutionären Bewegungen der Pariser Bevölkerung, vom Sturz der Monarchie über den Sturz der *Gironde* bis zur Erklärung von *Levée en masse* und *Terreur*. Nachdem bereits die revolutionäre Regierung Robespierres ihren Einfluß beschnitten hatte, wurden die Sektionen am 10. Oktober 1795 aufgelöst und durch 12 Arrondissements ersetzt. 34, 37, 41, 125ff.

TERREUR (Terror): Nachdem radikale Revolutionäre wie Marat schon lange eine *terreur salutaire*, einen heilsamen Terror gegen die Kräfte der Konterrevolution gefordert hatten, führte der Sturz der Monarchie zum sog. *ersten Terror* der aufständischen Pariser Kommune, der mit Hausdurchsuchungen begann und seinen Höhepunkt in den Septembermassakern an den Häftlingen der Pariser Gefängnisse fand. Der *zweite Terror* wurde in der zweiten Hälfte des Jahres 1793 vom Konvent und seinen Ausschüssen aufgebaut, nachdem die Pariser Sansculotten Anfang September durch einen Aufstand den Terror auf die Tagesordnung der Revolution gesetzt hatten. Der T. wurde zum zentralen Bestandteil der revolutionären Regierung. Sein Symbol war die Guillotine, seine Instrumente Konventsemissare, Volksgesellschaften und Revolutionsarmeen. Der staatliche Terror fand seinen Höhepunkt im *großen Terror*, der mit den *Prairial*-Gesetzen im Juni 1794 eingeleitet wurde und Ende Juli durch den Sturz Robespierres an sein Ende gelangte. Anschließend praktizierte die thermidorianische Konterrevolution den sog. *weißen Terror* gegen die Anhänger der Jakobinerherrschaft. 29f., 35f., 38, 41, 106

THÉOPHILANTROPHIE: Deistischer, seit 1796 insbesondere in Paris verbreiteter, alternativer Kult zum überkommenen Christentum, politisch gefördert durch den Direktor La Revellière Lépaux. Wegen seiner Verbindungen zum Neojakobinismus wurde die Unterstützung durch die Regierung seit 1798 zurückgenommen, die Th. schließlich 1801 von Bonaparte verboten.

URWÄHLERVERSAMMLUNGEN (*assemblées primaires*): Bezeichnung für die Versammlungen, die im indirekten Wahlverfahren zu den Generalständen ebenso wie zur Legislative, zum Konvent und zu den Parlamentskammern des Direktoriums die Basis der ersten Stufe des Wahlverfahrens bildeten. In den U. wurde auch über die Verfassungen der Jahre 1793 und 1795 abgestimmt. 103

THERMIDOR-AUFSTAND: Sturz der Herrschaft Robespierres und seiner Vertrauten Couthon und Saint-Just am 9. Thermidor II/27. Juli 1794. Die Protagonisten des Putsches im Konvent kamen aus verschiedenen Lagern. Führend beteiligt waren des Terrorismus verdächtige, von Robespierre bedrohte Radikale wie Barras, Fouché, Fréron und Tallien ebenso wie die Gegner Robespierres im Wohlfahrtsausschuß von den Radikalen Billaud und Collot über Barère bis zu den Gemäßigten Carnot und Prieur. Hinzu kamen Anhänger der im Frühjahr hingerichteten Dantonisten wie Thuriot und Legendre sowie Vertreter der Ebene. Am 28. Juli wurden Couthon, Robespierre, Saint-Just und ihre engeren Anhänger hingerichtet. Trotz der führenden Beteiligung radikaler Kräfte führte der Sturz Robespierres zum Ende von Diktatur und Terror. Die zunehmend nach rechts rückende Mehrheit der *Thermidoriens* versuchte anschließend, die Revolution durch eine neue Verfassungsstiftung zu konsolidieren. 39f., 111f.

VALMY, Kanonade von: An dem Ort in Nordfrankreich standen sich Ende September 1792 die preußischen Invasionsarmeen des Herzogs von Braunschweig und zu einem großen Anteil aus Freiwilligen bestehende Einheiten der französischen Armee unter dem Kommando von General Kellermann gegenüber. Da die revolutionären Armeen der Kanonade der Preußen standhielten, scheute Braunschweig die offene Schlacht und zog ab. Die Invasionsdrohung war damit vorerst abgewendet, die französischen Armeen gingen in die Offensive über. Johann Wolfgang von Goethe, der als Beobachter an der Kanonade beteiligt war, meinte den Auftakt einer neuen Epoche der Weltgeschichte erlebt zu haben. 165

VANDALISMUS: Neologismus, den Grégoire in einer Konventsrede vom August 1794 eingeführt hat, um die Zerstörungswut der Dechristianisierungsbewegung zu denunzieren.

VARENNES, Flucht nach: Fluchtversuch der königlichen Familie, der am 21. Juni 1791 kurz vor der Grenze in Varennes scheiterte, weil ein lokaler Postmeister den König erkannte und die Nationalgarde alarmierte. Ludwig hatte in Paris ein Schreiben hinterlassen, aus dem hervorging, daß er den Plan hegte, mit den Truppen ausländischer Monarchen seine absolute Herrschaft wiederherzustellen. Die Flucht nach Varennes gilt als ein zentraler Wendepunkt der Revolutionsgeschichte, zum einen weil nun die Gegnerschaft des Königs zur revolutionären Verfassungsstiftung offensichtlich wurde und die republikanischen Tendenzen Auftrieb gewannen, zum zweiten weil erstmals der Krieg auf die Tagesordnung der Revolution rückte. 23f.

VENDÉMIAIRE-AUFSTAND: Aufstand der seit Sommer 1795 in Paris dominierenden royalistischen Kräfte am 13. Vendémiare III/5. Oktober 1795, ausgelöst durch die Annahme der neuen Verfassung und das damit verbundene Dekret, nach dem 2/3 der neu zu wählenden Abgeordneten aus den Reihen der ehemaligen Konventsabgeordneten stammen mußten. Der Aufstand wurde auf Initiative von Barras durch Militäreinheiten unter dem Kommando von General Bonaparte blutig niedergeschlagen. 42

VOLKSGESELLSCHAFTEN (*Sociétés populaires*): Sammelbezeichnung für revolutionäre Klubs in ganz Frankreich, die in der Regel dem Pariser Jakobinerklub angeschlossen waren. Die Volksgesellschaften wiesen teilweise einen bürgerlichen, teilweise aber auch einen stärker popularen Charakter auf. 96f., 125f.

VOLONTAIRES NATIONAUX: Sammelbezeichnung für die neuen, aus der Nationalgarde rekrutierten Soldaten der Revolution. Anfangs handelte es sich tatsächlich meist um Freiwillige. Doch als die im Sommer 1792 eingerückten Kriegsfreiwilligen nach Valmy oft ins Zivilleben zurückgekehrt waren und Frankreich nach Bildung der Ersten Koalition militärisch erneut unter Druck geriet, wurden zunehmend auch zwangsverpflichtete junge Männer als V. eingezogen. 165ff.

WOHLFAHRTSAUSSCHUß (*Comité de salut publique*): Ausschuß des Nationalkonvents, Nachfolger des Allgemeinen Verteidigungsausschusses, am 6. April 1793 geschaffen als Kontrollorgan der Regierung. Anfangs bestehend aus neun Mitgliedern mit Barère, Cambon und Danton an der Spitze, übernahm der W. zunehmend eine politisch gestaltende Rolle, während die Regierung zum ausführenden Organ seiner Beschlüsse herabsank. Nach dem Ausscheiden Dantons rückte Robespierre an die Spitze des Ausschusses vor. Anfang September noch einmal um zwei Vertrauensleute der Pariser Volksbewegung erweitert, stellte der monatlich vom Konvent bestätigte große W. bis zum Sturz Robespierres Ende Juli 1794 die eigentliche Revolutionsregierung dar. Er bestand neben Robespierre aus Barere, Billaud-Varenne, Carnot, Collot d'Herbois, Couthon, Hérault de Sêchelles (bis März 1794), Jean Bon Saint-André, Robert Lindet, Prieur de la Marne, Prieur de la Côte d'Or und Saint-Just. 33, 35, 107ff., 130f., 165ff.

Nach dem Sturz Robespierres bestand der W. als Gremium zur Koordinierung der Kriegsführung bis zur Auflösung des Konvents im September 1795 weiter.

ZIVILVERFASSUNG DES KLERUS: Nachdem die Konstituante zuvor bereits das Kircheneigentum nationalisiert, die religiösen Orden aufgelöst und die Sonderrechte des Klerus abgeschafft hatte, beschloß sie am 12. Juli 1790 die Z. Die Geistlichen wurden damit quasi zu Staatsangestellten, die den Bürgereid schwören mußten und staatlich besoldet wurden. Insbesondere als der Papst im Frühjahr 1791 die Z. ablehnte, kam es zu einer offenen Spaltung der Kirche in eine konstitutionelle und eine papsttreue Richtung. Fast alle Bischöfe weigerten sich, den Bürgereid zu schwören, eidverweigernde Priester wurden zum Symbol der Konterrevolution. 22, 149f.

3. Auswahlbibliographie

A. Grundlagenliteratur:

1. Handbücher, Einführungen, Debatten

Blanning, Timothy C. W., The French Revolution. Class War or Culture Clash?, London u. a. 1998

Cobban, Alfred, The Social Interpretation of the French Revolution, Cambridge/Mass. 1971 (Orig. 1964)

Furet, François, 1789 – Vom Ereignis zum Gegenstand der Geschichtswissenschaft, Frankf./M. u. a. 1980 (Orig. Paris 1978)

– u. Mona Ozouf (Hg.), Kritisches Wörterbuch der Französischen Revolution, 2 Bde., Frankf./M. 1996 (Orig. Paris 1988)

Grab, Walter (Hg.), Die Debatte um die Französische Revolution, München 1975

Pelzer, Erich (Hg.), Revolution und Klio. Die Hauptwerke zur Geschichte der Französischen Revolution, Göttingen 2004

Lewis, Gwynne, The French Revolution. Rethinking the Debate, London u. New York 1993

Reichardt, Rolf (Hg.), Ploetz. Die Französische Revolution, Freiburg und Würzburg 1988

– , Eberhard Schmidt u. Hans-Jürgen Lüsebrinck (Hg.), Handbuch politisch-sozialer Grundbegriffe in Frankreich 1680-1820, div. Bde. 1985ff.

Schmitt, Eberhard, Einführung in die Geschichte der Französischen Revolution, München 1976

Solé, Jacques, La Révolution en questions, Paris 1988

Tulard, Jean, François Fayard u. Alfred Fierro (Hg.), Histoire et dictionnaire de la Révolution française, Paris 1987

Vovelle, Michel, Die Französische Revolution. Soziale Bewegung und Umbruch der Mentalitäten, Frankf./M. 1985 (Orig. Rom 1979)

2. Gesamtdarstellungen

Doyle, William, The Oxford History of the French Revolution, Oxford 1989

Furet, François u. Denis Richet, Die Französische Revolution, Frankf./M. 1968 (Orig. in 2 Bde., Paris 1965f.)

Furet, François, La Révolution Française, Bd. 1. De Turgot à Napoléon (1770-1814), Paris 1988

Hampson, Norman, A Social History of the French Revolution, London 1963

Jaurès, Jean, Histoire socialiste de la Révolution Française, 7 Bde., Paris 1968-73 (Orig. in 4 Bde., Paris 1901-08)

Mathiez, Albert, Die Französische Revolution, 3 Bde., Hamburg 1950 (Orig. Paris 1922-27)

Reichardt, Rolf, Das Blut der Freiheit. Französische Revolution und demokratische Kultur, Frankf./M. 1998

Schama, Simon, Der zaudernde Citoyen. Rückschritt und Fortschritt in der Französischen Revolution, München 1989 (Orig. Princeton 1989)

Schulin, Ernst, Die Französische Revolution, München 1988
Soboul, Albert, Die Große Französische Revolution. Ein Abriß ihrer Geschichte (1789-1799), 2 Bde., Frankf./M. 1973 (Orig. Paris 1962)
Sutherland, Donald M. G., France 1789-1815. Revolution and Counter-Revolution, London 1985

3. Allgemeine Aufsatzsammlungen
Baker, Keith M. u. a. (Hg.), The French Revolution and the Creation of a Modern Political Culture, 4 Bde., Oxford 1987-94
Brown, Howard G. und Judith Miller (Hg.), Taking Liberties. Problems of a New Order from the French Revolution to Napoleon, New York 2003
Fehér, Ferenc (Hg.), The French Revolution and the Birth of Modernity, Berkeley u. a. 1990
Forrest, Alan u. Peter Jones (Hg.), Reshaping France. Town, Country, and Region during the French Revolution, Manchester 1991
Hartig, Irmgart A. (Hg.), Geburt der bürgerlichen Gesellschaft: 1789, Frankf./M. 1989
Koselleck, Reinhart u. Rolf Reichardt (Hg.), Die Französische Revolution als Bruch des gesellschaftlichen Bewußtseins, München 1988
Schmitt, Eberhard u. Rolf Reichardt (Hg.), Die Französische Revolution – zufälliges oder notwendiges Ereignis?, 3 Bde., München 1983
Schwab, Gail M. (Hg.), The French Revolution of 1789 and its Impact, Westport/Conn. 1995

4. Ursachen
Chartier, Roger, Die kulturellen Ursprünge der Französischen Revolution, Frankf./M. 1995
Darnton, Robert, Literaten im Untergrund. Lesen, Schreiben und Publizieren im vorrevolutionären Frankreich, München 1985 (Orig. Cambridge/Mass. 1982)
Doyle, William, The Origins of the French Revolution, Oxford 1980
Hinrichs, Ernst u. a. (Hg.), Probleme des Übergangs vom Ancien Régime zur Französischen Revolution, Göttingen 1977
Jones, Peter M., Reform and Revolution in France: The Politics of Transition, 1774-1791, Cambridge 1995
Robin, Régine, La Société française en 1789, Paris 1970
Schmitt, Eberhard (Hg.), Die Französische Revolution. Anlässe und langfristige Ursachen, Darmstadt 1973
Stone, Bailey, The Genesis of the French Revolution. A Global Historical Interpretation, Cambridge/Mass. 1994
Tocqueville, Alexis de, Der alte Staat und die Revolution, Bonn 1959 (Orig. Paris 1856)

5. Stationen, Phasen und Regionen
Andress, David, Massacre at the Champ de Mars. Popular Dissent and Political Culture in the French Revolution, London 2000
Bertaud, Jean-Paul, Bonaparte prend le pouvoir. La République, meurt-elle assassinée?, Brüssel 1987
Bouloiseau, Marc, La République jacobine 10 août 1792 – 9 thermidor an II, Paris 1972
Bourdin, Philippe (Hg.), La République directoriale, Paris 1998

Brunel, Francoise, Thermidor 1794: la chute de Robespierre, Paris 1989

Fitzsimmons, Michael P., The Night the Old Regime Ended: August 4, 1789, and the French Revolution, Pennsylvania 2003

Forrest, Alan, The Revolution in Provincial France. Aquitaine, 1789-1799, Oxford 1996

Hampson, Norman, Vor dem Terror. Das revolutionäre Frankreich 1789 -1791, Wien u. Köln 1989 (Orig. Oxford 1988)

Lefebvre, Georges, La France sous le directoire, 1795 – 1799, Paris 1984 (Orig 1946)

–, La grande peur de 1789, Paris 1970 (zuerst 1932)

Lyons, Martin, France under the Directory, Cambridge u. a. 1975

Mathiez, Albert, Le 10 Août, Paris 1931

Schönpflug, Daniel, Der Weg in die Terreur. Radikalisierung und Konflikte im Straßburger Jakobinerklub 1790-1794, München 2002

Schulze, Winfried, Der 14. Juli 1789. Biographie eines Tages, Stuttgart 1989

Tackett, Timothy, When the King took Flight, Cambridge/Mass. 2003

Vovelle, Michel, La chute de la monarchie, 1787-1792, Paris 1972

– (Hg.), Paris et la Révolution, Paris 1989

– (Hg.), Le tournant de l'an III. Réaction et Terreur blanche dans la France revolutionnaire, Aix en Provence 1997

Woronoff, Denis, La République bourgeoise 1794 – 1799, de Thermidor à Brumaire, Paris 1972

6. Personen

Bertaud, Jean-Paul, Camille et Lucile Desmoulins. Un couple dans la tourmente, Paris 1985

Bluche, Frédéric, Danton, Stuttgart 1988 (Orig. Perrin 1984)

Bredin, Jean-Denis, Sieyès. La clé de la Révolution française, Paris 1988

Chaussinand-Nogaret, Guy, Mirabeau, Stuttgart 1988 (Orig Paris 1982)

Coquard, Olivier, Jean-Paul Marat, Paris 1993

Cornette, Joel, Un Révolutionnaire ordinaire. Benoît Lacombe, négociant 1759 – 1819, Seyssel 1986

Gershoy, Leo, Bertrand Barère. A reluctant Terrorist, Princeton 1962

Göhring, Martin, Rabaut Saint-Etienne. Ein Kämpfer an der Wende zweier Welten, Vaduz 1965 (Orig. Berlin 1935)

Gottschalk, Louis und Margaret Maddox, La Fayette in the French Revolution, 2 Bde., Chicago u. London 1969/73

Haydon, Colin (Hg.), Robespierre, Cambridge/Mass. 1999

Homan, Gerlof D., Jean-François Reubell. French Revolutionary, Patriot, and Director (1747 – 1805), Den Haag 1971

Huart, Suzanne d', Brissot. La Gironde au pouvoir, Paris 1986

Jacob, Louis, Hébert, le père duchesne, chef des sansculottes, Paris 1960

Jordan, David P., The Revolutionary Carreer of Maximilien Robespierre, Chicago 1985

Markow, Walter, Die Freiheiten des Priesters Roux, Berlin/DDR 1967

Mazauric, Claude, Babeuf et la conspiration pour l'égalité, Paris 1962

Reinhard, Marcel, Le grand Carnot, 2 Bde., Paris 1950/52

Rose, Robert B., Gracchus Babeuf: The First Revolutionary Communist, London 1978

Serna, Pierre, Antonelle. Aristocrate révolutionnaire 1747 – 1817, Paris 1997
Soboul, Albert, Portraits de Révolutionnaires, Paris 1986
Tulard, Jean, Napoléon ou le mythe du sauveur, Paris 1995 (Orig. 1977)
Vinot, Bernard, Saint-Just, Stuttgart 1989 (Orig. Paris 1985)

7. *Folgen*

Becker, Ernst Wolfgang, Zeit der Revolution! – Revolution der Zeit? Zeiterfahrungen in Deutschland in der Ära der Revolutionen 1789-1848/49, Göttingen 1999
Deinet, Klaus, Die mimetische Revolution oder die französische Linke und die Re-Inszenierung der Französischen Revolution im 19. Jahrhundert (1830-1871), Stuttgart 2001
Furet, François u. Mona Ozouf (Hg.), The Transformation of Political Culture 1789-1848, Oxford u. a. 1989
Hobsbawm, Eric J., Echoes of the Marseillaise. Two Centuries look back on the French Revolution, London u. a. 1990
Parker, David (Hg.), Revolutions and the Revolutionary Tradition in the West 1560-1991, London u. New York 2000
Pelinka, Anton u. Helmut Reinalter (Hg.), Die Französische Revolution und das Projekt der Moderne, Wien 2002
Sellin, Volker, Die geraubte Revolution. Der Sturz Napoleons und die Restauration in Europa, Göttingen 2001
Woolf, Stuart, Napoleons Integration of Europe, London u. New York 1991
Wunder, Bernd, Europäische Geschichte im Zeitalter der Französischen Revolution 1789-1815, Stuttgart u. a. 2001

8. *Quellensammlungen*

Archives Parlementaires de 1787 à 1860. Recueil complet des débats législatif et politiques des chambres françaises, première série (1787-1799), Nendeln 1969 (Orig. Paris 1868f. (abgek. AP)
Aulard, François Victor Alphonse (Hg.), La Société des Jacobins. Recueil de documents pour l'histoire du Club des Jacobins de Paris, 6 Bde., Paris 1889-97
– (Hg): Recueil des actes du Comité de salut publique, avec la correspondance officielle des représentants en mission et le registre du conseil exécutif provisoire, 25 Bde., Paris 1889-1918
– (Hg): Paris pendant la réaction thermidorienne et sous le directoire. Recueil de documents pour l'histoire et l'esprit public à Paris, 5 Bde., Paris 1898-1902
Bertaud, Jean-Paul, Alltagsleben während der Französischen Revolution, Freiburg und Würzburg 1989 (Orig. Paris 1988)
Böhme-Kuby, Susanna (Hg.), Das Neueste aus Paris. Deutsche Presseberichte 1789-1795, München 1989
Buchez, Philippe Joseph Benjamin u. Pierre Celestine Roux, Histoire parlementaire de la Révolution française ou Journal des Assemblées Nationales depuis 1789 jusqu'à 1815, 40 Bde, Paris 1834-38
Caron, Pierre (Hg.), Paris pendant la Terreur. Rapports des agents secrets du ministre de l'intérieur, 7 Bde., Paris 1910-18

Die Französische Revolution. Ein Lesebuch mit zeitgenössischen Berichten und Dokumenten, Stuttgart 1989

Fischer, Peter (Hg.), Reden der Französischen Revolution, München 1974

Gazette national, ou le Moniteur Universel, 1789-1799. Nachdr. in 32 Bde., Paris 1850

Grab, Walter (Hg.), Die Französische Revolution. Eine Dokumentation, München 1973

Landauer, Gustav (Hg.), Briefe aus der Französischen Revolution, Frankf./M. 1990 (Orig. in zwei Bde., 1922)

Markov, Walter (Hg.), Die Revolution im Zeugenstand. Frankreich 1789-1799, 2 Bde., Berlin/DDR 1973

– u. Albert Soboul (Hg.), Die Sansculotten von Paris. Dokumente zur Geschichte der Volksbewegung 1793-1794, Berlin/DDR 1957

Petersen, Susanne, Die Große Revolution und die Kleinen Leute. Französischer Alltag 1789/95. Kommentare, Dokumente, Bilder, Köln 1988

9. Bildquellen

Baasner, Frank und Ruth Jakoby, Paris 1989. Journal der Täter, Opfer und Voyeure, Baden-Baden 1988

Bacque, Antoine de, La caricature révolutionnaire, Paris 1988

Grab, Walter, Die Französische Revolution. Aufbruch in die moderne Demokratie, Stuttgart 1989

Herding, Klaus u. Rolf Reichardt, Die Bildpublizistik der Französischen Revolution, Frankf./M. 1989

La Révolution Française et l'Europe, 3 Bde., Paris 1989

Vovelle, Michel (Hg.), Images et Récit de la Révolution française, 4 Bde., Paris 1989

B. Vertiefungsliteratur

1. Öffentlichkeit, Presse und politische Kultur

Bertaud, Jean-Paul, Les amis du rois. Journaux et journalistes royalistes en France de 1789 à 1792, Paris 1984

Cunow, Heinrich, Die Parteien der großen französischen Revolution und ihre Presse, Berlin 1912

Darnton, Robert u. Daniel Roche (Hg.), Revolution in Print. The Press in France, 1775-1800, Berkeley u. Los Angeles 1989

David, Marcel, Fraternité et Révolution Française, Paris 1987

Gallois, Léonhard, Histoire des Journaux et des Journalistes de la Révolution Française, 1789-1796, 2 Bde., Genf o. J. (Nachdr. d. Ausg. Paris 1845)

Fajn, Max, The Journal des hommes libres de tous les pays, 1792-1800, Paris 1975

Gough, Hugh, The Newspaper Press in the French Revolution, London 1988

Guilhaumou, Jacques, Sprache und Politik in der Französischen Revolution. Vom Ereignis zur Sprache des Volkes (1789-1794), Frankf./M. 1989 (Orig. Paris 1988)

–, L'Avènement des porte-parole de la République (1789-1792). Essai de synthèse sur les langages de la Révolution française, Villeneuve-d'Ascq 1998

Hesse, Carla, Publishing and Cultural Politics in Revolutionary Paris, 1789-1810, Berkeley u. a. 1991

Hunt, Lynn, Symbole der Macht, Macht der Symbole. Die Französische Revolution und der Entwurf einer politischen Kultur, Frankf./M. 1989 (Orig. Berkeley u. Los Angeles 1984)

Kitchen, Joanna, Un Journal „philosophique": La Décade, 1794-1807, Paris 1965

Leith, James, Space and Revolution. Projects for Monuments, Squares and Public Buildings in France, 1789-1799, Montreal 1991

Lüsebrink, Hans-Jürgen u. Rolf Reichardt, Die „Bastille". Zur Symbolgeschichte von Herrschaft und Freiheit, Frankf./M. 1990

Meinzer, Michael, Der Französische Revolutionskalender (1792-1805). Planung, Durchführung und Scheitern einer politischen Zeitordnung, München 1992

Murray, William J., The Right Wing Press in the French Revolution 1789-1792, Woodbridge u. a. 1986

Ozouf, Mona, La fête révolutionnaire 1789-1799, Paris 1976

Starobinski, Jean, 1789. Die Embleme der Vernunft, Paderborn 1981 (Orig. Paris 1979)

Popkin, Jeremy D., Revolutionary News: The Press in France, 1789-1792, Durham 1992

–, The Right-Wing Press in France, 1792-1800, Chapel Hill 1990

Rétat, Pierre, Les Journaux de 1789. Bibliographie critique, Paris 1988

– (Hg.), La Révolution du Journal, 1788-1794, Paris 1989

Walter, Gérard, Hébert et le Père Duchesne, Paris 1946

2. Organisierung politischer Interessen und Ausbildung politischer Richtungen

Actes du Colloque Girondins et Montagnards, hg. v. d. Société des études robespierristes, Paris 1980

Applewhite, Harriet P., Political Alignments in the French National Assembly 1789-1791, Baton Rouge u. a. 1993

Beik, Paul Harold, The French Revolution seen from the Right: Social Theories in Motion, 1789-1799, Philadelphia 1956

Buonarotti, Filipo Michele, Babeuf und die Verschwörung für die Gleichheit, Berlin u. Bonn 1975 (ND d. dt. Übersetzung des Originals von 1828 aus dem Jahre 1909)

Furet, François u. Mona Ozouf (Hg.), La Gironde et les Girondins, Paris 1991

Gainot, Bernard, 1799, un nouveau Jacobinisme? La démocratie représentative, une alternative à brumaire, Paris 2001

Gengembre, Gerard, La Contre-Révolution ou l'histoire désespérante, Paris 1989

Godechot, Jacques, La contre-révolution. Doctrine et action 1789-1794, Paris 1961

Griffith, Robert H., Le Centre perdu: Malouet et les monarchiens dans la Révolution française, Grenoble 1988

Higonnet, Patrice, Goodness beyond Virtue. Jacobins during the French Revolution, Cambridge/Mass. u. London 1988

Jaume, Lucien, Le discours Jacobin et la démocratie, Paris 1989

Kates, Gary, The Cercle Social, the Girondins, and the French Revolution, Princeton 1985

Kennedy, Michael L., The Jacobin Clubs in the French Revolution. The First Years, Princeton 1982

–, The Jacobin Clubs in the French Revolution. The Middle Years, Princeton 1988

–, The Jacobin Clubs in the French Revolution. 1793-1795, New York 2000

Lamartine, Alphonse de, Histoire des Girondins, Paris 1984 (Orig. Brüssel 1847)

Livesey, James, Making Democracy in the French Revolution, Cambridge/Mass. u. London 2001

Mathiez, Albert, Le Club des Cordeliers pendant la crise de Varennes et le massacre du champ de mars, Paris 1910

–, Girondins et montagnards, Paris 1988 (Orig. 1930)

Michon, Georges, Essai sur l'histoire du parti feuillant. Adrien Duport, Paris 1924

Patrick, Alison, The Men of the First French Republic: Political Alignments in the National Convention of 1792, Baltimore u. London 1972

Sa'adah, Anne, The Shaping of Liberal Politics in Revolutionary France: A Comparative Perspective, Princeton 1990

Slavin, Morris, The Hébertists to the Guillotin. Anatomy of a „Conspiracy" in Revolutionary France, Louisiana 1994

–, The Making of an Insurrection. Parisian Sections and the Gironde, Cambridge/Mass. 1986

Sutherland, Donald, The Chouans: The Social Origins of Popular Counter-Revolution in Upper Brittany 1770-1796, Oxford 1982

Sydenham, Michael John, The Girondins, London 1961

Tackett, Timothy, Becoming a Revolutionary. The Deputies of the French National Assembly and the Emergence of a Revolutionary Culture (1789-1790), Princeton 1996

Woloch, Isser, Jacobin Legacy. The Democratic Mouvement under the Directory, Princeton 1970

3. Staat und Herrschaft

Baczko, Bronislav, Comment sortir de la Terreur? Thermidor et la révolution, Paris 1989

Biard, Michel, Missionnaires de la République. Les représentants en mission (1793-1795), Paris 2002

Boroumand, Ladan, La Guerre des Principes. Les assemblées révolutionnaires face aux droits de l'homme et à la souveraineté de la nation, mai 1789-juillet 1794, Paris 1999

Bresch, Frédéric, La Commune du 10 août 1792. Etude sur l'histoire de Paris du 20 juin au 2 décembre 1792, Paris 1911

Crook, Malcolm, Elections in the French Revolution: An Apprenticeship in Democracy, Cambridge/Mass. 1996

Fitzsimmons, Michael P., The Remaking of France: The National Assembly and the Constitution of 1791, Cambridge 1994

Furet, François u. Ran Halévi (Hg.), La monarchie républicaine: La Constitution de 1791, Paris 1996

Gauchet, Marcel, Die Erklärung der Menschenrechte. Die Debatte um die bürgerlichen Freiheiten 1789, Reinbek b. Hamburg 1991

–, La Révolution des pouvoirs. La souveraineté, le peuple et la représentation, Paris 1995

Gueniffey, Patrice, Le nombre et la raison. La Révolution française et les élections, Paris 1993

Hintze, Hedwig, Staatseinheit und Föderalismus im alten Frankteich und in der Revolution, Frankf./M. 1989 (Orig 1928)

Meynier, Albert, Les Coups d'état du directoire, 3 Bde., Paris 1928

Ozouf-Marignier, Marie-Vic: La formation des Départements. La représentation du territoire français à la fin du 18e siècle, Paris 1989

Palmer, Robert R., Twelve who Rouled. The Committee of Public Safety during the Terror, Princeton 1941

Woloch, Isser, The New Regime: Transformations of the French Civic Order, 1789-1820, New York 1994

4. Revolutionäre Gewalt und terroristische Politik

Arasse, Daniel, Die Guillotine. Die Macht der Maschine und das Schauspiel der Gerechtigkeit, Reinbek b. Hamburg 1988 (Orig. Paris 1987)

Baker, Keith M. (Hg.), The French Revolution and the Creation of a Modern Political Culture, Bd. 4: The Terror, Oxford 1994

Blömeke, Helmut, Revolutionsregierung und Volksbewegung (1793-1794) Die ,Terreur' im Departement Seine-et-Marne (Frankreich), Frankf./M. 1989

Bluche, Frédéric, Septembre 1792. Logique d'un massacre, Paris 1986

Caron, Pierre, Les Massacres du Septembre, Paris 1935

Clenet, Louis-Marie, Les colonnes infernales, Paris 1993

Cobb, Richard, Les armées révolutionnaires. Instruments de la Terreur dans les départements, avril 1793 – floréal an II, 2 Bde., Paris 1961/63

Gérard, Alain, 'Par principe d'humanité ...' La Terreur et la Vendée, Paris 1999

Geuniffey, Patrice, La politique de la Terreur. Essai sur la violence révolutionnaire 1789-1794, Paris 2000

Gough, Hugh, The Terror in the French Revolution, London u. a. 1998

Greer, Donald, The Incidence of the Terror during the French Revolution. A Statistical Interpretation, Cambridge Mass. 1935

Kessler, Harry, Terreur. Ideologie und Nomenklatura der revolutionären Gewaltanwendung in Frankreich von 1770 bis 1794, München 1973

Lucas, Colin, The Structure of the Terror. The Examples of Javogues and the Loire, Oxford 1973

Mayer, Arno J., The Furies. Violence and Terror in the French and Russian Revolutions, Princeton NJ 2000

Secher, Reynald, Le Génocide Franco-francais: La Vendée Vengé, Paris 1986

Varaut, Jean-Marc, La Terreur judiciaire. La Révolution contre les droits de l'homme, Paris 1993

4. Wirtschaftliche und soziale Verhältnisse

Ado, Anatoli, Paysans en Révolution: terre, pouvoir et jacquerie, Paris 1996

Aftalion, Florian, L'Économie de la Révolution française, Paris 1987

Botsch, Elisabeth, Eigentum in der Französischen Revolution. Gesellschaftliche Konflikte und Wandel des sozialen Bewusstseins, München 1992

Bruguière, Michel, Gestionnaires et profiteurs de la Révolution, Paris 1986

Cobb, Richard C., The Police and the People. French Popular Protest (1789-1820), Oxford 1970

Forrest, Alan, The Poor in the French Revolution, Oxford 1981

Gauthier, Florence, La voie paysanne dans la Révolution française, Paris 1972

Guérin, Daniel, Klassenkampf in Frankreich. Bourgeois et ,bras nus' 1793-1795, Frankf./ M. 1979 (Orig. Paris 1946)

Heuvel, Gerd van den, Grundprobleme der französischen Bauernschaft 1730-1794, München u. Wien 1982

Hincker, François, La Révolution française et l'économie. Décollage ou catastrophe?, Paris 1989

Higonnet, Patrice, Culture, Class, and the Rights of Nobles during the French Revolution, Princeton 1981

Jones, Peter. M., The Peasantry in the French Revolution, Cambridge u. a. 1988

Lefebvre, Georges, Les Paysans du Nord pendant la Révolution française, Paris 1972 (zuerst 1924)

Mathiez, Albert, La vie chère et le mouvement social sous la Terreur, Paris 1973 (zuerst 1927)

Petersen, Susanne, Lebensmittelfrage und revolutionäre Politik in Paris 1792-1793. Studien zum Verhältnis von revolutionärer Bourgeoisie und Volksbewegung bei Herausbildung der Jakobinerdiktatur, München 1979

Rudé, George E., The Crowd in the French Revolution, Oxford 1959

Soboul, Albert, Les Sans-culottes parisien de l'an II. Mouvement populaire et gouvernement révolutionnaire 2 juin 1793 – 9 thermidor an II, La Roche-sur-Yon 1958 (dt. Teilübersetzung unter dem Titel Die Sektionen von Paris im Jahre II, Berlin/DDR 1962)

Tarlé, Eugen, Studien zur Geschichte der Arbeiterklasse in Frankreich während der Revolution: Die Arbeiter der nationalen Manufakturen, 1789-1799, Berlin 1908

–, Germinal und Prairial, Berlin/DDR 1953

Tønnessen, Kare D., La défaite des Sansculottes. Mouvement populaire et réaction bourgeoise en l'an III, Oslo 1978 (Orig. 1959)

6. Geschlechterbeziehungen

Applewhite, Harriet B. u. Darline G. Levy (Hg.), Women and Politics in the Age of the Democratic Revolution, Ann Arbor 1990

Cérati, Marie, Le Club des Citoyennes Républicaines-Révolutionnaires, Paris 1966

– u. Mary D. Johnson (Hg.), Women in Revolutionary Paris 1789-1795, Urbana 1979

Garaud, Marcel, La Révolution française et la famille, Paris 1978

Godineau, Dominique, Citoyennes Tricoteuses: Les femmes du peuple à Paris pendant la Révolution française, Aix-en-Provence 1988

Halpévin, Jean-Louis, L'impossible Code Civil, Paris 1992

Held, Jutta (Hg.), Frauen im Frankreich des 18. Jahrhunderts: Amazonen, Mütter, Revolutionärinnen, Hamburg 1989

Hufton, Olwen, Women and the Limits of Citizenship in the French Revolution, 1992

Hunt, Lynn, The Family Romance of the French Revolution, Berkeley u. Los Angeles 1992

Landes, Joan, Women in the Public Sphere in the Age of the French Revolution, Ithaca 1988

Les femmes et la Révolution française. Actes du colloque international 12, 13, 14 Avril 1989, Université de Toulouse-Le Mirail, 3 Bde., Toulouse 1989f.

Michelet, Jules, Die Frauen der Revolution, München 1984 (Orig. Paris 1913)

Melzer, Sarah u. Leslie Rebine (Hg.), Rebel Daughters. Women and the French Revolution, New York 1992

Opitz, Claudia, Aufklärung der Geschlechter, Revolution der Geschlechterordnung. Studien zur Politik- und Kulturgeschichte des 18. Jahrhunderts, Münster 2002
Petersen, Susanne, Marktweiber und Amazonen. Frauen in der Französischen Revolution, Köln 1987
Proctor, Candice E., Women, Equality, and the French Revolution, New York u. a. 1990
Schmitt-Linsenhoff, Victoria (Hg.), Sklavin oder Bürgerin? Französische Revolution und Neue Weiblichkeit 1760-1830, Frankf./M. 1989

7. Emanzipation und Ausgrenzung
Badinter, Robert, Libres et égaux … L'émancipation des Juifs (1789-1791), Paris 1989
Bénot, Yves, La Révolution française et la fin des colonies, Paris 1988
– u. Marcel Dorigny (Hg.), Rétablissement de l'esclavage dans les Colonies françaises 1802, Actes du colloque international des 20, 21 et 22 juin 2002, Paris 2003
Dorigny, Marcel, La Société des Amis des Noirs, 1788-1799. Contribution à l'histoire de l'abolition de l'eslavage, Paris 1998
Girard, Patrick, La Révolution française et les juifs, Paris 1989
Hadas-Lebel, Mireille u. Ebelyne Olch-Grausz (Hg.), Les juifs et la Révolution française. Histoire et mentalités, Paris 1992
James, L. R. Cyril, Die schwarzen Jakobiner. Toussaint l'Ouverture und die Unabhängigkeitsrevolution in Haiti, Köln 1984 (Orig. New York 1939)
Pluchon, Pierre, Toussaint Louverture. De l'esclavage au pouvoir, Paris 1979
Wahnich, Sophie, L'impossible citoyen. L'étranger dans le discours de la Révolution française, Paris 1997
Wanquet, Claude, La France et la première abolition de l'esclavage, 1794-1802. Le cas des colonies orientales Ile de France (Maurice) et La Réunion, Paris 1997

8. Religions- und Kirchenpolitik
Aulard, Alphonse, Le culte de la Raison et le culte de l'Etre suprême (1791-1794), Paris 1892
Christophe, Paul, 1789, les prêtres dans la Révolution, Paris 1987
Erdmann, Karl-Dietrich, Volkssouveränität und Kirche. Studien über das Verhältnis von Staat und Religion in Frankreich vom Zusammentritt der Generalstände bis zum Schisma, 5. Mai 1789 – 13. April 1791, Köln 1949
Gorce, Pierre de la, Histoire religieuse de la Révolutions française, 5 Bde., Paris 1909-1923
McManners, John, The French Revolution and the Church, London 1969
Mathiez, Albert, La Théophilantropie et le culte décadaire, 1796-1801. Essai sur l'histoire religieuse de la Révolution, Paris 1904
Latreille, André, L'Église catholique et la Révolution française, 2 Bde., Paris 1946/50
Reinhard, Marcel, Religion, révolution et contre-révolution, Paris 1962
Tacket, Timothy, Religion, Revolution and Regional Culture in Eighteenth-Century France: The Ecclesiastical Oath of 1791, Princeton 1985
Vovelle, Michel, La Révolution contre l'église. De la raison à l'être suprême, Brüssel 1988
–, Religion et Révolution. La déchristianisation de l'an II, Paris 1976

9. Revolutionärer Krieg und Militarismus
Amiot, Yves, La Fureur de vaincre. Campagne d'Italie, 1796-1797, Paris 1996

Attar, Frank, 1792. La Révolution française déclare la guerre à l'Europe, Brüssel 1992

Belissa, Marc, Fraternité Universelle et intérêt national (1713-1795), Paris 1998

Bertaud, Jean-Paul, La Révolution armée. Les soldats-citoyens et la Révolution française, Paris 1979

–, Valmy. La démocratie en armes, Paris 1989

–, Bonaparte prend le pouvoir. La République, meurt-elle assassinée?, Brüssel 1987

Blanning, Timothy C. W., The Origins of the French Revolutionary Wars, London und New York 1986

–, The French Revolutionary Wars 1787-1802, London u. a. 1996

Brown, Howard G., War, Revolution, and the Bureaucratic State. Politics and Army Administration in France, 1791-1799, Oxford 1995

Caratini, Roger, Les Baionettes du 18 Brumaire, Paris 1999

Covington, Samuel A., The Comite Militaire and the Legislative Reform of the French Army, 1789-1791, Ph.D. Arkansas 1976

Forrest, Alan, Conscripts and Deserters. The Army and Society during the Revolution and Empire, Oxford 1989

–, Soldiers of the French Revolution, Durham 1990

Godechot, Jacques, La Grande Nation. L'expansion révolutionnaire de la France dans le monde, Paris 1983

–, Les Commissaires aux armées sous le Directoire, 2 Bde., Paris 1937/41

Guyot, Raymond, Le Directoire et la paix de l'Europe. Des traités de Bâles à la deuxième coalition (1795-1799) Genf 1977 (Orig. Paris 1911)

Kidner Frank L. jr., The Girondists and the „Propaganda War" of 1792: A Re-Evaluation of French Revolutionary Foreign Policy from 1791 to 1793, Ph.D. Princeton 1971

Kruse, Wolfgang, Die Erfindung des Modernen Militarismus. Krieg. Militär und bürgerliche Gesellschaft im politischen Diskurs der Französischen Revolution 1789-1799, München 2003

Lynn, John A., The Bayonnets of the Republic. Motivation and Tactics in the Army of Revolutionary France, 1791-94, Urbana u. Chicago 1984

Scott, Samuel F., The Response of the Royal Army to the French Revolution, The Role and Development of the Line Army 1787-1793, Oxford 1978

Sorel, Albert, L'Europe et la Révolution française, 8 Bde., Paris 1885-1904

Vandal, Albert, L'Avènement de Bonaparte, 2 Bde., Paris 1902/07

Vovelle, Michel, Les républiques sœurs sous le regard de la Grande Nation 1795-1803, Paris 2000

4. Zeittafel

1789

24. Januar	Einberufung der Generalstände
März	Wahlen zu den Generalständen
März-Mai	Agrarische Unruhen
27.-28. April	Aufstand im Pariser Vorort Saint-Antoine
5. Mai	Eröffnung der Generalstände
17. Juni	Der Dritte Stand erklärt sich zur Nationalversammlung
20. Juni	Ballhausschwur
27. Juni	Auf Weisung des Königs schließen sich die privilegierten Stände dem Dritten Stand an
9. Juli	Die Nationalversammlung erklärt sich zur Verfassungsgebenden Versammlung
11. Juli	Abberufung von Necker
14. Juli	Sturm auf die Bastille
16. Juli	Rückberufung von Necker
Mitte bis Ende Juli	Munizipalrevolution in Paris und anderen Städten
20. Juli	Beginn der Grande Peur
4. August	Abschaffung der Feudalrechte und Privilegien
26. August	Erklärung der Menschen- und Bürgerrechte
28. August bis 11. September	Diskussionen über das königliche Veto-Recht
5./6. Oktober	Zug der Pariser nach Versailles erzwingt Verlegung von Hof und Nationalversammlung nach Paris
2. November	Verstaatlichung der Kirchengüter
29. November	Erstes Föderationsfest der Nationalgarden in Étoile
19. Dezember	Erstes Gesetz über die Ausgabe von Assignaten

1790

Januar	Bauernaufstände in Teilen Frankreichs
13. Februar	Aufhebung der Klöster
17. April	Assignaten werden zu Zahlungsmitteln
27. April	Gründung des Cordeliers-Club
15.-22. Mai	Diskussionen in der Nationalversammlung über das Recht zur Kriegserklärung, Friedenserklärung an die Völker der Welt
31. Mai-12. Juli	Diskussionen über die Zivilverfassung des Klerus
14. Juli	Föderationsfest in Paris
4. September	Rücktritt der Regierung Necker, Bildung eines Ministeriums aus Vertrauten von La Fayette
27. November	Verabschiedung der Eidesformel „Auf die Nation, auf das Gesetz und auf den König"
3. Dezember	Brief Ludwig XVI. an den König von Preußen, Bitte um Einberufung eines Kongresses der europäischen Mächte

1791

Februar	Bildung der konstitutionellen Kirche; Diskussionen über die Emigranten
2. März	Abschaffung der Zünfte und Korporationen
2. April	Tod Mirabeaus
18 April	Der König versucht vergeblich, Paris zu verlassen
7.-13. Mai	Diskussion über die Kolonien
22. Mai	Das Loi Chapelier verbietet Arbeiterkoalitionen und Streiks
20./21. Juni	Fluchtversuch der königlichen Familie scheitert in Varennes
16. Juli	Spaltung des Jakobinerklubs, Gründung des Klubs der Feuillants
17. Juli	Marsfeldmassaker; die Nationalgarde löst eine Versammlung zur Absetzung des Königs auf; anschließend Unterdrückungsmaßnahmen gegen die republikanisch-demokratische Bewegung
5. August	Erneuerte Friedenserklärung an die Völker der Welt
27. August	Pillnitzer Deklaration
3. September	Annahme der neuen Verfassung
13. September	Zustimmung des Königs zur neuen Verfassung
1. Oktober	Eröffnung der Legislative
31. Oktober	Aufforderung der Legislative an den Bruder des Königs, nach Frankreich zurückzukommen
9. November	Dekrete der Legislative gegen Emigranten und eidverweigernde Priester
11. November	Königliches Veto gegen die beiden Beschlüsse der Nationalversammlung
14. November	Der Jakobiner Jérome Pétion wird zum Bürgermeister von Paris gewählt
7. Dezember	Bildung eines Ministeriums aus Vertretern der Feuillants
Dezember-Januar	Diskussionen über Krieg und Frieden im Jakobinerklub und in der Legislative

1792

Januar-März	Lebensmittelunruhen in weiten Teilen des Landes
15. März	Berufung eines jakobinischen Ministeriums mit Roland und Clavière
20. April	Kriegserklärung an Österreich
28./29. April	Nach militärischen Rückschlägen bringen Soldaten General Dillon um
16. Mai	General La Fayette nimmt Kontakt mit den österreichischen Truppen auf
20. Mai	Brissot denunziert das „österreichische Komitee" am Königshof
27. Mai	Dekret zur Deportation eidverweigernder Priester
4. Juni	Dekret zur Einberufung von 20000 Fédérés nach Paris
11. Juni	Königliches Veto gegen die o. g. Dekrete
12. Juni	Entlassung des jakobinischen Ministeriums

20. Juni	Massendemonstration gegen den König
27. Juni	General La Fayette kommt nach Paris und versucht, die Legislative einzuschüchtern
11. Juli	Legislative erklärt „Das Vaterland in Gefahr"
15. Juli	Cordeliers-Club fordert Einberufung eines Konvents
17. Juli	Fédérés fordern Absetzung des Königs
25. Juli	Manifest des Herzogs von Braunschweig kündigt Zerstörung von Paris an
3. August	47 von 48 Pariser Sektionen fordern die Absetzung des Königs
10. August	Aufstand mit Sturm auf die Tuilerien, Absetzung des Königs
11. August	Bildung einer provisorischen Regierung mit Danton als Justizminister; Einberufung eines demokratisch gewählten Nationalkonvents
23. August	Einnahme der Grenzfeste Longvy durch preußische Truppen
2.-6- September	Massaker in den Pariser Gefängnissen
20. September	Laikalisierung des Zivilstandes; Auflösung der Legislative, Kanonade von Valmy
21. September	Zusammentritt des neu gewählten Konvents, Abschaffung der Monarchie
25. September	Deklaration der Republik „une et indivisible"
8. Oktober	Beginn des Rückzugs der preußischen Truppen
10. Oktober	Ausschluß von Brissot aus dem Jakobinerklub, folgend Verselbständigung der Gironde
21. Oktober	Eroberung von Mainz durch französische Truppen
6. November	Sieg bei Jemappes, Beginn der Eroberung Belgiens
27. November	Anschluß von Savoyen an Frankreich
11. Dezember	Beginn des Prozesses gegen den König

1793

21. Januar	Hinrichtung von Louis Capet, ehemals König Ludwig XVI.
1. Februar	Kriegserklärung an England und die Niederlande
14. Februar	Pache wird zum Pariser Bürgermeister gewählt
24. Februar	Dekret über die Aushebung von 300000 Freiwilligen
7. März	Kriegserklärung an Spanien
10. März	Einrichtung eines außerordentlichen Revolutionsgerichts
11. März	Beginn der Erhebung in der Vendée
18. März	Niederlage der Truppen von Dumouriez in Belgien
21. März	Bildung von Überwachungsausschüssen
Anfang April	Dumouriez versucht vergeblich, seine Soldaten gegen Paris zu führen
6. April	Bildung des ersten Wohlfahrtsausschusses
24. April	Freispruch Marats vor dem Revolutionsgericht
29. April	Beginn der Erhebung in Marseille
4. Mai	Erstes Maximum, Höchstpreise für Getreide und Butter
29. Mai	Beginn der Erhebung in Lyon
31. Mai	Bewaffnete Demonstration gegen die Abgeordneten der Gironde vor dem Konvent

2. Juni	Aufstand der Pariser Sektionen, Inhaftierung von 27 girondistischen Abgeordneten und zwei Ministern, nachfolgend Ausschluß von weiteren protestierenden Abgeordneten aus dem Konvent
7. Juni	Beginn der föderalistischen Erhebung in Bordeaux und Calvados
24. Juni	Verabschiedung der neuen Verfassung, die anschließend in einer Volksabstimmung bestätigt, dann aber bis Kriegsende suspendiert wird
27. Juni	Nach Unruhen Schließung der Pariser Börse
10. Juli	Erneuerung des Wohlfahrtsausschusses ohne Danton
13. Juli	Attentat von Charlotte Corday gegen Marat
17. Juli	Entschädigungslose Abschaffung aller Feudalrechte
27. Juli	Eintritt von Robespierre in den Wohlfahrtsausschuß
28. Juli	Fall der Grenzfeste Valenciennes
23. August	Dekret über die levée en masse
27. August	Die von den Truppen des Konvents belagert Stadt Toulon öffnet den Engländern ihren Hafen
4./5. September	Erhebung der Sansculotten gegen den Konvent, der Terror wird auf die Tagesordnung gesetzt; Bildung der armées révolutionnaires
11. September	Landesweite Höchstpreise für Getreide
17. September	Gesetz gegen die Verdächtigen
29. September	Einführung des großen Maximums, allgemeine Höchstpreise für Lebensmittel
5. Oktober	Annahme des Republikanischen Kalenders
9. Oktober	Eroberung von Lyon durch Truppen des Konvents
16. Oktober	Sieg über die österreichischen Truppen bei Wattignies; Hinrichtung Marie-Antoinettes
24. Oktober	Prozeß gegen die Gironde
31. Oktober	Hinrichtung der Girondisten
10. November	Fest der Freiheit und der Vernunft in Notre Dame, Dechristianisierungskampagne
21. November	Robespierre wendet sich gegen die Dechristianisierung und den Atheismus
19. Dezember	Rückeroberung von Toulon
23. Dezember	Sieg über die aufständischen Truppen in der Vendée
26. Dezember	Sieg der Truppen von General Hoche im Elsaß

1794

17. Januar	Entsendung der colonnes infernales in die Vendée
4. Februar	Abschaffung der Sklaverei
12. Februar	Wendung der Cordeliers gegen den Moderantismus der Jakobiner
26. Februar	Dekret über die Einziehung der Güter von Verdächtigen
13. März	Festnahme von Hébert und seinen Anhängern
24. März	Hinrichtung der Hébertisten

30. März	Festnahme von Danton und seinen Anhängern
2.-5. April	Prozeß und Hinrichtung der Dantonisten
13. April	Hinrichtung der Witwen von Hébert und Desmoulins
22./23. Mai	Attentatsversuche auf Robespierre und Collot d'Herbois
8. Juni	Fest des Höchsten Wesens
10. Juni	Beginn des Großen Terrors
26. Juni	Sieg der französischen Truppen gegen die Österreicher bei Fleurus
27./28 Juli (9./10. Thermidor II)	Sturz und Hinrichtung Robespierres und seiner Anhänger
September/Oktober	Eroberung des Rheinlandes; Beginn des Weißen Terrors gegen Sansculotten und Jakobiner
11. November	Schließung des Pariser Jakobinerklubs
8. Dezember	Rückkehr der Girondisten in den Konvent
24. Dezember	Abschaffung der Maximum-Gesetze

1795

Januar	Eroberung der Niederlande
7. Februar	Erste Festnahme von Babeuf
21. Februar	Konvent erklärt Glaubensfreiheit, Rückzug des Staates aus religiösen Angelegenheiten
2. März	Anklageerhebung gegen die Mitglieder des Wohlfahrtsausschusses Barère, Billaud-Varennes und Collot d'Herbois
1. April	Niederschlagung des Germinal-Aufstandes der Pariser Sansculotten
5. April	Friedensschluß mit Preußen in Basel
16. Mai	Gründung der Batavischen Republik
20.-23. Mai	Niederschlagung der Prairial-Erhebung der Pariser Sansculotten
21. Juli	Kapitulation der bei Quiberon gelandeten Emigranten
22. August	Annahme der neuen Verfassung durch den Konvent
23. September	Nach Volksabstimmung Proklamation der Verfassung
1. Oktober	Annexion Belgiens
5. Oktober	Niederschlagung des Vendemiaire-Aufstandes der Royalisten in Paris durch Truppen unter Führung General Bonapartes
25. Oktober	Gründung des Institut National
21. Oktober	Wahlen zur Gesetzgebenden Versammlung
31. Oktober	Wahl des ersten Direktoriums: La Revellière-Lépeaux, Reubell, Letourneur, Barras, Carnot (nach Ablehnung von Sieyès)
16. November	Eröffnung des Panthéon-Klubs

1796

19. Februar	Abschaffung der Assignaten
28. Februar	Schließung des Panthéon-Klubs
März/April	Beginn von Bonapartes Italienfeldzug mit rasanten Siegen in Norditalien

10. Mai	Verhaftung der Babouvisten
16. Oktober	Proklamation der Cispadanischen Republik in Italien

1797

18. April	Waffenstillstand von Leoben mit Österreich
26. Mai	Nach royalistischem Wahlsieg bei den Kammerwahlen im März wird Barthélemy zum Direktor gewählt
27. Mai	Hinrichtung von Babeuf und Darthé
6. Juni	Gründung der Ligurischen Republik
9. Juli	Verbindung der Ligurischen und Cispadanischen zur Cisalpinischen Republik
7. August	General Augereau kommt als Abgesandter Bonapartes nach Paris
4. September	Fructidor-Staatsstreich der republikanischen Mehrheit des Direktoriums gegen die Royalisten mit Unterstützung des Militärs
17. Oktober	Frieden von Campo Formio
28. November	Beginn des Friedenskongresses in Rastatt

1798

11. Januar	General Berthier marschiert auf Rom
22. Januar	Von französischem Militär gestützter Staatsstreich in den Niederlanden
9. Februar	Gründung der Helvetischen Republik
11. Februar	General Berthier marschiert in Rom ein
15. Februar	Gründung der Römischen Republik
11 Mai	Nach Wahlerfolg der Neojakobiner Floréal-Staatsstreich des Direktoriums mit Annullierung jakobinischer Mandate
19. Mai	Beginn des Feldzugs von Bonaparte nach Ägypten
1. August	Zerstörung der französischen Flotte bei Abukir
5. September	Einführung der Allgemeinen Wehrpflicht mit dem Loi Jourdan
16. November	Bildung der 2. Koalition gegen Frankreich

1799

23. Januar	General Championnet erobert Neapel
26. Januar	Gründung der Parthenopeischen Republik in Neapel
März/April	Französische Niederlagen in Italien gegen österreichische und russische Truppen
Ende März/ Anfang April	Neuwahlen mit neojakobinischen Erfolgen
18. Juni	Prairial-Staatsstreich der Kammern gegen das Direktorium
6. Juli	Gründung des neojakobinischen Manège-Klubs
3. August	Royalistische Erhebung in Südwest-Frankreich
23. August	Bonaparte verläßt Ägypten
9. Oktober	Bonaparte landet in Fréjus und erreicht am 16. Oktober Paris
23. Oktober	Lucien Bonaparte wird zum Präsidenten des Rates der 500 gewählt

9./10. November
(18/19 Brumaire
VIII)   Militärischer Staatsstreich bringt Bonaparte an die Macht

 *pro* Studium Geschichte

■ Friedrich Beck, Eckart Henning, (Hrsg.)
Die archivalischen Quellen
Mit einer Einführung in die Historischen
Hilfswissenschaften
UTB 8273
ISBN 3-8252-**8273**-2
Böhlau. 4., durchges. Auflage 2004.
417 S., 8 Farbtafeln, 132 Abb.,
EUR 29,90, sfr 52,20

■ Rolf Breuer
Irland
Eine Einführung in seine Geschichte,
Literatur und Kultur
UTB 2406
ISBN 3-8252-**2406**-6
W. Fink. 2003. 239 S.,
EUR 15,90, sfr 28,50

■ Michael Borgolte
Europa entdeckt seine Vielfalt
1050 - 1250
Handbuch der Geschichte Europas 3
UTB 2298
ISBN 3-8252-**2298**-5
Ulmer. 2002. 462 S., 11 Karten,
EUR 24,90, sfr 43,70

■ Eberhard Büssem, Michael Neher (Hrsg.)
Arbeitsbuch Geschichte
Neuzeit 1: 16.-18. Jahrhundert
UTB 569
ISBN 3-8252-0569-X
A. Francke. 7. Aufl. 1999. 439 S.,
EUR 19,90, sfr 34,90

■ Heinz Duchhardt
Europa am Vorabend der
Moderne 1650 - 1800
Handbuch der Geschichte Europas 6
UTB 2338
ISBN 3-8252-**2338**-8
Ulmer. 2003. 464 S., 16 Karten, 3 Tab.,
EUR 24,90, sfr 43,70

■ Joachim Eibach, Günther Lottes, (Hrsg.)
Kompass der
Geschichtswissenschaft
Ein Handbuch
UTB 2271
ISBN 3-8252-**2271**-3
Vandenhoeck & Ruprecht. 2002. 400 S.,
EUR 19,90, sfr 34,90

■ Jörg Fisch
Europa zwischen
Wachstum und Gleichheit
1850-1914
Handbuch der Geschichte Europas 8
UTB 2290
ISBN 3-8252-**2290**-X
Ulmer. 2002. 504 S., 18 Tab.,
19 Karten, 2 Grafiken,
EUR 24,90, sfr 43,70

■ Nils Freytag, Wolfgang Piereth
Kursbuch Geschichte
Tipps und Regeln für wissenschaftliches
Arbeiten
UTB 2569
ISBN 3-8252-**2569**-0
Schöningh. 2004. 166 S., 23 Abb.,
EUR 8,90, sfr 16,50

■ Horst Gies
Geschichtsunterricht
Ein Handbuch zur Unterrichtsplanung
UTB 2619
ISBN 3-8252-**2619**-0
Böhlau. 2004. 307 S.,
EUR 19,90, sfr 34,90

■ Hans-Jürgen Goertz
Deutschland 1500 - 1648
Eine zertrennte Welt.
Sozial- und Kulturgeschichte im Überblick
UTB 2606
ISBN 3-8252-**2606**-9
Schöningh. 2004. 288 S., 57 Abb.,
EUR 16,90, sfr 30,10

pro Studium Geschichte

Horst Gründer
**Geschichte der deutschen
Kolonien**
UTB 1332
ISBN 3-8252-**1332**-3
Schöningh. 5., aktual. Aufl. 2004.
336 S.,
EUR 18,90, sfr 33,40

Stefan Grüner, Andreas Wirsching
**Frankreich: Daten, Fakten,
Dokumente**
UTB 2401
ISBN 3-8252-**2401**-5
A. Francke. 2003. 247 S.,
EUR 16,90, sfr 30,10

Rosmarie Günther
**Einführung in das Studium
der Alten Geschichte**
UTB 2168
ISBN 3-8252-**2168**-7
Schöningh. 2., durchges. Aufl. 2004.
349 S., 76 Abb.,
EUR 17,90, sfr 31,70

Martina Hartmann
**Mittelalterliche Geschichte
studieren**
basics
UTB 2575
ISBN 3-8252-**2575**-5
UVK. 2004. 272 S., 48 Abb.,
EUR 14,90, sfr 26,80

Jürgen Heideking
Geschichte der USA
Bearbeitet von Christof Mauch
UTB 1938
ISBN 3-8252-**1938**-0
A. Francke. 3., überarb. u. erw. Aufl.
2003. 650 S.,
EUR 24,90, sfr 43,70

Edgar Hösch, Karl Nehring,
Holm Sundhaussen (Hrsg.)
**Lexikon zur Geschichte
Südosteuropas**
UTB 8270
ISBN 3-8252-**8270**-8
Böhlau. 2004. 776 S.,
EUR 34,90, sfr 60,40

Martha Howell, Walter Prevenier
Werkstatt des Historikers
Eine Einführung in die historischen
Methoden
UTB 2524
ISBN 3-8252-**2524**-0
(Böhlau). 2004. 267 S.,
EUR 17,90, sfr 31,70

Stuart Jenks, Stephanie Marra (Hrsg.)
Internet-Handbuch Geschichte
UTB 2255
ISBN 3-8252-**2255**-1
Böhlau. 2001. 308 S.,
EUR 19,90, sfr 34,90

Ulrich Knefelkamp
Das Mittelalter
Geschichte im Überblick
UTB 2105
ISBN 3-8252-**2105**-9
Schöningh. 2. durchges. Aufl. 2003.
417 S., 57 Abb., Karten,
EUR 17,90, sfr 31,70

Achim Landwehr, Stefanie Stockhorst
**Einführung in die Europäische
Kulturgeschichte**
UTB 2562
ISBN 3-8252-**2562**-3
Schöningh. 2004.
420 S., zahlr. Abb.,
EUR 19,90, sfr 34,90

 *pro* Studium Geschichte

Michael Ley
Kleine Geschichte des Antisemitismus
UTB 2408
ISBN 3-8252-**2408**-2
W. Fink. 2003. 164 S.,
EUR 11,90, sfr 21,30

Christoph Marx
Geschichte Afrikas
von 1800 bis zur Gegenwart
UTB 2566
ISBN 3-8252-**2566**-6
Schöningh. 2004.
392 S., 87 Abb.,
EUR 18,90, sfr 33,40

Gabriele Metzle
Einführung in das Studium der Zeitgeschichte
UTB 2433
ISBN 3-8252-**2433**-3
Schöningh. 2004.
348 S., 87 Abb., 14 Tab.,
EUR 17,90, sfr 31,70

Ernst Opgenoorth, Günther Schulz
Einführung in das Studium der Neueren Geschichte
UTB 1553
ISBN 3-8252-**1553**-9
Schöningh. 6., grundl. überarb.
Aufl. 2001., 289 S., 10 Abb.,
EUR 14,90, sfr 26,80

Udo Sautter
Deutsche Geschichte seit 1815: Daten, Fakten, Dokumente
Band 1: Daten und Fakten
UTB 2543
ISBN 3-8252-**2543**-7
A. Francke. 2004.
248 S.,
EUR 12,90, sfr 23,50

Udo Sautter
Deutsche Geschichte seit 1815: Daten, Fakten, Dokumente
Band 2: Verfassungen
UTB 2544
ISBN 3-8252-**2544**-5
A. Francke. 2004. 393 S., div. Abb.,
zahlr. Tab.
EUR 17,90, sfr 31,70

Udo Sautter
Deutsche Geschichte seit 1815: Daten, Fakten, Dokumente
Band 3: Historische Quellen
UTB 2545
ISBN 3-8252-2545-3
A. Francke. 2004. 281 S.,
EUR 15,90, sfr 28,50

Wolfgang Schmale
Geschichte Frankreichs
UTB 2145
ISBN 3-8252-**2145**-8
Ulmer. 2000. 432 S., 16 Abb.,
EUR 19,90, sfr 34,90

Winfried Schulze
Einführung in die Neuere Geschichte
UTB 1422
ISBN 3-8252-**1422**-2
Ulmer. 4., völlig überarb. u. aktual. Aufl.
2002. 336 S.,
EUR 19,90, sfr 34,90

Günter Vogler
Europas Aufbruch in die Neuzeit, 1500 - 1650
Handbuch der Geschichte Europas 5
UTB 2385
ISBN 3-8252-**2385**-X
Ulmer. 2003.
480 S., 20 Abb.,
EUR 24,90, sfr 43,70